ATUALIDADE DE MACHADO DE ASSIS
LEITURAS CRÍTICAS

ATUALIDADE DE MACHADO DE ASSIS
LEITURAS CRÍTICAS

Andréa Sirihal Werkema & João Cezar de Castro Rocha

Organizadores

Copyright © 2021 Andréa Sirihal Werkema & João Cezar de Castro Rocha

Coordenação editorial: Valentim Facioli
Projeto gráfico do miolo: Mari Ra Chacon Massler
Capa: Danielly de Jesus Teles
Revisão: Paulo Frederico Telles Ferreira Guilbaud / Alexandra Colontini
Comercial: Margarida Cougo

CIP-BRASIL. CATALOGAÇÃO NA PUBLICAÇÃO
SINDICATO NACIONAL DOS EDITORES DE LIVROS, RJ

A898

Atualidade de Machado de Assis : leituras críticas / organização Andréa Sirihal Werkema, João
Cezar de Castro Rocha. - 1. ed. - São Paulo : Nankin, 2021.
348 p. ; 23 cm.

Inclui bibliografia
ISBN 978-65-88875-04-9

1. Assis, Machado de, 1839-1908 - Crítica e interpretação. 2. Literatura brasileira - História e crítica. I. Werkema, Andréa Sirihal. II. Rocha, João Cezar de Castro.

21-71873   CDD: 869.09
                            CDU: 821.134.3.09(81)

Direitos reservados a:

Nankin Editorial

Rua Tabatinguera, 140, 8º andar, conj. 803

Centro – 01020-000 – São Paulo – SP – Brasil

Tels. (11) 3106-7567, 3105-0261, 3104-7033

www.nankin.com.br

nankin@nankin.com.br

2021

Impresso no Brasil

Printed in Brazil

Este livro é dedicado à memória de Alfredo Bosi (1936-2021).

Sumário

Apresentação   9
Um projeto em forma de encontros e de livros
Andréa Sirihal Werkema & João Cezar de Castro Rocha

"Aqui estou, aqui vivo, aqui morrerei":   13
diplomacia e cosmopolitismo no diário do Conselheiro Aires
Andréa Sirihal Werkema

Uma leitura da poesia de Machado de Assis   29
Cláudio Murilo Leal

Helena: proposta para um modelo machadiano de leitura   39
Eduardo Luz

"Sob o véu dos versos": as artes sibilinas do poético   57
na obra de Machado de Assis
Flávia Amparo

"Que os Estados Unidos começam a galantear-nos, é coisa   81
fora de dúvida": o pan-americanismo de Machado de Assis
Greicy Pinto Bellin

A besta do apocalipse e a produção de   101
sentidos em *Papéis avulsos*
Jacyntho Lins Brandão

Machado/Shakespeare: Bento Santiago/Leontes: 127
afinidades estruturais
João Cezar de Castro Rocha

Americanas, de Machado de Assis: 143
um desafio à interpretação
José Américo Miranda

Do periódico ao livro: (des)limites da   159
ficção de Machado de Assis
Lúcia Granja

Machado e seus precursores (fortuna editorial   175
em espanhol: três momentos, 1902-1982)
Pablo Rocca

"Virginius" e os direitos humanos   211
Regina Zilberman

Dois romancistas da crise: 283
Laurence Sterne e Machado de Assis
Sandra Guardini Vasconcelos

Shakespeare revisitado nas "Badaladas" do Dr. Semana   303
Sílvia Maria Azevedo

Da corte às províncias: Machado de Assis nas folhas públicas   321
Valdiney Valente Lobato de Castro

Informações sobre os autores   343

APRESENTAÇÃO

Um projeto em forma de encontros e de livros

No mundo pré-pandemia, mais precisamente na primeira semana de novembro de 2019, organizamos, no âmbito do Programa de Pós-Graduação em Letras da UERJ, o "I Encontro Recepção Contemporânea de Machado de Assis: 180 Anos".[1] Mais que um colóquio eventual, lançamos um projeto de largo alcance.

De fato, em 2019, comemoramos os 180 anos do nascimento de Machado de Assis, ocorrido em 21 de junho de 1839. A recepção de sua obra na universidade brasileira somente cresce, assim como a repercussão internacional de seu nome, graças a traduções recentes de grande impacto. Pensamos em duas traduções recentes e publicadas quase ao mesmo tempo do romance do defunto autor! Flora Thomson-DeVeaux lançou com um êxito imprevisto uma nova e cuidadosa tradução de *Memórias póstumas de Brás Cubas* (Machado de Assis, 2020).[2] Além de um trabalho de tradução primorosa, Flora acrescentou reveladoras notas que ajudaram a contextualizar para um público estrangeiro as sutilezas da elíptica prosa machadiana. Em apenas 24 horas esgotou-se a primeira edição: autêntico evento para um título saído em 1880, na *Revista Brasileira*, e no ano seguinte em livro.[3] Pouco depois, ainda em 2020, uma nova tradução veio

---

1   Aqui se encontra disponível a programação do Encontro: http://www.machadodeassisencontro.com.br/programacao/.

2   ASSIS, Machado de. *The Posthumous Memoirs of Brás Cubas*. New York: Penguin Books, 2020. Tradução de Flora Thomson-DeVeaux e prefácio de Dave Eggers.

3   A repercussão foi amplamente noticiada, "*Memórias póstumas de Brás Cubas* é relançado nos Estados Unidos, e livros esgotam em um dia": https://g1.globo.com/pop-ar-

à luz, assinada por Margaret Jull Costa e Robin Patterson.[4] Em ambos os casos, uma série impressionante de artigos, celebrando o romance machadiano, foi publicada nos mais importantes suplementos literários nos Estados Unidos e na Inglaterra.

Ora, se o teste definitivo de um clássico é a permanência no tempo, Machado é o clássico brasileiro por antonomásia.

Não se pense, contudo, que sempre caminhamos em águas tranquilas de uma canonização sem tropeços. Pelo contrário, Hélio de Seixas Guimarães demonstrou o caráter acidentado do reconhecimento do legado de Machado de Assis na literatura brasileira (Guimarães, 2017). De igual modo, e concentrando o horizonte de seu estudo, Guimarães analisou as flutuações da apreciação do valor de Machado na ótica de Carlos Drummond de Andrade: altos e baixos, distância cultivada com orgulho pelo jovem poeta e proximidade amorosamente construída pelo autor maduro (Guimarães, 2019). Proximidade consagrada em célebres versos do poema "A um bruxo, com amor" (Andrade, 1988, p. 287 e 289):

> Outros leram da vida um capítulo, tu leste o livro inteiro.
> (...)
> Dás volta à chave,
> envolves-te na capa,
> e qual novo Ariel, sem mais resposta,
> sais pela janela, dissolves-te no ar.

Nem sempre devidamente valorizados, os versos finais esclarecem como um autor forte transforma a leitura do alheio em texto próprio. No lugar de uma tola *angústia da influência*, Drummond funde versos seus e de Machado nesse fecho excepcional, demonstrando a força da *produtividade da influência* – um nada de Harold Bloom para um muito de Oswald de Andrade. Vejamos: "Dás volta à chave" evoca o verso sempre citado de "Procura da poesia": "Trouxeste a chave?" (Andrade, 1988, p. 97). Os dois últimos versos, por sua

---

te/noticia/2020/06/05/memorias-postumas-de-bras-cubas-e-relancado-nos-estados-unidos-e-livros-esgotam-em-um-dia.ghtml.

4 ASSIS, Machado de. *The Posthumous Memoirs of Brás Cubas*. New York and London: Liveright, 2020. Tradução de Margaret Jull Costa e Robin Patterson.

Atualidade de Machado de Assis

vez, desdobram o verso de um dos mais bem acabados poemas de Machado de Assis, "No alto" (Assis, 1986, p. 179):

Ariel se desfez sem lhe dar mais resposta.

Entende-se bem: um escritor tão rico e plural quanto Machado deu azo a debates os mais diversos e intensos. E isso na exata proporção em que, a partir da década de 1960, o sistema nacional de pós-graduação conheceu uma expansão inédita. Na área dos estudos literários, o adensamento epistemológico do campo dependeu de polêmicas estratégicas que, a pretexto de propor a abordagem mais adequada para a compreensão de um autor canônico ou mesmo da própria literatura, defendiam teorias e métodos, privilegiavam este ou aquele nome. O fenômeno é característico de campos de saber em seus momentos de formação – independentemente de latitude.

Nessa época, algumas falsas e monótonas dicotomias ocuparam as melhores vocações: Machado de Assis ou Lima Barreto; Mário ou Oswald de Andrade? Responder a tais perguntas ociosas definia carreiras, assim como identificava instituições, além, claro está, de favorecer esta ou aquela orientação crítica. Essa atmosfera agônica já vai longe, apesar do esforço de tantos anacrônicos e eternos epígonos. Em alguma medida, podemos reconhecê-lo, *infelizmente*; pois as autênticas batalhas acadêmicas das décadas de 1970 e 1980 pelo menos supunham a relevância da crítica literária e, sobretudo, da literatura para a definição da cultura nacional.

Nos dias que correm, tais disputas pertencem ao passado recente da disciplina. Em lugar de posições dicotômicas e diametralmente opostas, a paisagem intelectual contemporânea é definida pela multiplicidade de perspectivas; traço, aliás, evidente nos ensaios aqui reunidos, oriundos, em sua maioria, do primeiro encontro promovido. Nos próximos encontros esse traço será nossa marca d'água: todas as correntes críticas e todas as orientações teóricas serão bem-vindas. Nosso único critério é a fecundidade da leitura proposta e desejamos que o projeto apenas iniciado se fortaleça precisamente pela abertura a interpretações variadas e inclusive rivais.

O "I Encontro Recepção Contemporânea de Machado de Assis: 180 Anos" inaugurou uma iniciativa permanente. Promoveremos colóquios regulares, a fim de mapear a riqueza das leituras atuais da obra machadiana. E isso em muitos níveis: ademais da reunião de docentes, sempre reservaremos um espaço para a apresentação de trabalhos e de pesquisas em curso de estudantes de pós-graduação. Nosso objetivo é um diálogo em torno da obra de Machado de Assis, em uma primeira etapa nos encontros e debates ao vivo; em seguida, sempre que possível, vamos trazer a conversa para o livro, para que alcance ainda mais profundidade e possa gerar desdobramentos críticos.

Agradecemos, pela presente publicação, à FAPERJ, que tem tornado possível a pesquisa científica e acadêmica no estado do Rio de Janeiro em meio a tempos tão difíceis, à Casa de Leitura Dirce Côrtes Riedel, pela relevante parceria, e também ao Programa de Pós-Graduação em Letras da UERJ, pelo apoio fundamental. A todos os autores de capítulos do presente livro agradecemos pelo empenho e pela insistência na pesquisa dentro da universidade brasileira. E dedicamos o livro a todos aqueles que se arriscam ainda a falar sobre Machado de Assis, professores, pesquisadores, alunos, amantes da literatura brasileira. A vocês, desejamos uma boa leitura.

Andréa Sirihal Werkema & João Cezar de Castro Rocha

Referências bibliográficas

ANDRADE, Carlos Drummond de. "Procura da poesia". *A rosa do povo*. Poesia e Prosa. Volume único. Rio de Janeiro: Editora Nova Aguilar, 1988, p. 97.

_____. "A um bruxo, com amor". *A vida passada a limpo*. Poesia e Prosa. Volume único. Rio de Janeiro: Editora Nova Aguilar, 1988, p. 287 e 289.

ASSIS, Machado de. "No alto". In: *Ocidentais*. Obra completa. Volume III. Rio de Janeiro: Editora Nova Aguilar, 1986, p. 179.

GUIMARÃES, Hélio de Seixas (org.). *Amor nenhum dispensa uma gota de ácido. Escritos de Carlos Drummond de Andrade sobre Machado de Assis*. São Paulo: Três Estrelas, 2019.

_____. *Machado de Assis: o escritor que nos lê: as figuras machadianas através da crítica e das polêmicas*. São Paulo: Editora da UNESP, 2017.

"Aqui estou, aqui vivo, aqui morrerei": diplomacia e cosmopolitismo no diário do Conselheiro Aires

Andréa Sirihal Werkema

Contava minha mãe que eu raro chorava por mama; apenas fazia uma cara feia e implorativa. Na escola não briguei com ninguém, ouvia o mestre, ouvia os companheiros e, se alguma vez estes eram extremados e discutiam, eu fazia da minha alma um compasso, que abria as pontas aos dous extremos. Eles acabavam esmurrando-se e amando-me.

Memorial de Aires

Como sabemos, leitores que somos de *Esaú e Jacó* e do *Memorial de Aires*, o Conselheiro José da Costa Marcondes Aires é um diplomata aposentado, tendo passado mais de trinta anos de sua vida fora do Brasil, em cidades várias. Logo na abertura de seu *Memorial*, ele nos avisa que é 1888, e que faz um ano que voltou em definitivo ao Brasil e ao Catete. Prefiro transcrever o trecho inteiro aqui, para que soe a voz do Conselheiro:

> 1888
>
> 9 de janeiro
>
> Ora bem, faz hoje um ano que voltei definitivamente da Europa. O que me lembrou esta data foi, estando a beber café, o pregão de um vendedor de vassouras e espanadores: "Vai vassouras! vai espanadores!" Costumo ouvi-lo outras manhãs, mas desta vez trouxe-me à memória o dia do desembarque, quando cheguei aposentado à minha terra, ao meu Catete, à minha língua. Era o mesmo que ouvi há um ano, em 1887, e talvez fosse a mesma boca.

> Durante os meus trinta e tantos anos de diplomacia algumas vezes vim ao Brasil, com licença. O mais do tempo vivi fora, em várias partes, e não foi pouco. Cuidei que não acabaria de me habituar novamente a esta outra vida de cá. Pois acabei. Certamente ainda me lembram cousas e pessoas de longe, diversões, paisagens, costumes, mas não morro de saudades por nada. Aqui estou, aqui vivo, aqui morrerei (Assis, 1997, v. I, p. 1.097).

Em releitura, chama a atenção do leitor habituado a Machado de Assis, e conhecedor das ambiguidades e do tom evasivo do Conselheiro Aires, o modo peremptório como se fecha a primeira entrada do diário, que não deixa dúvida da permanência de Aires na cidade do Rio de Janeiro e no bairro do Catete, tendo como prazo final a morte. Maria Lígia Guidin (2000, p. 41-42) lembra que, no romance anterior, *Esaú e Jacó* (1904), diz-se que Aires voltaria à Europa ainda uma vez depois da morte de Flora, retornando ao Brasil em 1891. No *Memorial*, o personagem/narrador diz que sua volta ao Brasil, ocorrida em 1897, é definitiva:

> (...) a biografia do conselheiro Aires passa por um *retoque crono-lógico e emocional*: sua independência como cidadão do mundo, à vontade em lugares distantes e sob línguas estrangeiras em *Esaú e Jacó* (o que lhe dera desenvoltura para ser de fato o "conselheiro"), ecoa por contraste no *Memorial*, num gradativo recolhimento existencial, dado pelas frases de repetitivo ritmo ternário:
> "...cheguei aposentado à minha terra, ao meu Catete, à minha língua."
> "Aqui estou, aqui vivo, aqui morrerei."
> Assim, o critério que autentica a verdade de seus diários fica ambíguo (Guidin, 2000, p. 41-42).

Pois este tom decisivo não é mesmo a tônica do *Memorial de Aires* (1908), ou diário do Conselheiro, que também sabemos ser uma versão desbastada relativa aos anos de 1888 e 1889 – não temos acesso ao resto do *Memorial*, que, segundo o aviso de seu editor, M. de A., na Advertência do livro, pode ser que apareça um dia publicado; ou não. Vou citar de uma vez a Advertência para que se estabeleça a relação entre os dois últimos romances de Machado, e para que avulte o intrincado jogo de autoria estabelecido aí pelo autor:

> Quem me leu *Esaú e Jacó* talvez reconheça estas palavras do prefácio: "Nos lazeres do ofício escrevia o *Memorial*, que, apesar das páginas mortas ou escuras, apenas daria (e talvez dê) para matar o tempo da barca de Petrópolis".
> Referia-me ao Conselheiro Aires. Tratando-se agora de imprimir o *Memorial*, achou-se que a parte relativa a uns dous anos (1888-1889), se for decotada de algumas circunstâncias, anedotas, descrições e reflexões –, pode dar uma narração seguida, que talvez interesse, apesar da forma de diário que tem. Não houve pachorra de a redigir à maneira daquela outra –, nem pachorra, nem habilidade. Vai como estava, mas desbastada e estreita, conservando só o que liga o mesmo assunto. O resto aparecerá um dia, se aparecer algum dia.
>
> M. de A. (Assis, 1997, v. I, p. 1.096)

Voltando, no entanto, à primeira questão levantada, é interessante também notar a especificidade do comentário do Conselheiro em relação não apenas à sua cidade, o Rio de Janeiro, mas também ao seu bairro, o Catete, ao qual parece bastante apegado, integrando a sequência em que ele se considera retornado ao seu país, à sua língua, para daí não mais sair vivo. O comentário crítico lugar comum, ao longo de parte do século XX, seria enfatizar esse apego ao dado localista que avulta na obra de Machado, lado a lado com seu visível universalismo, aspectos opostos, mas conformadores, os dois, do específico machadiano. De fato, em um diário de homem velho, que retornou ao Rio de Janeiro para aí terminar em tranquilidade sua vida, não seria de se espantar que a cidade tivesse uma participação de destaque em suas memórias. Mas a verdade é que a cidade do Rio de Janeiro parece, antes de ser personagem dessa história, mero pano de fundo para os pouquíssimos acontecimentos relatados por esse aposentado, morador do Catete, que visita a irmã no Andaraí, os amigos no Flamengo, que vai ao cemitério em Botafogo, que frequenta, claro, o centro da cidade para seus negócios e eventuais fofocas e que sobe a contragosto para Petrópolis por muita insistência de um amigo.

A cidade é cenário, não define as anotações do Conselheiro, ou não tem, para ele, uma presença tão destacada que o faça refletir diretamente sobre a realidade brasileira, por exemplo.

No entanto, logo na primeira entrada no *Memorial*, eu repito, o que temos é exatamente um dado local bastante detalhado: o pregão do vendedor de vassouras e espanadores, soando pelas ruas do Catete, é que dispara a memória do retorno definitivo ao Brasil e ao Rio de Janeiro. A passagem, muito bem realizada, entre um dado pitoresco e banal da vida cotidiana e a lembrança da escolha da cidade na qual pretende viver seus últimos anos e morrer parece natural na sequência de memórias que se inicia, mas trata-se, é claro, de um artifício de simplicidade típico do romance aqui discutido. Devemos deixar isso anotado para que prestemos ainda mais atenção aos movimentos narrativos do *Memorial*.

Na verdade, juntando a Advertência do *Memorial* à observação de Guidin aqui já citada, temos algumas possibilidades interessantes de leitura: se o *Memorial* é a transcrição, desbastada, editada, de parte dos diários do Conselheiro Aires, é necessário levar em conta também a autoria – ou a edição – de M. de A. Obviedades à parte em relação às iniciais que assinam a Advertência, há mudanças na própria notação da vida do Conselheiro, que afirma não desejar mais sair de sua terra natal, mas que teria saído, na ação de outro romance, em que aparece como personagem (autor, narrador?). Ora, a confusão aqui diz respeito à distância temporal entre os dois romances, mas também à necessidade de fazer do retorno de Aires ao Rio de Janeiro um gesto definitivo: ele deixou de ser o diplomata e agora passa a ser um velho, aposentado, que anota seus dias em um diário íntimo. Mas o que prevalece, em termos narrativos, é a ambiguidade, que solapa qualquer esforço para dar credibilidade ao diário do Conselheiro aposentado. Temos um romance, mais um, escrito por Machado de Assis, o último, assim declarado pelo próprio autor. É o momento de arrumações, de últimas mensagens, de testamentos literários. Seria o caso do *Memorial de Aires*? Se for o caso, portanto, trata-se de um testamento ambíguo, bem ao seu estilo, em que se levantam mais lacunas do que se preenchem vazios, e em que o retorno à cidade natal, à língua natal, pode ter sentidos mais amplos do que qualquer notação localista sugerida. Aires, tantas vezes associado à própria figura de Machado, poderia ser, sim, seu duplo, mas de forma complexa, indireta, dúbia – muito distante de uma relação biográfica mais corriqueira.

Haveria assim contradição entre a abertura do *Memorial*, cuja primeira informação é sobre a escolha do Conselheiro: "aqui estou, aqui vivo, aqui morrerei", e uma visão da cidade como mero cenário – longe de ser personagem – para a história rarefeita que se vai contar? Creio que não, e escolho, me desviando da bela leitura possível que se poderia fazer pela via de Baudelaire e Benjamin, acerca da visão do homem moderno inserido na cidade moderna e seus descaminhos e vãos, seguir ao invés disso um caminho um pouco mais propriamente machadiano, que diga respeito a esse equilíbrio sutil, por vezes penoso, entre o viver aqui e o viver numa cidade do mundo – tanto literalmente como enquanto alegoria de uma situação de escritor brasileiro. Para isso, peço um pouco de paciência para lembrar do estatuto do diário-memorial: participante do "espaço biográfico" (Lejeune *apud* Mitidieri, 2010, p. 61. Conferir também Lejeune, 2014).

Pelo menos três dos grandes romances machadianos são, de diferentes formas, criações ficcionais de autobiografias (pseudobiografias, no dizer de Augusto Meyer [1982, p. 357]): *Memórias póstumas de Brás Cubas* é autobiografia escrita por um morto, defunto autor, *blague* de mau gosto que desde sua premissa é ofensiva ao bom-senso de um leitor mediano; *Dom Casmurro* é a autobiografia encenada como peça de acusação e tentativa de sanar o vazio que nos habita, tentativa evidentemente fracassada; e o *Memorial* seria o diário de um homem que passou a vida como diplomata, que tinha "o calo do ofício, o sorriso aprovador, a fala branda e cautelosa, o ar da ocasião, a expressão adequada" (Assis, 1997, vol. I, p. 964), como é descrito, ou se descreve, no romance *Esaú e Jacó*. Não é difícil entender por que muitos de seus leitores, e me remeto a toda uma tradição crítica, identificaram nos protagonistas dos três romances dados supostamente autobiográficos – como se Machado de Assis deixasse falar pela boca de seus memorialistas a sua própria voz em alguns momentos; cito ainda Lejeune: "O leitor é assim convidado a ler os romances não apenas como *ficções* remetendo a uma verdade da 'natureza humana', mas também como *fantasmas* reveladores de um indivíduo" (2014, p. 50). Não me interessa discutir a questão biográfica agora, e talvez não me interesse nunca, mas vou pinçar daqui a possibilidade de alguns dilemas machadianos estarem representados em seus romances falsamente autobiográficos, e digo dilemas machadianos pensando não propriamente em biografia, mas em questões que interessaram ao autor e crítico ao longo de toda a sua obra.

Se há algo como temáticas constantes no universo ficcional machadiano, poderíamos nos remeter às representações dos agregados, por exemplo, presentes desde seus primeiros romances; ou à questão das classes sociais e da injusta distribuição de renda nesse Brasil que se formava; aos triângulos amorosos e ao sentimento do ciúme, formas da dialética romanesca sempre revisitadas por Machado; à presença insistente de outros textos, em citações, reflexões, lembranças, ancorando sua escrita em um mundo de palavras compartilhadas; enfim, à tentativa de representar os seus enredos e situações tendo como fundo a cidade do Rio de Janeiro e seus modos de fazer típicos, como um vendedor de vassouras que canta pelas ruas do bairro... Talvez não se discuta muito mais, hoje em dia, esse equilíbrio alcançado por Machado de Assis em sua ficção entre uma literatura universalista, que se desprende de seu tempo por uma bem montada linguagem sem datas, pelo segundo plano a que é relegada a circunstância local em sua exterioridade, mas que ancora no momento de sua produção a escrita que só poderia acontecer a partir de determinadas coordenadas, vividas por um escritor brasileiro que se criou no século XIX – representação formal de uma sociedade, de uma realidade específica, para lembrar as leituras schwarzianas.

E aí dou um salto bem arriscado e vou sugerir um paralelismo consciente entre a situação do Conselheiro Aires, cidadão do mundo que escolhe vir morrer em sua cidade natal – obscura, periférica, apartada do burburinho internacional –, e o escritor Machado de Assis, que nunca saiu do Brasil, mal saiu do Rio de Janeiro, mas que frequentou todas as literaturas e deu a seu texto – escrito em língua periférica, em contexto fora do centro – um estatuto "internacional". Eu disse paralelismo, mas antes devia ter dito antítese, quiasmo. Veja-se a ironia de uma passagem como esta do *Memorial de Aires*:

> 12 de abril
>
> (...)
>
> Conhecemo-nos um ao outro, eu primeiro que ele, talvez porque a Europa me haja mudado mais. Ele lembra-se do tempo

em que eu, colega do irmão, jantei com ele aqui na Corte. Já o irmão lhe havia falado de mim, recordando as relações antigas. Disse-me que daqui a três dias volta para a fazenda, onde me dará hospedagem, se quiser honrá-lo com a minha pessoa. Agradeci e prometi, sem prazo nem ideia de lá ir. Custa muito sair do Catete. Já é demais Petrópolis (Assis, 1997, v. I, p. 1.117).

O Catete funciona, aqui, como limite para a circulação do personagem; mesmo ir a Petrópolis lhe parece exagero, diz o homem que viveu em tantas cidades diferentes por mais de três décadas. É como se o Conselheiro Aires, uma vez aposentado, se prendesse agora a um espaço mínimo, validador de sua experiência de aposentado, que nada tem a fazer que valha realmente a pena. E mesmo a interação social prevista na viagem ao interior do estado lhe parece absurda – rabugices de homem velho. Já Machado de Assis, que sabemos nunca ter posto os pés fora do Brasil (teria visitado algumas cidades no estado do Rio de Janeiro e mais poucas em Minas Gerais), escreve como cidadão do mundo, e sua literatura tem sido chamada, mais recentemente, de bom exemplo de escrita cosmopolita.

Ora, aí chego ao ponto problemático, pois não quero falar nem da biografia de Machado, nem tampouco do vislumbre que temos da vida inventada de Marcondes Aires. O que me interessa é como o retorno do diplomata aposentado à cidade do Rio de Janeiro, em oposição a uma vida fora do Brasil, pode representar, no último dos romances de Machado de Assis, uma tomada de posição das mais interessantes, seja testamentária ou não. Assim, também, há um espelhamento dos mais bonitos, e dos mais tristes, no drama central do *Memorial*, que não é a vida do Conselheiro, mas antes as relações entre o casal Aguiar e seus filhos adotivos, Tristão e Fidélia, e seu casamento; tal drama, enfim, oscila entre a felicidade de todos se o casal escolher viver no Rio, e a orfandade às avessas do casal mais velho, quando os jovens enamorados se vão, em definitivo, para Lisboa. "Em Lixboa, sobre lo mar,/ Barcas novas mandey lavrar... (Cantiga de Joham Zorro)" (Assis, 1997, vol. I, p. 1.095), diz uma das epígrafes do *Memorial*. Tristão já trocara antes o Rio por Lisboa, onde se formara médico e continuara residindo com seus pais verdadeiros, para grande tristeza de seus padrinhos e pais adotivos, D. Carmo e Aguiar; ao se casar com Fidélia, reacende nos padrinhos a espe-

20   Andréa Sirihal Werkema & João Cezar de Castro Rocha (orgs.)

rança de tê-los por perto agora, para sempre, mas esse é o verdadeiro fecho do *Memorial*, a constatação do vazio deixado pelos jovens apaixonados, em seu egoísmo e juventude:

> Sem data
>
> Há seis ou sete dias que eu não ia ao Flamengo. Agora à tarde lembrou-me lá passar antes de vir para casa. Fui a pé; achei aberta a porta do jardim, entrei e parei logo.
> "Lá estão eles", disse comigo.
> Ao fundo, à entrada do saguão, dei com os dous velhos sentados, olhando um para o outro. Aguiar estava encostado ao portal direito, com as mãos sobre os joelhos. D. Carmo, à esquerda, tinha os braços cruzados à cinta. Hesitei entre ir adiante ou desandar o caminho; continuei parado alguns segundos até que recuei pé ante pé. Ao transpor a porta para a rua, vi-lhes no rosto e na atitude uma expressão a que não acho nome certo ou claro; digo o que me pareceu. Queriam ser risonhos e mal se podiam consolar. Consolava-os a saudade de si mesmos (Assis, 1997, v. I, p. 1.200).

A cena do vazio deixado pela ausência e pelas saudades, de maneira bem peculiar, diz respeito ao casal Aguiar, e não ao Conselheiro Aires – outra das formas problemáticas de um diário que fala sobre a vida dos outros, antes de se debruçar sobre a intimidade de seu autor. É uma cena de silêncio, a que Aires não consegue interromper, talvez por respeito, talvez por temor. Foram-se embora os jovens, ficam os velhos. Já Aires voltou para casa, e sabe que aquilo que o espera agora é a morte, numa reconfiguração interessante do futuro a que se poderia chamar velhice. Esse espelhamento se faz, portanto, às avessas, e acentua as escolhas do diarista em questão.[1]

No aspecto do cosmopolitismo literário, entretanto, a oposição entre Lisboa e Rio de Janeiro se dá de maneiras diferentes, e aqui estou me remeten-

---

1   "Essa oposição aqui/lá estará obsessivamente tratada como tema no enredo do *Memorial*, que termina com a partida do novo casal em lua de mel, Fidélia e Tristão, para a Europa, diante da imobilidade do casal de velhos que fica, Carmo e Aguiar, e do sujeito que escreve essa polaridade, o outro velho, o narrador Aires" (Guidin, 2000, p. 36).

do diretamente ao trabalho de Abel Barros Baptista, já que um conceito como este exclui a ideia de nacionalidade e mesmo de universalidade de uma literatura. Vou direto a uma citação bastante esclarecedora do crítico português:

> O propósito cosmopolita é a voluntária subordinação a alguma noção de literatura pela comunidade dos que se reclamam dela: é a aceitação da impossibilidade de nacionalização plena das formas literárias, antigas ou modernas, é o reconhecimento da estabilidade e da transportabilidade das formas diante das modalidades de apropriação, de enraizamento, de particularização. O reconhecimento da diferença local é inerente por isso ao propósito cosmopolita, e aliás nem haveria necessidade de propósito cosmopolita sem reconhecimento da diferença. Mais radicalmente, não há literatura moderna sem incompetência declarada do estrangeiro: é nela que se decide a possibilidade de a literatura se erguer acima das condições particulares em que surge. É na incompetência reconhecida mas circunscrita do estrangeiro que a literatura finalmente se cumpre como literatura (Baptista, 2014, p. 14).

Esse entrelugar, ou a oscilação, entre Lisboa e Rio, entre lá e cá, centro e periferia, deixa, em termos da letra literária, de ter sentido. Falamos do último romance de Machado de Assis, mas tal equivalência das diferenças, que põe em destaque algo mais rarefeito, ou algo puramente literário, já se anunciava há muitos anos na produção machadiana. É preciso reconhecer o que é nacional e o que não é para que se possa, enfim, dar o passo além – a crítica literária que se preze, por exemplo, deve ser sempre cosmopolita, na medida em que aceita sua incompetência e lê dentro daquilo que é capaz de compreender do texto em estudo. Ou seja, todo texto literário prevê sua condição de texto estrangeiro em alguma medida – e transforma suas particularidades, suas diferenças, em algo conformativo e algo que também dá forma à crítica literária. Já as escolhas do Conselheiro Aires poderiam ser lidas ao contrário do famoso personagem machadiano, o compositor Pestana, do conto "Um homem célebre", genial e fracassado, que jogaria fora todas as suas polcas de sucesso se pudesse compor uma sonata que fosse à maneira de seus ídolos musicais europeus: "A fama do Pestana dera-lhe definitivamente o primeiro lugar entre os compositores de polcas; mas o primeiro lugar da aldeia não contentava a este César, que continuava a preferir-lhe, não o segundo, mas o centésimo em Roma" (Assis, 1997, Vol. II, p. 504). Aires, por sua vez, prefere voltar, prefere aceitar ser quem é em sua origem, em sua língua: "A permanência do sujeito que escreve num lugar fixo ('aldeia', por oposição ao grande mundo) é, como sabemos, a opção do personagem Aires ao retornar à pátria, já velho, para morrer onde nascera (...)" (Guidin, 2000, p. 35).

Alguns pontos, ainda levantados por Baptista, nos fazem cruzar as ideias de "Instinto de nacionalidade" (1873) com *Memorial de Aires* (1908):

> E de fato, desde aí, estruturou-se um dispositivo anticosmopolita de equívocos, a saber: a) a confusão que dissolve toda e qualquer diferenciação literária em "caráter nacional" e a redução de todos os fatores de diferenciação a um único, a influência da realidade local; b) a crença em que a representação da realidade local, sendo por virtude dessa influência uma inevitabilidade, determina a literatura consciente ou inconscientemente e de modo distintivo; c) a confusão do local com o nacional, que já Machado denunciou, mostrando que querer ostentar certa cor local e querer tornar nacional uma literatura não são projetos necessariamente coincidentes; d) a confusão do projeto de construção de uma literatura nacional, projeto de afirmação política e de natureza prescritiva, quaisquer que sejam as formas com que historicamente se reedita, com a própria nacionalidade da literatura; e) enfim, a crença num projeto contínuo e irreversível – "instinto oculto", "tradição afortunada" ou "formação", consoante os vocabulários –, em direção a uma etapa final de nacionalização definida pela harmonia entre literatura e terra, cultura e nação, literatura e sociedade, modernidade artística e modernidade social etc.
>
> O sintoma desse dispositivo de equívocos é a persistente oposição entre o local e o universal, cuja fortuna brasileira decorre do obscurecimento da diferença entre a noção de literatura como projeção subordinada a um ideal cosmopolita de literatura e a noção de literatura como projeto subordinado a um ideal nacional de país construindo-se dotado de literatura "própria". Neste

> preciso ponto, facilita uma outra confusão, a do propósito cosmopolita com o pendor para o universal. Mas a oposição do local ao universal é sobretudo um instrumento do projeto de circunscrição nacional da literatura (Baptista, 2014, p. 16-17).

Peço desculpas pela citação longa demais, mas ela me pareceu necessária para que não haja dúvidas acerco do ponto que eu tento levantar no presente artigo. Eu estou consciente de que pode ser perigoso relacionar aqui as circunstâncias de vida do Conselheiro Aires e do escritor brasileiro representado por Machado de Assis, mas creio que a obra de Machado tematizou algumas questões críticas na forma da ficção, e isso é bem visível pelo menos desde *Memorias póstumas de Brás Cubas*. O caso aqui é pensar que a cidade do Rio de Janeiro, onde se passam os acontecimentos narrados no diário do Conselheiro (e não nos esqueçamos de que o editor responsável, o enigmático M. de A., escolheu especificamente os anos de 1888 e 1889 para publicar, ou seja, anos brasileiros da vida de Aires), funciona como corolário de uma vida passada em todo o mundo – grande alegoria do cosmopolitismo? Porque, seguindo o pensamento de Abel Barros Baptista, é necessário reconhecer e aceitar a diferença para se chegar ao propósito cosmopolita. Na figura do diarista, ou memorialista, Aires, temos uma representação bastante bem acabada de: 1. um homem culto, capaz de escrever com detalhes de estilo; 2. um homem cosmopolita por profissão, que escolhe voltar a viver em seu rincão obscuro do mundo; 3. um duplo possível de Machado de Assis, que se compraz em misturar iniciais entre ele, autor efetivo, entre o editor, M. de A., entre o autor fictício e personagem, Marcondes Aires; 4. uma representação humana da equivalência de valores internos e externos, levando a uma ideia de cosmopolitismo de pensamento que não se aproxima nunca de nacionalismo ou mesmo localismo, mas que também não dá a palma ao universalismo. Nada disso comprova, entretanto, minha hipótese lançada aqui apressadamente, mas creio que no âmbito das sugestões temos material suficiente para algumas divagações. É importante notar também que o pensamento crítico de Machado de Assis, expresso em um texto tão anterior como "Instinto de nacionalidade", já perseguia as diferenciações entre dado local e caráter nacional, exterioridade e "sentimento íntimo", e a consequência óbvia, reconhecida por toda a fortuna crítica, é de que o

24 Andréa Sirihal Werkema & João Cezar de Castro Rocha (orgs.)

escritor punha em prática (ou tentava pôr), em sua obra, as reflexões sobre os caminhos para se ter uma literatura nacional no Brasil dos anos de 1870.

A figura do diplomata, personagem oblíquo em *Esaú e Jacó*, espécie de ponto de fuga, que observava a vida dos gêmeos inimigos e sua relação com a moça Flora, já era em si cercada da ambiguidade autoral, inaugurada pela Advertência ao penúltimo romance, que avisa que este era o último dos cadernos do memorial escrito por Aires.[2] Isso é importante, pois o diplomata exerce sua função, indiretamente, ao nos contar, de ponto de vista imparcial, uma história que se divide e se conforma em posicionamentos contrários, tomadas adversas de partido etc. Além do mais, diplomata: tanto como nome quanto como adjetivo, é a melhor definição para Marcondes Aires. Educado, astuto, observador, marcado pela profissão e perfeito para ela, Aires representa o ideal cosmopolita exatamente por não se deixar prender ao passado estran-

---

2 Conferir a Advertência a *Esaú e Jacó*: "Quando o conselheiro Aires faleceu, acharam-se-lhe na secretária sete cadernos manuscritos, rijamente encapados em papelão. Cada um dos primeiros seis tinha o seu número de ordem, por algarismos romanos, I, II, III, IV, V, VI, escritos a tinta encarnada. O sétimo trazia este título: *Último*.

A razão desta designação especial não se compreendeu então nem depois. Sim, era o último dos sete cadernos, com a particularidade de ser o mais grosso, mas não fazia parte do *Memorial*, diário de lembranças que o conselheiro escrevia desde muitos anos e era a matéria dos seis. Não trazia a mesma ordem de datas, com indicação da hora e do minuto, como usava neles. Era uma narrativa; e, posto figure aqui o próprio Aires, com o seu nome e título de conselho, e, por alusão, algumas aventuras, nem assim deixava de ser a narrativa estranha à matéria dos seis cadernos. *Último* por quê?

A hipótese de que o desejo do finado fosse imprimir este caderno em seguida aos outros não é natural, salvo se queria obrigar à leitura dos seis, em que tratava de si, antes que lhe conhecessem esta outra história, escrita com um pensamento interior e único, através das páginas diversas. Nesse caso, era a vaidade do homem que falava, mas a vaidade não fazia parte dos seus defeitos. Quando fizesse, valia a pena satisfazê-la? Ele não representou papel eminente neste mundo; percorreu a carreira diplomática, e aposentou-se. Nos lazeres do ofício, escreveu o *Memorial*, que, aparado das páginas mortas ou escuras, apenas daria (e talvez dê) para matar o tempo da barca de Petrópolis.

Tal foi a razão de se publicar somente a narrativa. Quanto ao título, foram lembrados vários, em que o assunto se pudesse resumir, *Ab ovo*, por exemplo, apesar do latim; venceu, porém, a ideia de lhe dar estes dous nomes que o próprio Aires citou uma vez: *ESAÚ E JACÓ*" (Assis, v. I, 1997, p. 946).

geiro, nem, tampouco, ao presente nacional. A escolha do autor/editor M. de A. pelos anos brasileiros leva a que o personagem abra seu diário afirmando seu retorno definitivo ao Brasil e à sua língua (mesmo que haja aí também interferência autoral, ou de editor, como já vimos); no entanto, sabemos que ele deixou enterrada no estrangeiro a esposa, e lá estão também antigos amores e amizades, em um passado que lhe traz boas recordações, mas não mais o comove. Homem de vários mundos, Aires é, ou poderia ser, uma alegoria bastante bem realizada do escritor que sempre recusou exterioridades, e passou pela literatura brasileira como, ao mesmo tempo, seu maior representante, e o menos nacional dos escritores.[3]

É claro que estou arriscando, ou melhor, sugerindo, uma leitura alegórica que não é comum na fortuna crítica machadiana, a não ser em alguns casos, como algumas leituras de "O alienista", por exemplo. No caso presente, eu nem sei se se trata de alegoria, em termos exatos, ou antes de uma personificação de um problema que sempre se colocou para o escritor Machado de Assis ao longo de sua produção intelectual, seja como crítico, como poeta ou romancista (cronista, dramaturgo, contista...). A discussão é atual e a considero acima de minha forças no momento – mas pode ser perseguida nas conversas críticas (ou antes nas polêmicas críticas) de autores como Roberto Schwarz, Abel Barros Baptista, Michael Wood.[4] Mesmo com todos os problemas previstos dentro de uma leitura como esta, ela oferece a vantagem de escapar, por pouco que seja, da polaridade local *versus* universal que acaba por tingir boa parte das leituras da obra de Machado. Se não há intenção de minha parte de aderir a uma polêmica acerca da natureza, localista ou universalista, da obra de Machado de Assis, não o faço por "tédio à controvérsia", mas antes por crer que todos os leitores têm sua parte de razão. Creio que podemos, no entanto, sugerir algo novo que pense

---

3   Alfredo Bosi levanta a hipótese de um Aires que representa a consciência política do Machado velho, na diplomacia daquele que se aproxima da morte: "O compasso de Aires será a figura ideológica do último Machado? O disfarce estratégico (e, afinal, definitivo) de uma aturada consciência social e política?" (Bosi, 2007, p. 141).

4   Além do livro de Baptista aqui citado, conferir também: Wood, 2005 e Schwarz, 2012.

a literatura como um lugar lá e cá, sem determinações que se naturalizam a partir de pressupostos que são, ainda, oitocentistas.

Por fim, a forma do diário, mesmo um diário editado e resumido, seria essencial para o jogo de descobrir/encobrir em que se compraz o Conselheiro. Não tratei aqui desse formato com o vagar necessário, aliás, mal tratei da questão, mas ela permanece para futuras discussões. O diário, se eu posso ao menos avançar uma tal hipótese, é a forma preferencial da atenuação, é o avesso do panfleto ou manifesto controverso, na medida em que abriga as opiniões de uma subjetividade que conversa consigo mesmo, ou com um leitor apenas imaginado (deixando de lado as implicações múltiplas que se podem levantar). No caso do Conselheiro Aires, é claro, o formato concorre ainda mais para acentuar suas características inerentes de diplomata, seu horror às arestas, que ele descobre e encobre o tempo todo através de seus modos ambíguos de dizer desdizendo (conferir Bosi, 2007, p. 133-139). No entanto, se tivéssemos um romance com narração mais convencional, parte dessa ambiguidade se perderia, ou se deslocaria para outro foco – o que traz de novo, sempre, as Advertências aos dois últimos romances para a frente da discussão. *Esaú e Jacó*, que teria sido escrito por Aires e diferenciado do resto de seus escritos, chamados de memorial. E o *Memorial de Aires*, com suas notações diarísticas, assinado, no entanto, por M. de A., que o publica postumamente.

Retorno, à guisa de fechamento, à primeira entrada do *Memorial*, citada na abertura desta conversa. Repito: "Durante os meus trinta e tantos anos de diplomacia algumas vezes vim ao Brasil, com licença. O mais do tempo vivi fora, em várias partes, e não foi pouco. Cuidei que não acabaria de me habituar novamente a esta outra vida de cá. Pois acabei" (Assis, 1997, vol. I, p. 1.097). Retornar não é assim tão simples – o corpo, a língua, os sons, a cidade, enfim, todos participam dessa readaptação ao local de origem. É o som do pregão do vassoureiro que marca o tempo para Aires: a voz anônima das ruas traz a lembrança do retorno definitivo à cidade natal, há um ano. "O que me lembrou esta data foi, estando a beber café, o pregão de um vendedor de vassouras e espanadores: 'Vai vassouras! Vai espanadores!' Costumo ouvi-lo outras manhãs, mas desta vez trouxe-me à memória o dia do desembarque, quando cheguei aposentado à minha terra, ao meu Catete, à minha língua." Esta gradação final, a repetição dos pronomes possessivos, o café, o som da rua, a aposentadoria – a passagem do banal ao universal, e vice--versa, ratificada pelo pressentimento da morte nesta mesma cidade, é uma das forças desse livro aparentemente morno, sem assunto. O Rio de Janeiro, uma outra cidade no mundo, visto pelas janelas do Conselheiro Aires, onde vivem, amam e se casam os jovens, e onde os velhos sofrem a saudade de si mesmos, diluída em uma narrativa estoica, distanciada, sem finalidade. Esse tom médio do último livro acusa o momento de aparar em definitivo certas arestas e de se chegar a um lugar de equivalências; ao contrário do romance anterior, *Esaú e Jacó*, cujo próprio título já evoca a polaridade, *Memorial de Aires* encena em definitivo a aceitação do vazio como constituinte da ficção, da ficção crítica ou autoconsciente.

Referências bibliográficas

ASSIS, Machado de. *Obra completa*. Vol. I e II. Rio de Janeiro: Nova Aguilar, 1997.

BAPTISTA, Abel Barros. "O propósito cosmopolita". In: *Três emendas: ensaios machadianos de propósito cosmopolita*. Campinas: Ed. Unicamp, 2014, p. 7-29.

BOSI, Alfredo. "Uma figura machadiana". In: *Machado de Assis: o enigma do olhar*. São Paulo: WMF Martins Fontes, 2007, p. 127-148.

GUIDIN, Márcia Lígia. *Armário de vidro: velhice em Machado de Assis*. São Paulo: Nova Alexandria, 2000.

LEJEUNE, Philippe. *O pacto autobiográfico: de Rousseau à internet*. Org. Jovita Maria Gerheim Noronha. Belo Horizonte: Ed. UFMG, 2014.

MEYER, Augusto. "O romance machadiano: o homem subterrâneo". In: BOSI, Alfredo et al. *Machado de Assis*. São Paulo: Ática, 1982, p. 357-363.

MITIDIERI, André Luis. "Machado de Assis, um romancista no espaço biográfico". *Machado de Assis em linha*, ano 3, n. 6, p. 61-71, dezembro 2010. Disponível em: http://machadodeassis.fflch.usp.br/sites/machadodeassis. fflch.usp.br/files/u73/num06artigo05.pdf.

PAES, José Paulo. "Um aprendiz de morto". In: *Gregos e baianos*. São Paulo: Brasiliense, 1985, p. 13-36.

SCHWARZ, Roberto. "Leituras em competição". In: *Martinha* versus *Lucrécia*: *ensaios e entrevistas*. São Paulo: Companhia das Letras, 2012, p. 9-43.

WOOD, Michael. "Um mestre entre ruínas". Trad. Samuel Titan Junior. *Teresa* (6-7), p. 504-510, 2005. Recuperado de https://www.revistas.usp.br/teresa/article/view/116646.

Uma leitura da poesia
de Machado de Assis

Cláudio Murilo Leal

Para ilustrar o meu entendimento quanto à melhor maneira de se compreender uma obra literária, reproduzo um sucinto e esclarecedor diálogo do poeta Mário Quintana, respondendo a uma professora:

– O que devo ler para conhecer Shakespeare?

– Shakespeare.

Mas, além de simplesmente ler, para um bom entendimento da obra de um poeta torna-se necessário desentranhar dos poemas o seu recôndito significado, interpretar suas múltiplas mensagens, reconhecer a técnica de "seu ofício, ou arte severa" (*In my craft or sullen art*), como escreveu Dylan Thomas.

No livro organizado pelo norte-americano Stanley Burnshaw, intitulado *The poem itself,* após cada poema segue-se uma explicação. O exegeta não inventa digressões periféricas, nem toma emprestado de outras áreas do saber, como da Sociologia, da Psicanálise, do Estruturalismo ou da Linguística, um instrumental que não conduza ao cerne do poema. A *explication de texte,* o comentário de texto, é a forma iniciática mais simples, objetiva e funcional do ensino da literatura na França. No entanto, alguns intelectuais criaram métodos que ressaltam a teoria, camuflando o poema sob códigos diversos daqueles da literatura de criação.

Outro tipo de análise, com o intuito de ler o poema de perto, sem intervenções ideológico-teóricas, encontramos no chamado *close reading*, técnica utilizada pelo *New Criticism* anglo-americano. Em análoga linha interpretativa, desenvolveram-se os trabalhos da Estilística, cujas raízes mais consistentes encontram-se nas obras do erudito alemão Leo Spitzer e nas interpretações da escola espanhola, que tem como máximo representante Dámaso Alonso.

Horácio, em sua *Arte poética*, lembra que a narrativa de Homero lança os ouvintes imediatamente no meio dos fatos, como se eles já fossem conhecidos – *semper ad eventum festinat in media res*. Em nosso caso, começar *in media res* seria ir direto ao poema. Assim, escolhi do livro *Ocidentais*, a poesia intitulada: "No alto".

> O poeta chegara ao alto da montanha,
> E quando ia a descer a vertente do oeste,
> Viu uma cousa estranha,
> Uma figura má.
> Então, volvendo o olhar ao sutil, ao celeste,
> Ao gracioso Ariel, que de baixo o acompanha,
> Num tom medroso e agreste
> Pergunta o que será.
> Como se perde no ar um som festivo e doce,
> Ou bem como se fosse
> Um pensamento vão,
> Ariel se desfez sem lhe dar mais resposta.
> Para descer a encosta
> O outro lhe deu a mão.

Um estranho poema. Mais do que metafórico, um poema, pode-se dizer, alegórico. Ao subir a montanha, ele contracena com dois figurantes, num drama existencial e metafísico que se desenrola em um clima fantasmagórico e sonambúlico. A atmosfera sugere um pesadelo, onde emerge uma figura má, além de outro ser, leve, ligeiro, musical (recordem o verso "como se perde no ar um som festivo e doce") que é, nomeadamente, Ariel. Uma clara referência a Caliban e Ariel, personagens da peça de Shakespeare em *A tempestade*.

Seres antagônicos que podem ser vistos como representações do Bem e do Mal, da Vida e da Morte, do Belo e do Feio. Quem leu o livro organizado por Umberto Eco, *A história da feiura*, concordará com o escritor italiano que a feiura desempenha também um importante papel na construção da obra de arte.

O poeta, que chegara ao alto da montanha, sente medo, ecoam em sua memória versos de Dante (que Machado conhecia muito bem, pois traduzira admiravelmente o Canto XXV, do *Inferno*). A "descida da encosta" para onde levaria o poeta? Para o Inferno? Não se sabe. Aquela figura má oferece-lhe a mão, conduz o poeta para o Desconhecido. Não é um guia como Virgílio, que acompanhou Dante Alighieri cuidadosamente pelos caminhos *d'outre tombe*. Ariel se desfaz, porque ele se identifica com o ar, um ser celeste e gracioso. Um personagem do Bem.

O poema "No alto" revela uma tensa oposição que não chega a constituir clara contradição, mas apenas duas faces da mesma moeda. Porque o Bem e o Mal se completam, como a Morte e a Vida, díptico que resume também o tema de outro poema "Uma criatura".

> Sei de uma criatura antiga e formidável,
> Que a si mesma devora os membros e as entranhas,
> Com a sofreguidão da fome insaciável.
>
> Habita juntamente os vales e as montanhas;
> E no mar, que se rasga à maneira de abismo,
> Espreguiça-se toda em convulsões estranhas.
>
> Cada olhar que despede acerbo e mavioso,
> Parece uma expansão de amor e de egoísmo.
>
> Friamente contempla o desespero e o gozo,
> Gosta do colibri, como gosta do verme,
> E cinge ao coração o belo e o monstruoso,
>
> Pois essa criatura está em toda a obra:
> Cresta o seio da flor e corrompe-lhe o fruto;
> E é nesse destruir que as forças dobra.
>
> Ama de igual amor o poluto e o impoluto;
> Começa e recomeça uma perpétua lida,
> E sorrindo obedece ao divino estatuto.
> Tu dirás que é a Morte; eu direi que é a Vida.

Os poemas "No alto" e "Uma criatura" resultam da poetização de um mesmo fenômeno: o da dualidade, ou dual, palavra que em grego e em sânscrito designa, também, duas pessoas.

Reparem que algumas rimas, em ambos os poemas, ligados talvez por uma mesma inspiração, utilizam-se de idênticas palavras. Em "Uma criatura": "Habita juntamente os vales e as montanhas". No poema "No alto": "O poeta chegara ao alto da montanha". Em "Uma criatura", lemos: "Espreguiça-se toda em convulsões estranhas". Já "No alto", reaparece a mesma palavra: "Viu uma coisa estranha".

Nos dois poemas também encontramos personagens que simbolizam a Vida e a Morte: uma, o gracioso Ariel; outra, a criatura formidável que devora seus membros e entranhas. Não são entes antagônicos: completam-se.

Dito isso, passemos diretamente à fruição da poesia de Machado de Assis, lendo o soneto "A Carolina"

> Querida, ao pé do leito derradeiro
> Em que descansas dessa longa vida,
> Aqui venho e virei, pobre querida,
> Trazer-te o coração do companheiro.
>
> Pulsa-lhe aquele afeto verdadeiro
> Que, a despeito de toda humana lida,
> Fez a nossa existência apetecida
> E num recanto pôs um mundo inteiro.
>
> Trago-te flores, – restos arrancados
> Da terra que nos viu passar unidos
> e ora mortos nos deixa separados.
>
> Que eu, se tenho nos olhos malferidos
> Pensamentos de vida formulados
> São pensamentos idos e vividos.

Retornemos ao primeiro quarteto:

> Querida, ao pé do leito derradeiro
> Em que descansas dessa longa vida,
> Aqui venho e virei, pobre querida,
> Trazer-te o coração do companheiro.

Assim começa esse emocionado réquiem, escrito em 1906, para a sua mulher, falecida dois anos antes, Carolina Augusta Xavier de Novaes. Um casamento que durou 35 anos. Trata-se de uma despedida, um *adieu* carregado de melancolia, motivado por um irreparável sentimento de perda. O ficcionista Machado de Assis, que se ocultara por trás dos personagens de seus contos e romances, que criara inúmeras máscaras no universo da sua poesia, para nele inserir os atores e autores representativos da cultura: Camões, Gonçalves Dias, Antônio José, Espinosa, José de Alencar, Anchieta, Álvares de Azevedo, Marquês de Pombal, escreve agora sob o impacto das reais dores do seu próprio Ser. No soneto dedicado à Carolina, Machado expõe a sua alma sofrida e desvenda, pela primeira e última vez, os seus mais íntimos sentimentos.

É verdade que ele escreveu na juventude poemas de amor. Chorou mágoas de uma literária paixão em "Versos a Corina". Eram suspiros livrescos, dores de papel e tinta.

O soneto "A Carolina" de certo modo imita o formato de uma carta. Uma carta espiritualizada, escrita não mais com a pena da galhofa e a tinta da melancolia, como na famosa frase do prólogo de *Memórias póstumas de Brás Cubas*. Abandonados o ceticismo e a ironia, presentes na prosa, este soneto é escrito com o coração: "Trazer-te o coração do companheiro".

Mas como começa esta carta? Como todas: "Querida".

Gasta pelo uso epistolar, a palavra "querida" presta-se a múltiplas interpretações e vocalizações. Muitas vezes esconde intenções. O soneto, entretanto, nada esconde: revela. O poeta desnuda-se.

Perguntamos: onde, em que lugar simbólico ele recita o verso catártico, verso de expiação de suas dores? "Ao pé do leito derradeiro", junto ao túmulo de Carolina. Mas ele não usa a expressão brasileira "junto ao". Utiliza-se do torneio da frase portuguesa (de Portugal), "ao pé", "ao pé do leito", uma cifrada homenagem linguística à Carolina, que era portuguesa de nascimento. O sotaque, o acento luso de Carolina, dizem, encantava Machado. Num outro poema, ele escreve: "Quando ela fala, parece / Que a voz da brisa se cala; / Talvez um anjo emudece / Quando ela fala".

O poeta não declara que a sua amada está morta. Seria brutal. Todos sabemos que ela está morta. Machado escreve "Em que descansas dessa longa vida". Carolina descansa para esperá-lo do lado de lá. Uma premonição do poeta, um anseio. Machado morre pouco depois, dois anos após escrever o soneto. Na sua visão transfigurada, Carolina está encantada, não morreu, apenas descansa, espera-o, como Beatriz a Dante, no Paraíso, não nesta terra. O verso diz: "Da terra que nos viu passar unidos".

"Aqui venho e virei", escreve o poeta. A reiteração verbal marca um compromisso solene com o Encontro. O Encontro: esta é a palavra-chave, que os versos não explicitam, mas que perpassa todo o soneto. Encontro. Encontrar-se. Reunir-se. Unir novamente.

Machado vem trazer o coração do companheiro.

> Pulsa-lhe aquele afeto verdadeiro
> Que, a despeito de toda humana lida,
> Fez a nossa existência apetecida
> E num recanto pôs um mundo inteiro.

Pulsa-lhe, o coração pulsa, está vivo; Machado não usou "o coração bate", seria uma expressão banal que o poeta jamais utilizaria. Pulsar guarda uma forte carga poética.

No entanto, no segundo verso da segunda estrofe, contrariando o que eu acabei de dizer, nos deparamos com uma expressão prosaica: "a despeito de". Quem se lembraria de inserir num verso: "a despeito de"? Machado compensa essa "funcionalidade" da linguagem, em benefício de um melhor entendimento da trama. Para compensar a frase feita, lança mão de outra expressão, mais nobre: "de toda humana lida", que guarda ressonâncias camonianas.

Amparado na dicção quinhentista de Camões, Machado empresta uma especial dignidade ao seu verso. A distância no tempo reflete-se no registro clássico, adotado a partir de "toda humana lida", e que traz para o soneto a chancela da imortalidade. Machado quer superar a morte de Carolina através da linguagem. Uma linguagem cristalizada na eternidade. A língua imortal de Camões, vertida liricamente na dolorosa lamentação de Machado.

> Trago-te flores, – restos arrancados
> Da terra que nos viu passar unidos
> e ora mortos nos deixa separados.
>
> Que eu, se tenho nos olhos malferidos
> Pensamentos de vida formulados
> São pensamentos idos e vividos.

Atualidade de Machado de Assis

As rimas, chamando para o fim dos versos a adjetivação dos particípios passados: *arrancados, unidos, separados, malferidos, formulados, vividos* deixam uma fragrância (como as flores arrancadas da terra que os viu passar). um olor de coisa antiga. Coplas de antanho, epopeias que não se fazem mais.

Acompanhemos outras produções de Machado de Assis. No primeiro e no último poema de seu livro intitulado *Crisálidas*, o poeta dirige-se à Musa. Esta crença na musa que consola e inspira não representa apenas um traço do Romantismo. Os clássicos greco-latinos, como todos sabem, também invocaram as Musas: Homero, na *Odisseia*: "Musa, reconta-me os feitos do herói astucioso que muito peregrinou..." Na *Ilíada*: "Canta, Deusa, a cólera de Aquiles". Virgílio, na *Eneida*: "Ó Musa, lembra-me as causas destes acontecimentos". Também Camões: "A minha já estimada e leda Musa / Fico em que todo o mundo de vós cante". Ou os famosos, famosíssimos versos: "Cesse tudo o que a Musa antiga canta / Que outro valor mais alto se alevanta".

Até hoje não se chegou à conclusão se Machado foi um poeta clássico, romântico ou parnasiano. O seu interesse em descobrir o que a literatura poderia oferecer-lhe de melhor apagou nele os vestígios dos estilos de época, de um possível engajamento em correntes literárias. Assim, com relação a Machado, importa pouco a visão compartimentada que discute as características de um autor para enquadrá-lo em uma determinada escola ou movimento literário.

No poema "Musa consolatrix" já se anunciam algumas qualidades de Machado poeta, como a fluência dos seus versos e uma contida, disfarçada nostalgia. Nenhum verso engasga, nenhum claudica, nenhum interrompe o fluxo deste monólogo dirigido à Musa, invocando-a, para que ela acolha em seu seio a alma aflita do poeta:

> Musa consoladora,
> Quando da minha fronte de mancebo
> A última ilusão cair, bem como
> Folha amarela e seca
> Que ao chão atira a viração do outono,
> Ah! No teu seio amigo
> Acolhe-me, – e haverá em minha alma aflita,
> Em vez de algumas ilusões que teve,
> A paz, o último bem último e puro.

Machado, sem chegar a dissociar-se em várias *personae*, convocou para as suas alegorias múltiplos personagens, como no poema "Círculo vicioso", quando o vaga-lume diz que quer ser como uma estrela; mas a estrela inveja a lua, e a lua suspira por não possuir a luminosidade do sol, e o poderoso sol gostaria de transformar-se num simples vaga-lume.

> Bailando no ar, gemia inquieto vaga-lume:
> – Quem me dera que fosse aquela loura estrela,
> que arde no eterno azul, como uma eterna vela !
> Mas a estrela, fitando a lua, com ciúme:
>
> – Pudesse eu copiar o transparente lume,
> que, da grega coluna à gótica janela,
> contemplou, suspirosa, a fronte amada e bela !
> Mas a lua, fitando o sol, com azedume:
>
> – Mísera ! tivesse eu aquela enorme, aquela
> claridade imortal, que toda a luz resume !
> Mas o sol, inclinando a rutila capela:
>
> – Pesa-me esta brilhante aureola de nume...
> Enfara-me esta azul e desmedida umbela...
> Porque não nasci eu um simples vaga-lume?

Como um ventríloquo, Machado de Assis mimetizou-se através das representações do cosmo e do pequeno vaga-lume. Também La Fontaine, que Machado traduziu magistralmente, emprestou a sua voz aos animais.

Machado de Assis atua muitas vezes como um poeta lírico em poemas de amor e em sutis e aquareladas descrições da natureza. Exerce também, com maestria, as funções de um poeta dramático e, nessa vertente, ele pôde com mais facilidade representar o seu mundo povoado de personagens, como o fez com excepcional talento na prosa ficcional.

Machado é um poeta dramático, no monólogo de "Musa consola-trix"; um poeta lírico, por exemplo, no poema "Stella"; e um poeta narrativo em "O dilúvio".

Vou ler agora, para terminar, o mais impiedoso poema de toda a obra de Machado de Assis: "*Suave mari magno*", o título é emprestado dos versos de Lucrécio, que no livro *De rerum natura*, escreve: "é doce observar da terra

Atualidade de Machado de Assis

firme, sem perigo, os esforços dos que lutam contra a morte, no meio das ondas, e ainda que seu destino nos inspire piedade, gozamos em segredo as desgraças que evitamos para nós". O poeta latino traduz o frio distanciamento de quem apenas observa o sofrimento alheio. Por este motivo, o título lucreciano foi aposto ao doloroso poema de Machado: "*Suave mari magno*", "é doce, no vasto mar...", poema que revela um profundo pessimismo, consumado numa inclemente criação poética. Manifesta, também, total desencanto em relação aos humanos sentimentos. Em "*Suave mari magno*", numa cena de rua, transeuntes curiosos param para acompanhar, com mórbido prazer, o sofrimento de um cão que, envenenado, estertora e espuma numa convulsão epilética. Alguns hermeneutas da obra machadiana relacionam este poema com o drama real da doença de Machado de Assis, que foi, inclusive, acometido por uma convulsão em via pública.

Uma sombra de enferma inspiração perpassa pelos curtos, entrecortados versos, que respiram com dificuldade. Cada duas palavras, separadas por vírgulas, criam um ritmo arfante, na agonia da morte.

> Lembra-me que, em certo dia,
> Na rua, ao sol de verão,
> Envenenado morria
> 　　Um pobre cão.
>
> Arfava, espumava e ria,
> De um riso espúrio e bufão,
> Ventre e pernas sacudia
> 　　Na convulsão.
>
> Nenhum, nenhum curioso
> Passava, sem se deter,
> 　　Silencioso.
>
> Junto ao cão que ia morrer,
> Como se lhe desse gozo
> 　　Ver padecer.

Não poderia finalizar sem fazer uma menção a um importante aspecto da obra poética de Machado de Assis. O da tradução. A tradução de poesia é entendida, hoje, como uma forma de criação, de transcriação. Sem trair (*traduttore-traditore*), o desafio do tradutor é transpor o original numa língua esteticamente elegante e funcional.

Machado de Assis traduziu Shakespeare, Dante, Musset, Lamartine, La Fontaine, Heine, Schiller. A versão d' "O corvo", *The raven*, de Edgar Allan Poe, é obra-prima, somente comparável à de Fernando Pessoa, poeta bilingue em inglês-português.

> *Quoth the raven: Nevermore.*
> E o corvo disse: nunca mais.

Helena: proposta para um modelo machadiano de leitura

Eduardo Luz

Helena, sabe-se, esteve entre os livros da predileção de Machado de Assis e foi, até o fim de sua vida, um dos mais manuseados por ele. Lançado em 1876, recebeu uma segunda edição em 1905, e distingue-se de todos os seus outros romances por uma trama que lhe exigiu um esforço de concepção e realização que seguramente não empreendera até então nem empreenderia depois.

Ao longo dos 145 anos que nos separam de sua publicação, *Helena* sempre foi tratado pela crítica sob uma angulação depreciativa, desqualificação praticamente consensual mesmo entre os machadianos de merecimento, desde os mais recuados aos mais atuais. A nós, entretanto, nunca satisfez a ideia de Machado haver escrito um romance melodramático, precário, sentimental, medíocre, uma obra-prima "do estilo não-me-toques" (*apud* Rocha, 2013, p. 121-122), como classificou Augusto Meyer. Tal recepção era-nos inaceitável. E durante muitos anos (inicialmente só, depois em conjunto com meus alunos do curso de Letras da UFC), pensamos e desenvolvemos nosso projeto crítico, montado na problematização do quadro de referências que pauta a leitura unívoca da obra desde 1876, e acabamos por formular um novo ato interpretativo para ela. Contribuiu para esse resultado a feliz coincidência de, em certa época, dois livros cruzarem o nosso caminho: *Para ler como um escritor: um guia para quem gosta de livros e para quem quer escrevê-los* (2008) e *Machado de Assis: por uma poética da emulação* (2013). O primeiro, de Francine Prose, é uma saudável atualização da pedagogia retórica; veio propor, como essência técnica, desacelerar a leitura e formular perguntas, um voluntário "slow reading" com raízes na Nova Crítica Anglo-americana e sua estratégica leitura cerrada. O segundo texto inspirador, de João Cezar de Castro Rocha, trouxe ideias que eu já conhecia – de forma concisa e tangencial – porque estavam na introdução, assinada por ele, de À *roda de Machado de Assis: ficção, crônica e crítica*, de 2006. A obra de Rocha tornou-se motivadora, sobretudo, pela valiosa abordagem promovida pelo autor acerca da "poética da emulação" machadiana, um resgate intencionalmente anacrônico de uma técnica compositiva, a *aemulatio*, que remete aos clássicos gregos e latinos: "Machado se encontra às voltas com o dispositivo da *aemulatio*, compreendido, em sentido amplo, como técnica de assimilação e transformação de modelos consagrados como autoridade em seus respectivos gêneros" (Rocha, 2013, p. 256). Para Rocha, no entanto, tal retomada da técnica artística da emulação, promovida por Machado, só seria perceptível a partir de *Memórias póstumas de Brás Cubas*. Foi nesse ponto que decidimos "avançar para trás", experimentando aplicar em um romance anterior ao *Brás Cubas* as investigações ligadas à problematização do ato interpretativo e à exploração dos gêneros literários empreendidas por Machado. E por conta da mencionada recepção insatisfatória, debruçamo-nos sobre *Helena*, romance oficialmente estigmatizado como incipiente e preparatório, visão geral da qual não escaparam *Ressurreição*, *A mão e a luva* e *Iaiá Garcia*, todos rotulados como pertencentes à chamada primeira "maneira" do escritor e caracterizadores dela.

Há, no entanto, nesse longo trajeto de estudos sob a recepção romântica, alguns *insights* preciosos para a configuração heterodoxa que desenvolvemos, os quais remontam a Alfredo Pujol e alcançam machadianos modernos, *insights* nascidos da evidente aura trágica do romance. Entre todos os críticos que, a nosso ver, melhor entreviram a potência textual de *Helena*, a partir da estranha convivência do espírito trágico que atravessa a obra e a argumentação sedimentada em uma cansada recepção romântica, destacaríamos José Aderaldo Castello, Regina Zilberman e, sobretudo, Helen Caldwell, dona talvez dos *insights* mais luminosos sobre *Helena*. Por si sós, no entanto, os *insights* não seriam suficientes para explicar a heterodoxia de nossa leitura de *Helena*; para alcançá-la, tivemos que "aplicar a maior pressão interpretativa possível", como ensina Jonathan Culler. Segundo ele, essas interpretações, "se forem extremas, terão mais possibilidade [...] de esclarecer ligações ou implicações ainda não percebidas ou sobre as quais ainda não se refletiu, do que se tentarem manter-se 'seguras' ou moderadas" (Culler, 2012, p. 131, aspas do autor). Ficamos com Culler, quanto à valia de uma interpretação "extrema", ainda que os riscos ligados a ela não sejam e não tenham sido pequenos.

A leitura heterodoxa

O princípio da emulação de modelos era parte central da escritura de Machado de Assis, para quem era sempre necessário retomar e renovar a tradição. Ele foi um *clássico moderno* (ver Luz, 2012, p. 107-111): como universalista, porém, Machado foi inimigo do classicismo conservador rebocado pela retórica; como moderno, assumiu o paradoxo de conjugar dimensões estéticas (oferecidas pela modernidade, que instalara a autonomia da literatura) e dimensões históricas (oferecidas pela vida política e social). Em *Helena*, ele usou uma prática de composição pré-romântica – a *aemulatio* – para explorar um gênero pós-clássico – o romance (Souza, 2011, p. 24). Por dentro de *Helena*, numa espécie de baixo contínuo, circulam três tragédias clássicas, que constituem um hipotexto complexo do qual deriva o romance: *Coéforas*, de Ésquilo; *Electra*, de Sófocles; e *Electra*, de Eurípides. A rigor, em sua retextualização dessas tragédias gregas, Machado procedeu a uma bricolagem, conceito fecundo para a compreensão das operações intelectuais do escritor, que: 1. submeteu ao romance elementos que se disponibilizavam nas tragédias; 2. refez suas combinações ; e 3. por lidar com um material já construído, explorou intensamente a imaginação.

Esclarecido o procedimento compositivo de Machado, formulemos nossa tese: *Helena* é uma história que se articula pelo senso de vingança da protagonista, derivado de tensões emocionais latentes, misteriosas, que ela nutre por seu pai biológico. Partamos da genealogia átrida (ou pelópida), representativa da lenda que sustenta o argumento das peças aqui referidas: *Coéforas*, de Ésquilo; *Electra*, de Sófocles; e *Electra*, de Eurípides, todas pilhadas por Machado de Assis com o fim de elaborar *Helena*:

Genealogia átrida (ou pelópida)

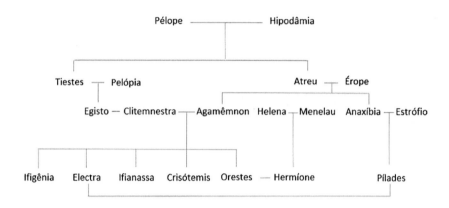

Procedamos, agora, ao recorte dessa genealogia mítica que foi explorado inovadoramente por Machado, a partir das três tragédias mencionadas:

Após Troia cair em poder dos gregos, Agamêmnon regressou a Micenas. Clitemnestra, sua mulher, tornara-se amante de Egisto, e ambos o matam, pouco depois de seu retorno. Electra consegue fazer Orestes fugir para junto de Estrófio, rei da Fócida e marido de Anaxíbia, irmã de Agamêmnon. Lá, Orestes e Pílades, filho do casal, tornam-se amigos fidelíssimos. Já adulto, Orestes retorna a Micenas para vingar a morte do pai e, nesse projeto, reaproxima-se de Electra, que alimentara o mesmo desejo de vingança ao longo de todos os anos em que os irmãos estiveram separados. Com ligeiras diferenças (mas significativas) nas três tragédias, Orestes e Electra vingam Agamêmnon, assassinando a mãe e o amante.

Para a elaboração de seu romance, Machado concede à sua protagonista Helena a função que, na lenda, é exercida por Electra, ambas identificadas pelo mesmo ímpeto de vingança e pelo mesmo senso de honra próprios da tragédia. Assim, a heroína machadiana foi construída por um deslocamento acionado por Machado sobre a tradição: seu nome origina-se da Helena mítica, mas, na sintaxe narrativa, age como a altiva e digna Electra, sua sobrinha. Ele promove, também, a condensação de Orestes e Electra numa só personagem: a sua Helena do Vale, hibridizada pela determinação inarredável dos irmãos em punir os assassinos do pai. Entre outras identificações, destacam-se estas, com maior clareza, na reescrita machadiana: Agamêmnon e Salvador; Clitemnestra e Ângela da Soledade; Egisto e o conselheiro Vale; Pílades e Mendonça.

Machado de Assis penetra o campo discursivo da tradição, captando-lhe um conjunto de dados literários que serão ressintetizados por uma técnica que possui a mesma natureza da bricolagem, que é uma arte combinatória em que se reorganizam inventivamente os elementos preexistentes. Ao escrever *Helena*, Machado não nos propõe apenas uma ação de interpretação, mas também uma ação de criação. Não se trata, a rigor, de uma "nova leitura" de *Helena*, mas de um "novo livro", se examinado no ambiente estético de seu sistema literário.

Machado não apenas reaciona o passado, mas promove sua característica reciclagem de gêneros literários tradicionais, no caso, canalizando a tragédia clássica para o romance burguês. Acerca de tal exploração de gêneros, vale lembrar como ela se processou em alguns de seus outros romances, segundo João Cezar de Castro Rocha (Rocha, 2006, p. 16 e 17), para quem *Memórias póstumas de Brás Cubas* seria "a paródia de uma autobiografia"; *Quincas Borba*, "a biografia de um sujeito que não consegue estabelecer-se como centro de sua própria existência"; *Dom Casmurro*, "um antirromance policial – quanto mais evidências Bentinho reúne, menos convincente seu relato se torna" (o que já se dera em *Helena*, dizemos nós, no discurso final de Salvador); *Esaú e Jacó*, um romance histórico que perde o perfil tradicional por ter "um narrador que é simultaneamente personagem da trama"; e *Memorial de Aires*, "uma espécie de biografia dos outros". Tudo se passaria, portanto, como se Machado escrevesse com o propósito de refletir sobre a literatura. Em nossa perspectiva, porém, isso não ocorreria somente após a publicação de *Memórias póstumas de Brás Cubas*, que consensualmente abre sua chamada "segunda fase"; quatro anos antes, com *Helena*, tal problematização da literatura já estaria colocada.

Helena é um trabalho que tanto reelabora o gênero dramático quanto explora temporalidades afastadas, e Machado sabia que sua estratégia discursiva implicava a percepção – por parte do leitor – da *aemulatio* efetuada. Esta, no entanto, só poderia ser apreendida se o leitor compartilhasse com o escritor o conhecimento das referências literárias redimensionadas. E aqui reside um dos três erros de avaliação cometidos por Machado, no que concerne ao alcance da leitura heterodoxa aqui sugerida. Esclareçamos.

A superestimação do leitor

Quanto a esses erros de avaliação, trataremos neste tópico de dois deles; o terceiro se esclarecerá mais adiante. O primeiro foi crer que seu leitor penetraria o território imitado e emulado sem a chave da irreverência ou da irrisão. Na advertência a *Helena*, edição de 1905, é a isso que Machado se refere quando reconhece que, 29 anos antes, estava tomado de uma "fé ingênua" (Assis, 1994, p. 10). Em outras palavras, sem a ironia de *Memórias póstumas de Brás Cubas* e das obras que lhe sobrevieram, a leitura heterodoxa de *Helena*, aqui proposta, não foi identificada, e por ninguém haver alcançado tal leitura, ele reconhece, em frustração, sua "fé ingênua" (e lembremos que esse romance lhe era e foi sempre "particularmente prezado"). Confirma-se isso por uma frase anterior da mesma advertência: "Não me culpeis pelo que lhe [em *Helena*] achardes romanesco". Reparemos que Machado não diz tratar-se de uma obra romântica; ele pede, sim, que o leitor não o culpe pelo que esse mesmo leitor considerar romântico em *Helena*... Na leitura semiótica que faz de romances machadianos, Dilson Ferreira da Cruz enxerga, com perspicácia, este recado de Machado a seu leitor de 1905:

> O diálogo com o narratário, na posição de enunciatário, também retorna no pedido *não me culpeis*... e revela a real natureza do enunciatário visado pelo enunciador. Não é o leitor de aventuras amorosas, como tantas vezes dá a entender o narrador machadiano, mas sim o leitor que não aprecia esse tipo de literatura. Assim, descobre-se que o enunciatário de *Helena* é o mesmo visado pelos outros romances da dita fase madura de Machado de Assis. Ora, sendo o enunciatário o mesmo, não há como o enunciador ser outro (Cruz, 2009, p. 309, grifos do autor).

Dito de outra forma, Machado propõe uma outra visada para a obra, diferente da romântica, incomodamente cristalizada.

No mesmo ano da publicação de *Helena*, revelaram-se os números do primeiro recenseamento geral do Brasil, que mostraram a impactante realidade do analfabetismo de 84% da população nacional. A esse percentual, que fala por si, acrescente-se que já tínhamos, à época, uma população urbana bem diversificada, que então negociava com as culturas popular e erudita. E a tudo isso, some-se o fato de, na vida social brasileira, já estar disseminado o espírito cientificista ligado à ideologia do progresso, inclusive na área literária, o que promoveu o gradual deslocamento de disciplinas clássicas, como a Retórica e a Poética, em favor de outras mais condizentes com o modelo sedutoramente proposto pelas ciências humanas. O romance, como gênero, afirmou-se nessa ambiência; e o preço pago para ter-se o reduzido, mas fiel, público leitor de romances foi o crescente desapego à herança cultural clássica. João Cezar de Castro Rocha diria assim: "Em lugar da imagem do leitor-enxadrista, implícita na técnica da *aemulatio*, pouco a pouco se impôs a figura do leitor-intérprete, hermeneuta de um horizonte limitado" (Rocha, 2013, p. 291).

Já entendemos que Machado escrevia um texto para mais de um tipo de leitor. Acolhendo a sugestão teórica de Luiz Costa Lima, não podemos fugir à sua ideia do "palimpsesto machadiano". No caso de *Helena*, o segundo erro de avaliação de Machado foi crer que fornecera pistas suficientes para que o receptor arguto alcançasse a camada subjacente de seu texto. Os tempos haviam rapidamente mudado... e o novo conjunto de forças que apresentamos tornou difícil ao leitor perceber o combate à tradição empreendido por esse mestre da desleitura. Assim, o texto de superfície instalou-se sem resistência, porque os críticos contemporâneos do escritor também não souberam desestabilizar a soberania do gesto interpretativo romântico.

A vingança, o incesto e o Sistema de Imposturas

A presença literária do mito de Electra em *Helena* deve ser acolhida como centro de uma dupla moldura: a da vingança e a do incesto. A partir da compreensão de ambas, desviar-nos-emos naturalmente da interpretação canônica; esse desvio, contudo, só poderá ser alcançado plenamente com a compreensão adequada do refinado narrador de *Helena* e de seu Sistema de Imposturas. Iniciemos pela vingança.

A vingança

De início, é indispensável que nos posicionemos quanto à fala de Salvador, posta ao fim do livro e tomada pela recepção romântica como "a verdadeira história de Helena". Apesar dos pontos obscuros e do tom artificioso dessa fala, aceitaremos a ideia de que nela, em essência, há verdades sobre Helena, a principal delas sendo a paternidade biológica do falante. Como o logro e a impostura estão explicitados no corpo do texto, "a busca pela criação de um efeito de verdade em toda a narrativa continua a prevalecer. Os segredos, mentiras e falsidades não comprometem a verdade da narração" (Cruz, 2009, p. 343). Há ainda outros pontos que tomaremos por certos, sacados do discurso direto de Salvador:

1. Ao retornar do Rio Grande do Sul, onde fora enterrar o pai, Salvador sabe que foi abandonado por Ângela da Soledade, que levou consigo a filha do casal;

2. Helena tinha seis anos quando Vale, amante de sua mãe, a faz saber que Salvador estava morto;

3. Tempos depois, Helena é matriculada no colégio como órfã de pai e de mãe. Ângela da Soledade ia buscá-la aos sábados, passando-se por sua tia;

4. Com doze anos, Helena e Salvador reencontram-se e entregam-se a um abraço emocionado. Constrangido por Ângela – o que a menina percebe –, ele diz a Helena: "Minha filha, faze de conta que me não viste; morri para ti e para o mundo. Teu pai é outro".

5. Helena estava com treze anos quando sua mãe morre, e Vale a põe residindo definitivamente no colégio.

Em resumo, a mãe de Helena teria abandonado o pai, separando-o da filha, e se teria unido ao amante, num momento em que Helena ainda era muito criança – e para a mente infantil, lembremos Jung, *afastar* e *matar* comumente se equivalem (Jung, 1995, p. 9). Quando ela sabe que foi reconhecida pelo conselheiro Vale como filha natural, tem entre dezesseis e dezessete anos. Psicologicamente arruinada desde que pôde compreender que o pai – a quem amava obsessivamente – lhe fora interditado, tem claro para si o seu assassinato simbólico, uma prova duplicada que ela teve de enfrentar: na primeira, Salvador foi morto por Vale, que verbaliza, que *fala* a morte à menina, depois de convencido por Ângela (que sabia estar Salvador vivo); na segunda, assassinado pela própria mãe, que coagira Salvador a dizer-se "morto" para a filha.

Tendo o conselheiro Vale, por força de testamento, determinado que Helena viesse viver em sua chácara, fica aberto o caminho para a nova interpretação. Acolhida pelos Vale, Helena agirá como Electra, empenhada até a última fibra em vingar a morte do pai – no caso de Helena, a dupla morte simbólica. Estando Ângela e Vale – correlatos de Clitemnestra e Egisto – mortos, o ímpeto reparador de Helena recairá sobre Estácio (o descendente amaldiçoado, segundo o católico Melchior), a quem ela buscará infligir uma ruína emocional tão danosa quanto a que sofreu.

Assim, os laços de sangue são importantes tanto em *Electra* quanto em *Helena*. Entre outras, estas conexões são importantes: Clitemnestra, tal como Ângela da Soledade, assassinou o marido e foi viver com o amante; Agamêmnon e Salvador são maridos traídos e mortos pela mulher e pelo amante, e estes afastam Electra e Helena de seu convívio (em Eurípides, particularmente, Electra é obrigada a casar-se com um camponês e a viver com ele num casebre); o ato de viver perde o sentido para ambas, ao saberem que o pai se foi (morto ou afastado fisicamente).

Em relação à vingança que empreende, Helena manifestará um "senso de missão" absoluto, e se mostrará sempre "soberanamente infeliz", como Antonio Candido disse de Edmund Dantès, d'*O Conde de Monte Cristo* (in Candido, 1952, p. 12). O passo a passo da vindita é construído segundo as circunstâncias, e poderia ser resumido como segue: 1. após tomar a metade da herança de Estácio, Helena o seduz e, assim, cruelmente o tortura, uma vez que ele a tinha por irmã (o que ela sabia não ser); 2. ela o impele para o casamento com a fútil e geniosa Eugênia, não sem antes atormentá-lo com a dúvida sobre ele vir a ser feliz com tal aliança; 3. Helena escolhe para seu marido o melhor amigo de Estácio (Mendonça), no auge da paixão de seu meio-irmão por ela; e 4. ela iria casar-se, deixar a chácara dos Vale e viver vida própria, possivelmente podendo, então, trazer o pai para mais perto de si. Tudo correu como Helena previu e pretendeu; mas, já ao final da empresa, foi desmascarada. Ao quebrar os limites, ao encharcar-se do proibido pela sociedade e sua cultura, Helena converteu-se na causa do próprio mal, e, como afirma o fantasma do rei Dario em *Os persas*, de Ésquilo, os deuses ajudam aquele que, por si só, corra a precipitar a própria perda. Estácio, entretanto, será um homem destroçado após a morte de Helena, o que está longe de tornar fracassada a sua obra vingadora. Com essa configuração em mente, o leitor está habilitado a compreender *Helena* como uma atualização da literatura grega referida. E acrescenta Neila Régia Vieira de Mesquita: "O leitor afeito à Psicologia, por sua vez, pode correlacionar o *topos* literário ao arquétipo junguiano, um padrão funcional atemporal. Assim, o drama vivido por Electra tem a mesma forma que o vivido por Helena, não obstante apresentarem conteúdos diferentes" (Mesquita, 2013, p. 7).

Para fecharmos este primeiro tópico, expressemos o que talvez tenha sido o terceiro erro de avaliação de Machado, no que respeita à leitura em palimpsesto oferecida a seu leitor. Os dois primeiros erros, lembremos, seriam o tom irônico (quase ausente em *Helena*) e as pistas deixadas ao leitor (que ele acreditou serem suficientes). Agora, podemos acrescentar que Machado supôs que a vingança, como tema, não teria abandonado a memória do leitor oriundo do romantismo de Alexandre Dumas, Victor Hugo e Eugène Sue. Diz-nos Antonio Candido:

> Note-se, para começar, que a conjunção perfeita da vingança com o Romantismo pôde dar-se graças à forma literária do romance, onde ela é muito mais fecunda e completa do que no drama, que é uma tragédia romanceada. A perfeita visão da vindita não se perfaz num só momento; antes requer o encadear sucessivo de acontecimentos, que levam do motivo inicial à desforra. Requer duração, a fim de não cingir-se à parábola e aparecer, qual na verdade é, um modo complexo de atividade humana, inserida fundamente no tempo (Candido, 1952, p. 6).

Não foi apenas o primeiro público leitor de *Helena* que não soube perceber que a vingança era a protagonista dessa obra tão magnificamente concebida e elaborada. A leitura estagnada desde aquele tempo chegou aos dias de hoje, sem que fosse problematizado esse ato interpretativo. Machado foi buscar na tragédia clássica o gesto ancestral de vingar e a herança de um destino ou de uma responsabilidade, a qual é trazida pelo sangue, e propôs um arranjo moderno para a tradição. Digamos agora, no entanto, uma necessária palavra sobre a segunda moldura do livro: o incesto.

O incesto

Na justificação da escolha do trabalho, destacamos os refinados *insights* de Helen Caldwell quanto à inclinação trágica de *Helena*. Porém, assim como ocorreu a outros machadianos que tiveram igualmente intuições afortunadas nesse mesmo sentido, Caldwell não se entregou por inteiro às suas intuições, o que a impediu de atingir a verdadeira escrita em palimpsesto de Machado. Leiamos um de seus parágrafos, acerca de *Helena*:

> O livro se inicia com um tema não muito diferente da *Oresteia*, de Ésquilo – a ideia de que crime gera crime. Há uma maldição na casa aristocrática e abastada de Vale, assim como na casa de Atreu. Os ricos caprichos do homem e suas aventuras extraconjugais não apenas provocaram sofrimento e morte precoce à sua mulher, mas também alimentaram incontroláveis paixões em seus filhos, destruindo sua filha Helena no auge de sua juventude e arruinando a felicidade de seu único filho (Caldwell, 1970, p. 50, tradução nossa).

Analisemos o extrato acima. Tendo partido da mais antiga das três peças que exploram o mito de Electra; tendo se apoiado na Lei de Radamanto, discutida por Aristóteles em Ética a *Nicômaco*; e tendo identificado as maldições correlatas em Ésquilo e Machado de Assis, surpreende que, já ao final do parágrafo, Caldwell enverede pela leitura gessada desde o século anterior, em que a "filha" do Conselheiro será arruinada como se fosse uma personagem... romântica.

Nas páginas que destina ao romance, Caldwell seguirá nessa linha. Para ela, o orgulho de Helena, excessivo, leva ao limite a ingenuidade e a paciência do leitor; quanto ao desfecho do romance, a ensaísta norte-americana afirma que ele soa forçado, e que as personagens soam exageradas. E mais, acerca de dois atores importantes: por sua perversidade, Camargo "should have ended badly" (Caldwell, 1970, p. 59), e as cartas e falas de Salvador carecem de verossimilhança. Como vimos, tendo Caldwell vislumbrado uma *segunda* leitura, cometeu o erro de buscá-la usando dados da *primeira*, e então Machado de Assis deixa de ser o que é: um escritor cuja obra disponibiliza recepções fecundas derivadas, muitas vezes, de elementos dispostos em oposição, mas que convivem criativamente no texto ficcional. Assim, na leitura que propomos, e a título de exemplo, Camargo é correto e ético, pois, sendo o único a conhecer a real história de Helena, calou em respeito à vontade e à memória do conselheiro Vale, o amigo morto. Ainda em nossa leitura, o evasivo discurso de Salvador, encharcado de provas, assim se apresenta porque é orquestrado com a filha e precisa ser continuamente revisado; no entanto, devido aos obstáculos ligados ao encontro físico de ambos, não ocorre a adequada revisão dos textos e dos papéis que cabiam a cada um, o que gera a impressão registrada por Caldwell.

Se, para Helen Caldwell, o conflito trágico desvelaria "the soul of the individual hero" (Caldwell, 1970, p. 60), seria indispensável que ela persistisse em todas as pistas oferecidas pelo campo trágico para que a heroína Helena pudesse ser revelada em sua mais íntima condição vital. E, para sê-lo, tornar-se-ia imprescindível reconhecer e acolher as tensões complexas e, decerto, as resistentes fantasias da infância que prendiam Helena a seu pai. A chave para a compreensão do sacrifício da jovem pode ser alcançada por estas palavras: "Desde a primeira meninice, a partir, portanto, de uma fase ainda de inconsciência moral e de infixação afetiva, a heroína é levada a acomodar-se com essa vida equívoca, a conciliar o legítimo com o falso sentimento filial, ajustando-se ao arranjo das aparências" (Castello, 1969, p. 103).

A questão incestuosa, central no romance, não está evidentemente em Estácio e Helena, ou em Camargo e Eugênia, mas sim em Helena e o pai, Salvador; lembremos que ela sucumbe após saber que o pai a abandonara: "Elimino-me", escreveu em carta que, ele sabia, chegaria às mãos da filha. Trinta e seis anos depois da publicação de *Helena*, Jung proferiu uma palestra em Nova Iorque, na qual apresentava seu Complexo de Electra, pautado, expressamente, nas relações entre Electra, Clitemnestra e Agamêmnon:

> Ambos os complexos [Édipo e Electra] de fantasias se desenvolvem com o amadurecimento e entram num novo estágio apenas

no período da pós-puberdade, quando o jovem se separa dos pais. O símbolo dessa separação, já mencionado antes, é o *símbolo do sacrifício*. Quanto mais se desenvolve a sexualidade, tanto mais o indivíduo se força para fora da família a fim de conseguir a independência e autonomia. Acontece, porém, que a história da criança está estreitamente vinculada à família e sobretudo aos pais, de modo que é muito difícil libertar-se inteiramente de seu meio infantil, ou seja, de suas atitudes infantis. Se não conseguir libertar-se internamente, *o complexo de Édipo ou de Electra fará surgir um conflito e, então, está aberta a possibilidade de perturbações neuróticas* (Jung, 1989, p. 157, grifos do autor).

E Jung complementa: "A primeira consequência é o aparecimento de forte resistência contra os impulsos imorais que brotam dos complexos agora ativados" (Jung, 1989, p. 157-158).

Para Machado, o tema do incesto, embora controverso, jamais foi um tabu, até porque fora significativamente explorado no Romantismo, inclusive por um de seus ídolos literários, Gonçalves Dias, que tivera seu drama *Beatriz Cenci* censurado pelo Conservatório Dramático Brasileiro em 1846. Concordando com Caldwell, não nos parece improvável que Machado desejasse escrever um romance sobre o incesto; afinal, desde 1864 ele já exercitava o tema, no conto "Frei Simão", em que ocorre uma paixão entre primos. Três anos depois, em "Possível e impossível", o personagem Teófilo se casa com sua "irmã de coração", uma agregada criada como filha pela mãe de Teófilo. Ainda antes de *Helena*, em 1873, Machado escreve o conto "A menina dos olhos pardos", que explora a paixão de um homem maduro por uma jovem, a quem ela tomava por "segundo pai". Não deixa de ser curioso que, nesses três textos, a personagem feminina chamava-se... Helena.

Até a sua velhice, entretanto, o tema atraiu Machado. Em "Manuscrito de um sacristão" (1884), primos envolvem-se afetivamente; na novela *Casa Velha*, de 1885-6, é contada uma história de amor entre supostos irmãos, como em *Helena*; e em 1905, três anos antes de sua morte, Machado publica o conto "Anedota do cabriolé", em que se dá a fuga de amantes nascidos da mesma mãe. Machado de Assis, portanto, estava longe de ser desinteressado pelo tema; os críticos, desde os mais recuados, eles sim trabalharam os textos machadianos como se o autor deles evitasse o assunto, apesar de todas as evidências em contrário. E, para ilustrar que o mito de Electra serviu-lhe de argumento até o fim da vida, publicou no *Almanaque Brasileiro Garnier*, em 1903, seu conto "Pílades e Orestes", depois incluído em *Relíquias de Casa Velha*, de 1906.

Ao incluir "Pílades e Orestes" nessa compilação feita por ele, Machado de Assis, já com a saúde bem comprometida, parecia querer enviar-nos um derradeiro recado para que atentássemos ao recondicionamento daquelas três tragédias referidas, torcidas e revigoradas por ele para a edificação de um romance cuja protagonista, nos anos 1850 – 1851, age impelida pelas forças primitivas da vingança e do incesto; um texto que, não por acaso, tem como derradeira palavra... pai (ver Guimarães, 2004, p. 153).

O narrador e seu Sistema de Imposturas

Entre os elementos estruturais mais exaustivamente testados por Machado de Assis – em romances, contos, crônicas... – destaca-se o narrador. Machado tinha consciência de que a instância narrativa, ao articular vozes e focalizações, respondia destacadamente pelos efeitos produzidos sobre o leitor.

Como sabemos, a voz do narrador organiza e controla o universo ficcional, inclusive as demais vozes do texto; a focalização (ou modo) relaciona-se ao personagem cujo ponto de vista orienta a perspectiva da narração. Em *Helena*, terceiro romance de Machado, o narrador se mostra plenamente desenvolvido, a considerarmos seu nível de sofisticação técnica, embora poucos críticos tenham sabido apreciá-lo devidamente. Um dos que fugiram a essa inaceitável desatenção foi Ronaldes de Melo e Souza, que examinou como essa "narrativa exibe uma perspectiva dual" (Souza, 2006, p. 93). Trata-se de uma ideia que acolhemos, embora parcialmente. Em *Helena*, Machado desenvolveu uma estratégica alternância entre dois dizeres: o que sente ou percebe o narrador e o que sente ou percebe o personagem. Ele o fez com o fim de gerar e administrar dois níveis de recepção para a obra: instalou um narrador que é onisciente, mas que finge não saber; que tem o domínio hermenêutico da narrativa, mas que oferece perspectivas parciais dela, ao focalizá-la, sobretudo, pelos olhos de Estácio, um personagem pouco percuciente. O importante – importantíssimo – para que se aceite o modelo de leitura aqui sugerido é que se entenda que o narrador delega o saber ao personagem e que este o restitui ao narrador sem que haja qualquer notação gráfica dessa negociação, sem qualquer marcação física que acuse os limites onde, por exemplo, sai a voz do narrador e entra a focalização do personagem. Sem essa compreensão, não se atinge o texto em palimpsesto.

Para exemplificar, destaquemos uma passagem do capítulo VIII: "Helena tinha a carta na mão esquerda; instintivamente a amarrotou como para escondê-la melhor. Estácio, a quem não escapou o gesto, perguntou-lhe rindo se era alguma nota falsa" (Assis, 1994, p. 48). A ideia de que o gesto de Helena é "instintivo" e de que ela "amarrota a carta" para ocultá-la não é do narrador, mas sim de Estácio, que é nomeado logo a seguir (o nome do personagem cuja perspectiva é mostrada nos é passado pelo narrador preferencialmente depois do registro da percepção, como aqui, embora às vezes, poucas, o seja antes). Uma boa imagem para ilustrar esse recuo do narrador em favorecimento do personagem está numa "metáfora teatral" de Hélio de Seixas Guimarães, que usaremos ligeiramente deslocada do seu ambiente original: seria como se o narrador se recolhesse aos bastidores, de onde dirigiria os personagens e avaliaria a reação dos leitores; depois, ele voltaria à "cena aberta" (Guimarães, 2004, p. 150).

Como se nota pelo extrato acima, não há, portanto, uma fronteira visualmente definida entre a visão/percepção do narrador e a do personagem. Tomar esse extrato como se *todo ele* correspondesse ao saber e ao olhar *apenas* do narrador é lê-lo como foi e tem sido lido até hoje: romanticamente. E se tal modo de ler se torna sistemático – em outras palavras, se o leitor não atenta para a permutabilidade entre o narrador evasivo e o personagem infértil – então, de fato, o livro será naturalmente enquadrado como romântico; ou pior, de acordo com larga faixa da crítica: como um melodrama... e malsucedido (porque, a partir desse modo de recepção, surgem circunstâncias que não se explicam satisfatoriamente).

O objetivo de Machado ao instaurar esse narrador em contínuo jogo de alternância com os personagens, sobretudo com Estácio, é gerar o que chamo de Sistema de Imposturas, que é alimentado, também, pelo fato –

este explícito para o leitor – de o narrador saber mais do que narra: "Eugênia desfiou uma historiazinha de toucador, que omito em suas particularidades, por não interessar ao nosso caso" (Assis, 1994, p. 29). Assim estabelecido, esse Sistema de Imposturas, capitaneado e irradiado pelo narrador, promove um conjunto de simulações e dissimulações que alcança a todos, principiando por sua cúmplice, Helena, que ilude – desde o princípio – personagens e leitores. E desse modo temos que Vale é um pai que não é pai; que Salvador é um morto que não é morto, e é um pai que se passa por irmão; que Ângela é mãe que se diz tia; que Melchior é a "voz da verdade" e propõe a mentira como solução do conflito... As imposturas, no entanto, não ficam apenas entre os atores principais; elas descem galeria abaixo, até os tangenciais: Matos é um advogado que desconhece o direito; Macedo é um coronel que é major... tudo instituído e comandado pelo narrador.

Com a hábil construção desse narrador, Machado abre fendas no campo de recepção do romance, por onde se vislumbra o universo da leitura bloqueada de *Helena*, que buscamos desvelar ao recuar para esse romance o traço técnico machadiano de explorar níveis distintos e desdobrar processos no interior de suas narrativas, traço que a crítica costuma identificar, quase que exclusivamente, em sua obra da maturidade.

Conclusão

Através da leitura meticulosa, densa, de leitura linha a linha de *Helena*, empreendida um sem-número de vezes, mergulhamos na *poética da emulação* machadiana e na *bricolagem* acionada pelo escritor sobre as três tragédias citadas, e assim logramos emancipar a leitura de *Helena*, que se impõe como um hipertexto complexo que explora a perversão dos ritos e das relações familiares. Desconstruídos os juízos naturalizados, podemos agora ler *Helena* como o que ele é: um romance magistralmente concebido e realizado, inspirador e intrigante; um romance, diríamos nós, em uma palavra, um romance... *machadiano*.

Referências bibliográficas

ASSIS, Machado de. *Helena* (edição crítica). Rio de Janeiro: Civilização Brasileira; Brasília: INL, 1977.

_____. *Helena*. São Paulo: Ática, 1994.

CALDWELL, Helen. *Machado de Assis: the Brazilian master and his novels*. Los Angeles: University of California Press, 1970.

_____. *O Otelo brasileiro de Machado de Assis*. São Paulo: Ateliê, 2002.

CANDIDO, Antonio. *Monte Cristo ou da vingança*. Rio de Janeiro: Ministério da Educação e Saúde, 1952.

CASTELLO, José Aderaldo. *Realidade e ilusão em Machado de Assis*. São Paulo: Companhia Editora Nacional, 1969.

CRUZ, Dilson Ferreira da. *O éthos dos romances de Machado de Assis*: *uma leitura semiótica*. São Paulo: Nankin; EDUSP, 2009.

CULLER, Jonathan. "Em defesa da superinterpretação". In: ECO, Umberto. *Interpretação e superinterpretação*. São Paulo: Martins Fontes, 2012.

GUIMARÃES, Hélio de Seixas. *Os leitores de Machado de Assis: o romance machadiano e o público de literatura no século 19*. São Paulo: Nankin, 2004.

JUNG, C.G. *Freud e a psicanálise*. Petrópolis: Vozes, 1989.

_____. *Sobre os conflitos da alma infantil*. São Paulo: Círculo do Livro, 1995.

LUZ, Eduardo. *O quebra-nozes de Machado de Assis: crítica e nacionalismo*. Fortaleza: UFC, 2012.

MESQUITA, Neila Régia Vieira de. Sófocles, Machado & Jung: o complexo de Electra na literatura de ontem e de hoje, validando uma nova leitura da Helena machadiana. Trabalho apresentado no *III Colóquio de Cultura Clássica-UFC*, em 17/06/2013.

PROSE, Francine. *Para ler como um escritor: um guia para quem gosta de livros e para quem quer escrevê-los*. Rio de Janeiro: Zahar, 2008.

ROCHA, João Cezar de Castro (org.). *À roda de Machado de Assis: ficção, crônica e crítica*. Chapecó: Argos, 2006.

_____. *Machado de Assis: por uma poética da emulação*. Rio de Janeiro: Civilização Brasileira, 2013.

SOUZA, Roberto Acízelo de. "Os estudos literários: fim(ns) e princípio(s)". In: *Revista Itinerários*, n. 33, p. 15-38, jul./dez. 2011. Disponível em: http://www.seer.fclar.unesp.br/itinerarios/article/view/4859/4086. Acesso em: 16 jan. 2015.

SOUZA, Ronaldes de Melo e. *O romance tragicômico de Machado de Assis*. Rio de Janeiro: EDUERJ, 2006.

ZILBERMAN, Regina. *Estética da recepção e história da literatura*. São Paulo: Ática, 2004.

"Sob o véu dos versos": as artes sibilinas do poético na obra de Machado de Assis

Flávia Amparo

> *Uma obra está formada quando está, em toda parte, nitidamente delimitada, mas é, dentro dos limites, ilimitada e inesgotável; quando é de todo fiel, em toda parte igual a si mesma e, no entanto, sublime acima de si mesma* (Schlegel, 1997, p. 100).

Um legado em negativo: os anos de formação do poeta Machado de Assis

A genialidade da ficção de Machado de Assis projeta, quase sempre, uma sombra em outras vertentes da literatura do escritor. No caso da poesia machadiana, mesmo a crítica e os leitores mais assíduos ainda olham com desconfiança para a produção literária que marcou o início da carreira do autor entre os anos de 1850 e 1870.

Há uma tendência da crítica de estabelecer o cânone a partir do marco literário da carreira de um escritor e delimitar um antes e um depois, desconsiderando alguns percursos de escrita, assim como certos contextos de produção da obra. A valoração de um objeto artístico, conforme afirma Jorge Coli (1995), nem sempre segue critérios objetivos e há variantes que influenciam num julgamento crítico, especialmente as preferências do sujeito que esboça um parecer.

> Os discursos que determinam o estatuto da arte e o valor de um objeto artístico são de outra natureza, mais complexa, mais

> arbitrária que o julgamento puramente técnico. São tantos os fatores em jogo e tão diversos, que cada discurso pode tomar seu caminho. Questão de afinidade entre a cultura do crítico e a do artista, de coincidências (ou não) com os problemas tratados, de conhecimento mais ou menos profundo da questão e mil outros elementos que podem entrar em cena para determinar tal ou qual preferência (Coli, 1995, p. 17-18).

Não há como negar a grandiosidade da obra machadiana a partir de 1880, todavia, ao pôr uma coroa imarcescível no Machado da maturidade, a crítica estabeleceu juízos muito rígidos para as produções que antecederam essa fase, a ponto de considerar as obras do período anterior às *Memórias póstumas de Brás Cubas* como "menores". Nessa lógica, *Ocidentais* (1901) seria o único livro de poesia merecedor de alguma atenção dos leitores, porque escrito num período de consagração do escritor. As demais obras que antecederam as *Memórias* restariam numa espécie de limbo, num lugar à parte da produção machadiana consagrada pelo cânone.

Sobre o apagamento da poesia machadiana, especificamente, podemos retomar a afirmação de Manuel Bandeira, de que Machado-prosador seria o maior adversário do Machado-poeta: "É um perigo para o poeta assinalar-se fortemente nos domínios da prosa. Entra ele nesse caso numa competência muito mais ingrata que a de seus confrades: a competência consigo próprio" (Bandeira, 1979, p. 11). Contudo, o papel que boa parte da crítica de ontem e de hoje continua a exercer com alguma frequência é o de revisitar textos consagrados e sublinhar as diferenças entre as chamadas duas fases machadianas, sejam elas no campo da prosa ou da poesia.

No lugar de reencenarmos o embate entre os dois Machados, convém retirar o poeta desse lugar de sombra, "sob o véu dos versos", sendo preciso, entretanto, evocar um terceiro Machado: o crítico. Em "A nova geração" (1879), o escritor delineia o percurso de maturidade estética e formal da poesia brasileira no século XIX e, com um olhar bem atento, observa o cenário de indefinição da lírica nacional nesse limiar, entre os anos 70 e 80. Machado compreendeu o paradoxo que se punha diante dos poetas daquela geração, decididos a incluir a poesia no plano "realista", mas desafiados pela carência de imaginação nesse cenário de produção literária.

No artigo crítico, para delinear a trajetória da poesia no Brasil, Machado destaca o período de consolidação dos poetas românticos, entre 30 e 40, a que se seguiria a transitória geração de 50 e 60, rapidamente substituída pela de 70, que marcava a estreia de autores denominados pelo crítico de "nova geração". Esta fase que principiava, segundo Machado, carecia de fundamentos estéticos que não se apoiassem unicamente na negação do passado e na rasura do sentimentalismo dos poetas que a antecederam.

O esvaziamento da experiência subjetiva por parte dos novos poetas de 1870 seria resultado imediato do incremento das ciências modernas, as quais, segundo Machado, "despovoaram o céu dos rapazes" (Assis, 1979, p. 810). Desse modo, havia um anseio por parte desses autores jovens de encontrar diretrizes mais objetivas, daquilo que poderia constituir o "realismo poético", a fim de ocupar o vazio deixado pela ausência do idealismo. Sobretudo, era difícil encontrar uma mediação entre o antigo e o novo, uma vez que as vozes mais promissoras da geração anterior calaram--se antes de consolidarem uma obra de vulto.

Sob o signo da falta, o poeta Machado de Assis pertenceu ao período de transição da geração de 50/60, marcada pela morte precoce, seja do corpo ou da memória, como legado em negativo dos primeiros anos de formação. É significativo o fato de o escritor usar a metáfora de um céu "despovoado" para assinalar a perda do ideário romântico, designando também, por associação, a extinção de uma plêiade de poetas num curto espaço de tempo.

No prefácio das *Poesias completas* (1901), Machado iria tratar da morte dos companheiros de geração como forma de justificar a reunião dos poemas da juventude ao lado daqueles da maturidade :

> Podia dizer, sem mentir, que me pediram a reunião de versos que andavam esparsos (...) Ao cuidar disto agora achei que seria melhor ligar o novo livro aos três publicados, *Crisálidas, Falenas, Americanas*. Chamo ao último *Ocidentais*.
> Não direi de uns e de outros versos senão que os fiz com amor, e dos primeiros que os reli com saudades. Suprimo da primeira série algumas páginas; as restantes bastam para notar a diferença de idade e de composição. Suprimo também o prefácio de Caetano Filgueiras, que referiu às nossas reuniões diárias, quan-

> do já ele era advogado e casado, e nós outros apenas moços e adolescentes; menino chama-me ele. Todos se foram para a morte, ainda na flor da idade, e, exceto o nome de Casimiro de Abreu, nenhum se salvou (Assis, 1901, p. V).

Trinta e sete anos depois da publicação de *Crisálidas*, o escritor fazia uma discreta retomada do lamento contido no prefácio da obra, acrescendo uma outra nota trágica ao destino daquela geração: a morte literária. À exceção de Casimiro, as demais vozes dos companheiros de juventude do escritor – de Gonçalves Braga, J. J. Macedo Júnior e de Emílio Zaluar – não tinham mais nenhuma repercussão no cenário artístico do início do novo século. A omissão do texto de Caetano Filgueiras, no novo prefácio, contribuía ainda mais para que essa ausência fosse sentida como um adeus definitivo.

Se, por um lado, os anos da juventude de Machado caracterizaram-se pela democratização do espaço concedido aos autores pelos jornais da época, provocando uma inflação de poetas; por outro, a sucessão de figuras e nomes, muitos deles incipientes, nesse vasto campo favoreceu a diluição do gosto do público, incapaz de absorver completamente a demanda de obras lançadas no período. As incertezas e excessos foram, a rigor, os maiores desafios desse tempo, pois se a efemeridade das obras e a veleidade do público contribuíram para o desaparecimento de muitos autores, também acabaram por interferir no julgamento crítico.

Considerando, portanto, essa indefinição do período em que a obra lírica machadiana se insere, a crítica contemporânea ao escritor demonstrou muitas oscilações em seus pareceres, especialmente quanto ao estabelecimento de critérios para a apreciação crítica do texto poético. Sobre a poesia de Machado, por exemplo, encontramos pareceres muito divergentes de um mesmo livro e, em grande parte dessas análises, verificamos alternância entre parâmetros de estilo, uma vez que, para os que tinham o Romantismo como modelo, a falha do poeta estava na falta de lirismo e imaginação e na frieza da construção dos poemas, enquanto, para os críticos de índole realista, a fantasia era demasiada, enquanto a forma deixava a desejar. Situando-se entre dois polos, a poesia machadiana prosseguiu à margem, não se enquadrando no que os críticos admitiam como elemento lírico primordial.

O caráter híbrido do poeta não se dispunha a negar completamente o passado, nem a aderir ao, ainda informe, modelo de poesia moderna. Frustrando ambas as vertentes, apesar de não desconsiderá-las, Machado constrói sua obra lírica partindo do clássico para tentar criar um modelo original. Erguida sobre o edifício da tradição, a poética machadiana não propôs um viés inovador, mas a releitura e aprimoramento do antigo, num minucioso trabalho de restauração, de reavivamento do sentido primordial da poesia.

> A poesia não é, não pode ser eterna repetição; está dito e redito que ao período espontâneo e original sucede a fase da convenção e do processo técnico, e é então que a poesia, necessidade virtual do homem, forceja por quebrar o molde e substituí-lo. Tal é o destino da musa romântica. Mas não há só inadvertência naquele desdém dos moços; vejo aí também um pouco de ingratidão. A alguns deles, se é a musa nova que o amamenta, foi aquela grande moribunda que os gerou; e até os há que ainda cheiram ao puro leite romântico (Assis, 1979, p. 810).

Para compreendermos melhor como Machado constitui a sua lírica, convém compreender como se realiza o diálogo entre o poeta estreante das *Crisálidas*, de 1864, que já se desvencilhara do ultrarromantismo de sua geração, e o poeta maduro, que publica suas obras completas em 1901, despido das primeiras impressões, sem, contudo, negá-las completamente.

A poesia machadiana, em especial a de *Crisálidas*, apoiava-se num sentido transcendental do poético, que concedia ao poeta o estatuto de intérprete do presente e prenunciador do futuro. Coube ao jovem Machado ocupar-se das artes sibilinas do poético, dando continuidade ao estro na maturidade, uma vez que, à revelia dos contemporâneos, tentava repovoar o céu dos poetas a partir do diálogo com os mestres do passado. Era uma forma de resgatar as fontes originais do poético, para preencher de algum modo a arquitetura do vazio que passou a compor o horizonte de expectativas dos poetas de seu tempo, aqueles que conseguiram sobreviver ao naufrágio das ilusões.

62 Andréa Sirihal Werkema & João Cezar de Castro Rocha (orgs.)

Poesias completas: uma síntese dos contrários machadianos na arte sibilina do poético

> *O mais feliz dos homens é aquele que*
> *consegue ligar o fim de sua vida ao início.*[1]
>
> (Goethe, 2003)

No ensaio *A Defense of Poetry*, Shelley procura resgatar a origem da palavra "poeta" e define o poético como o ponto de partida para o conhecimento mais profundo acerca do homem e do mundo. Segundo afirma, os poetas seriam os mestres que introduziriam "aquela apreensão especial das intermediações do mundo invisível que se chama religião" (Shelley, 2002, p. 173). Entretanto, o termo empregado – "religião" – não se traduz no sentido mais estrito, mas como um poder especial que o poeta possui de interpretar a vida, tornando-se uma espécie de mediador entre o humano e o divino.

> Os Poetas, segundo as circunstâncias da época e da nação nas quais surgiram, foram chamados, nos primórdios do mundo, legisladores ou profetas: um poeta essencialmente engloba e unifica ambos esses personagens. Ele não somente contempla intensamente o presente como ele é e descobre as leis segundo as quais as coisas presentes deveriam ser ordenadas, mas também o futuro no presente, e seus pensamentos constituem as sementes da flor e o fruto da época mais longínqua. (...) Um poeta participa do eterno, do infinito e do uno; no que diz respeito a suas concepções, tempo, lugar e quantidade não existem (Shelley, 2002, p. 173).

No que se refere à concepção artística de Machado de Assis, desde as "Ideias vagas", artigo crítico de 1856, há uma tentativa de esboço sobre o papel do poeta e, consequentemente, sobre a função da poesia na sociedade: "Ele tem uma missão a cumprir neste mundo – uma missão santa e nobre porque é dada por Deus! – É um pregador incansável – um tradutor fiel

---

1 No original: "Der ist der glücklichste Mensch, der das Ende seines Lebens mit dem Anfang Verbindung setzen kann."

das ideias do Onipotente." (Assis, 2008, p. 992). Vemos, nesse sentido, que o escritor cultivava determinados ideais, próprios da concepção de arte vigente na década de 1950. Contudo, se na maturidade o escritor abdicou das "ideias vagas" esboçadas naquele período, não se pode dizer que as abandonou de todo, especialmente pelo fato de algumas delas terem se tornado uma espécie de "ideia fixa" em seu processo de concepção da obra de arte.

O estro religioso da juventude seria reelaborado pelo matiz da ironia na maturidade, mas se tornaria um importante viés para fixar os liames daquela antiga visão sobre o papel do escritor na sociedade. Embora as primeiras concepções, moldadas pela ingenuidade juvenil, tenham passado por profundas transformações, a obra machadiana, como um todo, guarda no íntimo relações e sentidos aplicáveis ao papel primordial do poeta (e do escritor em si) como intérprete privilegiado do pensamento humano.

Machado utilizou esse sestro sibilino para construir sua lírica, instituindo uma Póetica cujas fontes remetiam a uma determinada tradição literária, que concebia a obra de arte a partir de diferentes níveis de leitura. Assim sendo, sua arte exige do leitor uma disposição exegética para poder penetrar nas camadas mais substanciais de sua obra. Não apenas o escritor se colocava como intérprete dos homens no universo artístico, como exigia dos leitores a mesma atitude interpretativa.

Tanto Dante quanto Shakespeare e Goethe, para citar alguns exemplos, se valeriam de uma escrita em dois planos, um explícito e outro implícito, com a finalidade de alcançar um leitor especial dentre seus leitores comuns. Em carta a Carl Iken, em 27 de setembro de 1827, Goethe revelaria o seu método criativo, a forma por ele utilizada para compor o texto literário.

> Como muita coisa de nossa experiência não pode ser pronunciada de forma acabada e nem comunicada diretamente, há muito tempo elegi o procedimento de revelar o sentido mais profundo ao leitor atento por meio de configurações que se contrapõem umas às outras e ao mesmo tempo se espelham umas nas outras (Goethe, 2007, p. 7).

O texto literário é concebido como uma construção de sentidos, não como um significado pronto e acabado. O verdadeiro fundamento da grande obra de arte está no "vir a ser", não no dito ou revelado. Portanto, todo grande escritor, escrevendo em prosa ou em verso, desencadeia uma relação poética com o texto, buscando novos desvendamentos por parte de seus leitores ideais.

Tratando especificamente do uso da escrita poética para compor a maior parte das cenas de *Fausto*, Goethe explicaria de que maneira o verso conseguia amenizar as imagens mais fortes da tragédia:

> Algumas cenas trágicas estavam escritas em prosa; em virtude de sua naturalidade e força elas tornaram-se agora, comparadas com o material restante, inteiramente insuportáveis. Por isso procuro atualmente transpô-las para versos, pois assim a ideia irá transluzir como que através de um véu, mas o efeito imediato do assunto monstruoso será abafado (Goethe, 2004, p. 489).[2]

O uso do verso, como a própria palavra diz, pressupõe existência de dois lados de uma mesma questão: o aparente – anverso – que se mostra ao primeiro olhar; e o subentendido – verso – a face velada. O recurso do velamento poético subentende um leitor-intérprete da obra de arte, enquanto o poeta revela-se como uma espécie de profeta que traz uma mensagem de vital importância para a obra, mas tão densa que não pode ser oferecida de maneira imediata, à primeira vista do leitor. Estaria reservada, neste caso, aos "leitores ruminantes", capazes de processar adequadamente, e sem pressa, o pensamento do autor.

De modo semelhante, segundo estudos de Northrop Frye, a obra de Shakespeare apresenta ao leitor dois diferentes níveis de leitura, principalmente as comédias escritas em verso.

> O fato de as peças serem geralmente em verso demonstra, entre outras coisas, que havia dois níveis de significação: uma significação apresentada ou evidente e uma significação subjacente, dada pelas metáforas e imagens utilizadas, ou por certos acontecimentos ou discursos subordinados e subliminares. Estes fo-

---

2   Carta de Goethe a Schiller, em 5 de maio de 1798.

ram denominados "nível explícito" e "nível implícito". Às vezes, os dois níveis nos oferecem diferentes versões do que está acontecendo (Frye, 1999, p. 15).

Goethe, confessadamente, considerava-se discípulo de Shakespeare. Quando o autor alemão fala em espelhamento e contraposição de imagens, não podemos deixar de perceber certas semelhanças entre a atitude do poeta e o pensamento shakespeariano, principalmente se avaliarmos alguns recursos presentes nas peças escritas em verso, como destaca Frye, e em vários outros momentos da obra.

Antecedendo os dois escritores, Dante já tratava da relação autor/ texto/leitor como o ponto essencial de diálogo, dirigindo-se a uma classe especial de leitores, os de "intelecto são", que podem ultrapassar o sentido usual e penetrar nas águas mais profundas dos seus versos. Seriam aqueles que atentam para determinada doutrina que se esconde "sotto il velame delli versi strani" (Alighieri, 1998, p. 75): "Ó vós que tendes o intelecto são,/ atentai à doutrina que se esconde/ sob o véu dos versos estranhos." (Tradução própria).[3]

Na *Commedia,* nos versos iniciais do "Paraíso", Dante chega a advertir o público descompromissado, ou de intelecto restrito, a abandonar a leitura de sua obra para não se extraviar do rumo pretendido pelo autor:

> Ó vós que em pequenina barca estais,/ E o lenho meu que canta e vai, ansiados/ De podê-lo escutar, acompanhais,//
> Voltai aos vossos portos costumados,/ Não vos meteis no mar em que, presumo,/ Perdendo-me estaríeis extraviados.//
> Ninguém singrou esta água que eu assumo;/ Conduz-me Apolo e Minerva me inspira,/ E nove Musas indicam-me o rumo (Alighieri, 1998, p. 19).

Dante é ousado em sua escrita, dispensa os leitores menos capazes, revelando que sua inspiração, divina por sinal, ultrapassa os sentidos

---

3 No original: *"O voi che avete gl'intelletti sani,/ mirate la dottrina che s'asconde/ sotto il velame delli versi strani"* (Inferno IX, 61-63).

usuais para abrir um caminho nunca antes explorado no universo literário. Metamorfoses, máscaras, véus e espelhos seriam alguns dos recursos nesse jogo de ocultações e revelações, visando sempre a um leitor experimentado, a um confrade de versos ou a uma espécie de "iniciado" nas artes do poético.

O jovem Machado, como vimos nas "Ideias vagas" (1858), admitia inicialmente a ideia do poeta como um ser escolhido, como um profeta que trazia aos homens um pouco da centelha divina, da revelação sublime contida na obra de arte. No entanto, sobrevivendo ao "naufrágio das ilusões", a visão do poeta como "ser sublime" não mais se coadunava com o espírito de outra época, embora a arte, para Machado, jamais tivesse perdido o seu papel libertador.

A literatura restaria para ele como única ponte entre o real e o transcendental, resquício do Romantismo que sobreviveu no âmago da obra machadiana. Essa atitude subjetiva para interpretar dados de uma realidade objetiva se revela na prosa através do desdobramento do narrador – ora envolvido, ora distanciado –, assim como na poesia, especificamente nas *Ocidentais*, verificamos o embate entre planos opostos que se evidenciam pelo contraste: o aniquilamento de um, quase sempre, precede a extinção do outro.

O escritor marca a oposição entre o que se foi, o que se é, e o que se deseja ser: os três eixos temporais. Contudo, não é possível chegar a uma conclusão definitiva de qual seria o tempo ideal, mais perfeito e acabado, nem seria possível reverter as sucessivas metamorfoses de cada fase da existência. A natureza humana estaria fundada nesse "vir a ser", sempre mutável e incompleto, conhecendo tudo, como na filosofia schopenhaueriana, sem jamais conhecer-se plenamente.

Seguindo a tradição dos grandes autores aqui citados, mas renovando certos conceitos através do refinado véu da ironia, Machado concebe um pacto entre autor e leitor, similar ao que observamos nos textos de Goethe, de Shakespeare, e, principalmente, de Dante.

O que se percebe na obra machadiana, da juventude à maturidade, é que o pensamento de determinados autores, as citações e as referências estão presentes tanto na prosa quanto na poesia. Embora exista uma metamorfose, uma aparente mudança do jovem poeta para o prosador da maturidade, Machado mantém uma linha de pensamento que o acompanha em toda a trajetória, seguindo o percurso de uma tradição poética que põe a obra no centro da cena, tendo, como fim último, a sua própria concepção num contexto metapoético.

Além desse diálogo com seus antecessores, retomando ou reformulando o legado dos mestres, há também uma fidelidade do escritor a si mesmo, que vai além da escolha das temáticas, tendo em vista que, continuamente, estabelece vínculos entre o novo e o antigo, entre os modelos do passado e os do seu presente.

Sílvio Romero, com o propósito de "desclassificar" o desafeto de uma vida inteira, critica a fidelidade de Machado a determinados temas e modelos, desde o início da carreira até a publicação das *Poesias completas*, de 1901. Porém, discordamos do caráter negativo das afirmações de Romero, que considera o fato de se manter fiel a um pensamento como indício da ausência de criatividade do autor.

> É por isso que o Sr. Machado de Assis, tendo começado, por certo, os seus primeiros ensaios poéticos aos quinze ou dezesseis anos, já nos aparece em 1864, aos vinte e cinco um poeta feito, com um volume publicado, contendo produções das épocas diversas do fundamental decênio de sua formação, de posse de um estilo, que ele polirá durante cinquenta anos, mas nunca lhe mudará o colorido e a essência, porque o metal que o constitui é sempre o mesmo. É por isso que ele nunca escreveu versos superiores aos dedicados a "Corina", publicados nas *Crisálidas*. É por isso que a última folha das *Ocidentais* – batizada "No alto" – poderia ocupar o lugar da derradeira página, chamada "Última folha", das aludidas *Crisálidas* – escrita quarenta anos antes, ou vice-versa (Romero, 2003, p. 256).

Um outro crítico, Frota Pessoa, diria que Machado era um poeta "correto e frio, sem vibrações, vestindo ideias românticas com forma parnasiana". (Pessoa *apud* Machado, 2003, p. 258). Há uma grande ocorrência de análises formais da poesia machadiana por parte dos leitores contemporâneos do autor. A maioria deles se preocupa excessivamente com a forma, fazendo um levantamento exaustivo das rimas, do ritmo dos versos, da métrica.

68   Andréa Sirihal Werkema & João Cezar de Castro Rocha (orgs.)

O que os contemporâneos esperavam da poesia de Machado? Primeiramente, a opção de Romero pelos "Versos a Corina", como o poema mais bem realizado do escritor nas *Crisálidas*, deixa patente a índole dos críticos de então, ainda muito presos a determinados estilos, assim como demonstra o tipo de poesia ainda cultuado no Brasil: aquele modelo de versos emotivos e sentimentais.

Em contrapartida, o poeta também sentiu o rigor da crítica dos cultores do Parnasianismo, que discutiam apenas sobre os aspectos formais de sua poesia. Esses críticos se davam conta de que os versos soltos, o uso de palavras correntes na língua, no lugar de preciosismos lexicais, não condiziam com o apuro formal da geração de poetas do fim do século XIX. Assim, Múcio Teixeira emitiria parecer crítico sobre o verso solto machadiano:

> De 1889 para cá os nossos poetas deixaram de cultivar o verso solto, que em profusão abunda neste último livro do Sr. Machado de Assis. Ele sempre usou e abusou desse verso (...) Mas não é tão fácil como quer o Sr. Machado de Assis, pois, desde que não obedece à disciplina das consoantes, é subordinado a outras exigências do compêndio de metrificação, não podendo terminar em palavra aguda, nem esdrúxula, além de não lhe ser permitido emparelhar os assonantes (Teixeira, 2003, p. 239).

O que fica patente é a dificuldade dos críticos em enquadrarem Machado numa tendência, partindo dos padrões comuns à época, principalmente se atentarmos para o conteúdo de sua poesia, muito mais voltado para as questões universais do homem – filiado ao espírito da *Weltliteratur* –, do que para uma tendência nacionalista/localista como a da maioria dos poetas de seu tempo. Machado também não se coadunava à poética dos "compêndios de metrificação" dos parnasianos, apesar de ser um poeta de elevada correção formal. Sem dúvida, manteria um gosto clássico, como também aproveitaria muitas das temáticas românticas ao enfocar o subjetivismo do homem na sua leitura de mundo. Essa poesia filosófica de Machado não tinha precedentes no Brasil, daí sua desfiliação, além do estranhamento que causou nos contemporâneos.

Atualidade de Machado de Assis

À época, o mais competente leitor da poesia machadiana, que soube enxergar o estro do poeta, sem elogios demasiados, nem infundados preconceitos, foi José Veríssimo. Seu artigo sobre as *Poesias completas* de Machado, até hoje, é o mais avalizado acerca do poeta, principalmente por percebê-lo como um caso à parte no seu tempo.

> Como é um escritor à parte em nossa literatura contemporânea, assim é o Sr. Machado de Assis também um poeta à parte na nossa poesia. E quer como prosador, quer como poeta, não o é por nenhuma extravagância de pensamento ou de estilo, mas somente pela originalidade do seu engenho, pela singularidade de seu temperamento (Veríssimo, 2003, p. 242).

Não se pode negar que em *Ocidentais*, além de prestar homenagens aos mestres, Machado dialoga também com o poeta que foi e continuava sendo. A configuração das *Poesias completas* sustenta essa hipótese, na medida em que, entre publicar um livro com as poesias da juventude e publicar um livro novo, o escritor optou pela união dos dois, como uma tentativa de reaver o fio poético, esgarçado em determinados pontos da vida.

A montanha, resumindo o ponto de união entre o profético e o poético, foi escolhida como ponto de interseção para unir, numa mesma linha poética, o primeiro Machado ao último. Assim sendo, a estrutura de seu livro inaugural de poesia – *Crisálidas* – reflete-se no derradeiro – *Ocidentais*. O poeta encerra ambas as obras com um poema referente à clássica subida à montanha das musas. Contudo, sublinha a perda da transcendência ao apontar também para a necessidade da descida deste lugar privilegiado. A ânsia pelo sublime da arte se deparava com o ocaso das ilusões da realidade, seria a reencenação do enfrentamento criativo do poeta, entre o ideal e o real.

Em "Última folha", poema que encerra *Crisálidas*, nos interessa particularmente a homenagem, embora velada, que Machado faz a Casimiro de Abreu. Ele usaria o mesmo recurso do autor das *Primaveras* ao nomear o poema que encerra o livro de "Última folha", a derradeira chamada à musa do passado, o reconhecimento de que as ilusões tinham se esvaído, juntamente com a vida dos companheiros de outros tempos.

A epígrafe de Victor Hugo, presente no poema machadiano, assinala a efemeridade da vida: *"Tout passe, tout fuit"*, assim como mostra a evasão dos anseios e planos de futuro. Do mesmo modo, a musa dos primeiros poemas e as ilusões de rapaz parecem ceder espaço a um novo tempo, em que não se podia simplesmente dedilhar a lira romântica e acreditar que a musa favorecia o vate, embora constantemente ela ressurgisse em seus poemas.

O poema que finaliza as *Crisálidas*, na verdade, é um lamento, o derradeiro sopro de inspiração de uma Musa alquebrada. A composição marcaria a descida da montanha das musas, reduto do Romantismo da geração casimiriana, e a definitiva despedida de Machado do estilo que marcou uma fase de grande importância na sua carreira, embora fosse também o reconhecimento de que somente a morte poderia transportá-lo novamente para o espaço do sagrado, de modo que a derradeira metamorfose pudesse, enfim, libertar a borboleta da crisálida para, enfim, "fartar-se do infinito".

> Musa, desce do alto da montanha/ Onde aspiraste o aroma da poesia,
> E deixa ao eco dos sagrados ermos/ A última harmonia.//
>
> Dos teus cabelos de ouro, que beijavam/ Na amena tarde as virações perdidas,/ Deixa cair ao chão as alvas rosas/ E as alvas margaridas.//
>
> Vês? Não é noite, não, este ar sombrio/ Que nos esconde o céu. Inda no poente/ Não quebra os raios pálidos e frios/ O sol resplandecente.//
>
> Vês? Lá ao fundo o vale árido e seco/Abre-se, como um leito mortuário;/ Espera-te o silêncio da planície,/ Como um frio sudário.//
>
> Desce. Virá um dia em que mais bela,/ Mais alegre, mais cheia de harmonias,/ Voltes a procurar a voz cadente/ Dos teus primeiros dias.//
>
> Então coroarás a ingênua fronte/ Das flores da manhã, — e ao monte agreste,/ Como a noiva fantástica dos ermos,/ Irás, musa celeste!// (...)

> Então sim, alma de poeta,/ Nos teus sonhos cantarás/ A glória
> da natureza,/ A ventura, o amor e a paz!/ Ah! mas então será
> mais alto ainda;/ Lá onde a alma do vate/ Possa escutar os
> anjos,/ E onde não chegue o vão rumor dos homens;//
>
> Lá onde, abrindo as asas ambiciosas,/ Possa adejar no espaço
> luminoso,/ Viver de luz mais viva e de ar mais puro,
> Fartar-se do infinito!/
>
> Musa, desce do alto da montanha/ Onde aspiraste o aroma da
> poesia,
> E deixa ao eco dos sagrados ermos/ A última harmonia!
>
> (Assis, 1864, p. 155-158).

A "alma do poeta", de que nos fala Machado, identifica-se com as aspirações do passado, mas já não pode legitimá-las. Machado, apegado à vocação clássica, utiliza a Musa como símbolo da poesia ou da inspiração poética. Tinha preferência por essa representação, no lugar da "virgem loura" cultuada por Casimiro em sua obra. Tanto na "Última folha" de Machado quanto na de Casimiro (em *Primaveras*), nota-se que a evocação é semelhante: que se mantenha o vigor da poesia, que se preserve o gozo, a "última harmonia" como eco do desejo da "alma do poeta".

Além de dialogar com Casimiro, Machado construiu o livro realizando a ligação entre o primeiro e o último poema de *Crisálidas*. Havia clamado pela "Musa Consolatrix" na abertura do livro, aquela que conforta o poeta e lhe garante a tranquilidade, a paz e o "último bem, último e puro". Encerra, com outra musa, a da memória, única capaz de guardar a "última harmonia" do poeta, o eco do passado, já que o presente não mais alimentava as ilusões de outrora.

Embora sob perspectivas distintas, pode-se estabelecer também importantes pontos de contatos entre "Última folha" e "No alto". O poema de *Ocidentais* inicia-se com o verso "O poeta chegara ao alto da montanha". Certamente, o escritor tinha consciência que chegara ao auge da carreira, ao mesmo tempo que marcava a sua despedida do gênero lírico com o projeto de suas *Poesias completas*, de 1901. Assim, além de retomar um *topos* poético da lírica clássica também encontraria uma forma de dialogar com o poeta do passado, articulando no alto da montanha a definitiva síntese entre "o que se foi" e "o que se é", apesar de não existir uma resposta definitiva para a pergunta que surge no poema: "o que será?".

Há uma inversão do curso natural da inspiração poética e, em vez de subir, o poeta resolve descer a encosta. Como em "Última folha", o eu lírico deixa "ao eco dos sagrados ermos/ A última harmonia", de modo que a visão etérea se desfaz, restando apenas o elemento prosaico por natureza.

> O poeta chegara ao alto da montanha,/ E quando ia a descer a vertente do oeste,/ Viu uma coisa estranha,/ Uma figura má.
>
> Então, volvendo os olhos ao sutil, ao celeste,/ Ao gracioso Ariel, que de baixo o acompanha,/ Num tom medroso e agreste/ Pergunta o que será.
>
> Como se perde no ar um som festivo e doce,/ Ou bem como se fosse
> Um pensamento vão,/ Ariel se desfez sem lhe dar mais resposta./ Para descer a encosta/ O outro lhe deu a mão (Assis, 1901, p. 361).

Em relação ao poema, a associação mais frequente feita pela crítica, assim como pelos estudiosos da poesia de Machado, é à peça de Shakespeare, *A tempestade*. Obviamente, a citação de Ariel permite a relação imediata com a obra do dramaturgo inglês, assim como a "figura má" é logo associada à representação de Caliban, outro personagem da peça shakespeariana.

Menos comum, quiçá inexistente, é a explicação acerca da introdução de Ariel no contexto da poesia, ou seja, qual seria a relevância do personagem shakespeariano para a compreensão do poema de Machado? Outro ponto importante é que, afora a observação de Romero, até o momento nenhum crítico estabeleceu uma ligação entre os poemas de *Crisálidas* e os de *Ocidentais* e, mais especificamente, entre as composições que encerram os dois livros.

Não se pode negar que, na proposta do autor em reunir os livros anteriores acrescentando a eles um mais recente, há uma tentativa de confrontar o antigo e o novo, o poeta do passado e o do presente. *Ocidentais*, além de ser uma homenagem aos mestres de Machado, viria a ser uma retrospectiva de sua obra poética da juventude, uma síntese das duas pontas da vida do poeta.

Partindo dessa perspectiva, podemos estabelecer o primeiro vínculo entre "A tempestade" e "No alto", considerando que tanto a peça quanto o poema tratam da despedida de seus autores de um determinado gênero, comportando ambos uma natureza metatextual: o dramaturgo analisa e avalia sua carreira, assim como o poeta tece reflexões acerca da própria obra poética (*stricto senso*) que ali se encerra.

No caso de *A tempestade*, é senso comum entre os críticos a afirmação de que o personagem principal, Próspero, age como uma espécie de alter ego do dramaturgo, tendo em vista que, durante toda a peça, discorre sobre o ato de representar. Além disso, chama-nos a atenção que essa obra, de 1611, tenha sido a última produção integralmente escrita por Shakespeare, marcando, assim, o encerramento de sua carreira como escritor de teatro:

> (...) a personagem central, Próspero, tem características que podem sugerir uma autoidentificação com Shakespeare. Então ela poderia ser peça de Shakespeare, num sentido bastante especial, a despedida de sua arte, se quisermos, especialmente se considerarmos o discurso de Próspero, em que ele promete jogar seu livro ao mar (Frye, 1999, p. 211).

Como a ilha de Próspero, a montanha machadiana é um lugar especial, assinalado por duas vertentes: uma ascendente, tendo a companhia de Ariel (espírito de ar e de fogo), e outra descendente, por onde a "figura má" o conduzirá: o outro lado da encosta.

Além de resumir o passado (ascendência) e o futuro (descendência), se associarmos essa "figura má" a Caliban, que é um ser ligado à terra e à água, chegamos ao contraponto entre o etéreo e o terreno. Não apenas isso: no poema machadiano, especificamente, percebe-se que a montanha é o lugar da fantasia, das imagens etéreas e sublimes do poético – pertencente ao gênero alto –, enquanto o mundo terreno se associa à realidade prosaica – às categorias do gênero baixo na concepção grega do termo.

Tanto em Shakespeare quanto em Machado, a questão principal envolve o conflito de dois caracteres, o contraste entre duas figuras. Fantasia e realidade estariam sendo confrontadas num lugar especial, um *locus amoenus* representado pela ilha ou pela montanha, ambos os ambientes sendo uma espécie de isolamento "mágico" da realidade.

A peça finaliza-se com Próspero libertando Ariel após a execução de vários serviços. O espírito, durante toda a peça, transforma-se continuamente, assumindo diversos papéis, mas sempre invisível aos olhos dos outros: articulando esta e aquela cena, incitando a movimentação dos personagens que habitam a ilha, interferindo em cada ação, enfim, surge como um ator em cena, que busca cumprir o *script* traçado pelo autor. É preciso, porém, concluir a peça, e a cena final encerra-se com a libertação de Ariel e a partida de Próspero da ilha. A viagem de retorno ao mundo real, acompanhado unicamente por Caliban, revela a renúncia à ilha como metáfora do abandono do palco. Assim se constitui a fala principal de despedida do protagonista:

> (...) criai ânimo,/ senhor; nossos festejos terminaram./ Como vos preveni, eram espíritos/ todos esses atores; dissiparam-se / no ar, sim, no ar impalpável. E tal como/ o grosseiro substrato desta vista, / as torres que se elevam para as nuvens,/ os palácios altivos, as igrejas / majestosas, o próprio globo imenso,/ com tudo o que nele contém, hão de sumir-se,/ como se deu com essa visão tênue,/ sem deixarem vestígio. Somos feitos/ da matéria dos sonhos; nossa vida/ pequenina é cercada pelo sono (Shakespeare, 2007, p. 113).

A ilha de Próspero, assim como a figura de Ariel, é tecida de sonhos: desfeita a fantasia, desfaz-se também o pequenino cerco da vida. O microcosmo de Próspero se rompe para dar lugar ao mundo – o macrocosmo – que ele não domina. Caliban faz parte desse mundo fora do homem, universo material que ele não compreende inteiramente, apesar de tentar submetê-lo ao domínio racional.

O epílogo só confirma o caráter metatextual da peça shakespeariana, a partir do momento que Próspero só pode abandonar a ilha, lugar que domina plenamente, após a aprovação do público: "Libertem-me de minha atroz prisão ainda agora,/ Com palmas, com aplauso, com mãos tão generosas/ E as cálidas palavras que das bocas vão soprar e/ Meus planos vão frustrar ou minhas velas enfunar" (Shakespeare, 2007, p. 114).

No poema de Machado, é o poeta que faz o questionamento, "O que será?", sem obter a resposta de Ariel. Inverte-se o panorama representado na peça de Shakespeare. A fantasia parece causar receio ao poeta, dando-lhe um "tom medroso e agreste", enquanto a realidade se revela muito mais segura, na medida em que, diante do desnorteio da cena inicial, a figura má apresenta-lhe um novo caminho, o de descida, apoiado em sua mão.

Esse guia malévolo, por assim dizer, subverte o panorama anterior, atraindo o poeta para baixo. Ao contrário de Próspero, o eu lírico de "No alto" não domina o bem ou o mal, mas necessita da orientação de ambos. Esse ponto de distanciamento entre Machado e Shakespeare nos faz pensar numa outra possibilidade de interpretação do poema, relacionando-o a Goethe pelo apelo à dualidade presente no poema machadiano.

Goethe retomaria em *Fausto* alguns personagens de Shakespeare, incluindo Ariel, que aparece em dois momentos cruciais da peça: na subida ao monte no "Sonho da Noite de Valpúrgis", da primeira parte da tragédia, assim como na abertura da segunda parte, quando Fausto se encontra na "Região amena", ou *locus amoenus*, como anteriormente havíamos nomeado o espaço da ilha e da montanha.

Os estudos sobre a tragédia goethiana a aproximam da peça de Shakespeare, bem como o dramaturgo inglês parece ter se inspirado no *Doutor Fausto*, de Marlowe, para compor *A tempestade*. Próspero e Fausto, dois sábios ou magos, dominam a ciência e o saber dos livros, e, sendo senhores das artes mágicas, dominam a alquimia e o misticismo. Até o nome de ambos seriam sinônimos, segundo nos relata Harold Bloom.

> O nome de Próspero, o mago criado por Shakespeare, é a tradução italiana de Faustus ("o favorecido"), pseudônimo latino adotado em Roma por Simão Mago, o Gnóstico. Tendo Ariel, um espírito ou anjo (o nome em hebraico significa "leão de Deus") a seu serviço, em contraste com Mefistófeles de Marlowe. Próspero é um anti-Fausto shakespeariano, a incontestável superação de Marlowe (Bloom, 2001, p. 803).

Seguindo esse diálogo entre autores, enquanto Shakespeare parece querer negar o *Fausto* de Marlowe com a criação de Ariel, Goethe reúne ambos, Próspero e Fausto, retomando tanto o Ariel de Shakespeare quanto o Mefistófeles de Marlowe. Talvez por isso, em muitas ocasiões o Fausto goethiano apareça submisso e arrependido, enquanto, noutras, surge autoritário e decidido, quase impondo a Mefistófeles suas vontades.

O diálogo de Machado no alto da montanha também retoma a tradição tanto de Shakespeare quanto de Goethe, na medida em que não cita o nome da "figura má", mantendo a ambiguidade que aponta ao mesmo tempo para Caliban e Mefistófeles. A própria natureza dúbia de Mefisto o faz parecer ambíguo, já que se diz parte de uma energia capaz de criar Mal e Bem, assim como, no poema machadiano, o Mal é que oferece auxílio, enquanto o Bem se dilui.

Machado, no poema, aproxima-se muito da mentalidade goethiana ao desmentir a fantasia, veículo das ilusões e incertezas da vida. Seguindo a filosofia de Schopenhauer, ele também renegaria o mais torvo dos males: a esperança, representada pelo "O que será?", lançado a Ariel, como uma pergunta sem resposta que ecoa pelos ares e se esvai juntamente com a figura aérea e vaga.

No ato da peça de Goethe denominado "Noite de Valpúrgis", assim como no poema de Machado, temos uma subida ao monte. No caso do *Fausto*, trata-se do Blocksberg, famosa montanha das bruxas e dos seres maléficos, para onde, inicialmente, Mefisto conduz o protagonista. No entanto, o propósito da figura má não é levar Fausto ao cimo do monte, mas afastá-lo da subida, talvez como se quisesse impedir a visão ampla do personagem, e desviar sua atenção da figura de Margarida que aparece para ele como um espectro da fantasia.

Diante da proposta de desistir da subida, Fausto e Mefisto dialogam:

> FAUSTO: Gênio da oposição! Bem hei de acompanhar-te!
>
> Mas a esperteza admiro; aos cimos/ Do Brocken, nesta noite, os passos dirigimos,/ Para ficarmos cá, de parte.
>
> MEFISTÓFELES: Pois vê que flamejar garrido!/ É um clube alegre reunido./Nunca estás só com o povo miúdo.
>
> FAUSTO: Quisera no alto estar, contudo!/ Vejo fogo e espirais de escuma./ Para o demônio a massa ruma./Mais de um enigma, lá se solve.

> MEFISTÓFELES: E mais de um lá, também se envolve./ Fiquemos cá, onde é quieto, e desande/ A bel-prazer o mundo grande!/ É praxe antiga e de ótimos efeitos/ Serem, no grande mundo, os pequeninos feitos (Goethe, 2004, p. 453).

Fausto deseja rumar para o alto, para o lugar, segundo afirma, onde os enigmas são resolvidos. Mefisto desmente essa concepção ao asseverar que outros enigmas maiores poderiam envolvê-lo "no alto". A figura maléfica o aconselha a ficar no meio da jornada, aproveitando os prazeres do "povo miúdo", ou a tranquilidade do pequeno mundo, em vez de desvendar os mistérios do "grande mundo". Há um convite para que Fausto retroceda: "Fiquemos cá, onde é quieto, e desande/ A bel-prazer o mundo grande!"

No ato seguinte, "Sonho da noite de Valpúrgis", ao contrário de Mefistófeles, Ariel incita os personagens a subirem a montanha: "Deu-te o empíreo, amante e vasto,/ Deu-te o gênio asas viçosas,/ Segue teu ligeiro rasto/ para o morro, lá, das rosas" (Goethe, 2004, p. 487). Ariel é o último personagem a falar no Brocken, seguido de um coro de vozes que anuncia que toda visão está se esvaindo: "Nuvrejão, véu de neblina,/ Dissolvem-se na aurora./ Vento na haste, ar na campina,/ E tudo se evapora" (Goethe, 2004, p. 487).

O primeiro trecho transcrito da fala de Ariel assemelha-se muito ao desejo de expansão do eu lírico do poema "Última folha", de Machado, cuja alma, com asas viçosas, também deseja "adejar "até o infinito. A segunda parte aproxima-se do desfecho do poema "No alto", em que Ariel se dissolve no ar sem dar respostas ao seu interlocutor, tal como na cena final do "Sonho da Noite de Valpúrgis", de Goethe, em que "tudo se evapora".

A segunda parte da tragédia do escritor alemão, escrita em sua velhice, se abre com a cena do retorno de Fausto a um monte não nomeado. Como em *A Tempestade* de Shakespeare, essa última parte do *Fausto* também seria a derradeira despedida do poeta do mundo das letras. O elemento que une a primeira à segunda parte do *Fausto* parece ser Ariel, que fecha a cena do "Sonho da Noite de Valpúrgis" incitando a subida à montanha (antes que toda a cena se evapore), e abre o primeiro ato do *Fausto II*, em que o protagonista desperta no alto do monte, lugar identificado apenas como *locus amoenus* (região amena).

Ariel, seguido de uma ronda de gênios, canta diante de Fausto: "Sílfides, vós, que o envolveis em cerco aéreo,/ Lidai agora a vosso modo etéreo!/ Da alma extraí-lhe o dardo da amargura;/ Do remorso abafai a voz tenaz;/ (...) Das sílfides cumpri o anseio pio,/ À luz sagrada restituí-o" (Goethe, 2007, p. 37-38).

O alvorecer é a hora do dia que dissipa as dores antigas, os males da noite. Ariel evoca o dia e pede que Fausto beba do rio Letes para esquecer os sofrimentos anteriores. Todas as criaturas etéreas anunciam a vinda do sol, como alívio às dores sofridas pelo protagonista da tragédia. A fala de Fausto, porém, contradiz o etéreo e o fantasioso conclamado por Ariel, e o personagem admite que se sente atraído para baixo, para os vínculos materiais e terrenos que Mefistófeles lhe oferece. Não há nele espaço para o sonho, o devaneio ou a ilusão. A realidade soa mais real que toda a região amena anunciada por Ariel.

Aqui encontramos mais um ponto de contato com o poema de Machado: o reconhecimento, por fim, de que não é possível retomar o caminho inicial, que parece sempre impalpável e utópico. Assim, o eu lírico de "No alto" opta por descer a montanha, deixando-se conduzir para o outro lado da encosta: não o lugar do nascer do sol, como no mito platônico, mas a vertente do oeste, onde se encontra a figura má, associada ao ocaso, ao declínio das ilusões.

Como na abertura da segunda parte da tragédia de Goethe, em que Fausto dá as costas ao sol, o poeta de "No alto" desconsidera o ponto de partida e aceita o derradeiro destino. Entre um mundo vasto e irreal (que se desfaz sem deixar resposta) e outro restrito e tangível (que lhe estende a mão), o poeta escolhe o último, aquele que lhe garante mais segurança: o universo prosaico e terreno.

A conclusão lograda por Fausto, no "lugar ameno", casa-se ao pensamento esboçado no poema machadiano: a esperança apenas conduz o homem ao medo e à mais voraz das ilusões (o ar "medroso e agreste", de que nos fala o poema de Machado). O mundo terreno é, pois, o espaço inevitável da vida, que regula o inútil desejo de expansão do eu lírico ("fartar-se de infinito"), de modo que ele não ultrapasse os limites além do que seu estro, puramente humano, poderia suportar.

Seguem-se, desse modo, os conselhos de Mefistófeles, que anteriormente afirmara que, se os enigmas no alto se solucionam, outros mais haveriam de surgir. A vida do homem, que se apresenta diante do olhar de Fausto, mostra-se variada e profusa, alternando-se entre certezas e incertezas. Se a verdade em sua inteireza não pode ser nitidamente contemplada, é na alma do homem que Fausto vê todos os espectros refletidos, de um a outro ponto, de modo que seu pequeno mundo, espelhando indiretamente a luz, o vincula ao fluido intenso da vida.

À guisa de conclusão

Nessa confluência de faustos e prósperos autores, sibilinamente, há de se buscar os valores implícitos que esses sábios do passado deixaram impressos em suas obras. Como um concerto de correspondências, uma obra concede sentido a outra, amplia o horizonte de expectativas do escritor e, em especial, do leitor. No caso machadiano, vemos o escritor maduro revisitar o infante, na intenção de atar as duas pontas da poesia, como se do ocaso pudesse evocar de novo a aurora de outros tempos. É a poesia que, se configurando em imagens e símbolos, aprimora o enigmático fluxo das tradições poéticas e proféticas, tais como definiu Shelley.

O profeta-poeta Machado de Assis uniu, nas *Poesias completas*, o poeta de *Ocidentais* e o de *Crisálidas*, colocando-os frente a frente. O aspirante e o veterano encontraram-se no alto da montanha. Puseram-se a contemplar o próprio rosto, ainda que ambos não reconhecessem mais os traços antigos/recentes um do outro. Estavam, finalmente, atados num mesmo livro, como se esses dois Machados tivessem cumprido a máxima goethiana: "O mais feliz dos homens é aquele que consegue ligar o fim de sua vida ao início", ou talvez, nas próprias palavras machadianas, reformuladas a partir da ideia de Goethe, somente a arte poderia tão habilmente "atar as duas pontas da vida".

Referências bibliográficas

ALIGHIERI, Dante. *A divina comédia.* Trad. de Ítalo Eugênio Mauro. São Paulo: Editora 34, 1998.

ASSIS, Machado de. *Crisálidas*. Rio de Janeiro: Livraria B. L. Garnier, 1864.

_____. *Poesias completas*. Rio de Janeiro. Livraria B. L. Garnier, 1901.

_____. *Obra completa*. 3 vol. Rio de Janeiro: Editora Nova Aguilar, 1979.

_____. 3 vol. Rio de Janeiro: Nova Aguilar, 2008.

BANDEIRA, Manuel. "O poeta". In: ASSIS, Machado de. *Obra completa*. Rio de Janeiro: Nova Aguilar, 1979.

BLOOM, Harold. *Shakespeare: a invenção do humano*. Trad. José Roberto O'Shea. Rio de Janeiro: Objetiva, 2001.

COLI, Jorge. *O que é Arte?* Coleção Primeiros Passos. 15 ed. São Paulo: Editora Brasiliense, 1995.

FRYE, Northrop. *Sobre Shakespeare*. Organização Robert Sandler; tradução Simone Lopes de Mello. São Paulo: EDUSP, 1999.

GOETHE, Johann Wolfgang. *Máximas e reflexões*. Trad. Marco Antônio Casanova. São Paulo: Forense Universitária, 2003.

_____. *Fausto: uma tragédia*. 1ª parte. Trad. Jenny Klabin Segall. São Paulo: Ed. 34, 2004.

_____. *Fausto: uma tragédia*. 2ª parte. (Trad. Jenny Klabin Segall). São Paulo: Ed. 34, 2007.

ROMERO, Sílvio. "Poesias Completas". In: MACHADO, Ubiratan. *Machado de Assis: roteiro da consagração*. Rio de Janeiro: EdUERJ, 2003.

TEIXEIRA, Múcio. "Poesias Completas". In: MACHADO, Ubiratan. *Machado de Assis: roteiro da consagração*. Rio de Janeiro: EdUERJ, 2003.

SCHLEGEL, Friedrich. *O dialeto dos fragmentos*. Tradução, apresentação e notas de Marcio Suzuki. São Paulo: Iluminuras, 1997.

SHAKESPEARE, William. *A tempestade*. Trad. Beatriz Viégas-Faria. Porto Alegre: LP&M, 2007.

SHELLEY, Percy Bysshe & SIDNEY, Sir Philip. *Defesas da poesia*. Trad. Enid A. Dobránszky. São Paulo: Iluminuras, 2002.

VERÍSSIMO, José. "O Sr. Machado de Assis, poeta". In: MACHADO, Ubiratan. *Machado de Assis: Roteiro da Consagração*. Rio de Janeiro: EdUERJ, 2003.

"Que os Estados Unidos começam a galantear-nos, é coisa fora de dúvida": o pan-americanismo de Machado de Assis

Greicy Pinto Bellin

Introdução

O pan-americanismo de Machado de Assis é assunto muito pouco explorado por sua fortuna crítica, que o percebe como um emulador dos padrões literários franceses e ingleses, aos quais teria prestado grande reverência ao longo de sua carreira. É fato inquestionável que a obra machadiana apresenta relações significativas com textos de William Shakespeare, Jonathan Swift, Lawrence Sterne, Molière, entre outros, mas, e para usar palavras do próprio Bruxo, "não estabeleçamos doutrinas tão rígidas que a empobreçam". A hipótese que se levanta neste artigo, resultado de uma pesquisa de pós-doutoramento conduzida no Instituto de Estudos da Linguagem da Universidade Estadual de Campinas (UNICAMP), é a de que Machado de Assis apontou, em alguns de seus textos, para uma percepção pan-americana que possui estreita conexão com uma crítica em relação aos modelos literários vindos da França, com formulações desenvolvidas em algumas de suas crônicas e principalmente no ensaio "Instinto de nacionalidade", em que o escritor reflete sobre o problema da identidade nacional na literatura brasileira oitocentista. Tais formulações remetem à existência de redes literárias interamericanas articuladas a partir da correspondência entre Machado e intelectuais brasileiros que ocupavam cargos diplomáticos nos Estados Unidos, e a partir de um diálogo com os textos de crítica publicados por Edgar Allan Poe na imprensa periódica norte-americana, e que mostram a lucidez do escritor acerca da questão da identidade nacional na literatura de sua época.

Um breve panorama das relações entre Brasil e Estados Unidos no século XIX

Em crônica de 2 de junho de 1878, Machado fornece indícios bastante concretos da aproximação política entre Brasil e Estados Unidos:

> Que os Estados Unidos começam a galantear-nos, é coisa fora de dúvida; correspondamos ao galanteio; flor por flor, olhadela por olhadela, apertão por apertão. Conjuguemos os nossos interesses, e um pouco também os nossos sentimentos; para esses há um elo, a liberdade; para aqueles, há outro, que é o trabalho; e o que são o trabalho e a liberdade senão as duas grandes necessidades do homem? Com um e outro se conquistam a ciência, a prosperidade e a ventura pública. Esta nova linha de navegação afigura-se-me que não é uma simples linha de barcos. Já conhecemos melhor os Estados Unidos; já eles começam a conhecer-nos melhor. Conheçamo-nos de todo, e o proveito será comum (Assis, 2008, p. 93).

O trecho se refere à inauguração do paquete *United States Steam Ships*, que ligava o Rio de Janeiro a Nova York em uma viagem de aproximadamente 22 dias. Emerge, nessa passagem, uma representação de liberdade associada à nação norte-americana, a qual Machado usará como parâmetro para a formulação de um pan-americanismo que perpassa as percepções de identidade literária nacional em sua obra. Esta formulação, por sua vez, corresponde a um crescente interesse, por parte de políticos e diplomatas brasileiros a partir da década de 1860, pelo país que havia conquistado a independência em 1776 e abolido a escravidão na Guerra da Secessão, ocorrida entre 1860 e 1865. Os Estados Unidos eram, além disso, o principal importador do café brasileiro, passando, sob a influência da Doutrina Monroe, a qual preconizava uma "América para os americanos", por um surto expansionista que buscava por novos mercados para a absorção de sua produção industrial, sendo que o Brasil "era visto por vários empresários e políticos daquele país como um dos principais alvos." (Campos, 2016, p. 2). Na opinião de Christian Edward Lynch:

> É conhecido o ideal americanista que tomou conta do país nas duas últimas décadas da monarquia e presidiu quase incontesto à confecção da Constituição de 1891. A despeito da admiração que nutriam pelo senso prático dos ingleses e do patriotismo francês, a grande referência político-institucional dos republicanos brasileiros eram mesmo os Estados Unidos. O que eles admiravam neste país era a estupenda expansão econômica experimentada no curso do século XIX, que multiplicara sua riqueza várias vezes, e lhes permitira agregar territórios até o Pacífico (Lynch, 2012, p. 152-153).

A visão acerca dos Estados Unidos enquanto nação libertária e desenvolvimentista se opõe a uma concepção, bastante arraigada e amplamente aceita no século XIX, de que França e Inglaterra seriam os representantes por excelência da modernidade, conforme observação de Natalia Bas:

> For most of the nineteenth-century, the Brazilian liberal elites found in the 'modernity' of the European Enlightenment all that they considered best at the time. Britain and France, in particular, provided them with the paradigms of a modern civilisation (...) The general picture portrayed by the historiography of nineteenth-century Brazil is still today inclined to overlook the meaningful place that U.S. society had from as early as the 1860s in the Brazilian imagination regarding the concept of a modern society[1] (Bas, 2011).

---

1 "Na maior parte do século XIX, as elites liberais brasileiras encontraram na 'modernidade' do iluminismo europeu tudo o que consideravam de melhor qualidade naquela época. França e Grã-Bretanha, especificamente, forneceram a estas elites os paradigmas de uma civilização moderna (...) O retrato geral pintado pela historiografia brasileira do século XIX inclina-se, até os dias de hoje, a subestimar o lugar significativo ocupado pela sociedade norte-americana na imaginação brasileira em relação ao conceito de sociedade moderna a partir da década de 1860" (tradução de minha autoria).

Formou-se, portanto, um simulacro de modernidade que tendia a não lançar olhar atento para a emergência dos Estados Unidos enquanto nação em desenvolvimento e paradigma para outras percepções que não fossem aquelas ideologicamente marcadas pela ascendência intelectual europeia. Este simulacro, no caso brasileiro, caracterizava-se, sobremaneira, pela centralidade cultural da França, a qual exercia papel preponderante nas trocas literárias transatlânticas e na legitimação de várias obras em trânsito para o Brasil, conforme este trecho de Pascale Casanova em *A República Mundial das Letras*:

> A crença no efeito da capital das artes é tão poderosa que não apenas os artistas do mundo inteiro aceitam sem reservas essa primazia parisiense, como também, dada a extraordinária concentração literária que disso resultou, ela tornou-se o lugar a partir do qual julgados, criticados, transmudados, os livros e os escritores podem se desnacionalizar e assim tornar-se universais (Casanova, 2002, p. 162).

O desgaste da centralidade do modelo francês observado a partir da década de 1860 encontra respaldo em críticas tecidas por Machado, em suas crônicas, à imitação passiva deste mesmo modelo, percebido pelo escritor como um verdadeiro entrave na busca por uma identidade própria para a literatura brasileira. Em crônica publicada no periódico *O Futuro*, o escritor tece severos comentários a respeito da peça "A ninhada de meu sogro", parafraseada a partir do francês por um autor português, Dr. Augusto de Castro, e cuja ação se passava na sociedade brasileira:

> O que importa, porém, desde já para mim, é a menção de uma convicção que tenho de há muito e que desejara que fosse compartida geralmente. Tenho esses trabalhos de imitação por inglórios. O que se procura no autor dramático é, além das suas qualidades de observação, o grau de seu gênio inventivo; as imitações não podem oferecer campo a esse estudo, e tal inconveniente é altamente nocivo ao escritor, senão imensamente prejudicial à literatura (Assis, 2008, p. 104).

Tais comentários aparecem em outras crônicas da série *O Futuro*, periódico luso-brasileiro dirigido por Faustino Xavier de Novais entre os anos de 1862 e 1863, e também na série de crônicas *Dr. Semana*, publicadas entre os anos de 1861 e 1864, atingindo seu ápice na campanha contra o Alcazar Lírico, estabelecimento conhecido por encenar peças e *vaudevilles* franceses, percebidas por Machado como corruptoras da moral e dos bons costumes:

> Há nesta cidade do Rio de Janeiro um estabelecimento, onde, todas as noites, por entre baforadas de fumo e de álcool, se vê e se ouve aquilo que nossos pais nunca viram nem ouviram, embora se diga que é um sinal de progresso e de civilização. Chama-se esse estabelecimento — Alcazar Lírico.
>
> Apesar de velho, não sou carranca e retrógrado, e sei aplaudir todas as novidades que o estrangeiro nos traz, passando pela alfândega do bom senso, ou mesmo por contrabando, contanto que tenha uma capa de moralidade; mas quando essas novidades aparecem no mercado avariadas e cheias de água salgada, fico indignado, pergunto aos meus botões em que país estamos, convenço-me de que somos, na verdade, tidos por selvagens hotentotes, e imploro a Deus para que ilumine as cabeças que nos dirigem, a fim de que apliquem o ferro em brasa, na ferida, que começa a chagar-se pelo veneno que lhe inoculam (Assis, 1938, p. 56).

O escritor deixa bem claro que aplaudiria as novidades do estrangeiro caso passassem "pela alfândega do bom senso", o que reforça sua reserva em relação ao *Alcazar Lirique*, cuja fundação, em 1859, corresponde a um momento importante de transplantação da cultura francesa para o Brasil. Na visão de Lená Medeiros de Menezes (2007), o estabelecimento transfigurou a vida noturna fluminense, tendo sido "imortalizado nas crônicas sobre a cidade pela beleza das mulheres que se apresentavam no palco e pela introdução do teatro de variedades, inspirado na obra de Offenbach." (Menezes, 2007, p. 73). A percepção negativa em relação ao Alcazar não era sustentada apenas por Machado de Assis: Joaquim Manuel de Macedo considerava-o "satânico", percebendo-o como "o teatro dos trocadilhos obscenos, dos cancãs e das mulheres seminuas", que "corrompeu os costumes e atiçou a imoralidade", conduzindo à "decadência da arte dramática e a depravação do gosto". (Macedo, 1988, p. 142). A ideia de que a imitação dos costumes franceses estava corrompendo a sociedade fluminense aparece em vários contos de Machado, entre eles "O segredo de Augusta" (1868) e "Miss Dollar" (1870), em que o protagonista Vasconcelos e o jovem dândi Jorge, respectivamente, aparecem como frequentadores assíduos do estabelecimento.

Outro elemento importante para a busca de Machado por uma liberdade intelectual que apontava para o pan-americanismo é a correspondência, iniciada em 1862, com Quintino Bocaiúva, que residia nos Estados Unidos e lhe teria enviado alguns exemplares da obra de Henry Wadsworth Longfellow, envio este que teria culminado na tradução do poema "Lua da estiva noite", em 1866. Vale ressaltar que Bocaiúva seria, décadas mais tarde, um dos principais agentes na implantação e consolidação do pan-americanismo devido ao seu cargo de Ministro das Relações Exteriores da República e à sua participação ativa na Conferência Pan-Americana de 1890. Outro diplomata que atuou de forma consistente neste sentido foi Salvador de Mendonça, cônsul geral do Brasil em Baltimore, escritor e grande amigo de Machado. Data de 1875 a correspondência em que Machado tece elogios aos Estados Unidos e sugere que gostaria de ocupar um cargo diplomático naquele país:

> Muito me contas deste país. Li-te com água na boca. Pudesse eu ir ver tudo isso! Infelizmente a vontade é maior do que as esperanças, infinitamente maiores do que a possibilidade. Não espero nem tento nomeação do governo, porque naturalmente os nomes estão escolhidos. Mais tarde é possível, talvez (Assis, 2008, p. 1.353).

Machado menciona, nessa mesma carta, o envio de um exemplar de *Americanas*, poema publicado em 1875, para os Estados Unidos, o que sinaliza um interesse concreto no estabelecimento das redes literárias que funcionassem como contraponto ao monopólio francês na literatura brasileira oitocentista. Machado também se correspondeu, entre 1880 e 1900, com Joaquim Nabuco, adido da legação brasileira em Washington e, assim como Bocaiúva e Mendonça, agente relevante na consolidação do republicanismo, do pan-americanismo e da fundação da Academia Brasileira de Letras, instrumento de grande importância para a legitimação do fazer literário no Brasil.

Na sequência deste artigo, analisarei como se deu a gênese do pan--americanismo machadiano a partir do ensaio "Instinto de nacionalidade", publicado em 1873, comparando-o a textos de crítica escritos por Edgar Allan Poe ainda sem tradução para o português, em que, conforme já explicitado, o escritor se posicionava em relação ao problema da imitação e da busca pela identidade literária nacional. A comparação procurará demonstrar a existência de aspectos de uma determinada percepção que não apenas desestabilizava a centralidade cultural europeia, mas fornecia alternativas para os dilemas identitários enfrentados pelos intelectuais em contextos não hegemônicos como o Brasil e os Estados Unidos.

O caso "Instinto de nacionalidade": o pan-americanismo no diálogo com Edgar Allan Poe

A primeira referência de Machado a Poe data do ano de 1866, mais especificamente no conto "Uma excursão milagrosa". Vale salientar que data desta mesma época o já mencionado envio, por parte de Quintino Bocaiúva, de exemplares de Longfellow a Machado. Talvez Salvador de Mendonça, que conforme já explicitado residiu em Baltimore, tenha enviado exemplares da obra de Poe para o amigo, que teria lido os textos do escritor norte-americano diretamente em inglês. Isso explicaria, em parte, os diálogos entre "Instinto de nacionalidade" e ensaios de Poe que não foram traduzidos por Charles Baudelaire. Outras referências à obra poesca aparecem no conto "Só!" (1883), no romance *Quincas Borba* (1899) e no prefácio de *Várias Histórias* (1896), em que Machado se refere aos escritos de Poe como "os primeiros da América". Mais um dado relevante a ser considerado é a presença da edição de John Ingram na biblioteca de Machado de Assis, de acordo com o levantamento realizado por José Luís Jobim (2008), o que nos dá pistas de que o escritor não possuía uma visão estereotipada de Poe, tendo em vista que Ingram foi um dos principais responsáveis por desconstruir as percepções pejorativas de alcoólatra e alienado propagadas pelo biógrafo Rufus Griswold após a morte do escritor norte-americano.

À parte as considerações acerca da recepção da obra poesca, as quais consistiram em tema para outro artigo, o objetivo deste artigo é mostrar como esta recepção impactou a gênese de um dos mais famosos ensaios de Machado de Assis. "Instinto de nacionalidade" foi publicado em 1873 no periódico *O Novo Mundo*, que circulou em Nova York entre 1870 e 1879. Seu fundador foi José Carlos Rodrigues, advogado e jornalista brasileiro que atuava como mecenas e cicerone de intelectuais brasileiros emigrados dos Estados Unidos. Em carta de 1873, Rodrigues solicita a Machado que escreva um ensaio sobre a literatura brasileira de sua época, visando publicação em seu periódico:

> Este jornal (que tem chegado agora ao 3º ano a salvamento) precisa de um bom estudo sobre o caráter geral da literatura brasileira contemporânea, criticando suas boas ou más tendências, no aspecto literário e moral: um estudo que, sendo traduzido e publicado aqui em inglês, dê uma boa ideia da qualidade da fazenda literária que lá fabricamos, e da escola ou escolas do processo de fabricação. [...] Quererá o amigo escrever sobre isso? – Não posso dizer-lhe de antemão quanto lhe pagarei pelo trabalho; mas digo-lhe que desejo muito ter esse artigo e que hei de retribuir-lhe o melhor que puder, regulando-me sempre pela qualidade, não pelo tamanho do escrito. Talvez possamos fazer algum arranjo efetivo para trabalhos deste gênero. Em todo o caso estimaria ter uma ideia de quanto espera receber pelo trabalho (Assis, 2009, p. 78-79).

Em carta a Salvador de Mendonça já citada neste artigo, Machado faz menção explícita a Rodrigues e a *O Novo Mundo*:

> Não remeto exemplar ao nosso Rodrigues porque o Garnier costuma fazê-lo diretamente, segundo me consta. Por aqui não há novidade importante. Calor e pasmaceira, duas coisas que talvez não tenhas por lá em tamanha dose. Aí, ao menos, anda-se depressa, conforme me dizes na tua carta, e na correspondência que li no *Globo* [...] Olha, o Rodrigues é um bom mestre, e *O Novo Mundo* um grande exemplo (Assis, 2008, p. 1.353).

No que diz respeito às *Americanas*, Machado agradece, em outra carta a Salvador de Mendonça, pela resenha de sua obra em solo norte-americano: "Mal tenho tempo de agradecer-te muito do coração o belo artigo que escreveste no *Novo Mundo*, a propósito das *Americanas*. Está como tudo o que é tu: muita reflexão e forma esplêndida. Cá ficará entre as minhas joias literárias." (Assis, 2009, p. 124-125). A circulação norte-americana é explicitamente citada em um dos parágrafos de "Instinto de nacionalidade", em que Machado aponta para algumas referências que teriam sido utilizadas de forma estratégica visando captação de público leitor para o periódico coordenado por Rodrigues:

> Mas, pois que isto vai ser impresso em terra americana e inglesa, perguntarei simplesmente se o autor do *Song of Hiawatha* não é o mesmo autor da *Golden Legend*, que nada tem com a terra que o viu nascer, e cujo cantor admirável é; e perguntarei mais se o *Hamlet*, o *Otelo*, o *Júlio César*, o *Romeu e Julieta* têm alguma coisa com a história inglesa nem com o território britânico, e se, entretanto, Shakespeare não é, além de um gênio universal, um poeta essencialmente inglês (Assis, 2008, p. 1.205).

O questionamento do rótulo de nacionalista atribuído a escritores como Shakespeare e Longfellow consiste em um dos cernes da reflexão machadiana em "Instinto de nacionalidade", caracterizado por uma estratégia discursiva que gera ambiguidade e induz o leitor a pensar que Machado está rendendo homenagens ao nacionalismo ufanista, sendo o que se observa exatamente o contrário. O primeiro parágrafo do ensaio traz a constatação da existência do simulacro de nacionalismo e nacionalidade amplamente utilizado pelos escritores brasileiros, bem como uma percepção crítica acerca do processo formativo da literatura brasileira:

> Quem examina a atual literatura brasileira reconhece-lhe logo, como primeiro traço, certo instinto de nacionalidade. Poesia, romance, todas as formas literárias do pensamento buscam vestir-se com as cores do país, e não há negar que semelhante preocupação é sintoma de vitalidade e abono de futuro. As tra-

dições de Gonçalves Dias, Porto-Alegre e Magalhães são assim continuadas pela geração já feita e pela que ainda agora madruga, como aqueles continuaram as de José Basílio da Gama e Santa Rita Durão. Escusado é dizer a vantagem deste universal acordo. Interrogando a vida brasileira e a natureza americana, prosadores e poetas acharão ali farto manancial de inspiração e irão dando fisionomia própria ao pensamento nacional. Esta outra independência não tem Sete de Setembro nem campo de Ipiranga; não se fará num dia, mas pausadamente, para sair mais duradoura; não será obra de uma geração nem duas; muitas trabalharão para ela até perfazê-la de todo (Assis, 2008, p. 1.203).

Outro aspecto que chama a atenção neste excerto é a menção ao "campo do Ipiranga", o qual, na visão de Machado, pouco ou nada acrescentava para a constituição de uma verdadeira identidade literária. O excerto abaixo, retirado de uma crônica publicada em 1876, nos dá pistas muito concretas acerca da postura machadiana em relação à falácia do mito nacionalista, o que reforça a suposta falta de paralelismo entre a independência política e a literária:

Grito do Ipiranga? Isso era bom antes de um nobre amigo, que veio reclamar pela *Gazeta de Notícias* contra essa lenda de meio século. Segundo o ilustrado paulista não houve nem grito nem Ipiranga. Houve algumas palavras, entre elas a Independência ou Morte, — as quais todas foram proferidas em lugar diferente das margens do Ipiranga. Pondera o meu amigo que não convém, a tão curta distância, desnaturar a verdade dos fatos. Ninguém ignora a que estado reduziram a História Romana alguns autores alemães, cuja pena, semelhante a uma picareta, desbastou os inventos de dezoito séculos, não nos deixando mais que uma certa porção de sucessos exatos. Vá feito! (...) Houve resolução do Príncipe D. Pedro, independência e o mais; mas não foi positivamente um grito, nem ele se deu nas margens do célebre ribeiro. Lá se vão as páginas dos historiadores; e isso é o menos. Emendam-se as futuras edições. Mas os versos? Os versos emendam-se com muito menos facilidade. Minha opinião é que a lenda é melhor do que a história autêntica. A lenda resumia todo o fato da independência nacional, ao passo que

> a versão exata o reduz a uma coisa vaga e anônima. Tenha paciência o meu ilustrado amigo. Eu prefiro o grito do Ipiranga; é mais sumário, mais bonito e mais genérico (Assis, 2008, p. 250).

Assim como em "Instinto de nacionalidade", Machado demonstra elogiar a lenda do "grito do Ipiranga" quando, na realidade, aponta para a sua limitação e questiona seu papel na formação da identidade literária nacional, afirmando, implicitamente, que a lenda pura e simples não seria o suficiente para dar conta de tal formação. O "grito do Ipiranga" enquanto produto de uma historiografia parcial e tendenciosa aponta para um simulacro europeu que não teria qualquer relação com uma identidade própria construída nas Américas, remetendo, ainda que subliminarmente, para o pan-americanismo que será construído a partir das relações com os textos de Poe.

Outro aspecto que inviabilizava a configuração identitária era o que Machado chamou de "homogeneidade de tradições" entre Brasil e Portugal. Com esta afirmação, o autor toca, ainda que de forma não declarada, na transferência da corte real portuguesa para o Brasil, que teria criado esta homogeneidade. O que se sobressai é a ideia de que a literatura brasileira não possuía identidade própria, conforme se observa no trecho em que o escritor menciona as obras de Basílio da Gama e Santa Rita Durão, as quais "quiseram antes ostentar certa cor local do que tornar independente a literatura brasileira, literatura que não existe ainda, que mal poderá ir alvorecendo agora." (Assis, 2008, p. 1.204). Estabelece-se, portanto, uma clara distinção entre o que se afirma como "cor local", produto do simulacro, e independência literária, que não se sustentaria na reprodução de tal simulacro. A ideia de uma literatura que "mal pode ir alvorecendo agora" aponta para um sistema literário ainda não completamente formado e dependente dos padrões europeus, percepção esta presente no ensaio "Letter to B", de Poe:

> You are aware of the great barrier in the path of an American writer. He is read, if at all, in preference to the combined and established wit of the world. I say established; for it is with literature as with law or empire – an established name is an estate in tenure, or a throne in possession. Besides, one might suppose that books, like their authors, improve by travel – their having

> crossed the sea is, with us, so great a distinction. Our antiquaries abandon time for distance; our very fops glance from the binding to the bottom of the title page, where the mystic characters which spell London, Paris or Genoa, are precisely so many letters of recommendation[2] (Poe, 2004, p. 589).

A ideia de que os livros melhoram devido à circulação transatlântica remete à crítica em relação à importação literária, observada em Machado, e também à ideia de legitimação europeia, presente no comentário sarcástico segundo o qual Londres e Paris seriam as cartas de recomendação das obras. Por outro lado, Poe irá criticar, em "Exordium to Critical Notices", o nacionalismo exagerado dos escritores norte-americanos, que não correspondia a um desejo real de emancipar a literatura e sim, a uma manifestação irrefletida de fuga ao simulacro europeu:

> Time was when we imported our decisions from the mother country. For many years we enacted a perfect farce of subservience to the *dicta* of Great Britain. At last a revulsion of feeling, with self-disgust, necessarily ensued. Urged by these, we plunged into the opposite extreme. In throwing *totally* off that "authority", whose voice had so long being so sacred, we even surpassed, and by much, our original folly. But the watchword now was, "a national literature!" – as if any true literature *could be* "national" – as if the world at large were not the only proper stage for the literary *histrio* (...) we found themselves daily in the paradoxical dilemma of liking, or pretending to like, a stupid book the better

---

2   "Você está ciente da grande barreira existente no caminho de um escritor americano, que é lido, se é que o será, de acordo com a sabedoria estabelecida e acordada do universo. Digo estabelecida, porque ocorre com a literatura a mesma coisa que se observa com as leis ou com o império – pois um nome estabelecido é uma propriedade de posse, ou um trono possuído. Além disso, pode-se supor que livros, assim como seus autores, melhoram quando viajam – o fato de ter cruzado o oceano é, a nossa ver, uma grande distinção. Nossos antiquários abandonam o tempo pela distância, nossos almofadinhas olham de alto a baixo da página principal, onde os místicos caracteres Londres, Paris e Gênova são, precisamente, as principais cartas de recomendação" (tradução minha).

because (sure enough) its stupidity was of our own growth, and discussed our own affairs[3] (Poe, 2004, p. 632).

Machado afirma que a literatura brasileira carece de identidade devido à homogeneidade das tradições entre Brasil e Portugal, país que o colonizou, ao passo que Poe, por sua vez, afirma de maneira contundente que a literatura norte-americana oscila entre extremos, e que tal oscilação não é indicativa de uma busca por autonomia, mas de falta de maturidade literária. Tal maturidade, ao contrário do que muitos pareciam pensar, não seria atingida a partir da apreciação de obras de baixa qualidade pelo simples fato de que tais obras refletiam a "cor local", o que funciona como uma desestabilização da importância atribuída a este componente para a busca de uma identidade literária nacional.

O indianismo é outro tópico abordado por Machado em "Instinto de nacionalidade", consistindo em um dos principais componentes da esfera discursiva da nacionalidade e da cor local. O escritor problematiza a importância de tal componente sem descartá-lo completamente enquanto modo de representação, desde que traga em seu bojo os elementos de uma verdadeira arte literária:

> É certo que a civilização brasileira não está ligada ao elemento indiano, nem dele recebeu influxo algum; e isto basta para não ir buscar entre as tribos vencidas os títulos da nossa personalidade literária. Mas se isto é verdade, não é menos certo que tudo é

---

3   "Foi-se o tempo em que importávamos nossas decisões da nação que nos colonizou. Por muitos anos, encenamos a farsa da subserviência às regras da Grã-Bretanha. Por último, resultou, necessariamente, uma repulsa de sentimento, com um desgosto voltado a si próprio. Impulsionados por estes sentimentos, fomos ao extremo oposto. Na ânsia de nos libertarmos daquela 'autoridade', que foi tão sagrada por tanto tempo, superamos, e muito, nossa loucura original. Mas a palavra de ordem era agora 'literatura nacional!' – como se todo e qualquer tipo de literatura pudesse ser nacional – como se o mundo como um todo não fosse o palco por excelência da história literária (...) nos encontramos diariamente no paradoxal dilema de gostar, ou fingir gostar, de livros estúpidos porque (quase certamente) sua estupidez pertence ao nosso país, e discute assuntos relativos a ele" (tradução minha).

> matéria de poesia, uma vez que traga as condições do belo ou os elementos de que ele se compõe (...) Erro seria constituí-lo um exclusivo patrimônio da literatura brasileira; erro igual fora certamente a sua absoluta exclusão (Assis, 2008, p. 1.204).

O "elemento indiano" aparece em *Americanas*, mais especificamente em uma representação libertária do índio que apareceria, por exemplo, na poesia de Sousândrade, poeta que, aliás, viveu nos Estados Unidos. Poe, por sua vez, acreditava que as manifestações da cor local sinalizavam a arrogância de uma jovem literatura buscando por identidade e autonomia, em tentativas muitas vezes imaturas e intempestivas de superar a subserviência aos modelos europeus:

> We are becoming boisterous and arrogant in the pride of a too speedily assumed literary freedom. We throw off, with the most presumptuous and unmeaning hauteur, *all* deference whatever to foreign opinion – we forget, in the puerile inflation of vanity, that *the world* is the true theatre of the biblical histrio – we get up a hue and cry about the necessity of encouraging native writers of merit – we blindly fancy that we can accomplish this by indiscriminate puffing of good, bad, and indifferent, without taking the trouble to consider that what we choose to denominate encouragement is thus, by its general application, rendered precisely the reverse[4] (Poe, 2004, p. 605).

O próximo excerto é ainda mais contundente, reiterando a ideia de que tratar de assuntos próprios do local não implicava, necessariamente, em qualidade literária:

---

4   "Estamos nos tornando arrogantes e violentos em nosso orgulho de uma autonomia literária assumida de forma muito célere. Jogamos fora, de forma presunçosa e insignificante, toda a deferência em relação à opinião estrangeira – esquecemos, na inflação pueril da vaidade, que o mundo é o palco apropriado da história bíblica – lançamos um grito em relação à necessidade de encorajar escritores nativos de mérito – e cegamente fingimos que podemos alcançar isso bufando indiscriminadamente que somos bons, maus ou indiferentes, sem nos preocupar em considerar que o que escolhemos chamar de encorajamento, em sua aplicação mais geral, redundou no extremo oposto" (tradução minha).

Atualidade de Machado de Assis

> In a word, so far from being ashamed of the many disgraceful literary failures to which our own inordinate vanities and misapplied patriotism have lately given birth, and so far from deeply lamenting that these daily puerilities are of home manufacture, we adhere pertinaciously to our original blindly conceived idea, and thus often find ourselves involved in the gross paradox of liking a stupid book the better, because, sure enough, its stupidity is American[5] (Poe, 2004, p. 605).

A desconstrução proposta por Poe é emulada por Machado quando este afirma que considera errônea e opinião segundo a qual "[...] só reconhece espírito nacional nas obras que tratam de assunto local, doutrina que, a ser exata, limitaria muito os cabedais da nossa literatura." (Assis, 2008, p. 1.205). O pan-americanismo do escritor torna-se mais claro no excerto em que, tratando mais uma vez do indianismo, aponta a natureza americana como fonte de inspiração para os escritores brasileiros:

> Compreendendo que não está na vida indiana todo o patrimônio da literatura brasileira, mas apenas um legado, tão brasileiro como universal, não se limitam os nossos escritores a essa só fonte de inspiração. Os costumes civilizados, ou já do tempo colonial, ou já do tempo de hoje, igualmente oferecem à imaginação boa e larga matéria de estudo. Não menos que eles, os convida a natureza americana, cuja magnificência e esplendor naturalmente desafiam a poetas e prosadores (Assis, 2008, p. 1.205).

Poe também mostra o seu pan-americanismo quando se refere ao "Andes da mente" no ensaio "Letter to B" para metaforizar as Américas, em trecho no qual discute a leitura de Shakespeare dentro da ótica da depen-

---

5   "Em uma palavra, longe de nos envergonhar das muitas e desgraçadas falhas literárias geradas por nossas vaidades não ordinárias e patriotismo mal utilizado, e longe de profundamente lamentar que estas infantilidades diárias são produzidas em casa, aderimos, de forma pertinaz, às nossas cegas e originalmente concebidas ideias, e nos encontramos envolvidos no brutal paradoxo de gostar mais de um livro porque, certamente, a sua estupidez é americana" (tradução minha).

dência do intelectual norte-americano em relação às opiniões vindas de fora dos Estados Unidos:

> But the fool's neighbor, who is a step higher on the Andes of the mind, whose head (that is to say his more exalted thought) is too far above the fool to be seen or understood, but whose feet (...) are sufficiently near to be discerned, and by means of which that superiority is ascertained, which *but* for them would never have been discovered – the fool believes Shakespeare is a great poet – the fool believes him, and it is henceforward his *opinion*[6] (Poe, 2004, p. 589).

Machado se refere a Shakespeare no seguinte trecho, já citado no início desta análise: "(...) e perguntarei mais se o *Hamlet*, o *Otelo*, o *Júlio César*, o *Romeu e Julieta* têm alguma coisa com a história inglesa nem com o território britânico, e se, entretanto, Shakespeare não é, além de um gênio universal, um poeta essencialmente inglês" (Assis, 2008, p. 1.205). Tal referência consiste, aliás, em outra similaridade entre Machado e Poe, que continua o raciocínio da citação acima referindo-se novamente ao poeta inglês em "Letter to B":

> This neighbor's own opinion has, in like manner, been adopted from one above *him*, and so, ascendingly, to a few gifted individuals, who kneel around the summit, beholding, face to face, the master spirit who stands upon the pinnacle[7] (Poe, 2004, p. 589).

---

6   "Mas o vizinho do tolo, que se encontra um passo acima dos Andes da mente, cuja cabeça (quero dizer, seu mais exaltado pensamento), que está muito acima deste mesmo tolo para ser visto ou compreendido, mas cujos pés (...) estão suficientemente próximos para serem discernidos, e por meio dos quais aquela superioridade é assegurada, e que para eles jamais teria sido descoberta – este tolo acredita que Shakespeare é um grande poeta – o tolo acredita nele, e é esta sua opinião" (tradução minha).

7   "A opinião do próprio vizinho foi, de certa maneira, adotada por alguém acima dele, e assim, de forma ascendente, o é para alguns cidadãos afortunados, ajoelham-se em torno do cume, contemplando, face a face, o espírito mestre que permanece no topo" (tradução minha).

Tanto Poe quanto Machado sugerem que Shakespeare estava sendo lido de forma elitista, tendenciosa, a partir de percepções externas, fossem elas advindas de um simulacro questionável de nacionalidade, ou advindas das percepções dos "vizinhos", no caso de Poe, a própria Inglaterra. Sobressai-se, no caso de Poe, a ideia de superioridade associada ao colonizador, percepção esta que o escritor busca questionar e problematizar. Shakespeare é, neste sentido, uma forte referência para escritores não hegemônicos, conforme reflexão de João Cezar de Castro Rocha em *Culturas shakespearianas: por um novo modelo teórico*. O autor defende a ideia de que "o Brasil e outros países de passado colonial recente articularam 'culturas shakespearianas' recorrendo ao olhar alheio para definir a própria imagem" (Rocha, 2017, p. 142). No que diz respeito à busca pela identidade literária na obra machadiana, Poe seria o olhar alheio ao qual Machado recorre, um olhar diferente e, ao mesmo tempo, muito parecido com o seu próprio devido às razões políticas que aproximavam Brasil e Estados Unidos naquela época. O pan-americanismo se estabeleceria, portanto, a partir de uma sintonia de ideias que objetivava desconstruir a ascendência cultural europeia sobre o "novo mundo" e criar as bases para uma criação literária própria das Américas. Daí a necessidade de se transformar o escritor em um "homem do seu tempo e do seu país", cerne da principal reivindicação de Machado em "Instinto de nacionalidade":

> O que se deve exigir do escritor antes de tudo, é certo sentimento íntimo, que o torne homem do seu tempo e do seu país, ainda quando trate de assuntos remotos no tempo e no espaço. Um notável crítico da França, analisando há tempos um escritor escocês, Masson, com muito acerto dizia que do mesmo modo que se podia ser bretão sem falar sempre do tojo, assim Masson era bem escocês, sem dizer palavra do cardo, e explicava o dito acrescentando que havia nele um scotticismo interior, diverso e melhor do que se fora apenas superficial (Assis, 2008, p. 1.205-1.206).

O escritor usa a referência a um escritor escocês como forma de apontar para a libertação em relação ao simulacro de nacionalidade que permeava as discussões sobre nacionalismo, desconstruindo, mais uma vez, a ideia da cor local enquanto apanágio desta mesma nacionalidade. Machado ainda ironiza, assim como Poe, a concepção arraigada segundo a qual a inovação literária vinha apenas da Europa, conforme expresso no excerto a seguir: "(...) e se há casos em que eles rompem as leis e as regras, é porque as fazem novas, é porque se chamam Shakespeare, Dante, Goethe, Camões" (Assis, 2008, p. 1.209). Percebe-se, assim, a constatação da falta de novidade na produção literária brasileira, a qual era ocasionada pela imitação dos padrões literários europeus em tradição tida por Machado como "errônea", conforme explicitado no ensaio "A nova geração", de 1878: "Quanto a Baudelaire, não sei se diga que a imitação é mais intencional do que feliz. O tom dos imitadores é demasiado cru; e aliás não é outra a tradição de Baudelaire entre nós. Tradição errônea (...)" (Assis, 2008, p. 172).

Considerações Finais

O que este artigo tencionou demonstrar é que tanto Poe quanto Machado possuíam, cada um à sua maneira, interesse por um pan-americanismo a partir do qual se tornaria possível constituir uma identidade literária em contextos não hegemônicos. A crítica à assimilação passiva dos padrões europeus será desenvolvida por escritores como Jorge Luís Borges no início do século XX, conforme se observa na seguinte afirmação: "El culto argentino del color local es un reciente culto europeo que los nacionalistas deberian rechazar por foráneo" (Borges, *apud* Fischer, 2008, p. 84-85). A identificação proposta por Borges entre a cor local e o simulacro europeu é muito semelhante à feita por Poe quase um século antes, o que sinaliza a reverberação, no século XX, do interesse por determinadas constituições identitárias na literatura latino-americana. Trata-se de tópico ainda a ser explorado com mais consistência em futuras pesquisas, a partir das quais será possível averiguar a amplitude do diálogo entre Poe, Machado de Assis e a produção contemporânea.

Referências bibliográficas

ASSIS, Machado de. *Obra Completa*. Rio de Janeiro: Edições Jackson, 1938.

_____. *Obra completa*. Rio de Janeiro: Nova Aguilar, 2008.

_____. *Correspondência de Machado de Assis*. Rio de Janeiro: Academia Brasileira de Letras: t.II, 2009.

BAS, Natalia. *Brazilian Images of the United States, 1861-1898*: *A Working Version of Modernity?* Tese (doutorado) - Inglaterra, University College London, 2011.

CAMPOS, Elion de Souza. A aproximação entre o Brasil e os Estados Unidos da América na obra da Salvador de Mendonça (1870-1913). *Anais do XVII Encontro de História da ANPUH-RIO*, Nova Iguaçu 2016.

CASANOVA, Pascale. *A República Mundial das Letras*. Trad. Marina Appenzeller. São Paulo: Estação Liberdade, 2002.

FISCHER, Luís Augusto. *Machado e Borges e outros ensaios sobre Machado de Assis*. Porto Alegre: Arquipélago Editorial, 2008.

JOBIM, José Luis. *A biblioteca de Machado de Assis*. Rio de Janeiro: Academia Brasileira de Letras, 2008.

LYNCH, Christian Edward. "O caminho para Washington passa por Buenos Aires: a recepção do conceito argentino do estado de sítio e seu papel na construção da República brasileira (1890-1898)". *Revista Brasileira de Ciências Sociais*, v. 27, n. 78, p. 149-196, 2012.

MACEDO, Joaquim Manuel de. *Memórias da Rua do Ouvidor*. Brasília: UnB, 1988.

MENEZES, Lená Medeiros de. "Letter to B". In: THOMPSON, Gary Richard (org). *The Selected Writings of Edgar Allan Poe*. New York: Norton and Company, 2004, p. 588-593.

_____. "Exordium to Critical Notices". In: ___. *The Selected Writings of Edgar Allan Poe*. New York: Norton and Company, 2004, p. 632-635

_____. "(Re)inventando a noite: o Alcazar Lyrique e a *Cocotte Cómediénne* no Rio de Janeiro oitocentista". *Revista Rio de Janeiro*, v. 20, n. 2, p. 73-91, 2007.

ROCHA, João Cezar de Castro. *Culturas shakespearianas: por um novo quadro teórico*. São Paulo: É Realizações, 2017.

A besta do apocalipse e a produção de sentidos em *Papéis avulsos*

Jacyntho Lins Brandão

Na "Advertência" a *Papéis avulsos*, escrita em outubro de 1882, Machado de Assis começa por observar que o próprio título da coletânea "parece negar ao livro uma certa unidade", fazendo crer que "o autor coligiu vários escritos de ordem diversa para o fim de não os perder". E continua: "A verdade é essa, sem ser bem essa. Avulsos são eles, mas não vieram para aqui como passageiros, que acertam de entrar na mesma hospedaria. São pessoas de uma só família, que a obrigação do pai fez sentar à mesma mesa" (*PA*, p. 252).[1]

A crer-se no título e considerando que o substantivo 'avulso' designa a 'folha impressa para distribuição em público', também chamada de 'folha volante', o livro poderia ser entendido como um mero ajuntamento do que por natureza seria separado, o que seria uma hipótese legítima, na linha do que se diz no prefácio a *Páginas recolhidas*, livro de contos e mais alguma coisa, publicado em 1899, em que Machado afirma que os contos ou novelas ali reunidos "saíram primeiro nas folhas volantes do jornalismo, em data diversa" (Assis, 1986, v. 2, p. 576). Contudo, esse sentido primeiro deve ser modalizado, já que o próprio autor esclarece que "a verdade é essa, sem ser bem essa", cumprindo então lembrar como o adjetivo 'avulso', que é a classe com que se emprega a palavra na denominação do livro, além de designar 'o que não faz parte de um todo', se diz principalmente do que foi 'arrancado

---

1 Por comodidade, as citações ou remissões a *Papéis avulsos* se farão com a sigla *PA* e o número da página, conforme a edição de 1986 das obras completas de Machado de Assis.

ou separado à força', do que foi 'separado do corpo de que faz parte', foi 'desirmanado' (cf. Houaiss, 2001, s. v., que remete ao étimo latino *auellere*, 'arrancar', 'tirar à força', 'apartar violentamente'), como quando se compra um cigarro retirado do maço ou algum outro item separado do conjunto. Ora, isso faz pensar que esses papéis pertenceriam, então, a um todo, sem que se declare qual seja, do qual, primeiro, foram desirmanados, para, em seguida, serem reunidos à volta da mesa paterna. Parece que é a essa operação complexa que Machado remete, ao dizer que não se trata de "passageiros" entrados por acaso numa mesma hospedaria, mas da reunião de pessoas de uma mesma família.

É sobre os movimentos que emprestam sentido a esses papéis que se dizem avulsos, mesmo que não de um modo comum, que proponho fazer alguns apontamentos aqui, a questão do sentido sendo assunto do segundo parágrafo da advertência, em que se arrolam dois argumentos, melhor, duas defesas: "Direi somente, que se há aqui páginas que parecem meros contos e outras que não o são, defendo-me das segundas com dizer que os leitores das outras podem achar nelas algum interesse, e das primeiras defendo-me com S. João e Diderot". De Diderot, Machado tira a defesa do fato de que "ninguém ignora que ele, não só escrevia contos, e alguns deliciosos, mas até aconselhava a um amigo que os escrevesse também". De S. João, ele havia esclarecido antes como "o evangelista, descrevendo a famosa besta apocalíptica, acrescentava (XVII, 9): 'E aqui há sentido, que tem sabedoria'". Se, com relação a Diderot ele deduz: "Eis a razão do enciclopedista: é que quando se faz um conto, o espírito fica alegre, o tempo escoa-se, e o conto da vida acaba, sem a gente dar por isso", de S. João declara que "menos a sabedoria, cubro-me com aquela palavra", ou seja, recusando o "que tem sabedoria", ele se cobre com o "e aqui há sentido" (*PA*, p. 252).

Afirmei propor-me fazer aqui não mais que apontamentos sobre os modos como se produzem os sentidos em *Papéis avulsos* porque seria impossível, num mero artigo, dar conta de todas as operações em jogo. Assim, tratarei apenas de três pontos: a) o problema do gênero que se reivindica para os textos; b) os processos de reescrita que se adotam, com ênfase no conto "Uma visita de Alcibíades"; c) o desenho arquitetônico do livro e o sentido de "avulsos" que se atribui aos contos.

O que parece conto e o que não é

A "Advertência" de *Papéis avulsos* foi escrita num momento próximo do que se poderia considerar o mais famoso dos prólogos de Machado, intitulado "Ao leitor" e assinado por Brás Cubas, nas *Memórias póstumas* daquela personagem, que esclarece: "Trata-se, na verdade, de uma obra difusa, na qual eu, Brás Cubas, se adotei a forma livre de um Sterne, ou de um Xavier de Maistre, não sei se lhe meti algumas rabugens de pessimismo" (Assis, 1986, v. 1, p. 513). No prólogo da terceira edição, Machado, com nome próprio, detalha mais a gênese do livro: a) a primeira edição das *Memórias* "foi feita aos pedaços na *Revista Brasileira*, pelos anos de 1880" (mais exatamente, nos números de 15 de março a 15 de dezembro daquele ano); b) na segunda, quando as *Memórias* foram "postas (...) em livro", publicado em 1881, "corrigi o texto em vários lugares"; c) para a terceira, "emendei ainda alguma cousa e suprimi duas ou três dúzias de linhas". Observe-se que a primeira edição, na forma de folhetim, não contava com o prólogo "Ao leitor", acrescentado apenas à segunda, à terceira tendo sido acrescentado o novo prólogo do autor, em que, inclusive, respondendo ao que perguntara Capistrano de Abreu, na notícia que dera sobre a publicação de 1881 – se as *Memórias póstumas* "são um romance?" –, ele acrescenta "que sim e que não, que era romance para uns e não o era para outros", insistindo no fato de ser "uma obra difusa", na linha de Sterne e Xavier de Maistre, ao que então ajunta também Almeida Garret (Assis, 1986, v. 1, p. 512). Assim, não é só o fato de que as *Memórias* tenham aparecido primeiro nas folhas volantes do jornalismo que as aproxima de *Papéis avulsos*, como também a indecidibilidade quanto ao gênero: se, nestes, se diz que "há aqui páginas que parecem meros contos e outras que não o são", naquelas, de modo semelhante, "a gente grave achará (...) umas aparências de puro romance, ao passo que a gente frívola não achará nele o seu romance usual" (Assis, 1986, v. 1, p. 513).[2]

---

2   A relação entre os dois livros foi ressaltada já em 2 de novembro de 1882 por Gama Rosa, o qual, em artigo publicado na *Gazeta da Tarde*, escreveu: "Os *Papéis Avulsos* são, na essência e na modalidade, uma continuação da maneira iniciada nas *Memórias de Brás Cubas*" (Rosa, 1882), ponto de vista tornado uma espécie de consenso da crítica e referendado mais recentemente por Gledson: "*Papéis avulsos* representa para o

Conclusão: no jogo entre parecer e ser, nem as *Memórias* são romance, ainda que para alguns aparente, nem os contos de *Papéis avulsos* são contos, ainda que alguns aparentem.

Neste último caso, não é difícil proceder à partilha entre os que "parecem" e os que "não são", considerando não só os traços comuns do gênero, mas a própria prática anterior de Machado em *Contos fluminenses* e *Histórias da meia-noite*. Assim, tentativamente, eu diria que, à primeira vista, usando como critério apenas a presença ou não de um narrador autoral, parecem meros contos "O alienista", "A chinela turca", "D. Benedita", "O empréstimo", "O espelho" e "Verba testamentária", enquanto não são contos "Teoria do medalhão" e "O anel de Polícrates", porque diálogos, "Na arca" e "O segredo do bonzo", enquanto capítulos do *Gênesis* e de Fernão Mendes Pinto, "A Sereníssima República", que é uma conferência, e "Uma visita de Alcibíades", uma carta – curiosamente seis que aparentam para seis que não são. O que põe em xeque o gênero, no último grupo, é a problematização do lugar do narrador, sendo de realçar como, nos dois livros de contos anteriores, apenas em "Confissões de uma viúva moça", de *Contos fluminenses*, e "Ponto de vista", que fecha *Histórias da meia-noite*, o narrador onisciente cede seu lugar a outros narradores: a viúva moça, no primeiro caso, e D. Raquel e D. Luísa, no segundo, que, além do mais, tem a forma de um conto-epistolar.

Sem dúvida, essa partilha constitui um dos elementos basilares de construção do sentido que se reivindica para a recolha, pois de outro modo não seria assunto da "Advertência". O que se afirma, todavia, é como, entre aparência e certeza, nenhum dos contos deve ser tido como "mero conto", o que só ressalta o quanto seu sentido está numa sorte de experimentação de ideias que atravessam o livro como verdadeiras linhas de força, tratadas não como demonstração, mas enquanto questões, as quais eu arrolaria como a questão da ciência, das opiniões, das aparências, das veleidades, dos duplos, do poder, do charlatanismo. De fato, salta aos olhos do leitor a insistência com que se apresentam e se defendem teorias por toda a obra, o que leva, por exemplo, Bosi a classificar alguns dos textos como "contos-teoria" e "contos-exemplo"

Machado de Assis contista o que as *Memórias póstumas de Brás Cubas* representaram para ele romancista" (Gledson, 1998, p. 36).

Atualidade de Machado de Assis

(cf. Bosi, 2003, p. 83),[3] Baptista referindo-se, no caso de "O alienista", a "novela filosófica" (Baptista, 2006, p. 476), o que autorizaria dizer que os narradores e heróis de *Papéis avulsos*, em maior ou menor grau, são "ideólogos", para usar o termo de Bakhtin, ou seja, representam e defendem "ideias" (cf. Bakhtin, 1981). Há casos em que esse viés se explicita nos próprios títulos e subtítulos, como "Teoria do medalhão" (*PA*, p. 288) e "O espelho: esboço de uma nova teoria da alma humana" (*PA*, p. 345), mas ninguém duvidará que é também o mesmo movimento que se mostra em "O alienista", em que cada "teoria nova tinha, em si mesma, outra e novíssima teoria" (*PA*, p. 286), e em "O segredo do bonzo", no qual se multiplicam descobertas e teorias, da "origem dos grilos" (*PA*, p. 323) ao "princípio da vida futura" (*PA*, p. 324), do mesmo modo que em "A Sereníssima República", em que se expõe o "regímen social" das aranhas (*PA*, p. 340). Mesmo a textos em que esse aspecto não parece tão evidente, não se pode negar que a exposição de uma ideia seja o motor da narrativa, por exemplo, "A chinela turca", que constitui uma demonstração de como "a leitura de um mau livro é capaz de produzir fenômenos ainda mais espantosos" (*PA*, p. 297), ou "D. Benedita", que, classificado como "Retrato", pretende ser uma demonstração da veleidade. Em dois casos, os subtítulos das versões publicadas primeiramente em periódicos foram omitidos na recolha, mas confirmam o viés teórico dos textos: "O empréstimo", classificado como "anedota filosófica", e "Verba testamentária", dito "caso patológico, dedicado à Escola de Medicina" (cf. Sousa, 1955).

Escrita e reescrita

Uma das operações que me parece mais destacável para a produção de sentido tanto dos contos que só parecem quanto dos que não são está nos processos de reescrita. Isso fica claro, por exemplo, em "Na arca", que constitui uma escritura da escritura, o que não se poderia dizer ser algo

---

3   Nesta categoria, Bosi arrola "O segredo do Bonzo", "O alienista", "Teoria do medalhão", "A Sereníssima República" e "O espelho", mais "Conto alexandrino" e "A Igreja do Diabo", de *Histórias sem data*. Ele considera "A Sereníssima República", "O segredo do Bonzo" e "Teoria do medalhão" como "a trilogia da Aparência" (Bosi, 2003, p. 92).

incomum, pois parece que a concisão do texto bíblico implica um convite à complementação,[4] a diferença de Machado com relação a crentes e hermeneutas estando em que o faz em chave irônica, abordando a briga dos filhos de Noé pela repartição da terra, de que, baixadas as águas, pretendiam tomar posse, e isso enquanto a arca ainda "boiava sobre as águas do abismo". Assim, "enquanto o lobo e o cordeiro, (...) durante os dias do dilúvio, tinham vivido na mais doce concórdia", Sem e Jafé digladiam entre si, o último desafiando o irmão: "Agora que estamos sós, vamos decidir este grave caso, ou seja de língua ou de punho" (*PA*, p. 305). Enfim, sem solução da pendenga, o terceiro capítulo inédito termina com Noé "alçando os olhos ao céu" e bradando "com tristeza: 'Estes ainda não possuem a terra e já estão brigando por causa dos limites. O que será quando vierem a Turquia e a Rússia?'" (*PA*, p. 307). O mesmo acontece em "O segredo do bonzo", em que o bonzo de nome Pomada ensina aos viajantes: "e entendi que, se uma cousa pode existir na opinião, sem existir na realidade, e existir na realidade, sem existir na opinião, a conclusão é que das duas existências paralelas a única necessária é a da opinião, não a da realidade, que é apenas conveniente" (*PA*, p. 325).

Essa declaração permite precisarmos mais o sentido do que chamei de reescritura: não se trata, a rigor, de reescrever desmanchando o escrito anterior, nem mesmo de sobrescrever, mas propriamente de uma espécie de escritura paralela, da produção de sentidos em paratextos, como aliás, é a própria "Advertência". Como "Segredo do bonzo" e "Na arca", também "O alienista" pode-se dizer um paratexto do que narram os historiadores sobre Itaguaí – sua primeira frase remetendo a eles: "As crônicas da vila de Itaguaí dizem que em tempos remotos..." (*PA*, p. 253) –, assim como as sucessivas

---

4   Assim, Kierkegaard, em *Temor e tremor*, relata como "era uma vez um homem que em sua infância tinha ouvido contar a bela história de como deus quis pôr Abraão à prova", a partir de então entregando-se costumeiramente ao exercício de "imaginar esta história" e completar o que o narrador do *Gênesis* deixara na sombra: o despertar logo cedo do patriarca, a despedida de Sara, o beijo que esta dá no filho, o preparo das cavalgaduras, o percurso até o monte Moriá, a angústia do pai, as palavras que dirige a Isaac no caminho etc. (Kierkegaard, 1987, p. 7-10).

teorias sobre o que é a loucura, apresentadas por Simão Bacamarte, são espécies de paratextos à ciência relativa à "patologia cerebral", um espaço paralelo na ciência da medicina, conforme as palavras do narrador: "foi então
que um dos recantos desta [da medicina] lhe chamou especialmente a atenção, – o recanto psíquico, o exame da patologia cerebral" (*PA*, p. 254). Para
dar só mais um exemplo, "Teoria do medalhão", como já apontara Rego,
é uma reescritura do "Mestre de retórica" de Luciano de Samósata (Rego,
1989, p. 86-89) – e, neste caso, considerando que a primeira escritura, di-
ferentemente das que ficam acima ditas, já é irônica, teríamos um precioso
exemplo de ironia em segundo grau, em que, inclusive, a remissão a Luciano
é explícita, quando o pai alerta o filho: "Somente não deves empregar a ironia, esse movimento ao canto da boca, cheio de mistérios, inventado por
algum grego da decadência, contraído por Luciano, transmitido a Swift e
Voltaire, feição própria dos céticos e desabusados" (*PA*, p. 294).

Ao fazer assim a genealogia da ironia – e, por extensão, do ceticismo
–, Machado aponta a qual tradição se filiam *Papéis avulsos*: uma espécie de
escrita da decadência, já que produzida na periferia e a desoras (cf. Rocha,
2006), mais exatamente, uma autêntica invenção da decadência, como tantas invenções que se expõem no livro, das teorias patológicas de "O alienista", à língua das aranhas de "A Sereníssima República" ou à duplicidade da
alma de "O espelho", por exemplo. É como se essa escrita, que supõe sempre
a leitura, ao contrário do que fizeram durante milênios muitos leitores que
se dedicaram a corrigir e emendar textos que lhes pareciam inadequados
à grandeza de seus autores, se interessasse justamente pelos cochilos dos
grandes, na linha do que afirmava Horácio sobre Homero – *quandoque bo-
nus dormitat Homerus* (*Arte poética*, v. 359) –, mas, ao invés de, como o
poeta latino, indignar-se com isso, com isso se alegrasse, pois é nos cochilos
de Homero que encontra lugar a reescrita do ironista. O verso de Horácio,
aliás, é referido em "O anel de Polícrates" a propósito da verborreia da personagem Xavier: "Nem tudo era límpido, mas a porção límpida superava a
porção turva, como a vigília de Homero paga seus cochilos" (*PA*, p. 330),
ficando por conta do leitor decidir o sentido do que se diz, de modo que ao
ingênuo parecerá um elogio da vigília, ao irônico, o gozo dos cochilos.

Texto e (con)textos

"Uma visita de Alcibíades" é, já de princípio, um conto que se destaca, uma vez que o próprio Machado chama a atenção para ele num paratexto: "Este escrito teve um primeiro texto, que reformei totalmente mais tarde, não aproveitando mais do que a ideia. O primeiro foi dado com um pseudônimo e passou despercebido" (*PA*, p. 366). Temos aí, portanto, a indicação de um percurso: há um primeiro texto e um segundo, um primeiro despercebido e em pseudônimo, o segundo em nome e, espera-se, até pela atenção que lhe concede a nota, destinado a ser percebido. O primeiro apareceu no *Jornal das Famílias* em 1876, com o pseudônimo de Victor de Paula, considerando Magalhães Júnior que Machado, em *Papéis avulsos*, "não reformou (...) totalmente a história, como disse", pois "algumas frases persistiram no texto definitivo", estando "entre as mudanças mais curiosas (...) a invocação de Alcibíades, primeiro a Vênus, depois a Afrodita", o que se explicaria, segundo o mesmo crítico, pelo fato de que "viu Machado, posteriormente, que cometera um lapso, colocando um grego, um ateniense, a invocar uma deusa romana, uma figura da mitologia latina" (Magalhães Jr., *apud* Assis, 1956, p. 11-12). Em suma: nada menos que um cochilo machadiano a partir do qual Machado teria reescrito a si mesmo.

É verdade que há palavras e passagens da primeira versão conservadas na segunda, mas não é isso que mais interessa, mas a possibilidade de identificarmos o que Machado entende como essa "ideia" que foi o único que se aproveitou, já que é razoável supor que ela estivesse justamente no que passa de um conto ao outro. Assim, do cotejo deles, verifica-se que: a) o protagonista é desembargador, gosta de ler depois do jantar, a leitura de textos da Antiguidade transporta-o para aquela época e desaparecem os tempos modernos: trata-se de "uma verdadeira digestão literária"; b) na última vez, a "página aberta acertou de ser a vida de Alcibíades" por Plutarco, o desembargador sentindo-se transportado para os jogos olímpicos etc.: "Imaginem se vivi!" (primeira versão)/ "Imagine V. Exa. se vivi!" (segunda versão); c) voltando a si, os olhos do desembargador caem em suas roupas modernas e ele pergunta-se: "Que impressão faria ao ateniense Alcibíades o nosso vestuário moderno?" (primeira versão)/ "Que impressão daria ao ilustre ateniense o nosso vestiário moderno?" (segunda versão); d) o desembargador

Atualidade de Machado de Assis

declara-se "espiritista" – "convencido de que todos os sistemas são pura niilidade, adotei o mais jovial de todos" (primeira versão)/ "convencido de que
todos os sistemas são pura niilidade, resolvi adotar o mais recreativo deles"
(segunda versão) – e "evoca" Alcibíades, que comparece não como "sombra
impalpável", mas em "carne e osso", trajado à antiga; e) o desembargador dá
notícias a Alcibíades sobre a política atual na Grécia, ao que ele responde:
"Sempre atenienses!" (primeira versão)/ "Bravo, atenienses!" (segunda versão); f) o desembargador sugere a ida a uma *soirée* (primeira versão)/ um
baile (segunda versão); g) é preciso que Alcibíades mude de roupa e, para
orientá-lo sobre como fazê-lo, o desembargador veste-se primeiro, provocando o espanto de Alcibíades – "canudos pretos", toda roupa preta etc.:
"o mundo deve estar (andar) imensamente melancólico, se escolheu para
uso uma cor tão morta e (tão) triste"; h) o nó na gravata dá a Alcibíades
a impressão de uma tentativa de suicídio da parte do desembargador; i) a
colocação do chapéu provoca a segunda morte de Alcibíades.

Em resumo, constatam-se que são três os eixos que se combinam na
"ideia": a) a "digestão literária" que permite viver uma outra vida (como aliás
se espera de um conto: fazer cessar "o conto da vida"); b) o confronto entre
antigos e modernos, tendo como mote a diferença das roupas, para concluir
pela melancolia moderna; c) a experiência espiritista que conduz a resultado surpreendentemente materialista. Ora, qualquer desses aspectos, que
configuram verdadeiras teses – concernentes à digestão literária, melancolia
moderna e empirismo –, demonstram como estamos diante de um protagonista "ideólogo", sendo disso que o conto tira seu sentido.

Sobre o motivo mais central, o das roupas, tudo indica que Machado o
pode ter colhido na *Viagem em volta do meu quarto*, de Xavier de Maistre.[5]

---

5 Sousa (1955, p. 493) sugere que essa ideia teria uma pré-história num "artiguete intitulado *Vestuário*, assinado por *Dr. Semana*, em que se comenta a maneira atual de vestir,
em face da antiga (dos gregos)", texto publicado no n. 284 da *Semana ilustrada*, em
20/5/1866; na sua opinião, "o assunto de *Uma visita de Alcibíades* é o mesmo" e, "tendo
Machado de Assis usado, com outros colaboradores do periódico, aquele pseudônimo,
é bem provável que o escrito seja seu; poderíamos então deduzir que essa ideia já o
vinha perseguindo desde aquela data". Não acredito, contudo, que a "ideia" se encontre
no citado "artiguete", mesmo que se trate nele de moda e haja referência à moda grega,
nem me parece que o texto seja de Machado de Assis, o que não exclui que ele o tivesse

110 Andréa Sirihal Werkema & João Cezar de Castro Rocha (orgs.)

Mesmo que a importância do escritor francês no romance machadiano seja em geral reconhecida, em especial a "lei filosófica" de que dentro do homem convivem a "alma" e a "besta" (ou a "outra"),[6] o que desejo ressaltar é como, no caso de "Uma visita de Alcibíades", a "ideia" colhida na *Viagem* (uma "ideia" narrativa) parece bastante mais específica.

Ela ocorre numa passagem importante, pois é com ela que se fecha a viagem (e o livro), no longo capítulo 62, em que o narrador principia declarando que "estava sentado perto de minha lareira, depois do jantar" e "dobrado em minha *roupa de viagem* (*habit de voyage*) e abandonado voluntariamente a toda sua influência, esperando a hora da partida", quando aconteceu que "os vapores da digestão, enviados ao meu cérebro, obstruíram de tal modo as passagens pelas quais as ideias se movimentam quando vêm dos sentidos, que toda comunicação se viu interceptada", sendo ele tomado

---

lido e daí recolhido algo da "ideia". Reproduzo-o aqui, para que o próprio leitor tire suas conclusões: "Publicou-se em França um livro, onde são lembrados os meios de fazer com que as mulheres compreendam e estudem as obras do gênio grego. Um crítico do *Jornal dos Debates*, o Sr. Eug. Ioung, apreciando essa obra, lembra às belas que em vez de deixarem o cetro da moda aos diretores de loja de fazendas, inventem elas próprias o vestuário, mostrando nisso que são as rainhas do gosto! Pobre Sr. Eug. Ioung! Pois não vê esse escritor que pede ao nosso tempo uma cousa impossível? O vestuário já não é uma parte da graça; aquele sexto sentido da sociedade grega, perde-se no tempo; depois que inventaram os enfeites modernos para as senhoras e o traje lúgubre do homem, é impossível fazer voltar os olhos das sociedades atuais para os modelos antigos. Não há dúvida nenhuma que, se Fine aparecesse hoje, corria o risco de ficar abandonada, graças à beleza inimitável daquele inimitável vestuário. Mas um balão, um *sout-en-barque*, uma cousa destas hoje, forjada em França, importada e copiada pelos outros povos, é ouro fino. Quem se importa hoje saber até que ponto aquelas elegantes antigas tinham o gosto apurado para estas cousas! Que diferença! que abismo! Mas as brasileiras devem protestar contra esse prosaísmo do tempo, fazendo alguma cousa de gosto, alguma cousa nova... Sobretudo os balões! Oh! os balões!" (p. 3.170)

6   Antonio Candido explorou brevemente como Machado aproveitou a descoberta dessa "lei filosófica", a qual repercute no capítulo 66 das *Memórias*, intitulado "As pernas" (cf. Candido, 1989, p. 103-104). Baste a menção dessas poucas palavras – descoberta, lei filosófica, alma e sua outra, a besta – para que se perceba, de modo geral, a importância de Xavier de Maistre também para *Papéis avulsos*, não sendo necessário que eu volte a debulhar em quais textos. A dívida de Machado com Xavier de Maistre foi explorada em detalhes, da perspectiva da "forma shandiana" dos romances, também por Rouanet, 2007.

Atualidade de Machado de Assis

de um torpor. Uma vez que as pessoas que o tinham visitado recentemente houvessem tratado da "morte do famoso médico Cigna", o narrador formula a seguinte ideia: "se me fosse permitido invocar as almas de todos aqueles que ele pode ter feito passar para o outro mundo: quem sabe se sua reputação não sofreria algum revés?" Disso, passa então a perguntar-se "como seria se as personagens famosas da antiguidade que morreram em seu leito, como Péricles, Platão, a célebre Aspásia e o próprio Hipócrates, (...) como seria se os tivéssemos sangrado e enchido de remédios". Movimento seguinte, ele acrescenta: "Tudo que posso dizer é que foi minha alma que evocou o doutor de Kos, o de Turim e o famoso homem de estado", mas, "quanto a sua elegante amiga, asseguro humildemente que foi a *outra* que lhe fez um sinal" – de tal modo que, fechando os olhos e adormecendo profundamente, se viu chegado "à fila de Hipócrates, Platão, Péricles, Aspásia e o doutor Cigna com sua peruca" (Maistre, p. 79-90). Tem início então um diálogo de mortos (à moda luciânica), no qual os homens tratam de medicina e política, enquanto "Aspásia, que as dissertações dos filósofos fazia bocejar, havia pegado um jornal de moda (*journal des modes*) que havia sobre a lareira", manifestando seu espanto à vista dos penteados apresentados na revista: "a bela ateniense se divertia muito percorrendo aquelas ilustrações, e se espantava, com razão, com a variedade e bizarria dos costumes modernos": "explique-nos – ela disse – por que as mulheres de hoje parecem mais ter roupas para esconder-se que para vestir-se" (Maistre, 2009, p. 83-84). Assim, o tema das modas, que estava sugerido desde o início do capítulo pela referência à "roupa de viagem", que se insinua ainda na menção à peruca do Dr. Cigna, é o que leva o diálogo a seu termo, quando a cadela Rosine, saltando nos braços do narrador, "mergulhou novamente nos infernos as sombras famosas evocadas pela minha roupa de viagem" (Maistre, 2009, p. 84-85).

Note-se como os três eixos da "ideia" já se encontram aí – a digestão, a evocação dos mortos e o estranhamento das roupas –, mas de um modo menos radical que em Machado. Os procedimentos a que ele submete a "ideia" colhida em Xavier de Maistre são destacáveis: não mais digestão apenas, mas "digestão literária"; não só evocação dos mortos, mas experimento espiritista de materialização; não só mero espanto com as roupas modernas, mas um susto capaz de matar de novo o morto. Esse procedimento de reescritura da "ideia" colhida em outro autor, no sentido de uma radicalização, ou seja, de tirar dela todas as consequências, parece-me também orientar a reescritura do conto do próprio Machado, aparecido em 1876 no *Jornal das Famílias*.

De fato, naquele, mesmo que já se contasse com um narrador também desembargador – o desembargador Álvares –, o entrecho se apresentava como uma "anedota": "O desembargador Álvares bebeu a última gota de genuíno café, limpou os bigodes ao guardanapo e dipôs-se a obedecer às moças que lhe pediam uma anedota" – e, ainda que ele principie sua história com as palavras: "Não contarei uma anedota mentirosa, dessas que os redatores de folhinhas aumentam ou remendam para regalo dos fregueses",[7] não deixa de prevalecer o ar de uma simples história curiosa e jocosa, à margem dos grandes assuntos, ainda mais porque o momento era a "noite de Natal", na casa de um comendador, em que "o desembargador era figura obrigada", por ser "conversado, galhofeiro, palrador, trazendo sempre no alforje da memória boa cópia de anedotas que distribuía às meninas e rapazes curiosos", não sendo "possível passar sem ele naquelas noites de festa anual" (Assis, 1956, p. 203). O longo começo da conversa responde em tudo à necessidade de apresentar um ambiente assim descontraído, versando o desembargador, inicialmente, sobre um assunto banal: as diferenças entre o chá e o café.[8]

Esse prólogo à história incrível que se vai narrar – a visita de Alcibíades – amortece o estranho que ela tem, de um modo que não se poderia dizer inapropriado a um conto que se conta num jornal voltado para as famílias,

---

7   É de notar como o início de "O empréstimo" tem semelhanças com este: "Vou divulgar uma anedota, mas uma anedota no genuíno sentido do vocábulo, que o vulgo ampliou às historietas de pura invenção. Esta é verdadeira; podia citar algumas pessoas que a sabem tão bem como eu. Nem andou recôndita, senão por falta de um espírito repousado que lhe achasse a filosofia. Como deveis saber, há em todas as cousas um sentido filosófico. Carlyle descobriu o dos coletes, ou, mais propriamente, o do vestuário..." (*PA*, p. 333-4)

8   Café era algo "que o desembargador não dispensava nunca, alegando que o chá ia levando a humanidade para a total extinção. – Carlos Magno não bebia chá e podia com a sua célebre espada, dizia ele; se bebesse café não sei o que teria deixado de fazer. Mas uma xícara de café era fraco preço para tão amável conviva. Por isso a dona da casa mandara vir da fazenda de um tio um excelente saco de café de que bebia, a qualquer hora, o desembargador, quando ali ia, e ia sempre. Nas noites de festas fartava-se o desembargador daquela bebida favorita" (Assis, 1956, p. 203).

tudo visando a tranquilizar a leitora e assegurar-lhe que é só uma anedota de salão o que ela lerá. Conforme salienta Pereira, o *Jornal das Famílias*, num editorial com data de 1869, o sexto ano da publicação, definia sua proposta com base no seguinte tripé: a) a publicação de "graciosos romances" que "nem uma só vez" ofenderam "a delicada suscetibilidade" das leitoras, bem como de "anedotas espirituosas e morais" que "têm por certo causado a VV. EEx. o prazer que as pessoas de finíssima educação experimentam nesse gênero de amena literatura"; b) a "economia doméstica", com a publicação de receitas culinárias, supondo-se "que mais de uma receita foi aproveitada com suma vantagem pelas mães de família que nos honram com a sua assídua leitura"; c) finalmente, a moda, em que "empenhamos todos os esforços para que os figurinos e os moldes, acompanhados de suas respectivas explicações, estivessem a par do que de melhor se publica em Paris, onde temos um agente especialmente incumbido deste importantíssimo objeto" (*Jornal das Famílias*, 1869, p. 2-3, *apud* Pereira, 2012, p. 5). Como se vê, aparentemente com exceção do segundo pé, a culinária, *Uma visita de Alcibíades* responde com certeza aos outros dois: anedota e moda. Mas a falta de conexão com aquele pé só se pode dizer à primeira vista, pois a anedota se passa "depois de jantar" e a experiência toda se define como "digestão literária"! É provável, assim, que a "ideia" do conto, tomada de Xavier de Maistre, tenha sido impulsionada pelo próprio caráter do *Jornal das Famílias*, em que Machado escreve desde junho 1864. Recorde-se que, no escritor francês, Aspásia se compraz em folhear "um *journal des modes* que havia sobre a lareira", o qual, mudada a cena do centro para a periferia, poderia ser o próprio *Jornal das Famílias*.

Mais de um trabalho tem analisado as diferenças entre as duas versões do conto (Barbieri, 2006; Gai, 2008; Pereira, 2012; Rocha, 2013; Garcia, 2019), o cotejo mais metódico tendo sido feito por Silva (2018, p. 155-179), a qual sugere que, tendo em vista o público, elas se poderiam dizer, uma, "feminina", a outra, "masculina". Nesse sentido, um dos traços que merece destaque é, no caso da primeira, a necessidade de prover informações que se supõe faltem às leitoras, como faz o desembargador Álvares a propósito de Plutarco: "Sábado passado, logo depois do jantar, estirei-me no divã e abri uma página de Plutarco. Estas meninas talvez não saibam que Plutarco é um autor grego. Pois fiquem sabendo. E autor profano e pagão. Sem embargo disso, tem muitos merecimentos" (Assis, 1956, p. 204). Note-se como essa explicação, que se dirige às personagens do conto, é habilmente destinada também às leitoras do *Jornal das Famílias* (cf. Pereira, 2012, p. 7), funcionando ainda como mais um elemento mitigador do impacto da história, inclusive por ressaltar que põe em cena personagens profanos e pagãos. Esse cuidado com a recepção justifica mesmo o pretenso "lapso" apontado por Magalhães Júnior, o de fazer Alcibíades referir-se a Vênus e não a Afrodita, já que o nome latino da deusa era, sem dúvida, mais corrente que o grego, sendo usado comumente em traduções, como, por exemplo, na da *Ilíada* de Homero por Odorico Mendes, publicada em 1874, bem como na clássica tradução de Plutarco para o francês, por Jacques Amyot (cf. Plutarque, 1951, p. 439), que é a que o Desembargador Álvares declara que lia (Assis, 1956, p. 204).

De tudo isso ressalta a diferença de enquadramento na reescrita da "ideia" para a *Gazeta de Notícias* e *Papéis avulsos*, já que toda a introdução da primeira forma do conto foi não só abandonada, como se eliminou o seu narrador, tudo sendo entregue à personagem-narradora, que, sem outros enquadramentos, se dirige em carta ao chefe de polícia da corte: "Carta do desembargador X... ao chefe de polícia da corte" (*PA*, p. 352). Trata-se de uma modificação de grande monta, que nos garante que, independentemente do aproveitamento de algumas frases, Machado de fato conservou da primeira versão não mais que a "ideia" narrativa, com os três elementos que apontei: digestão; evocação de mortos; e moda.

Reescrita e sentido de atualidade

Não tenho como me deter aqui nos elementos que tornam a segunda versão mais incisiva que a primeira, o que tem sido abordado, com maior ou menor perspicácia, nos estudos já referidos.[9] Quero apenas cha-

---

9   Há aspectos, contudo, que têm passado despercebidos, um deles, a razão pela qual o maior choque de Alcibíades se dá quando o desembargador, nas duas versões, despendura do cabide o chapéu e o põe na cabeça, o que leva o ateniense à segunda morte. O motivo parece-me provir também de Xavier de Maistre. Neste, com efeito, quando o Dr. Cigna "fez sem querer sua peruca virar, de forma que uma parte de seu rosto ficou escondida", Aspásia emitiu um grito, dizendo: "Deuses imortais (...), que estra-

Atualidade de Machado de Assis

mar a atenção para um dado de "atualidade" (o que é próprio de narrativas sobre heróis "ideólogos", ainda conforme Bakhtin), presente apenas na segunda versão do conto: a forma de carta e a data do experimento do Desembargador X...: "20 de setembro de 1875". Ressalte-se que dados de atualidade são também importantes na construção do sentido em outros contos, como a menção às disputas por territórios entre Rússia e Turquia, em "Na arca"; a substituição da referência a "generais romanos", da primeira versão de "A chinela turca", por "generais platinos" (cf. Barbieri, 2006); mais ainda, nas notas, a confissão de que o Xavier de "O anel de Polícrates" é Artur de Oliveira, "meu triste amigo", e que "A Sereníssima República" tem em vista "as nossas alternativas eleitorais".

No caso de "Uma visita de Alcibíades", observe-se que, a primeira versão tendo sido publicada em 1876, a data da carta do Desembargador X... não poderia fazer parte da "ideia" que se aproveita na segunda, já que o Desembargador Álvares conta sua história numa noite de Natal, dizendo que lhe tinha acontecido no "sábado passado" – ou seja, não poderia ter ocorrido no mês de setembro. Rocha anota como, "por coincidência", 1875 é "o mesmo ano em que a obra de Allan Kardec começou a ser traduzida e difundida no Brasil" (2013, p. 52), o que é uma intuição que me parece na direção correta, cumprindo ajuntar que também em janeiro do mesmo ano veio à luz o primeiro número da *Revista Espírita* (que dura só seis meses), publicada pela Sociedade de Estudos Espíritas ou "Grupo Confúcio", fundado em 1873, no Rio de Janeiro. Como o desembargador, nas duas versões, se declara "espiritista", convém considerar qual era, na década de 1870, o conhecimento e a difusão dessa doutrina no Brasil.

Já desde 1853 alguns jornais brasileiros (como o *Jornal do Comércio*, do Rio de Janeiro, o *Diário de Pernambuco*, do Recife, e *O Cearense*, de Fortaleza) vinham dando notícias sobre os fenômenos das "mesas girantes" registrados nos Estados Unidos e na Europa, em 1865 tendo-se instalado, em Salvador,

---

nha figura! É então uma descoberta de seus grandes homens que lhes deu a ideia de se arrumar assim com o crânio de uma outra pessoa?" A peruca parece-lhe, portanto, um crânio emprestado, como provavelmente o chapéu deve ter parecido a Alcibíades, este sendo o choque definitivo.

o primeiro centro espírita do país, cujo fundador, Luís Olímpio Teles de Menezes, publica, no ano seguinte, o opúsculo "O espiritismo" e, em julho de 1869, cria o jornal espírita *O Eco do Além Túmulo*. Mesmo que o Grupo Confúcio, fundado na Corte em 1873, se tenha extinguido já em 1879, é de 1876 a criação, no mesmo local, da Sociedade de Estudos Espíritas Deus, Cristo e Caridade (cf. Martins e Soares, 1998). Essas datas mostram que o espiritismo, não sendo algo desconhecido no Brasil e em especial no Rio de Janeiro, não deixava de ser também uma novidade, o que justificaria a explicação dada pelo desembargador Álvares a suas jovens ouvintes, bem como às leitoras do *Jornal das famílias*: "Não sei se sabem que sou um tanto espiritista. Não se riam; sou até muito. Posso dizer que vivo, como, durmo, passeio, converso, bebo café e espero morrer na fé de Allan Kardec" (Assis, 1956, p. 204), uma profissão de fé digna de um neófito. Mas tudo isso foi abolido na segunda escrita do conto, conservando-se só o que diz na sequência o desembargador Álvares – "Convencido de que todos os sistemas são pura niilidade, adotei o mais jovial de todos", o que foi reescrito assim: "Sou espiritista desde alguns meses. Convencido de que todos os sistemas são puras niilidades, resolvi adotar o mais recreativo deles" (*PA*, p. 352-353).

Essa reformulação parece-me que reforça o tom irônico na abordagem da novidade que se introduz entre a elite brasileira – uma novidade importada de Paris, como as últimas modas! É preciso destacar que, nesse momento inicial, o espiritismo se apresentava como uma doutrina científica – como um "sistema", nas palavras de Machado –, a qual, no contexto de uma visão positiva da realidade, se justificava por meio das experiências mediúnicas, ou seja, sem fugir do empirismo próprio do pensamento pós-iluminista, as revistas espíritas publicadas na Inglaterra e nos Estados Unidos dando grande espaço ao relato de tais experimentos.[10]

---

10 Um breve levantamento da recepção do espiritismo na imprensa comum, na época da publicação de *Papéis avulsos*, mostra duas coisas. A primeira, que se trata de algo cercado de ceticismo e que provoca derrisão; a segunda, sua relação com outros *-ismos*, em especial com o positivismo. Restrinjo-me a alguns exemplos de opiniões sobre o assunto, colhidos da *Revista ilustrada*. Em 1877, n. 93, p. 7, publica-se um poema com o título "Profissão de fé de um espiritista", em que o autor, identificado apenas como C., termina assim: "Não estudo, nem penso, mas se quero/ Da ciência também seguir a

Atualidade de Machado de Assis

Um desses relatos que se tornaram famosos diz respeito a uma experiência de materialização, conforme o método criado pelo geólogo W. Denton, descrita numa carta que John Hardy, cuja esposa era médium, envia à revista inglesa *The Medium and Daybreak*, a qual é datada de "Boston, 20 de setembro de 1875" (como se vê, a mesma data da carta do Desembargador X..., com a troca de Boston pela Corte). O experimento tinha como finalidade "obter a moldagem das mãos e dos dedos materializados", a fim de "demonstrar a realidade do fenômeno das materializações", para o que foi usada a técnica criada pelo geólogo Denton (um cientista, portanto), a qual consistia em dissolver parafina num balde de água quente, a fim de que se obtivessem os moldes de dedos dos espíritos que se manifestavam, o que, segundo a carta, redundou em pleno êxito.[11] Não tenho como precisar a

---

trilha,/ Invado um botequim, leio, consulto/ Do *Jornal do Comércio* a gazetilha.// Sou, por tanto, feliz com minha sorte,/ E no mundo me julgo um grande artista,/ Acredito em feitiço, em maus olhados,/ E faço profissão de um – espiritista." Em 1881, no mesmo jornal, n. 271, p. 6, o colunista Alter escreve o seguinte: " – 'Todas as crenças são boas!' diz o *Espiritismo* no seu primeiro número. Ele, o *Espiritismo* é espiritista. Os seus redatores afagam mesmo a esperança de que, desprendidos deste val de lágrimas, passarão para um planeta mais adiantado. É favor escreverem-nos de lá, sim?" Na edição 301, de 1882, p. 3, há o texto: "Quem disse que as religiões se vão? Pelo contrário, cada vez surgem mais religiões e as mais cômicas, as mais bufas. É a positivista. A espiritista. A presbiteriana. E quantas outras ainda. Simplício, que não quer o incômodo de nenhuma, diz filosoficamente: – Isso de religiões, nenhuma vale nada... Cá eu, graças a Deus, sou ateu!" Em 1884, n. 396, p. 6, Alter escreve, na coluna "Livros a ler": "*Noções elementares de espiritismo*, por Allan-Kardec, continuação do *que é espiritismo*. O que ele é, o espiritismo?... O positivismo às avessas. Este é cacete, amola pela gravidade; aquele é ridículo, faz rir de si..."

11 A experiência de Boston realizou-se, resumidamente, assim: "uma mesa ordinária, de quatro pés de comprimento e dois de largura, foi abrigada em seu contorno por uma toalha, para obter-se um espaço sombrio em sua parte inferior"; em seguida, "o Sr. Denton trouxe um balde com água fervendo que não o enchia até os bordos, deitou um pedaço de parafina, que não tardou em fundir-se, sobrenadando"; então, "o Sr. Denton colocou o balde por baixo do centro da mesa"; conforme escreve o Sr. Hardy na carta, "alguns minutos depois, ouvimos o ruído da água posta em movimento, e então os agentes invisíveis nos anunciaram o êxito da experiência e pediram que a médium estendesse a mão para receber o objeto que lhe seria entregue"; passo seguinte, "a Sra. Hardy introduziu a mão por baixo da mesa" e "as mãos que mergulhavam na para-

possibilidade de Machado de Assis ter tido acesso à carta de John Hardy, embora a coincidência das datas, por si só, pareça muitíssimo sugestiva, não sendo absurdo supor a circulação, no Rio de Janeiro, de exemplares de *The Medium and Daybreak*. Seria difícil admitir que uma experiência como a relatada no jornal espírita pudesse ser uma das fontes já para o conto do *Jornal das famílias*, pela proximidade das datas, devendo-se contudo notar que a "ideia", colhida, ao que tudo indica, da *Viagem em torno de meu quarto*, supunha um contato com os mortos apenas em sonho, ao contrário do que se passa em Machado, em que a presença de Alcibíades em carne e osso representa uma forma de materialização – aliás, mais radical que nos experimentos espíritas. Seria talvez mais razoável admitir que não houvesse, da parte de Machado, conhecimento do experimento de Boston quando da primeira versão do conto, o escritor tendo sido alertado (por um leitor espírita?) para a semelhança da anedota com experiências de materialização como a narrada por John Hardy, o que o poderia ter levado, na reescritura do conto, a radicalizar o experimento, adotando a forma da carta, com acréscimo da sugestiva data de 20 de setembro de 1875 – do mesmo modo que Garret é acrescentado às fontes de *Memórias póstumas* a partir do comentário de um leitor, Macedo Soares (cf. Assis, 1986, v. 1, p. 512). Enfim, considerando que a primeira publicação do conto em sua nova forma se fez na *Gazeta de notícias*, tudo mimetizaria a carta de Boston, levando a ironia ao limite do riso dos céticos e desabusados, que riem não só do espiritismo, como de outros empirismos e cientificismos então em voga, não só aqui, mas, pouco ou muito, por todos os papéis avulsos reunidos no livro.

---

fina dirigiam-se à médium para lhe permitirem tirar os moldes". Conclui o missivista: "Obtivemos, por esse meio, de 15 a 20 formas que mostravam distintamente o desenho das unhas e todas as linhas que sulcavam a pele", os dedos podendo "ser classificados em cinco categorias de dimensões"; "todos esses moldes" acham-se "neste momento em poder do Sr. Denton, que se propõe publicar aquela experiência, minuciosamente, no próximo número do *Banner*, com a sua assinatura" (*The Medium and Daybreak*, p. 647, *apud* Aksakof, p. 163-164). A publicação referida é a revista espírita norte-americana *Banner of Light*, de Boston, a qual circulou de 1857 a 1907.

Os sentidos de "avulsos"

"Uma visita de Alcibíades" nos oferece a oportunidade ímpar de acompanhar como o conto foi tirado de seu lugar primeiro, foi reescrito ao ponto de fazer dele um não conto e, finalmente, foi posto em relação com outros textos à roda da mesa do pai. Em gradações variadas, talvez se pudesse dizer o mesmo dos outros papéis que entendo se chamem "avulsos" por terem passado pelo mesmo tipo de operação: separação e reunião. Além, contudo, da operação relativa à publicação e republicação, que vai dos periódicos ao livro, se poderia especular que esses contos se chamaram de "avulsos" em mais dois sentidos: porque arrancados do conjunto de contos que o próprio Machado havia escrito até então; e porque tirados do conjunto mais amplo do que se considerava, em geral, um conto, para ganhar a forma de contos-teoria, contos-retrato, contos-exemplo, contos-filosofia, contos-experimento – em resumo: contos que não são contos.

Ainda que essas hipóteses não sejam desprezíveis, é o próprio Machado que, em carta escrita a Joaquim Nabuco em 14 de abril de 1883, provê uma perspectiva mais acurada da questão, ao afirmar que *Papéis avulsos* "não é propriamente uma reunião de escritos esparsos, porque tudo o que ali está (exceto justamente a 'Chinela Turca') foi escrito com o fim especial de fazer parte de um livro" (Assis, 1986, v. 3, p. 1.037). Ora, considerando-se que o livro foi publicado em novembro de 1882 e que o último conto que o integra, "Verba testamentária", apareceu na *Gazeta de Notícias* em 8 de outubro do mesmo ano, não é possível de fato concebê-lo como uma simples recolha de escritos esparsos, mas, pelo contrário, como um livro ainda inédito a partir do qual os contos foram espargidos na imprensa periódica. Tendo em vista que, em outra carta a Nabuco, datada de 14 de janeiro de 1882, Machado informa que está de saída "da Corte por uns dois meses, a fim de restaurar as forças perdidas no trabalho extraordinário que tive em 1880 e 1881" – o período de março a dezembro de 80 correspondendo à publicação periódica de *Memórias póstumas*, aparecidas em livro no ano seguinte –, não seria absurdo supor que a escrita da maior parte dos contos de *Papéis avulsos* faça parte desse "trabalho extraordinário", tendo acontecido ainda em 81, quando, em outubro, Machado começa a publicar

"O alienista" em *A Estação* e, em dezembro, "Teoria do medalhão" aparece na *Gazeta de Notícias*. Considerando, portanto, essas datas, parece de fato verossímil admitir que os textos respondessem a um programa para o qual a "Advertência" pretende chamar a atenção, a ordem de sua publicação na imprensa periódica correspondendo na maioria dos casos àquela em que aparecem no livro, conforme a tabela abaixo:[12]

Tabela 1: cronologia da publicação em periódicos dos contos de
Papéis avulsos

Ordem dos contos em PA	Contos publicados na ordem do livro	Contos publicados fora da ordem do livro
O alienista	*A Estação*, de 15/10/81 a 15/3/82 (11 capítulos)	
Teoria do medalhão	*Gazeta de Notícias*, 18/12/81	
A chinela turca		*A Época*, 14/11/75
Na arca		*O Cruzeiro*, 14/5/78
D. Benedita	*A Estação*, 15/4 a 15/6/82 (5 capítulos)	
O segredo do Bonzo	*Gazeta de Notícias*, 30/4/82	
O anel de Polícrates	*Gazeta de Notícias*, 3/7/82	
O empréstimo	*Gazeta de Notícias*, 30/7/82	
A Sereníssima República	*Gazeta de Notícias*, 20/8/82	
O espelho	*Gazeta de Notícias*, 8/9/1882	
Uma visita de Alcibíades (segunda versão)		*Gazeta de Notícias*, 1/1/82
Verba testamentária	*Gazeta de Notícias*, 8/10/82	

---

12 Três contos foram publicados na imprensa com títulos diferentes: "O segredo do bonzo" apareceu como "Um capítulo inédito de Fernão Mendes Pinto: De uma curiosa doutrina que achei em Fuchéu, e do que ali sucedeu a tal respeito"; "O empréstimo" tem o complemento "anedota filosófica"; e "Verba testamentária", "Caso patológico, dedicado à Escola de Medicina". "A chinela turca" foi assinada com o pseudônimo Manassés (cf. Sousa, 1955).

Atualidade de Machado de Assis

A cronologia seria uma explicação perfeita caso não houvesse a exceção confessa de "A chinela turca" e ainda mais dois textos que impõem problemas, "Na arca" (o qual, salvo mero esquecimento de sua parte, o autor dá a entender que, publicado já em 1878, e reformulado para *Papéis avulsos* com a retirada do prólogo, seria o primeiro movimento na direção do livro)[13] e a segunda versão de "Uma visita de Alcibíades". Como se constata, o que perturba a relação entre ordem dos contos e cronologia é a recolha e inclusão desses três, os quais poderiam ser aparentemente considerados tanto como uma sorte de incubadores da "ideia", quanto como elementos de desconstrução do programa.

Ora, além das afinidades providas pelas linhas de força que atravessam a obra de cabo a rabo, a que já me referi, proponho que o sentido do livro decorra de sua organização, em que a inclusão dos três contos que perturbam a ordem temporal débil, apropriada a recolhas de papéis avulsos no sentido comum, ao contrário de destruir o programa reforçam a coesão do todo. Não se trata, neste caso, de uma ordem linear, mas de uma estrutura em quiasma, com os textos correspondendo-se aos pares. Assim, na categoria do que antes propus se possa ter como o que parece mero conto, ao primeiro, "O alienista", corresponderia o último, "Verba testamentária", já que ambos tratam de formas de loucura e das teorias sobre elas, num caso, as dos moradores de Itaguaí e do próprio alienista, teorizadas por Simão Bacamarte, no outro, a de Nicolau B. C., o qual, segundo a teoria de seu cunhado, padecia de uma "lesão orgânica" provocada por um "verme no baço", este último texto, nos termos de Barbieri, constituindo "narrativa simetricamente contraposta" à primeira,

---

13 O longo prólogo encontra-se na versão publicada em *O Cruzeiro*, em 1878, em que o narrador esclarece como os papéis dos capítulos inéditos do *Gênesis* lhe tinham chegado às mãos: eles lhe foram enviados de Jerusalém por um capuchinho, tendo sido encontrados na casa de Caifás, escritos em hebraico (o que remete ao recurso tradicional, desde os gregos, do manuscrito encontrado); o narrador declara que os traduz, opinando que são autênticos, contra o parecer do capucho que considera que se trata de interpolação; o narrador informa que "fico trabalhando numa memória de 600 páginas para demonstrar que o fragmento agora achado é o complemento do livro, uma simples restituição da primitiva Escritura". Considero que, também neste caso, eliminar o enquadramento do prólogo contribui para a radicalização do efeito do conto.

com a qual guarda "contrastes e afinidades surpreendentes" (Barbieri, 2006). Ao terceiro conto, "A chinela turca", corresponderia o décimo, "O espelho", ambos exemplos de conto dentro do conto e tematizando a experiência do duplo, os quais, ainda segundo Barbieri, "já no artifício cenográfico de abertura (...) guardam afinidades impressionantes" (Barbieri, 2006). O quinto, "D. Benedita", corresponderia a "O empréstimo", os dois mais acabados exemplos do que aparenta ser meros contos, os quais têm como assunto a veleidade ou fraqueza de vontade. Na categoria dos não contos, ao segundo, "Teoria do medalhão", corresponde o décimo-primeiro, "Uma visita de Alcibíades", ambos retomadas de temas da tradição luciânica, o primeiro dos conselhos de *Mestre de retórica*, o segundo, dos diálogos de mortos; ao quarto, "Na arca", corresponde o nono, "A Sereníssima República", sobre a luta pelo poder e os impasses da política, tendo como pano de fundo os animais da arca e a república das aranhas; e, no ponto central, ao sexto, "O segredo do bonzo", corresponde o sétimo, "O anel de Polícrates", os dois sobre a questão das opiniões e dos lugares comuns.

Representando graficamente a estrutura quiástica de *Papéis avulsos*, a que se ajunta a partilha entre o que parece conto e o que não o é (que refiro na tabela apenas como "contos" e "não contos"), temos:

Tabela 2: Estrutura quiástica de *Papéis avulsos* e distribuição de tipos de contos

O alienista (conto)
Teoria do medalhão (não-conto)
A chinela turca (conto)
Na arca (não-conto)
D. Benedita (conto)
O segredo do Bonzo (não-conto)
O anel de Polícrates (não-conto)
O empréstimo (conto)
A Sereníssima República (não-conto)
O espelho (conto)
Uma visita de Alcibíades (não-conto)
Verba testamentária (conto)

Note-se como a estrutura quiástica provê uma amarração forte ao livro, já que num quiasma o princípio corresponde ao fim e assim se amarram os extremos sucessivamente, até a medula mais central. Essa organização esclarece ainda a sucessão entre o que parece mero conto e o que não o é, aliando, portanto, o critério de gênero ao temático, o que só faz saltar aos olhos a perícia que presidiu o arranjo desses papéis, no procedimento de arrebatamento e reunião de textos que em princípio seriam avulsos, mas que, na inteligência de sua disposição, produzem o sentido programático pretendido para sua leitura, fazendo ver a "ideia" que os reúne em torno da mesa do pai.

Isso permitiria mesmo elucubrar, ainda que só tentativamente, sobre a gênese do livro: como só "A chinela turca" e "Na arca" não foram escritos para *Papéis avulsos*, datando de antes de *Memórias póstumas*, todos os outros textos, incluindo a reescritura de "Uma visita de Alcibíades", tendo sido publicados entre outubro de 1881 e outubro de 1882, e como em *Memórias póstumas* há o famoso capítulo CLIII, intitulado "O alienista", a que se segue "Os navios do Pireu" (contendo uma anedota que, passando por Xavier de Maistre e outros, remonta a Luciano), não se pode deixar de pensar que o conto "O alienista", que, como já se disse, começa a ser publicado em outubro de 1881, mais "Teoria do medalhão" e "Uma visita de Alcibíades" (que são textos luciânicos), publicados em concomitância, constituam os primeiros ensaios da série de histórias projetadas, desde o início, como integrantes de um conjunto, a que depois se teriam ajuntado as duas escritas e publicadas anteriormente ("A chinela turca" e "Na arca"). Se, com exceção destas, as outras fizeram um percurso em princípio invertido quando se trata de recolhas, indo do livro à estampa periódica, devemos entender que esse próprio percurso constitua uma das operações que dão sentido ao livro, que, sem ser inteiramente recolha de "avulsos", encena isso. Daí a razão por que "a verdade é essa, sem ser bem essa".

Enfim, da besta do Apocalipse, o animal de sete cabeças e dez cornos, diz o evangelista que "era e não é", o sentido que nela há dependendo de explicação, a qual é fornecida pelo anjo: as sete cabeças são sete montes e são sete reis – cinco que caíram, um que é, outro que ainda não veio – e os dez cornos, dez reis que ainda não receberam o reino, mas receberão etc. (*Apocalipse*, 17, 9-13). Como na escritura, também o sentido de *Papéis avulsos* exige explicações, que abundam na "Advertência" e nas notas, por ser e não ser um livro de meros contos, que meramente não o são por ser espécimes de experimentos de "ideias" – ou mais exatamente, experimento da própria "ideia" do que vem a ser um conto, nas mãos de um autor ele próprio "ideólogo".

Referências bibliográficas

AKSAKOF, Alexandre. *Animismo e espiritismo*. Rio de Janeiro: Federação Espírita Brasileira, 1956.

ASSIS, Machado de. *Contos esparsos*. Organização e prefácio de R. Magalhães Júnior. Rio de Janeiro: Civilização Brasileira, 1956.

_____. *Obra completa*. Organização de Afrânio Coutinho. Rio de Janeiro: Nova Aguilar, 1986.

BAKHTIN, Mikhail. *Problemas da poética de Dostoieviski*. Rio de Janeiro: Forense, 1981.

BAPTISTA, Abel Barros. "The paradox of the Alienist". In: ROCHA, João Cezar de Castro. *The author as plagiarist: The case of Machado de Assis*. Dartmouth: University of Massachusetts Dartmouth, 2006, p. 473-486.

BARBIERI, Ivo. Papéis à mesa como parentes. In: *Anais do X Congresso Internacional da Abralic*. Rio de Janeiro: 2006.

BOSI, Alfredo. *Machado de Assis: o enigma do olhar*. São Paulo: Ática, 2003.

CÂNDIDO, Antônio. "À roda do quarto e da vida". *Revista USP*, v. 2, p. 101-104, 1989.

GAI, Eunice Terezinha Piazza. "Alcibíades redivivo: interpretação e retrato". *Matraga*, v. 15, n. 23, p. 94-106, 2008.

GLEDSON, John. "Os contos de Machado de Assis: o machete e o violoncelo". In: ASSIS, Machado. *Contos: uma antologia*. São Paulo: Companhia das Letras, 1998.

HOUAISS, Antônio. *Dicionário Houaiss da língua portuguesa*. Rio de Janeiro: Objetiva, 2001.

KIERKEGAARD, Soren. *Temor y temblor. Estudio preliminar, traducción y nota de Vicente Simón Merchán*. Madrid: Tecnos, 1987.

MAISTRE, Xavier de. "Voyage autour de ma chambre". In: *Oeuvres completes du Comte Xavier de Maistre*. Paris: Garnier Frères, s/d.

_____. *Viagem em volta do meu quarto*. Tradução de Sandra M. Stroparo. São Paulo: Hedra, 2009.

MARTINS, Celso; SOARES Jayme. *O espiritismo ao alcance de todos*. Rio de Janeiro: Leymarie, 1998.

PEREIRA, Cilene Margarete. "Das páginas do jornal ao livro: as versões do conto 'Uma visita de Alcibíades'" de Machado de Assis. *REEL – Revista Eletrônica de Estudos Literários*, s. 2, n. 10, p. 1-22, 2012.

REGO, Enylton Sá. *O calundu e a panaceia: Machado de Assis, a sátira menipeia e a tradição luciânica*. Rio de Janeiro: Forense Universitária, 1989.

ROCHA, João Cezar de Castro. "Machado de Assis: The location of an author". In: ___. *The author as plagiarist: The case of Machado de Assis*. Dartmouth: University of Massachusetts Dartmouth, 2006. p. XIX-XXXIX.

ROCHA, Renato Oliveira. "Duas visitas a Alcibíades: considerações sobre a reescritura de um conto machadiano". *Arredia*, v. 2, n. 3, p. 47-59, 2013.

ROUANET, Paulo Sérgio. *Riso e melancolia: a forma shandiana em Sterne, Diderot, Xavier de Maistre, Almeida Garret e Machado de Assis*. São Paulo: Companhia das Letras, 2007.

SILVA, Juliana Zanco Leme da. *Os diversos Machados para diversos leitores: dos folhetins à sala de aula*. São Paulo: Universidade Presbiteriana Mackenzie, 2018. (Tese de doutorado).

SOUSA, J. Galante de. *Bibliografia de Machado de Assis*. Rio de Janeiro: Instituto Nacional do Livro-Ministéria da Educação e Cultura, 1955.

Machado/Shakespeare: Bento Santiago/ Leontes: afinidades estruturais

João Cezar de Castro Rocha

Nosso! De quem?

Neste ensaio, principio a discussão, necessariamente telegráfica, de um possível novo livro. Trata-se de uma reflexão sobre *Dom Casmurro*. Na verdade, trata-se de uma imersão no texto de Machado: essa reciclagem de três peças shakespearianas.

(*Três peças*: esqueçamos a armadilha-*Otelo*.)

Passo a passo.

Helen Caldwell produziu um terremoto crítico ao publicar, em 1960, *O Otelo brasileiro de Machado de Assis*. O livro apenas foi traduzido para o português em 2002. Talvez a razão dessa defasagem se encontre nas palavras iniciais do prefácio. Sem nenhum constrangimento aparente, Caldwell formulou uma equação particular, na qual se dão as mãos uma hermenêutica pretensamente complexa e um nacionalismo linguístico muito pouco sofisticado.

Vale a pena reproduzir na íntegra o primeiro parágrafo do livro (Caldwell, 2002, p. 11):

> Os brasileiros possuem uma joia que deve ser motivo de inveja para todo o mundo, um verdadeiro Kohinoor entre os escritores de ficção: Machado de Assis. Porém, mais do que todos os outros povos, *nós do mundo anglófono*, devemos invejar o Brasil por esse escritor que, com tanta constância, utilizou *nos-*

> *so Shakespeare como modelo* – personagens, tramas e ideias de Shakespeare tão habilmente fundidos em seus enredos próprios –, que *devemos nos sentir lisonjeados de sermos os únicos verdadeiramente aptos a apreciar esse grande brasileiro.*

Pois é.

Basta enfileirar algumas frases e se torna difícil conter o riso, aquele *movimento ao canto da boca, cheio de mistérios,* que fazia o pai de Janjão desesperar. Contenha, portanto, o impulso irônico e simplesmente me acompanhe: *nós do mundo anglófono; nosso Shakespeare como modelo; devemos nos sentir lisonjeados...*

Há mais.

A metáfora abre-alas que emoldura o argumento da autora é no mínimo imprudente. Ora, Kohinoor é um dos diamantes mais célebres do mundo, tendo passado ao domínio britânico quando em 1850 a Índia foi anexada ao Império da Rainha Vitória. Vale dizer, se o autor de "A causa secreta" *é um verdadeiro Kohinoor entre os escritores de ficção,* conheceria Machado seu verdadeiro brilho somente ao ser lapidado pela crítica de língua inglesa? Afinal, o brasileiro *utilizou nosso Shakespeare como modelo.*

Esqueçamos a diplomacia: Caldwell, como *anglófona,* pode se apropriar de Machado, pois ele sorveu muito de sua visão do mundo na fonte shakespeariana – e, ao que tudo indica, para se apropriar do autor de *Othello* é preciso ser falante nativo do inglês! Mas, segundo a mesma lógica rasa, para radiografar a obra de Machado, não faz falta ser falante nativo do português? Por que naturalizar com tamanho donaire a assimetria das relações econômicas e políticas?

Sejamos ainda mais cruéis (o exercício não deixa de ser divertido): desde quando uma *norte-americana* é necessariamente reconhecida como *falante nativa do inglês* no restrito circuito do universo paralelo de Oxbridge? Imagino a reação dos *fellows* se, na *high table* de um dos *colleges* de Oxford ou Cambridge, uma professora californiana afirmasse com a confiança tipicamente yankee: *nosso Shakespeare!*

"*Nosso,* a senhora disse?" – provavelmente seria a resposta.

(Eis, aqui, agora sim, o elo intrínseco da prosa machadiana com a dicção britânica: o *understatement*. Técnica, aliás, cuja sutileza, no pano de fundo da retórica tupiniquim, produz um contraste francamente engraçado.)

Caldwell segue adiante com o projeto de usucapião hermenêutico, lançando mão de um cálculo tão exato quanto enganador (Caldwell, 2002, p. 19-20):

> O *Otelo* de Shakespeare aparece no argumento de vinte e oito narrativas, peças e artigos. *Otelo* não foi a única peça de Shakespeare da qual Machado se serviu: *Romeu e Julieta* serve de trama para um romance e novos contos; o personagem Hamlet aparece um pouco por contaminação – mesmo quando se está tratando dos Otelos; Ofélia, Jacques, Caliban, Lady Macbeth e outros personagens ressurgem miraculosamente nos subúrbios do Rio de Janeiro. Mas detenhamo-nos, neste trabalho, em *Otelo* e *Dom Casmurro*.

Que seja.

No entanto, na literatura ocidental, poucos autores como Shakespeare adotaram e transformaram sistematicamente o alheio a fim de compor sua obra. Simples assim: segundo os diligentes eruditos shakespearianos, das 37 peças que compõem a reunião de suas obras, no famoso *First Folio* de 1623, praticamente todas resultam da combinação de fontes diversas, portanto, de *modelos inúmeros*. Somente quatro peças possuem enredo criado pelo dramaturgo. São as seguintes peças, na ordem estabelecida de sua cronologia: *Love's Labour's Lost*, *A Midsummer Night's Dream*, *The Merry Wives of Windsor* e *The Tempest*.

Você se recorda que, no capítulo IX de *Dom Casmurro*, "A ópera", o narrador considera Shakespeare *um plagiário*. E por isso um gênio.

Vejamos o contexto.

O narrador discorre sobre a curiosa teoria de um velho tenor italiano: no princípio dos tempos, o mundo não foi um sonho, tampouco um drama, porém uma ópera. Marcolino esclarece o enigma: "Deus é o poeta.

A música é de Satanás. (...)" Após ser expulso do Paraíso, Satanás roubou o manuscrito do Pai e compôs a partitura, que, a princípio, Deus não queria sequer escutar. Vencido pela insistência do Outro, decide representar a peça, criando "um teatro especial, este planeta, e inventou uma companhia inteira" (Machado de Assis, 1988, p. 818). Alguns parágrafos adiante, o leitor encontra a conclusão da hipótese (Machado de Assis, 1988, p. 818-819):

> O grotesco, por exemplo, não está no texto do poeta; é uma excrescência para *imitar* as *Mulheres patuscas de Windsor*. Este ponto é contestado pelos satanistas com alguma aparência de razão. Dizem eles que, ao tempo em que o jovem Satanás compôs a grande ópera, nem essa farsa nem Shakespeare eram nascidos. Chegam a afirmar que *o poeta inglês não teve outro gênio senão transcrever a letra da ópera,* com tal arte e fidelidade, que parece ele próprio o autor da composição; mas, evidentemente, *é um plagiário.*

Tal afirmação talvez soe como um elogio duvidoso. Como admitir que um escritor se destaque porque sua obra é uma *cópia original*? Por que não? Eis a descrição exata do modelo Shakespeare. Ou do padrão Machado/ Shakespeare.

(O autor de *A mão e a luva* foi o mais talentoso crítico de sua época.)

Atenção!

Tudo se passa como se os críticos reiterassem o tropeço de Machado, leitor angustiado de *O primo Basílio*.

Há inclusive um trecho surpreendente na severa crítica machadiana ao romance do português. Referindo-se ao momento em que se compara a separação dos primos com a situação do romance de Balzac, *Eugénie Grandet*, Machado exclama: "O Sr. Eça de Queirós incumbiu-se de nos dar o fio da sua concepção" (Machado de Assis, 1988, p. 905).

Nessa passagem, contudo, Eça apenas procurava despistar o leitor, pois o paralelo mais significativo evoca *Madame Bovary* – como ninguém ignora. Eis o trecho (Eça de Queiros, s/d, p. 929):

> – Tu sabes que ele foi namoro de Luísa? – disse Sebastião, baixo, como assustado da gravidade da confidência.
> E respondendo logo ao olhar surpreendido de Julião:
> – Sim. Ninguém o sabe. Nem Jorge. Eu soube-o há pouco, há meses. Foi. Estiveram para casar. Depois o pai faliu, ele foi para o Brasil, e de lá escreveu a romper o casamento.
> Julião sorriu, e encostando a cabeça à parede:
> – Mas isso é o enredo da *Eugênia Grandet*, Sebastião! Estás-me a contar o romance de Balzac! Isso é a *Eugênia Grandet*!

Machado, leitor-águia, aprendeu a lição; sua referência a *Otelo* também é uma forma de desorientar o leitor literal.

Em outras palavras, *Dom Casmurro* recicla três peças shakespearianas. Por ordem de importância: *Conto de Inverno*; *Cimbelino*; *Otelo*.

Eis o que procurarei mostrar no futuro livro. Agora, contudo, limito-me a analisar um ângulo de *Conto de Inverno*. Mas, se não vejo mal, nesse ângulo reside a estrutura da narração de Bento Santiago.

Um pedido (não) é um pedido

Leontes, Rei da Sicília, Políxenes, Rei da Boêmia, são amigos de longa data – unha e carne. Irmãos, quase; o que um pensa, o outro antecipa; o que um deseja, o outro realiza. Por isso mesmo, com frequência, passam longas temporadas distantes de seus súditos, a fim de permanecerem fiéis à amizade que os une.

Na segunda cena do primeiro ato, essa é a situação. Políxenes demorou-se demasiadamente no palácio do amigo – "Já serviu de sinal por nove vezes o úmido astro ao pastor, dês que deixamos sem fardo nosso trono". Hora, portanto, de partir. Leontes procura demovê-lo, porém o Rei da Boêmia lança mão de argumento em aparência irrefutável (Shakespeare, 1988, p. 575):

> Amanhã mesmo,
> senhor, há de ser isso. Inquieto deixam-me os meus receios sobre o que é possível germinar ou nascer em nossa ausência.
> Não sopre em casa algum vento maligno, que me faça dizer: 'Os meus temores eram justificados'.

Difícil opor à razão de Estado os motivos do afeto; contudo, voluntarioso, acostumado a ser o árbitro do próprio desejo, Leontes tira um coringa da manga, solicitando à esposa que se junte a ele na missão em tese impossível de persuadir o amigo a permanecer por mais tempo na Sicília. Somente agora, instada pelo marido, Hermíone se manifesta; aliás, bem ciente do efeito de suas palavras (Shakespeare, 1988, p. 576):

> Esse 'de forma alguma' pronunciado por uma dama é tão potente como se dito por um Rei. Não resolvestes ainda? Então, forçada sou a deter-vos como meu prisioneiro, não como hóspede.

A graça da Rainha enseja uma troca aguda de esquivas e elogios; por fim, Políxenes dá o braço a torcer e decide ficar. Agradecida, talvez encantada com seu poder de sedução, Hermíone completa o jogo de palavras com um gesto singelo. A indicação de cena reza:

> (*Estende a mão a Políxenes.*)

Só isso: nada mais: uma demonstração de cortesia, obrigatória, em alguma medida, dada a concessão feita por Políxenes.

Ou não?

Pelo contrário, Leontes vislumbrou na atitude uma revelação tão inesperada como fulminante (Shakespeare, 1988, p. 577):

> LEONTES (à parte): Muito quente! Muito quente! Unir as afeições de tal maneira, é unir, também, o sangue. Estou sentindo 'tremor cordis'; o coração me dança, mas não é de alegria. (...)
> Mas baterem palmas, beliscarem-se os dedos, como o fazem neste instante, permutarem sorrisos estudados, como em frente ao espelho a, após, suspiros soltarem, como toque de buzina que a morte propalasse do veadinho... Oh! tal acolhimento é-me contrário, visceralmente, ao peito e ao sobrecenho. Vem, Mamílio; és meu filho?

A brutalidade da pergunta conduz a uma resposta igualmente brutal. Num dos giros mais violentos do teatro shakespeariano, Leontes não somente se assegura da infidelidade da esposa e da traição de seu melhor amigo, como também "descobre" que seu filho, no fundo, é o fruto proibido daquele conúbio, a evidência "incontestável" do adultério.

Cena emblemática: é indispensável que os atores enfatizem o divórcio, crescente, entre o discurso-delírio de Leontes e os gestos-protocolares de Políxenes e Hermíone. Isto é, eles não se tocam maliciosamente, muito menos se beliscam (!), ou trocam *sorrisos estudados* – essa antecipação das *lágrimas poucas e caladas*...

A encenação deve acentuar a distância, a fim de sugerir a força desse "monstro de olhos verdes", o ciúme como definido por Iago, que se assenhora da consciência do Rei com a facilidade de que dispõe Leontes para traduzir sua palavra em ato e sua suspeita em fato.

Evidente: a palavra do Rei

Sem transição alguma.

Pois é: assim foi o transe de Leontes, e, num átimo, ele se encontra convencido – tudo se passa como se o destino tivesse reunido a *primeira amiga* e o *maior amigo* para armar uma insidiosa traição. E a terra não lhes foi nada leve, pois a prerrogativa real muito pode, até transformar ciúmes em provas incontestáveis.

Afinal, a palavra do Rei não vale como evidência por si só? Leontes crê que sim, e, por isso, dirige-se ao filho como se enfrentasse um inesperado inimigo (Shakespeare, 1988, p. 578):

> (...) Meu violãozinho, caro, caríssimo pedaço de mim mesmo! Tua mãe não poderia... É então possível? Instintos, teus impulsos no alvo acertam; possível deixas o que nunca fora sequer imaginado; ajuda encontras até nos sonhos; vais encontrar aliados no próprio irreal e ao nada te associas. Depois te torna crível, pois te juntas a alguma coisa...

O leitor de *Dom Casmurro* se recorda da imaginação sem freios de Bento Santiago, *viva, rápida, inquieta*, e seus impulsos de *grande égua ibera*. Leontes, dono do poder, e, logo, da voz, não procura outra confirmação além de sua certeza – ora, para alguma coisa valerá ser Rei!

(Ou o narrador da história.)

Shakespeare, no entanto, puxa habilmente o tapete deste Rei.

Ao contrário de Otelo, não há nem sombra de um astucioso Iago ou de um modesto Iachimo. Exatamente o oposto tem lugar: todos contradizem o Rei, afiançando a virtude e a inocência da Rainha, e isso mesmo se arriscam suas vidas.

Eis o que diz Camilo, nobre siciliano, e conselheiro na corte (Shakespeare, 1988, p. 580):

> Meu bondoso senhor, curai-vos sem demora dessas fantasias doentias; quase sempre são muito perigosas.

O nobre tampouco recua diante da cólera do Rei; mantém sua palavra e se recusa a cumprir a ordem que recebe de envenenar Polínexes. Tal desobediência civil o levará ao exílio, mas prefere testar a sorte a curvar-se a seu (Shakespeare, 1988, p. 581)

> (...) senhor, o qual, achando-se em rebelião consigo mesmo, exige de seus homens idêntica atitude.

Mais atrevida é Paulina, a criada da Rainha. Ao pedir ajuda aos nobres sicilianos para defender sua senhora, explicita o que todos pensam (Shakespeare, 1988, p. 588):

> Ora, meus bons senhores, ajudai-me,
> que o podeis. Mais valor dás à tirânica cólera dele do que à própria vida da Rainha? Ela, uma alma tão graciosa, que mais pureza tem do que ele ciúme?

Serva de uma só patroa, Paulina não se deixa intimidar pela fúria do Rei (Shakespeare, 1988, p. 589):

> LEONTES: Fora daqui, virago feiticeira!
> Alcoviteira infame!
> PAULINA: Não sou isso.

> Tão ignorante sou de tal ofício quanto vós em me dar esse título, e tão honesta sou quanto vós, louco.

Transformado em tirano, mas, de fato, tiranizado pelo ciúme que o obseda, Leontes não consegue apoio de seus súditos – que não se submetem a *fantasias doentias*. Nenhuma evidência é disponível, portanto, basta a autoridade de sua palavra para levar adiante a acusação à Rainha.

Levar adiante formalmente – bem entendido, num julgamento!

Evidências no tribunal

Em *Conto de Inverno*, Shakespeare radicaliza a discussão iniciada em *Otelo* e aprofundada em *Cimbelino*, demonstrando que o estatuto da evidência depende da legitimidade conferida a quem fala, a quem acusa. *Saber é poder*, claro, Francis Bacon ensinou a lição; mas, aqui, o dramaturgo dá a volta ao parafuso, pois não é conhecimento que se erige em autoridade, porém, o poder mesmo que se atribui a o direito de esclarecer o sentido do que se deve conhecer.

Daí, o arco que se abre do "excesso" de (falsas) evidências a que o *mouro* Otelo foi exposto e o "excesso" de ausência de qualquer indício razoável apresentado ao *Rei* Leontes. Como uma ponte entre esses extremos, o *pajem* Póstumo Leonato, protagonista de *Cimbelino*, foi enganado por evidências circunstanciais e indiretas.

(Claro: limito-me neste ensaio ao estudo breve de *Conto de Inverno*.)

Desse modo, Shakespeare alterou o ângulo do problema, multiplicando os pontos de vista, associando-os à posição social do "ciumento".

Se não me equivoco, Machado de Assis reciclou as três peças na composição de seu romance-esfinge.

Não é tudo.

Arrisco, finalmente, a hipótese que estrutura meus exercícios de leitura: a segunda cena do terceiro ato de *Conto de Inverno* favoreceu o pulo do gato do autor de *Dom Casmurro*, pois a figura do Rei-"vítima"-procurador-juiz foi traduzida em impecável forma literária na prosa de Bento Santiago.

É isso: aproximarei a cena do julgamento de Hermíone à escrita do casmurro narrador; afinal, já é hora de atar as pontas de minha proposta.

A prova dos nove. Ou: pior para Apolo!

Tudo se passa como se Machado de Assis enfrentasse o problema descortinado em *Otelo, Cimbelino* e *Conto de Inverno.* Isto é, como avaliar o estatuto da evidência no caso concreto do típico homem ciumento?

Entenda-se o potencial epistemológico da questão: o ciumento é antes de tudo alguém atormentado pela dúvida, pela virtual impossibilidade de saber ao certo o que correu – no fundo, se algo efetivamente aconteceu, nunca saberemos.

Um prato cheio: o ciúme.

Um banquete: autêntico diálogo socrático, contudo, sem maiêutica alguma à espreita; nenhum filósofo de tocaia, quero dizer.

A seu modo, Shakespeare deu um xeque-mate – e isso jogando com as peças pretas. Afinal, ele mostrou que a evidência não é avaliada por um critério objetivo, porém depende da autoridade de quem fala.

O momento emblemático para essa discussão encontra-se no terceiro ato de *Conto de Inverno.* Releia a segunda cena com calma.

Eis o que tenho a sugerir: a prosa do narrador casmurro traduz a atmosfera da ação dramática shakespeariana numa impecável forma literária, dominada por um paradoxo que leva longe.

Retornemos à segunda cena. Assim reza sua indicação:

> *Sicília. Uma corte de justiça. Leontes, nobres e oficiais.*

A fala do Rei não deixa margem a dúvidas, um julgamento está prestes a principiar.

Escutemos (Shakespeare, 1988, p. 592):

> LEONTES: Esta sessão – com grande pesadume é o que dizemos – nos abala o peito.
> A ré é filha de um monarca e nossa muito prezada esposa. A pecha tira-nos de tirania o fato de ser público todo o processo, que

há de seguir nisso seu curso natural, até à sentença condenatória ou à plena absolvição.

Trazei a prisioneira.

OFICIAL: Apraz a sua Alteza que a Rainha Apareça em pessoa ante esta corte. Silêncio.

(*Entram Hermíone, com guardas, Paulina e damas de companhia.*)

LEONTES: Lede a acusação.

Todos conhecem a convicção do Rei, embora ninguém lhe tenha dado ouvidos. Por isso mesmo, Leontes obedece as formalidades do processo. Em todo o caso, trata-se de impor sua vontade e, ao mesmo tempo, agir como se ele se curvasse à lei geral. Como o julgamento é público, *a pecha tira-nos de tirania*: os súditos são adequadamente advertidos.

A aparência de legalidade exige a leitura da pesada acusação (Shakespeare, 1988, p. 592):

> OFICIAL: Hermíone, esposa do digno Leontes, Rei da Sicília, és acusada e aqui citada por crime de alta traição, por teres cometido adultério com Políxenes, Rei da Boêmia, e conspirado com Camilo para tirar a vida do Rei, nosso soberano senhor, teu real esposo.

Ganha uma viagem ao Reino da Sicília quem descobrir o autor da catilinária. As digitais de Leontes são visíveis em cada palavra. Segue-se o interrogatório que exaspera o Rei. Impaciente, volta a acusar a ré: "Não quereis confessar" (Shakespeare, 1988, p. 592).

Acuada, Hermíone lança mão de um último recurso (Shakespeare, 1988, p. 593):

> Quanto a minha honra, desejara vê-la sem mancha alguma. Sendo eu condenada por suspeitas, apenas, dormitando todas as provas favoráveis, menos as que vosso ciúme ora desperta, digo que isso é crueldade, não justiça. A vós, nobres, declaro que confio plenamente no oráculo. Há de Apolo ser meu juiz.

Em tese, a sentença do deus supera o arbítrio do Rei. Hermíone, portanto, não tem o que temer, pois, ciente de sua inocência, aguarda o retorno de Cleômenes e Dion, encarregados de consultar o oráculo e trazer à corte sua revelação.

A sequência merece ser transcrita; afinal, as palavras de Apolo deveriam selar o destino da Rainha (Shakespeare, 1988, p. 593-594):

> OFICIAL: "Hermíone é casta; Políxenes, sem mancha; Camilo, um súdito leal; Leontes, um tirano ciumento; seu inocente filho, legitimamente concebido; e o Rei viverá sem herdeiro, se não for achado o que foi perdido".

O alívio é geral, pois as suspeitas do Rei não haviam persuadido seus súditos. A expansão de todos é sintomática (Shakespeare, 1988, p. 594):

> NOBRES: Bendito seja o grande Apolo!
> HERMÍONE: Seja louvado eternamente!

Parece que tudo vai acabar bem. Mas só parece. Leontes decide estragar a festa (Shakespeare, 1988, p. 594):

> LEONTES: Leste certo?
> OFICIAL: Sim, milorde; tal como se acha escrito.
> LEONTES: Não há verdade alguma nesse oráculo. Continue a sessão. É só mentira.

O dono da voz

O oráculo pouco vale diante da autoridade do Rei. Como se fosse um inesperado Édipo, Leontes também despreza o seu Tirésias. Infelizmente, para ele, Apolo tudo vê e, por isso, a punição pela blasfêmia vem a galope.

Assim mesmo.

Logo após a fala do Rei, a indicação de cena é precisa:

> (*Entra um criado.*)

Servo de Apolo, dir-se-ia, já que seu anúncio equivale à punição pela arrogância de Leontes: Mamílio, seu filho, acabara de morrer, não suportando a humilhação de considerar-se bastardo. Como o Rei havia mandado expor sua filha recém-nascida, o oráculo reassume seu poder divinatório: *o Rei viverá sem herdeiro, se não for achado o que foi perdido.*

Abalada pela notícia, Hermíone desfalece e todos creem que a (aparente) morte súbita da Rainha é o castigo final. O Rei acusa o golpe e, finalmente, dá o braço a torcer (já não era sem tempo) (Shakespeare, 1988, p. 594):

> Dei crédito excessivo às minhas próprias suspeitas (...).
> Perdoa, Apolo, a minha irreverência com relação ao teu sagrado oráculo. Hei de reconciliar-me com Políxenes, reconquistar a esposa, o bom Camilo chamar de novo.

Outra vez, as metamorfoses de Leontes são particularmente violentas e, como um anacrônico homem cordial, ele transita entre extremos com a naturalidade de uma respiração artificial.

Paremos por aqui.

Você releu a peça e sabe que, como deve ser, pois se trata de um *romance play*, no final tudo acaba bem.

Reciclagem como forma

Hora de retornar a *Dom Casmurro*.

O narrador Bento Santiago deve ter sido um leitor atento de *Conto de Inverno*, adotando uma estratégia similar, pois ele se apresenta como vítima – da infidelidade da esposa –, procurador – sua narrativa não deixa de ser uma peça de acusação – e juiz – cujo veredicto encerra o romance (Machado de Assis, 1988, p. 994):

> E bem, qualquer que seja a solução, uma cousa fica, e é a suma das sumas, ou o resto dos restos, a saber, que a minha primeira amiga e o meu melhor amigo, tão extremosos ambos e tão queridos também, quis o destino que acabassem juntando-se e enganando-me...

Não é tudo.

Duas cenas-chave do romance podem ser lidas como apropriações da segunda cena do primeiro ato de *Conto de Inverno*.

Você se recorda o que vimos na última coluna: sem mediação alguma, Leontes persuade-se de que foi traído e, ato contínuo, deduz que seu filho, Mamílio, é fruto da traição de sua *primeira amiga* e de seu *melhor amigo*.

Pois bem: habilmente, Machado dissemina o episódio em dois capítulos, despistando o leitor.

Vejamos.

Estamos no capítulo CXXIII, "Olhos de ressaca", justo no momento do enterro de Escobar. Bentinho tem um discurso preparado para celebrar seu quase irmão. A consternação domina a todos e Sancha se mostra inconsolável. Deixo a palavra ao narrador, mas perceba a ausência de transição entre Bento Santiago e Dom Casmurro, convencido, num piscar de olhos, da infidelidade da mulher (Machaddo de Assis, 1988, p. 927, grifos meus):

> A confusão era geral. No meio dela, Capitu olhou alguns instantes tão fixa para o cadáver, tão apaixonadamente fixa, que não admira lhe saltassem algumas *lágrimas poucas e caladas...*
> As minhas cessaram logo.

Pronto: como os *sorrisos estudados*, que levou Leontes longe em suas suposições, as *lágrimas poucas e* (sobretudo) *caladas* se derramam nas reveladoras reticências que concluem a frase.

O início do parágrafo seguinte vale por uma condenação: *As minhas cessaram logo*. Absolutamente seguro do triângulo amoroso desfeito apenas pela ressaca que tragou Escobar, o agora desorientado Bento Santiago mal consegue pronunciar o elogio do amigo – ex-amigo, melhor escrito.

Dono da voz, mas sem a resolução de um Leontes, o narrador precisa esperar uns quinze capítulos antes de atar as pontas da cena shakespeariana.

Saltemos para o capítulo CXXXVII, "Segundo impulso". Bento esteve muito próximo a oferecer a Ezequiel uma xícara de café envenenada. No último instante, arrepende-se, mas não de todo, como se percebe na sequência, evocadora da brutalidade do tratamento dispensado a Mamílio por Leontes (Machado, 1988, p. 936):

Mas não sei o que senti que me fez recuar. Pus a xícara em cima da mesa, e dei por mim a beijar doudamente a cabeça do menino:

– Papai! papai! exclamava Ezequiel.

– Não, não, eu não sou teu pai!

O paradoxo do narrador

Hora de encerrar.

Machado/Shakespeare dá um passo adiante na formulação do paradoxo do narrador.

Bento Santiago é o dono da bola, mas não chega a ser um artilheiro. Ora, a fim de persuadir o leitor, ele ordena sua memória cuidadosamente. No entanto, não consegue nem mesmo convencer-se.

Não fui convincente. Tento de novo.

Machado/Shakespeare inventa uma forma literária que envolve o leitor no dilema do ciumento: ele não sabe, não pode saber.

Digo de outro modo: o leitor de *Dom Casmurro* conclui o romance experimentando o mesmo impasse epistemológico do narrador: não pode afirmar nada com absoluta certeza.

Vamos, todos, à *História dos Subúrbios*.

Referências bibliográficas

CALDWELL, Helen. *O Otelo brasileiro de Machado de Assis. Um estudo de Dom Casmurro*. São Paulo: Ateliê Editorial, 2002, p. 11.

EÇA DE QUEIRÓS, José Maria de. *O primo Basílio. Episódio doméstico. Obras de Eça de Queirós*. Volume I. Porto: Lello & Irmãos, s/d., I, p. 929.

MACHADO DE ASSIS, Joaquim Maria. "O Primo Basílio". In: *Obra completa*. Vol. III. Rio de Janeiro: Editora Nova Aguilar, 1988, p. 905.

MACHADO DE ASSIS, Joaquim Maria. "Dom Casmurro". In: *Obra completa*. Vol. I. Rio de Janeiro: Editora Nova Aguilar, p. 818-819, 1988.

SHAKESPEARE, William. "Conto de Inverno". In: *Teatro Completo. Comédias*. Rio de Janeiro: Agir, 1988, tradução de Carlos Alberto Nunes.

Americanas, de Machado de Assis: Um desafio à interpretação

José Américo Miranda

Antes de abordar a obra *Americanas*, seria bom considerar um princípio enunciado, recomendado e adotado por Machado de Assis em sua atividade de crítico literário em geral, e de crítico de poesia em particular. Num texto publicado em 1865, sob o título "O ideal do crítico", ele o expôs, sob a forma da negação: "As musas, privadas de um farol seguro [a crítica literária], correm o risco de naufragar [...]." (Assis, 2013, p. 236). Em linguagem positiva, dizia o seguinte: é papel da crítica iluminar o campo literário, aconselhar, mostrar o caminho que o poeta deve seguir. Isso fazia ele como crítico, quando avaliava obras de outros poetas (não apontava incorreções, não dava conselhos aos que já haviam morrido), e isso cumpriu, por coerência consigo mesmo, em relação às críticas que recebeu quando publicou seus livros de poesias. Faço essa observação inicial, porque ela terá consequências no raciocínio a ser aqui desenvolvido.

Dito isso, vamos à obra: *Americanas* foi o terceiro livro de poesias publicado por Machado de Assis – acontecimento de 1875. Antes desse livro, havia publicado *Crisálidas*, em 1864, e *Falenas*, em 1870. Para nos aproximarmos de *Americanas* com alguma propriedade, creio ser necessária a combinação de duas perspectivas: a obra deve ser encarada na sequência das obras poéticas do autor, por um lado, e, por outro, no contexto de suas preocupações e atividades nos anos anteriores a 1875, mais precisamente entre 1870 (ano do aparecimento de *Falenas*) e 1875 (quando publicou *Americanas*).

Não precisaríamos de Aristóteles para dizer isto: que vamos começar pelo início, e que antes do início não há nada, mas a ele segue-se alguma coisa (Aristóteles, s/d., p. 299). Vamos começar por *Crisálidas* (1864), primeiro livro de poesias publicado por Machado de Assis; antes desse livro não há outro livro de poesias. Tinha o autor, quando o publicou, 25 anos de idade. Nesse primeiro livro, desde a crítica da primeira hora, ficou claro o pendor lírico do poeta que se estreava. "O lirismo é o lado mais dileto de M. de Assis, e é das produções desse gênero que lhe têm vindo as melhores palmas." – afirmou um crítico daquele tempo (Leitão, 2003, p. 58). Esse juízo foi confirmado na primeira metade do século XX por Lúcia Miguel Pereira, por exemplo, que diz que Machado de Assis "só foi grande na poesia íntima, confidencial" (Pereira, 1988, p. 126).

Conforme lembra Caetano Filgueiras na conversação preliminar intitulada "O poeta e o livro", que apareceu na primeira edição da obra, "Crisálida é ninfa" (Filgueiras, 1864, p. 11). Ninfa é forma imatura e preliminar de inseto. Às *Crisálidas* seguiram-se as *Falenas*, em 1870. Falena é uma espécie de borboleta noturna; um inseto acabado, portanto. Está implícita nos títulos dos livros a ideia de continuidade entre um e outro. O livro *Falenas*, porém, é bem mais complexo do que *Crisálidas*. Ele tem quatro partes: a primeira, "Vária"; a segunda, "Lira chinesa"; a terceira, "Uma ode de Anacreonte", e a quarta, "Pálida Elvira". Essa divisão do livro é importante – veremos por quê.

Antes de abordar *Americanas*, um rápido passeio por algumas das avaliações desse segundo livro do poeta. No calor da hora, *Falenas* teve pelo menos uma avaliação importantíssima: a do poeta Luís Guimarães Júnior. Escreveu ele, depois de notar as quatro partes do livro:

> A primeira coleção ['Vária'], como indica o título, é uma série de poesias de diferentes gêneros e variadas formas. O poeta consagra lágrimas e saudades às ternas visões da mocidade e do amor, acondicionando a lira às inúmeras sensações que todos esses sentimentos lhe inspiram (Guimarães Júnior, 2003, p. 73).

De novo, temos aí o reconhecimento do lirismo como o "verdadeiro caráter" do "gênio espontâneo" de Machado de Assis. É bom que se observe

- somente a primeira parte de *Falenas* se parece, e guarda relação de continuidade, com *Crisálidas*. Quando passamos à "Lira chinesa" (segunda parte do livro), há uma espécie de ruptura.

Também nesse caso, o século XX confirma a crítica do século XIX: Lúcia Miguel Pereira, citando títulos [nove] de poesias publicadas em *Falenas*, diz que "são todas poesias de amor, de amor feliz, perfumadas pela presença de Carolina" (Pereira, 1988, p. 132) – obras do gênero lírico, portanto. Manuel Bandeira reconheceu que, na poesia de ambos os livros (*Crisálidas* e de *Falenas*), "encontramos apenas as confidências de seus [de Machado de Assis] primeiros amores" (Bandeira, 2009, p. 92) – afirmativa válida apenas para a primeira parte do segundo livro.

Isso foi o que disseram de positivo sobre os livros, além de elogios à técnica da versificação. O que disseram de negativo vou dizer com minhas próprias palavras, para resumir, para alcançar mais rapidamente o terceiro livro. Em *Crisálidas* foi apontada a falta de unidade, a fascinação pelas musas estrangeiras (havia seis poesias traduzidas no livro, além de dois poemas – "Epitáfio do México" e "Polônia" – de assuntos estrangeiros) e o excesso de liberdade (o poeta mudava de assunto muito à vontade e aleatoriamente, sem que houvesse evidências de um plano preconcebido para a elaboração do livro). Estava implícita na ideia de liberdade excessiva e na fascinação pelas musas estrangeiras a ausência de sinais da nacionalidade na poesia de Machado de Assis. Em *Falenas*, a mesma coisa. Mas aqui, especialmente na crítica de Luís Guimarães Júnior, a exigência da crítica se explicitou: "O principal e único defeito dessa esmeradíssima coleção das *Falenas* é a ausência do espírito pátrio, a falta de inspiração característica" (Guimarães Júnior, 2003, p. 77). Não fica distante disso a opinião do crítico Araripe Júnior (sob o pseudônimo de Oscar Jagoanharo): "Justíssimas queixas deveria [eu] expor ao seu autor [de *Falenas*] pela ingratidão com que se tem havido para com este formoso Brasil, para com este tão prolífico solo ao qual deve a vigorosa imaginação que possui [...]" (Jagoanharo, 2003, p. 78).

De certa forma, o cerco se fechava em torno do poeta. Se a crítica deve ser um farol seguro para as musas, o sinal estava dado (e era claro) – o caminho a ser seguido estava indicado: exigia-se do poeta que ele fizesse poesia nacional. Sem levar em consideração as críticas feitas ao poeta, é difícil entender o seu terceiro livro de versos, *Americanas*, que apareceu cinco anos depois do segundo.

Considerada em comparação com os dois livros anteriores, a poesia de *Americanas* não parece fazer sentido – nem dar seguimento a nada. Lúcia Miguel Pereira, apontando a diferença desse livro, com relação aos anteriores, afirmou: "[Machado de Assis] só foi grande na poesia íntima, confidencial, à qual, aliás, descontada a traição de *Americanas*, se manteve sempre fiel" (Pereira, 1988, p. 126). Sob esse aspecto apenas, do abandono da poesia pessoal ou confessional, *Americanas* não seria tão grande novidade, já que isso se pode constatar também nas três últimas partes de *Falenas*.

Falta-nos ainda tentar compreender o contexto, as circunstâncias, o meio, as preocupações, o pensamento e as atividades críticas de Machado de Assis entre os anos de 1870 e 1875. O próprio poeta nos revela, em nota ao poema "Os Orizes", que foi "o nosso eminente poeta e literato Porto Alegre, hoje barão de Santo Ângelo, quem há cerca de 4 anos, me chamou a atenção para a relação de Monterroyo de Mascarenhas, *Os Orizes conquistados*, que vem na *Rev. do Inst. Hist.*, t. VIII" (Assis, 1875, p. 209). De fato, Manuel de Araújo Porto-Alegre fez sua última vinda ao Brasil em 1871 (4 anos antes da publicação de *Americanas*) e, segundo Raimundo Magalhães Júnior, aconselhou Machado de Assis a "procurar na *Revista do Instituto Histórico e Geográfico* temas para obras poéticas que refletissem o nosso passado" (Magalhães Júnior, 1981, v. 2, p. 110). E, informa o mesmo autor, Machado de Assis obteve, depois de a haver solicitado à instituição, uma coleção das revistas do Instituto. Era evidente, àquela altura, a preocupação do poeta (e do crítico) com a questão da nacionalidade na literatura. Tanto que em 1873 (metade do caminho entre 1870 e 1875), ele publicou o célebre ensaio hoje mais conhecido por seu subtítulo – "Instinto de nacionalidade". Se considerarmos que a totalidade dos poemas de *Americanas* foi composta entre 1870 e 1875, constataremos que o poeta buscava uma resposta às questões colocadas pela crítica a seus livros de poesia publicados anteriormente. Com o "Instinto de nacionalidade" ele respondeu no plano da reflexão teórica e crítica; com *Americanas* ele respondeu no plano da criação literária. Podemos considerar que essas duas obras são irmãs gêmeas, filhas de um mesmo movimento do espírito de Machado de Assis. Bastaria o reconhecimento dessa realidade, para que o interesse por *Americanas* desse um salto de muitos degraus para o alto.

Passemos ao livro. *Americanas* (1875) contém treze poemas, doze dos quais de temática nacional brasileira. O único que escapa a essa temática é "Cantiga do rosto branco", tradução em versos da versão em prosa de Chateaubriand para o francês de uma canção de índios norte-americanos. Esse foi também o único poema excluído do livro pelo autor, quando de sua segunda edição, nas *Poesias completas*, em 1901.

Todos os treze poemas do livro foram compostos entre 1870 e 1875 – produção concentrada, que demonstra ser a obra resultado de um projeto, não uma coletânea de poesias produzidas ao acaso das circunstâncias, coisa rara na poesia de Machado de Assis. Antônio Houaiss afirma, sobre os livros de poesia do autor, que "as unidades integrantes dos quatro volumes [*Crisálidas, Falenas, Americanas* e *Ocidentais*] têm uma relativa autonomia, já que não constituem partes de um todo previamente concebido como unidade maior" (Houaiss, 1979, p. 203). Essa afirmativa, seguramente, não é plenamente válida para a obra que estamos examinando. Os poemas têm autonomia, sim, como obras de arte que são – mas não foram recolhidos como composições esparsas, produzidas ao sabor dos ventos de ocasião. Foram produzidos para um fim determinado (com exceção, talvez, de "José Bonifácio" e "A Gonçalves Dias"). E quando se examina o livro, percebe-se nele certa arquitetura, uma composição muito bem pensada, na qual os poemas "José Bonifácio" e "A Gonçalves Dias", embora escritos em circunstâncias especiais, desempenham uma função que os integra (digamos assim) ao projeto do livro.

É o próprio poeta quem nos diz:

> O título de Americanas explica a natureza dos objetos tratados neste livro, do qual excluí o que podia destoar daquela denominação comum. Não se deve entender que tudo o que aqui vai seja relativo aos nossos aborígenes. Ao lado de *Potira* e *Niâni*, por exemplo, quadros da vida selvagem, há *Cristã Nova* e *Sabina*, cuja ação é passada no seio da civilização (Assis, 1875, p. V).

Há um dado importante ainda, com relação a essa época: foi por volta de 1875 que Machado de Assis compôs os versos que nos deixou do poema herói-cômico *O Almada* – poema bastante longo, que aborda um acontecimento do período colonial no Rio de Janeiro (o mesmo acontecimento foi aproveitado por José de Alencar no romance *O Garatuja*). Galante de Sousa estima: "O poema foi composto alguns anos antes de 1879" (Sousa, 1955, p. 514).

Dos treze poemas de *Americanas*, oito tratam de temática indígena; estão incluídos nesse grupo o poema de origem norte-americana, que foi depois excluído do livro, e o poema "A Gonçalves Dias", poeta indianista, que, como veremos, desempenha um interessante papel na estrutura do livro. Se tirarmos esses dois poemas, os oito passam a ser seis poemas (o que dá certo equilíbrio ao livro). O poema "A Gonçalves Dias" (ainda voltaremos a ele), é ao mesmo tempo, pela condição do autor celebrado, um poema do mundo civilizado e do mundo indígena.

Os demais (cinco) poemas do livro tratam de assuntos relacionados ao Brasil do passado, especialmente do período colonial – se somarmos a esses cinco o poema "O Almada", não incluído no livro, mas composto na mesma época, teremos de um lado (o lado do poemas com temas indígenas) seis poemas, e do outro (o lado dos poemas com temas da história do Brasil) outros seis poemas. Simetria razoável, equilíbrio próximo da perfeição.

Pelo menos cinco dos poemas de *Americanas* têm sua fonte, ou, pelo menos, contêm dados ou informações presentes na *Revista do Instituto Histórico e Geográfico Brasileiro*. São eles: "Potira", "Niâni", "Os Orizes", "Cristã Nova" e "Flor do embiroçu". Da matéria de outros poemas não se sabe exatamente a fonte (afinal, a poesia desse livro é ainda muito pouco estudada, pouco conhecida). Do poema "Última jornada" o próprio poeta nos dá a fonte, em nota ao fim do livro. Nesses versos, que Mário de Andrade avaliou como de "beleza altíssima" (Andrade, 1993, p. 60), as almas de um casal de índios mortos (a da mulher assassinada e a do marido assassino) sobem ao céu – a do marido criminoso vai para o poente, a da mulher para o nascente. Diz Machado de Assis, na nota ao poema:

> Não me recordo de haver lido nos velhos escritos sobre os nossos aborígenes a crença que Montaigne lhes atribui acerca das almas boas e más. Este grande moralista tinha informações ge-

ralmente exatas a respeito dos índios; e a crença de que tratamos traz certamente um ar de verossimilhança. Não foi só isso o que me induziu a fazer tais versos; mas também o que achei poético e gracioso na abusão (Assis, 1875, p. 208).

Pois o "poético e gracioso" resultou na seguinte avaliação por Mário de Andrade, que não via com muito bons olhos os demais poemas do livro:

Os versos são quase todos admiráveis como beleza formal. Ricos de sons, nobres na dicção, nem preciosos nem vulgares na escolha dos termos. Percebe-se um sereno desimpedimento que não hesita em usar imagens conhecidas e lugares-comuns, desses que dão à obra de arte, se habilmente empregados, um sabor tradicional de boa linhagem. De tal forma Machado de Assis é hábil nisso que a sensação obtida é de uma obra clássica, no melhor sentido da concepção, em que ao casto sabor de antiguidade se ajunta um sentimento de perfeição exemplar (Andrade, 1993, p. 60).

No tocante à divisão do livro entre os poemas ditos "indianistas" e os poemas voltados para o passado do Brasil dito civilizado (produto da colonização portuguesa), poderíamos dizer que ela resulta de uma conciliação de extremos. A opinião de Machado de Assis a esse respeito aprimorou-se com o tempo.

Muitos anos antes, em 1858, ainda no início de sua carreira de crítico literário, assim se expressara ele sobre os nativos desta terra, hoje chamada de Brasil: "O que temos nós com essa raça, com esses primitivos habitadores do país, se os seus costumes não são a face característica da nossa sociedade?" (Assis, 2013, p. 62). Tinha Machado de Assis plena consciência da fatalidade histórica que resultara na quase total destruição dos primitivos habitantes desta terra; e reconhecia ser uma transplantação da europeia a cultura brasileira.

Em 1873, no ensaio já mencionado, escreveu:

É certo que a civilização brasileira não está ligada ao elemento indiano, nem dele recebeu influxo algum; e isso basta para não ir buscar entre as tribos vencidas os títulos de nossa personalidade literária. Mas se isto é verdade, não é menos certo que tudo é matéria de poesia, uma vez que traga as condições do belo ou os elementos de que ele se compõe (Assis, 2013, p. 431).

Expressa-se aí a possibilidade da poesia indianista – a restrição que lhe é feita é a de que ela não deveria ser pensada como fonte exclusiva da poesia nacional. Na "Advertência" que antepôs aos poemas de *Americanas*, o autor é bastante claro:

> Algum tempo, foi opinião que a poesia brasileira devia estar toda, ou quase toda, no elemento indígena. Veio a reação, e adversários não menos competentes que sinceros, absolutamente o excluíram do programa da literatura nacional. São opiniões extremas, que, pelo menos, me parecem discutíveis (Assis, 1875, p. V-VI).

Os dois polos da opinião se conciliam no livro; a sua divisão em duas espécies de composições, no tocante ao tema, reflete a posição de equilíbrio a que chegou o autor. A admissão dos temas indianos aos interesses da poesia nacional, não sendo exclusivos, permitiu a estrutura, digamos, bipartida da obra.

Ainda de 1873:

> Compreendendo que não está na vida indiana todo o patrimônio da literatura brasileira, mas apenas um legado, tão brasileiro como universal, não se limitam os nossos escritores a essa só fonte de inspiração. Os costumes civilizados, ou já do tempo colonial, ou já do tempo de hoje, igualmente oferecem à imaginação boa e larga matéria de estudo (Assis, 2013, p. 431-432).

O curioso disso tudo (e que não tem sido observado pela crítica) é que essa ideia já estava na crítica que Luís Guimarães Júnior dedicou a *Falenas* em 1870, ainda que expressa de modo diverso, com diferentes palavras:

> Não é só no caráter aventureiro do índio e entre os rumores profundos das florestas seculares, que se bebe a seiva e os sentimentos originais, necessários à majestosa empresa da nacionalidade literária. O nosso hábito, o nosso dizer, o nosso estilo, têm um

cunho especial e particular que o distingue completamente da feição literária estrangeira (Guimarães Júnior, 1870, p. 2).

A consequência lógica desse encadeamento de ideias consiste na passagem que se tornou a mais famosa do "Instinto de nacionalidade":

> Não há dúvida que uma literatura, sobretudo uma literatura nascente, deve principalmente alimentar-se dos assuntos que lhe oferece a sua região; mas não estabeleçamos doutrinas tão absolutas que a empobreçam. O que se deve exigir do escritor, antes de tudo, é certo sentimento íntimo, que o torne homem do seu tempo e do seu país, ainda quando trate de assuntos remotos no tempo e no espaço (Assis, 2013, p. 432-433).

Pergunto, então: não se manifesta esse "sentimento íntimo", de que fala Machado de Assis, no "nosso hábito", no "nosso dizer", no "nosso estilo" – coisas de que falava Luís Guimarães Júnior?

Pois bem: entendo que Machado de Assis trabalhou para responder a seus críticos – e o fez tanto no plano da argumentação teórica (em "Instinto de nacionalidade") como no plano da criação artística (em *Americanas*). Com essa obra ele conseguiu um livro com forte unidade, produziu "poesia de temática nacional", aparentemente deu uma espécie de "chega pra lá" nas musas estrangeiras (gesto que só se completou em 1901, quando suprimiu do livro a "Cantiga do rosto branco").

Mas é preciso reconhecer: ele não se rendeu inteiramente. Sua competência dialética o salvou da conversão a um credo que não era o dele: se "tudo pertence à invenção poética", como ele diz na "Advertência" ao livro, se "tudo é matéria de poesia", como ele diz no "Instinto de nacionalidade", pode o escritor nacional, sem deixar de ser nacional, tratar do assunto que for de seu interesse, não é necessário que esse assunto seja local ou nacional, não importa que esse assunto se situe em tempos remotos ou nos tempos atuais, pode o escritor nacional até mesmo tratar de assuntos nacionais – pois "tudo é matéria de poesia", "tudo pertence à invenção poética".

Escrevendo e publicando os poemas de *Americanas*, Machado de Assis respondeu a seus críticos, participou do debate de seu tempo, mas o fez à sua maneira: integrando o localismo ao cosmopolitismo. Quem pode abordar assuntos distantes no tempo e no espaço, pode também tratar de assuntos do seu tempo e do seu país. "Não estabeleçamos doutrinas tão absolutas que a empobreçam" (Assis, 2013, p. 62) – que empobreçam a literatura.

Dito assim, pode-se talvez entender que haja hierarquia de instâncias, que o "cosmopolitismo" está em nível mais elevado do que o "localismo". Entretanto, não é assim: é de todos os particulares e de suas diferenças que se constitui, ou se extrai, a ideia mais geral. Essas ideias são solidárias, são reciprocamente constitutivas (uma da outra). Dizia Aníbal Machado: "Ninguém precisa sair de si para participar do ilimitado. Cada qual está perto do longe e contém o Todo, como a gota de água é mar dentro do mar" (Machado, 1957, p. 48). Não seria justo, portanto, que se tentasse excluir do mar a gota indiana.

No momento mesmo do aparecimento do livro, um crítico que assinou sua matéria com um "L." (muito provavelmente, Ferreira de Araújo),[1] escreveu no Folhetim da *Gazeta de Notícias*, sob a impressão do mencionado embate presente em suas páginas:

> [...] ao ler o título de seu último livro, era lícito supor que se ia admirar nova face de tão claro estro, que a alma americana, ainda que um pouco tolhida nas vestes com que usa de apresentar-se a musa do ilustre poeta, palpitasse nessas páginas.
> Mas não. Não falamos já do estilo, demasiado *português*; referimo-nos ao "essencial" que "é a alma do homem". Essa é que, nas *Americanas*, não é americana. Onde os pensamentos virgens como a flora opulenta de nossas selvas? onde as grandes paixões generosas e indômitas como os leões dos nossos ermos? onde a poética singeleza do dizer primitivo? e as paisagens sempre várias e novas desta natureza sem par? Onde em suma, a grandiosa incorreção que é o cunho da incauta beleza do mundo novo? (L. [Araújo], 1876, p. 1).

---

1 "[Ferreira de Araújo] Criticou as *Americanas*, na *Gazeta*, de 11 de janeiro de 1876, assinando com a inicial L., abreviatura de seu pseudônimo Lulu Sênior" (Machado, 2008, p. 25).

O fundamento da avaliação do crítico lhe foi fornecido pelo poeta, que distinguiu o que é acessório na poesia do que é essencial, na "Advertência" ao livro, onde afirmou: "O essencial é a alma do homem" (Assis, 1975, p. VI). Se Ferreira de Araújo percebeu, por um lado, o espírito cosmopolita da obra, por outro, não atribuiu valor equivalente ao alcance da dimensão localista. O que ele desejava no livro eram "os pensamentos virgens", "as grandes paixões generosas", "a poética singeleza do dizer primitivo", como as que vemos em José de Alencar e Gonçalves Dias. Faltou-lhe, talvez, a ponderação efetiva dos contrários, a percepção justa de seus pesos relativos – a compreensão mais justa e mais humana de que mesmo os habitantes primitivos desta terra tinham lá seus vícios, pequenezas e maldades próprias de todo homem.

Ditas essas coisas, passo a umas poucas considerações finais sobre a poesia de *Americanas*. Já vimos que o livro se compõe não só de poemas de temática indígena, sua temática é nacional. Machado de Assis entendia, no meu modo de ver corretamente, que o Brasil era um país "civilizado", descendente da cultura europeia – e ele celebra esse aspecto da nossa civilização em alguns poemas. Vejam-se estes versos, com que começa o poema "Os semeadores" (sobre a empresa catequizadora dos jesuítas):

> Vós os que hoje colheis, por esses campos largos,
> O doce fruto e a flor,
> Acaso esquecereis os ásperos e amargos
> Tempos do semeador? (Assis, 1976, p. 412).

Trata-se (sem ironia) de uma celebração e de um evidente elogio da atividade catequizadora e da colonização.

Sobre a estrutura do livro, que guarda alguma relação com a bipartição temática, direi ainda alguma coisa mais. O livro se abre com o poema "Potira", em que são narrados os acontecimentos sucedidos a uma índia convertida ao cristianismo, casada e fiel ao marido, resgatada por sua tribo, para ser esposa do chefe indígena (a quem tinha sido destinada desde o nascimento). Ela resiste, continua cristã, recusa-se a trair seu marido branco, e acaba assassinada pelo chefe indígena. Machado de Assis, na epígrafe do poema, revela a fonte de onde tirou a ideia do poema: a obra *Crônica da Companhia de Jesus*, de Simão de Vasconcelos. Vou ler o trecho em que

Simão de Vasconcelos trata do assunto, para nos inteirarmos da operação realizada pelo poeta:

> 111. Mais espantoso foi o caso seguinte. Na vila de S. Vicente, estando uma índia cristã e casada, fazendo com outra irmã sua, das mesmas qualidades, certa obra de cera (ofício em que ganhava sua vida) fez entre outras, duas velas da mesma cera para si, e sendo perguntada da irmã para que as fazia? Respondeu: Faço-as para dar ao Padre José [de Anchieta], para que diga uma missa por mim quando eu for santa: queria dizer mártir; e com efeito levou as velas ao padre e lhe comunicou o fim de seu intento. O que mais passaram ou que conhecimento tivesse dessa resolução, não nos consta; constou, porém, que dando assalto em S. Vicente *os Tamoios* do Cabo Frio, que estavam rebeldes, *entre outras presas que fizeram levaram esta índia, a qual pretendeu o capitão da empresa violar; resistiu bravamente, dizendo em língua brasílica: Eu sou cristã e casada; não hei de fazer traição a Deus e a meu marido: bem podes matar-me, e fazer de mim o que quiseres. Deu-se por afrontado o bárbaro, e em vingança lhe acabou a vida com grande crueldade*, fazendo-a santa ou mártir, como ela dissera. Estava José em S. Vicente, distante daquele lugar trinta léguas, e contudo naquele mesmo dia, ilustrado do Céu, acendeu as duas velas que ela lhe dera, e com elas disse missa de mártir, com as orações e lições que costuma dizer a Igreja, e com o nome da mesma índia nos lugares onde o ordena o cerimonial na missa de uma santa mártir. E perguntado por seu superior Nóbrega, que santa era aquela por quem dissera missa? Respondeu: Por fulana (nomeando a índia, bem conhecida em S. Vicente) que este mesmo dia foi morta às mãos de um Tamoio bárbaro, por guarda fiel da lei de Deus e da honestidade, e subiu logo ao Céu. E veio depois notícia pública do caso todo, como o dissera, com todas suas circunstâncias.[2]

---

2   VASCONCELOS, 1977, v. II, p. 135-136. Grifamos a parte tomada para epígrafe de "Potira".

É preciso que se diga que Machado de Assis não se deteve no maravilhoso cristão. O poema se passa todo entre os índios, a narrativa é longa, e nem mesmo o nome da heroína é fornecido por Simão de Vasconcelos – tudo foi invenção do poeta.

Na outra ponta do livro há um outro poema indianista, "Os Orizes", que em tudo parece espelhar o primeiro. A fonte, o próprio autor o confessa em nota ao fim do volume, foi o texto "Os Orizes conquistados", de Monterroyo de Mascarenhas, publicado na *Revista do Instituto Histórico e Geográfico Brasileiro*. Esse poema, no entanto, não foi acabado – dele, existe apenas o fragmento publicado. Acontece aqui o contrário – daí a ideia de espelhamento – do que ocorreu com "Potira". Não temos os versos, mas temos toda a matéria, com detalhes, do que neles estaria... se o poeta os tivesse escrito. Em "Potira" não havia matéria prévia, em "Os Orizes" só temos a matéria. A parte escrita é apenas uma espécie de introdução ao poema (mas tem 128 versos) – e é mais sóbria, do ponto de vista da exageração expressiva, do que a narrativa de Monterroyo de Mascarenhas.

No corpo do livro, de maneira aproximadamente simétrica, os poemas indianistas se alternam com os poemas "da civilização". O segundo poema da obra é "Niâni", uma espécie de balada (ou romance), em versos setissílabos, de sabor medieval; o penúltimo poema é "Última jornada" – que já comentamos. O terceiro é "Cristã nova"; e, no sentido inverso, contado a partir do último, em direção ao centro do livro, o terceiro é "Sabina" – ambos "poemas da civilização". Se caminhamos das extremidades (partindo de "Potira", no início do livro, e de "Os Orizes", no fim), o que encontramos no centro do livro? O poema "A Gonçalves Dias", poema, também ele, bipartido, como o livro. Metade do poema trata da morte do poeta, a outra metade é pura fantasia: uma índia das florestas celebra o cantor dos Timbiras.

A divisão de "A Gonçalves Dias" em duas partes é tão patente, que Manuel Bandeira o partiu ao meio, e publicou apenas a segunda metade na sua *Antologia dos poetas brasileiros da fase romântica*. Bandeira inventou um título para o poema, que publicou como se fosse autônomo, inteiro: "Nênia da virgem indiana à morte de Gonçalves Dias". Embora Bandeira cite a fonte que utilizou (a primeira edição de *Americanas*), ele não avisa o leitor de que não há no livro de Machado de Assis nenhum poema com aquele título –

se alguém for procurar nas obras poéticas de Machado de Assis o poema publicado com o título de Bandeira, nada encontrará. De qualquer forma, o poema "A Gonçalves Dias" reflete bem, em sua estrutura mesma, o espírito que orientou a construção do livro e que é uma espécie de síntese da compreensão machadiana da nacionalidade brasileira.

Referências bibliográficas

ANDRADE, Mário de. *Vida literária*. Pesquisa, estabelecimento de texto, introdução e notas de Sonia Sachs. São Paulo: Hucitec, 1993.

ARAÚJO, Ferreira de. [L.] "Crônica bibliográfica. Americanas por Machado d'Assis". *Gazeta de Notícias*, Rio de Janeiro, ano II, n. 11, p. 1, 11 jan. 1876.

ARISTÓTELES. "Arte poética". In: *Arte retórica e arte poética*. Trad. Antônio Pinto de Carvalho. Rio de Janeiro: Edições de Ouro, s/d.

ASSIS, Machado de. *Crisálidas*. Rio de Janeiro: B. L. Garnier, 1864.

_____. *Falenas*. Rio de Janeiro: B. L. Garnier, [1870].

_____. *Americanas*. Rio de Janeiro: B. L. Garnier, 1875.

_____. *Poesias completas*. Ed. crítica pela Comissão Machado de Assis. Rio de Janeiro: Civilização Brasileira, 1976.

ASSIS, Machado de. In: AZEVEDO, Sílvia Maria; DUSILEK, Adriana e CALLIPO, Daniela Mantarro (orgs.). *Machado de Assis: crítica literária e textos diversos*. São Paulo: Editora Unesp, 2013.

BANDEIRA, Manuel. *Antologia dos poetas brasileiros da fase romântica*. Rio de Janeiro: Imprensa Nacional, 1937.

_____. *Apresentação da poesia brasileira*. São Paulo: Cosac Naify, 2009.

FILGUEIRAS, Caetano. O poeta e o livro. Conversação preliminar. In: ASSIS, 1864, p. 7-20.

GUIMARÃES JÚNIOR, Luís. "Estudos literários. Falenas, por Machado de Assis". *Diário do Rio de Janeiro*, ano 53, n. 36, p. 2, 5 fev. 1870.

GUIMARÃES JÚNIOR, Luís. Literatura. Estudos literários. In: MACHADO, 2003, p. 73-77.

HOUAISS, Antônio. *Estudos vários sobre palavras, livros, autores*. Rio de Janeiro: Paz e Terra, 1979.

JAGOANHARO, Oscar. *Falenas*. In: MACHADO, 2003, p. 77-78.

LEITÃO, F. T. *"Crisálidas"*. In: MACHADO, Ubiratan. (Org.) *Machado de Assis: roteiro da consagração*. Rio de Janeiro: EdUERJ, 2003. p. 55-59.

MACHADO, Aníbal. *Cadernos de João*. Rio de Janeiro: José Olympio, 1957.

MACHADO, Ubiratan. *Dicionário de Machado de Assis*. Rio de Janeiro: Academia Brasileira de Letras, 2008.

MAGALHÃES JÚNIOR, Raimundo. *Vida e obra de Machado de Assis*. Rio de Janeiro: Civilização Brasileira, 1981. 4v.

PEREIRA, Lúcia Miguel. *Machado de Assis* (Estudo crítico e biográfico). 6. ed. rev. Belo Horizonte: Itatiaia, 1988.

SOUSA, J. Galante de. *Bibliografia de Machado de Assis*. Rio de Janeiro: Instituto Nacional do Livro, 1955.

VASCONCELOS, Simão de. *Crônica da Companhia de Jesus*. 3. ed. Petrópolis: Vozes, 1977. 2v.

Do periódico ao livro: (des)limites da ficção de Machado de Assis

Lúcia Granja

A intensa relação entre Literatura e Jornalismo no século XIX pode ser mais bem compreendida se olharmos retrospectivamente para imprensa como sistema midiático, pensando que os jornais da época, em termos de escrita, funcionam como um universo textual dinâmico, no qual o literário e o ficcional têm um papel mais determinante do que pudemos pensar até há pouco tempo. Nesse contexto, grande parte dos homens de letras de maior destaque àquela época deve ser associada à figura do escritor-jornalista, empenhados na criação da escrita jornalística e literária dentro do jornal, mídia que se foi constituindo, aos poucos, em um universo textual para o qual se criou uma poética própria (Thérenty, 2007), e no qual os textos passaram a se comunicar de uma maneira constante e contínua.

Estudar a obra de escritores do XIX considerando-os em sua função de escritores-jornalistas faz avançar as discussões sobre história literária, além da contribuição que isso traz aos debates próprios à crítica literária. Essa questão ampla será aqui esmiuçada a partir da leitura da obra de Machado de Assis, um dos casos mais importantes e significativos de escritor-jornalista dentro da literatura ocidental produzida na chamada "era midiática" (Thérenty e Vaillant, 2001). Nosso escritor esteve, por cerca de 40 anos – mais ou menos entre as primeiras crônicas de 1861 (mas mesmo antes, publicando esparsamente nos jornais e revistas) e as crônicas e contos dos anos 1890 –, envolvido com o fazer literário para os periódicos, lugar primeiro de circulação da literatura no XIX, especialmente da literatura machadiana no XIX brasileiro. Em vista disso, estudar a obra de Machado de Assis como tendo sido produzida para, antes de ser publicada em livro, aparecer no jornal (e nos periódicos em geral), representa uma possibilidade de recolocar problemas de pesquisa não apenas para os estudos machadianos, mas também para os da literatura brasileira do século XIX. A lição pode ser generalizada, já que praticamente todos os homens de letras estiveram envolvidos com o jornalismo naquela época que inaugurou uma "civilização do jornal" (Kalifa, Régnier, Thérenty e Vaillant, 2011).

Inserido nessa "civilização do jornal", Machado de Assis aproveitou a matriz jornalística em sua composição literária, o que conferiu modernidade à sua obra. Essa ideia amplia a de que, a partir das crônicas do início dos anos 1860, o escritor aperfeiçoou paulatinamente sua técnica, experimentando e experienciando a ficção (Granja, 2000), a crítica literária, assim como a habilidade retórica em relação aos discursos praticados, ideias em circulação e acontecimentos miúdos da vida social e política, tudo isso utilizando-se de um jogo crítico-paródico com as formas (textos da tradição literária, discursos parlamentares, entre outros textos do jornal).

No caso de Machado de Assis, a pergunta que inicialmente deve ser feita diz respeito à sua fixação como cronista e ficcionista aos suportes periódicos. Por que ele só abandonou o caminho de fazer circular sua literatura primeiramente nos jornais e revistas, e só depois em livro, quando já era um escritor mais do que consagrado da literatura brasileira, ou seja, nos anos 1890 já avançados? Ao que tudo indica, a resposta deve começar a ser delineada muitos anos antes, no início da década de 1860, quando associamos o escritor a outros homens de letras de seu tempo, especificamente àquele que se imporia, a partir dessa época, como o grande editor da Literatura Brasileira do XIX: Baptiste-Louis Garnier.[1] O livreiro e editor

---

1   Retomo aqui, resumidamente, alguns dos pontos centrais de um estudo amplo que tenho feito sobre as relações entre Machado de Assis e Baptiste-Louis Garnier, seu editor, a partir do Projeto Temático FAPESP (11/03742-9): "A circulação transatlântica do impresso: a globalização da cultura no século XIX", que continua por meio do Auxílio à Pesquisa (2020/03648-5), "Machado de Assis: páginas escritas e papeis editoriais". Nesse caso, muitas das observações a respeito dessas duas figuras tão importantes das Letras brasileiras no XIX devem-se a esses projetos e, pelos auxílios concedidos, agra-

Atualidade de Machado de Assis

estreante francês precisava, naturalmente, de um grande escritor para sua casa, enquanto o escritor em formação buscava formas para a sua literatura, bem como caminhos para a veiculação de seus textos. Assim sendo, ambos, Machado e Garnier, alinharam-se, no início da década de 1860, em seus objetivos e práticas, o que se pode verificar pelas atividades de Machado de Assis como contista no *Jornal das Famílias*, periódico do qual o livreiro--editor era proprietário; no mesmo caso, estão os escritos de Machado de Assis como cronista e crítico literário no *Diário do Rio de Janeiro*, os quais apontam para a importante participação e apoio que o escritor deu à consolidação da linha editorial que Garnier abria para a Literatura Brasileira, a partir de 1861 (Granja, 2013, p 81-83).

Quando observamos a "trajetória" (Bourdieu, 1996, p. 71) machadiana nesses primeiros anos de publicação de sua literatura, damo-nos conta de que existe em suas ações uma dialética entre o se ter fixado aos periódicos e ter sido fixado aos periódicos. Como vimos, entre 1863 e 1878, Machado de Assis escreveu seus contos para o *Jornal das Famílias*. Apesar desses oitenta textos publicados ao longo de quinze anos, foi apenas depois de vários anos nessa função, mais especificamente com a publicação dos *Contos Fluminenses*, em 1870, que o escritor começou a reunir parcialmente essa produção em livro e a assinar, com Baptiste-Louis Garnier, contratos de edição para seus romances. Analisando, conjuntamente, a obra machadiana nos anos 1860-1870, os aspectos materiais dos livros que publicou e os poucos contratos de edição ainda consultáveis estabelecidos entre Machado e Garnier, parece-nos que Machado de Assis sempre esteve envolvido em uma espécie de cadeia de produção e publicação, que ia dos periódicos aos livros. Como fatos desse fenômeno, temos: primeiramente, a produção abundante de contos para o *Jornal das Famílias*; logo depois, a reunião de poucos deles

---

deço à FAPESP. O tema também é central em meus projetos de pesquisa PQ-CNPq "Machado de Assis e Baptiste Louis-Garnier: histórias de homens e de livros (1860-1878)", com vigência de 2014 a 2017, "Machado de Assis e os Garnier: autor e editores, itinerário de consagração conjunta nos cenários nacional e internacional", com vigência de 2017 a 2020, e "Machado de Assis nos arquivos e nas bibliotecas: reputação e edição", com vigência de 2020 a 2023. Agradeço igualmente ao CNPq pelos auxílios que possibilitaram o desenvolvimento dessas pesquisas.

em *Contos Fluminenses* e *Histórias da meia-noite* no início dos anos 1870; em seguida, no contrato de publicação de *Helena do Vale*, de abril de 1876, a cláusula que enfatiza que o livro somente seria impresso após a publicação do romance em formato de folhetim, no jornal *O Globo*.[2]

Como mostra a longeva colaboração de Machado de Assis com jornais e revistas, essa fixação aos periódicos, lugar primeiro de circulação da literatura machadiana, tornou-se um dos seus principais caminhos de novidade literária. Para apreendê-la, voltamos à primeira proposição que fizemos neste texto – a de que, em termos de escrita, o jornal pode ser considerado como um universo literário e ficcional dinâmico e em constante transformação. Consideramos, mais especificamente, o espaço literário e ficcional do jornal (o rodapé das páginas), no qual cabia a crônica, a ficção e a crítica (literária ou de espetáculos), e onde se criou a coexistência de textos de diferentes naturezas, os quais, ao se alternarem nos dias da semana, passaram a constituir, nessa coabitação, novas formas e gêneros textuais (Granja, 2010). A partir daí, temos procurado compreender de que maneira as adaptações brasileiras operadas nesse espaço literário devem ser pensadas como uma das principais razões para o desenvolvimento de formas e estilos literários que identificamos hoje como próprios à Literatura Brasileira.

Desdobrando algumas análises antes empreendidas a respeito da relação entre o jornalismo e a literatura machadiana (Granja, 2000), e para além do reconhecimento das afinidades surpreendentes entre o texto jornalístico e o texto literário machadianos (mesmo os da "maturidade"), buscamos respostas cada vez mais completas à seguinte questão: como explicar que, de um momento a outro, o romancista tenha ido buscar o conhecimento literário do jovem cronista? A associação radical de Machado de Assis à figura do escritor-jornalista apresenta um caminho para a resposta. Em relação à ci-

---

2 Estou, há algum tempo, reunindo e transcrevendo esses contratos, assim como mais alguns que foram assinados entre Garnier e outros escritores nessas duas primeiras décadas. Parte deles está disponível nos acervos da Biblioteca Nacional e na Bibliothèque Nacionale de France, catálogo geral: http://objdigital.bn.br/acervo_digital/div_manuscritos/literatura/mss_I_07_09_004.pdf. Consulta em 20 de janeiro de 2013; outros fazem parte do material levantado pelo Projeto Temático FAPESP "Caminhos do romance", ao qual tive acesso por intermédio da Profa. Dra. Márcia Abreu (UNICAMP).

tação literária, por exemplo, cujo uso é frequente em toda obra de Machado de Assis, mas especialmente em suas crônicas, vemos que os *efeitos plásticos dos textos no espaço do folhetim acentuam o caráter polêmico desse tipo de referência textual* (Granja, 2012). Isso quer dizer que já a visualização da página do jornal permitia ao leitor a tomada de consciência sobre o conteúdo crítico do texto, o que nos mostra o quão estruturadora uma citação podia ser para a crítica do folhetim. Como veremos, a citação constitui-se como um texto que é arranjado tipograficamente de forma mais arejada, um "olho" do texto encaixado no bloco pesado da coluna, o que chama a atenção sobre e para dentro dela. É o que vemos a seguir, na quinta coluna:

Fig. 1: "Ao Acaso", de Machado de Assis. *Diário do Rio de Janeiro,* "Folhetim", 14 de agosto de 1864, rodapé, p. 1, cols., 1-7.

Na crônica de 14 de agosto, os comentários do narrador machadiano estiveram voltados à prática política parlamentar, criticamente centrados na habilidade de elocução dos políticos da época. Ela assim se inicia:

> Antes de começar estas páginas consultei alguns amigos.
> – Será certo? perguntei-lhes. Os meus olhos não me enganam? Pois o Sr. Marquês de Abrantes, um ancião respeitado, um membro da câmara dos senadores, recinto da gravidade e da prudência, Sr. marquês de Abrantes, tantas vezes ministro da coroa, proferiu as três palavras de que nos dá conta o *Correio Mercantil* ?
>
> (Machado de Assis, "Ao Acaso", *Diário do Rio de Janeiro,* 14 de agosto de 1864, p. 1, cols., 1-7, rodapé).

No correr do texto machadiano, vemos que o Marquês de Abrantes proferira no Senado a frase "Não caio nessa", posteriormente publicada pelo *Correio Mercantil*, quando da transcrição desse discurso que ocorrera no parlamento. Esse é o contexto amplo do comentário machadiano, mas o que interessa para o nosso argumento é observar que a quinta coluna da crônica em questão traz uma relativamente longa citação do *Le Medicin Malgré Lui*, de Molière, que informa ao leitor, já visualmente, qual seria o tom dos comentários do cronista a respeito do rumo das coisas políticas e dos debates no Senado Imperial: o do presente como comédia (Granja, 2000, p. 72-90, 102).

O que vem a nos consolar de tudo isto, é a marcha brilhante das cousas políticas, e os altos serviços prestados pelo Sr. Zacarias. S. Excia., reservando-se o mais que pode nas manifestações da tribuna, apenas aparece lá de quando em quando, para dizer algumas palavras dúbias e desdenhosas, como cabe a um ministro, provando quão pequena é a distância que vai de um presidente de conselho a Sganarello.

> SGANARELLO
> ...vossa filha está muda
> GERONTE
> Sim, mas eu quisera saber d'onde provém isso
> SGANARELLO
> Não há nada mais fácil; provém de ter perdido a palavra
> GERONTE
> Muito bem, mas a causa que lhe fez perder a palavra?
> SGANARELLO
> Os nossos melhores autores dir-vos-ão que é impedimento da ação da língua
> GERONTE
> Mas qual vossa opinião sobre esse impedimento da ação da língua?
> SGANARELLO
> Aristóteles diz a esse respeito...coisas muito bonitas!
>
> (Machado de Assis, Idem, col.5).

Ao inserir o trecho da comédia de Molière, em que Geronte e Sganarelle discutem a mudez de Lucinde, o narrador traz para o mundo da crônica toda uma série de referências irônicas deflagradas pelo contexto primeiro da ocorrência da citação. Paralelamente a esse efeito decorrente da intertextualidade, o leitor, que conhece bem Molière, atraído pelo texto tipograficamente destacado, ao passar os olhos pela quinta coluna do rodapé/crônica, já identifica o efeito crítico de toda a parte política da crônica. A partir daí, pensando na ficção que se apoia sobre a matriz do jornalismo (Thérenty, 2007, p. 47), nós encontraremos o mesmo *efeito de intensificação,* promovido, na crônica, pelo "olho" da citação no jornal, nos procedimentos da ficção e nos desabusos do célebre romance *Memórias Póstumas de Brás Cubas*, quer em termos plásticos ou textuais.

Tal efeito de intensificação é fundamental para as *Memórias Póstumas de Brás Cubas*. O romance foi publicado seriadamente na *Revista Brasileira* entre 15 de março e 15 de dezembro de 1880. Samuel Titan Jr., em um artigo muito esclarecedor sobre a relação entre o romance e o seu suporte primeiro de circulação, observou, entre outras coisas, que a revista em questão não distinguia graficamente os textos ou seções e que os capítulos eram publicados em grupos de mais ou menos nove textos (Titan, 2009, p. 144). Já Regina Zilberman, que também se dedicou a uma análise comparativa das versões do romance na revista e no livro, analisou detalhadamente várias questões relativas ao romance publicado quinzenalmente e logo reunido em volume, apontando as mudanças no capítulo de abertura, no prólogo, na dedicatória, e analisando ainda o "discurso sobre o método" presente nos nove primeiro capítulos, publicados no número de 15 de março de 1880, no terceiro tomo da *Revista*. A estudiosa argumenta que a primeira versão que possuímos do romance, a da *Revista Brasileira*, detém o estatuto de fonte primária (Zilberman, 2012, p. 53-54) e nos apresenta interessantes motivações e consequências dessa leitura comparativa. Apontando o "indiscutível relevo" (p. 54) das *Memórias Póstumas de Brás Cubas*, que superou a estética romântica e colocou a "ficção nacional da trilha da maturidade", ela afirma que as "*Memórias Póstumas* suscitam a investigação para além do seu texto final" e que "o cotejo das versões é revelador porque sugere observações sobre o processo de criação do escritor", bem como "conclusões sobre o modo como o romancista lia a si mesmo" (p. 54).

Posteriormente a essas considerações, nesta nossa discussão, esperamos demonstrar como o uso do capítulo nesse romance advém, em grande parte: da grande intimidade que a escrita de Machado de Assis tinha com os suportes periódicos (em geral); de certo efeito que produziu o uso que se fez, no Brasil, da literatura produzida ou publicada pelos jornais. Nesse contexto, também nos chama a atenção o primeiro grupo de capítulos das *Memórias póstumas*, publicados na *Revista Brasileira*, nove partes que vão de "O óbito do autor" a "Transição". Paralelamente ao "discurso do método" (Zilberman, 2012, p. 80-85), interessa-nos o uso retórico dos capítulos e a configuração do corte no romance seriado.

Em relação ao primeiro assunto, o capítulo nove, quer na revista ou no livro, tem ainda muitas novidades a revelar:

> Capítulo IX – Transição
> E vejam agora com que destreza, com que arte, faço eu a maior transição deste livro. Vejam: o meu delírio começou em presença de Virgília, Virgília foi o meu grão pecado da juventude; não há juventude sem meninice; meninice supõe nascimento; e eis aqui como chegamos nós, sem esforço, ao dia 20 de outubro de 1805, em que nasci. (...).
> (Machado de Assis, 2008 b, v. II, p. 637).

Quando tomamos o romance já publicado em livro, pensamos nas várias formas de analisar o capítulo IX. Ele funciona, por exemplo, como um daqueles momentos bastante digressivos, quase incompreensíveis, por meio dos quais o narrador-personagem expõe, na análise de Roberto Schwarz, com prejuízo de sua própria imagem e de sua classe, uma certa superioridade em relação ao leitor (Schwarz, 1990).

Mas em outra perspectiva, pensando na dinâmica da passagem entre assuntos, emergirá uma comparação com a crônica jornalística machadiana. Ao transitar entre assuntos e épocas para compor a sua autobiografia, o narrador nos coloca, à primeira vista, diante de um método dedutivo, ou, ainda, de uma narrativa que imita o padrão da memória, onde uma lembrança leva à outra. Como veremos, porém, o texto, além de ser cronológico a partir da genealogia de Brás Cubas, está apoiado sobre uma estrutura retórica determinante, em que as relações "livres" seguem um esquema rígido de movimentação do texto, por meio da anadiplose:

1. O meu delírio começou em presença de Virgília;
2. Virgília foi o meu grão pecado da juventude;
3. Não há juventude sem meninice;
4. Meninice supõe nascimento; e eis aqui como chegamos nós, sem esforço, ao dia 20 de outubro de 1805, em que nasci.

O trecho joga com a naturalidade das relações temporais e da memória, que são recriadas pela figura de estilo por meio da qual se retoma a última palavra de uma proposição na primeira palavra da proposição seguinte, de modo que a repetição marca as ligações entre as ideias e promove o encadeamento delas:

5. Delírio (...) Virgília
6. Virgília (...) juventude
7. juventude (...) meninice
8. meninice (...) nascimento

As ligações são feitas simplesmente pela estrutura pendular, a partir da qual o narrador, de certa forma, salta de seu delírio ao nascimento, no ir e vir que passa pelas palavras "Virgília", "juventude" e "meninice". Dessa forma, é preciso ressaltar que não há "destreza" e "arte" na transição em si, que obedece a uma estrutura previamente montada. Na realidade, o narrador-memorialista conta a sua história, organizando os trechos dela ao seu bel-prazer, atitude comum à sua estratégia nos jornais desde há muitos anos. Assim, o efeito produzido pela construção da coesão textual no trecho citado do romance de 1880, como acontecera em uma crônica de 1864, é dissimulação retórica, já que nada se liga naturalmente a nada. Na crônica que nos serve de exemplo, publicada dezesseis anos antes do romance, observamos a criação de uma outra estratégia retórica para a construção da coesão do texto, com pretendido efeito de naturalidade na transição. Querendo unir dois assuntos, em meio à variedade dos comentários que tinha a fazer sobre a semana encerrada, o narrador nos diz:

> Nada mais natural do que passar de uma casa de livros a uma casa de óculos. É com os óculos que muita gente lê os livros. Se

> se acrescentar que muita gente lê os livros sem óculos, mas que precisa deles para ver ao longe, e finalmente uma classe de homens que vê perfeitamente ao longe e ao perto, mas que julga de rigor forrar os olhos com vidros, como forra as mãos com luvas, ter-se-á definido a importância de uma casa de óculos e a razão por que ela pode entrar no folhetim.
>
> (MACHADO DE ASSIS, Ao Acaso, *Diário do Rio de Janeiro*, 20 de junho de 1864).

Entre os vários assuntos de 20 de junho de 1864, o narrador-cronista comenta a edição que a casa Garnier preparara para *O Demônio Familiar*, de José de Alencar. Próximo assunto, uma casa de óculos recém-inaugurada. O trecho acima opera, justamente, a transição entre os dois tópicos, mas a naturalidade alegada para essa transição é apenas retórica. Utilizando-se de uma lógica falsa, aparentemente, ele argumenta por meio de um silogismo, "embutindo" em sua narrativa duas premissas e uma conclusão:

9. 1- Muita gente lê os livros com os óculos.
10. 2- Ao se falar de livros, é natural falar em óculos.
11. Conclusão - D'onde se conclui que é natural o narrador da crônica transitar entre os dois assuntos: da publicação de um livro para uma casa de óculos.

Como vemos, a relação de generalidade/particularização que deveria haver entre a primeira premissa, desmembrada na segunda premissa e na retomada lógica da conclusão, é falsa. Ao montar o argumento, o narrador-cronista faz acréscimos que preenchem a forma lógica com relações que não são lógicas. A quebra da convenção tem a vantagem do riso, pois é evidente que uma casa de livros não tem relação natural com a casa de óculos. De toda forma, a análise da crônica coloca-nos no centro da retomada dos procedimentos literários desse tipo de texto, que seriam *intensificados* na narrativa, uma vez que a morte de Brás Cubas também não se liga naturalmente ao seu nascimento por meio dos fatos particulares que ele elege para fazer essa ligação.

Em ambos os casos, o particular aparentado geral pelo uso da retórica está a serviço dos efeitos que o narrador pretende criar. Para além da estratégia narrativa, os dois narradores são provocativos e encetam uma atitude que exigirá de seu leitor participação ativa na construção de significados, no momento da leitura. Uma outra relação evidente entre os narradores é a de que ambos precisam transitar entre assuntos, pois sua escrita a partir de fragmentos exige mecanismos para isso. No romance, porém, algo que na crônica ficara mais imerso nas entrelinhas do discurso vem à tona: o narrador chama a atenção do leitor para a sua "grande habilidade narrativa" na arte de fazer transições e, desse modo, a autorreferenciação – que também existe na crônica, mas era menos comum aos romances brasileiros, da forma como Machado a pratica – recupera, atirando para si, aquele movimento do olhar que o leitor volta sobre o que se destacava, já plasticamente, na notícia ou crônica. Estamos diante do mesmo efeito de *intensificação* que o "olho" da citação promove no rodapé do jornal.

Assim sendo, em *Memórias Póstumas de Brás Cubas*, o que aparece como novidade literária e ajudou a fazer a história do romance é transposição de uma manobra retórica da crônica jornalística, altamente necessária àquela forma, devido à necessidade de transitar entre os assuntos, os mais variados possíveis, que vinham, em geral, trabalhados em "partes" graficamente separadas dentro da crônica, mas formando, a partir de fragmentos que guardam o traço indelével da disjunção, a noção do conjunto. E não seria essa, aliás, uma das grandes artes de Brás Cubas, como autor-defunto? No rejunte que une esses cacos de fina cerâmica (textos em pedaços), que os narradores machadianos pigmentam com cores contrastantes, está a arte literária propiciada pela matriz jornalística. O vaivém constante entre parte e todo é a estratégia de ordenação da narrativa no romance inovador, na crônica e no próprio jornal. A literatura imita, assim, aquele "sistema complexo e um pouco disparate de ordenação do mundo" (Thérenty, 2007, p. 78), que nos fala da coisa em si, mas também de sua escrita.

Passando agora à publicação das *Memórias póstumas de Brás Cubas* na revista, voltamos à antes apontada configuração do corte no romance seriado. Nesse contexto, observamos que, não só o capítulo IX, mas alguns outros trechos estranhamente digressivos ou exageradamente autorreferenciais do romance são aqueles em que, na *Revista Brasileira*, o narrador precisou transitar, não só entre assuntos, mas entre quinzenas. Para solidificar essa ideia, antes de desenvolvermos nossa análise do grupo de capítulos que termina em "Transição", tomamos outros exemplos.

No terceiro grupo de capítulos, publicados pelo Tomo IV da *Revista Brasileira*, em 15 de abril de 1880, o tempo transcorre acelerado e o narrador-personagem recorda seus amores de tenra juventude com Marcela, a intervenção de seu pai nesse caso nada promissor, a ida à Europa, o grau obtido na universidade, o episódio do almocreve já na partida de Coimbra, encerrando a quinzena com o capítulo "Volta ao Rio". É claro que há, nesse grupo de capítulos, entre os episódios mais factuais apontados, alguma reflexão e digressão, como a do capítulo XVI da versão em livro, "Uma reflexão imoral", em que se faz uma associação entre o amor e a importância das joias para esse estado de encantamento. Na *Revista*, foi publicado um capítulo a mais, suprimido na versão em livro, colocado entre o longo capítulo Marcela (XV nas versões da revista e do livro) e essa "reflexão imoral" (capítulo XVII da revista e XVI do livro). O capítulo que desapareceu na segunda edição das *Memórias Póstumas* chama a atenção para a consciência de que aquela história seria republicada no suporte mais definitivo, o livro. Nomeado "Comoção", ele nos diz:

> O Capítulo XV comoveu-me tanto que não tenho ânimo de escrever o XVI, ainda mais comovente que o outro; fica aí essa página de descanso. Pode o leitor fechar o livro, recapitular o que leu, ou simplesmente mandar ao diabo o autor e suas *Memórias*. Eu limito-me a voltar à página e escrever o
>
> Capítulo XVII
>
> Uma Reflexão imoral
>
> (...)
>
> (Machado de Assis, Memórias Póstumas de Brás Cubas. Revista Brasileira, tomo IV, 15 de abril de 1880, p. 90).

O leitor pode, como vemos acima, fechar o *livro* e interromper sua leitura, pois o narrador resolve se oferecer uma "página de descanso". Interessa-nos, nesse processo – mais que a certeza de que se estaria, depois da revista, lendo as *Memórias* em livro – a figuração do corte da leitura. Ora, como se sabe, a seriação das publicações de narrativas longas nos periódicos contava com esse procedimento e o romance-folhetim desenvolveu-se

Atualidade de Machado de Assis

como gênero incorporando a necessidade da transição à sua estrutura, por meio de um certo suspense (ou outro tipo de gancho) no final do capítulo, de um crescendo no interesse dos acontecimentos para a trama dentro do capítulo ou grupo de capítulos do dia, entre outros. Em Machado, porém, cuja ficção não pode ser associada às características daquele gênero de romance, o corte também é integrado e possui funções outras e diversas daquelas do folhetim. No último capítulo do conjunto saído em 15 de abril, isso é figurado pelo "não, não nos alonguemos nesse capitulo", que encerra a publicação daquele dia e prepara a de 1º de maio. Curiosamente, o capítulo "Volta ao Rio" toca minimamente no assunto que lhe dá o título. Na maior parte do tempo, ele nos fala de negativas: Brás não contará o que pensou no caminho entre Coimbra a Lisboa, nem como gastou os anos que peregrinou pela Europa, menos ainda falará sobre o porquê de não ter atendido às suplicas do pai para que voltasse ao Brasil, salvo a derradeira delas, que anunciava o estado terminal da mãe de Brás Cubas. No último parágrafo, ao invés da "derradeira negativa", o narrador volta a fazer referências ao universo do impresso e compara seu livro, de capítulos predominantemente curtos, a uma publicação in-12º, luxuosa, na qual a mancha da escrita é envolvida por largas margens, ou seja, onde existe, plasticamente, pouco texto por página. Em resumo, o capítulo que faz o corte da terceira parte das *Memórias* nega-se ao factual, chama a atenção sobre sua escrita, mesmo *plasticamente*, também sobre a escrita do livro que integra, e abrevia, por fim, bruscamente, a transição, por meio da decisão arbitrária de não alongar o capítulo.

Nessa mesma linha de análise, quando voltamos ao capítulo IX, que encerra o grupo dos publicados em 15 de março, e prestamos atenção ao que há de mais romanesco neles, vemos que, mais uma vez, a transição, para a qual se chama a atenção, foi diluída ao longo do primeiro, quinto e sextos capítulos do grupo, principalmente no sexto (capítulo VI - "Chimène, qui l'eut dit? Rodrigue, qui l'eut cru? "), de modo que a transição torna-se um processo reverso, à medida em que o "gancho" a ser feito com a continuidade da publicação já está completamente esmaecido no capítulo IX, que, todavia, se intitula "Transição" e chama a atenção para a arte com que realiza esse processo. Acompanhando mais de perto o romanesco desse conjunto publicado na *Revista Brasileira* em 15 de março, sabemos, no capítulo I, que uma senhora chorou muito por ocasião da morte do nosso narrador-defunto, e o leitor é incitado a aguardar uma explicação; no quinto, "aparece a orelha dessa senhora", e sabemos que Brás Cubas e ela se haviam amado anos antes, ou seja, é aí que está colocado o gancho, o qual, no entanto, não se justifica nessa posição; no sexto capítulo, o defunto-autor rememora, sem contar o episódio, mas com lirismo rebatido por comentários cínicos, a emoção dos amores idos e da visita que lhe fizera a ex-amante e namorada Virgília, em seu leito de morte. Tudo resolvido dentro do grupo de capítulos, o nono, tal como aquele vigésimo-segundo, "Volta ao Rio", chama a atenção para o seu lugar de transição, para o procedimento em si, sem que o corte constitua efetivamente o gancho com a quinzena seguinte.

Nesse contexto, aquele que deu forma "à tensão entre escrita e impressão" e que "melhor soube articular essa vinculação entre a produção literária local com a publicação em jornal" (Sussekind, 1993, p. 188) cria parte da novidade literária de sua obra ficcional, tornando-se nosso escritor capital, a partir da imitação de um procedimento não incomum à prática de publicação do romance-folhetim no Brasil (a arbitrariedade do corte), da qual decorria um certo hábito que se impingiu ao leitor brasileiro das narrativas nos jornais, ou o de ficar a ver navios.

Conclusão

Temos investigado até que ponto, e de que maneira, se deram as transferências entre: por um lado, a plasticidade possibilitada pelo uso do espaço da página dos jornais e a reinterpretação do diálogo entre a literatura e o seu novo suporte de acolhimento, de natureza midiática; por outro lado, a criação de uma ficção por meio da qual talvez Machado de Assis se sentisse, finalmente, "homem de seu tempo e de seu país", em sua tão conhecida fórmula. Com a crônica desse Machado de Assis, aprendemos coisas muito concretas sobre as possíveis formas de leitura e escrita inscritas nos textos do bruxo. Se os seus olhos se gastavam diariamente na leitura de diversas folhas, a sua pena movia-se hábil dentro do universo textual mosaical do qual era tão íntima, ou seja, dentro daqueles inúmeros textos e colunas dos jornais e revistas com os quais Machado colaborou à sua época. A seguir, em sua criação literária, ele passou a incorporar a própria circularidade entre as formas literárias e jornalísticas e, ao que tudo indica, essa é uma das chaves para a compreensão de um estilo que se reinventou praticamente a cada novo texto de ficção saído nos periódicos.

Antes do livro, o jornal: dos procedimentos formais apreendidos nos textos publicados na imprensa, aquele que viria a ser considerado o mais genial escritor brasileiro criou, em grande parte, a originalidade literária.

Referências bibliográficas

BOURDIEU, Pierre. *Razões práticas: Sobre a teoria da ação*. Trad. Mariza Corrêa. São Paulo: Papirus, 1996.

GRANJA, Lúcia. *Machado de Assis, escritor em formação: à roda dos jornais*. São Paulo; Campinas: Editora Mercado de Letras, 2000.

_____. "Folhetins d'aquém e d'além mar: a formação da crônica no Brasil". In: MOTTA, Sérgio Vicente; BUSATO, Susanna (orgs.). *Figurações contemporâneas do espaço na literatura*. São Paulo: Editora Cultura Acadêmica, 2010, p. 112-132. Acesso em: http://www.culturaacademica.com.br/downloads/%7BB563025E-47F1-49B4-9C97- F243FBFFB47A%7D_Figuracoes_contemporaneas_do_espaco_na_literatura-digital.pdf.

_____. "Ratos, pássaros ou morcegos? Machado de Assis, Théophile Gautier e um repertório de citações". In: GUIMARÃES, Hélio de Seixas; SENNA, Marta de (orgs.). *Machado de Assis e o outro: diálogos possíveis*. Rio de Janeiro: Móbile Editorial, 2012, p. 93-108. (b)

_____."Rio - Paris: primórdios da publicação da Literatura Brasileira chez Garnier". *Revista Letras*, Santa Maria, v. 23, n. 47, p. 81-95, jul./dez. 2013.

KALIFA, D.; RÉGNIER, P.; THÉRENTY, M-È; VAILLANT, A. *La civilisation du journal*. Paris: Nouveau Monde, 2011.

MACHADO DE ASSIS, J.M. *Obra completa em quatro volumes*. 2ª. ed. Rio de Janeiro: Aguilar, 2008.

SCHWARZ, Roberto. *Um mestre na periferia do capitalismo: Machado de Assis*. São Paulo: Duas cidades, 1990.

SUSSEKIND, Flora. "Machado de Assis e a musa mecânica". In: *Papeis colados*. Rio de Janeiro: Editora da UFRJ, 1993, p. 183-191.

THÉRENTY, Marie-Eve. *La Littérature au quotidien. Poétiques journalistiques au XIXe siècle*. Paris: Seuil, 2007.

_____. VAILLANT, Alain. *L'An I de l'ère médiatique*. Paris: Nouveau Monde Éditions, 2001.

ZILBERMAN, Regina. *Brás Cubas autor. Machado de Assis leitor*. Ponta Grossa: Editora UEPG, 2012.

Periódicos consultados (Consulta em imagens adquiridas junto à Biblioteca Nacional com verba do Projeto Temático "A circulação transatlântica do impresso: a globalização da cultura no século XIX"):

Diário do Rio de Janeiro, Rio de Janeiro, agosto de 1864.

Revista Brasileira, Rio de Janeiro, março a dezembro de 1880.

Machado e seus precursores (fortuna editorial em espanhol: três momentos, 1902–1982)

Pablo Rocca

I

Antes da era digital, ao considerar a circulação dos textos traduzidos, sobretudo se falamos de "alta literatura", supomos vivenciar uma autêntica aventura.[1] Esta peripécia editorial, com as variações dos lugares e de suas histórias culturais, abarca na América Latina quatro fatores fundamentais, que mudam conforme a época. São eles:

1) A existência de condições letradas mínimas para abastecer um mercado leitor que amorteça qualquer risco de inversão, por menor que seja, ainda mais quando o Estado está afastado das condições de produções editoriais. Tais condições de mercado exigem um aparato básico de produção e distribuição.

2) A (pre)existência de equipes letradas capazes de criar um projeto composto por tradutores – competentes ou não –, junto a uma crítica mais ou menos ativa para debater este trabalho.

3) O tipo de financiamento, que pode ser privado (ligado a um jornal, por exemplo) ou cooperativo e artesanal, que pode ser oficial (pedagógico ou não) ou envolver participação indireta dos recursos públicos.

---

1 Agradeço muito especialmente à Prof.ª Dr.ª Sandra Guardini Vasconcelos a precisa leitura e correção de uma primeira versão deste artigo.

4) A fração de público-alvo (refinado ou popular), que trata de obter esse produto difícil, o livro ou alguma de suas várias formas, se compõe de grupos de indivíduos isolados ou amalgamados por um valor simbólico. Esses grupos, em ocasiões esquivas, às vezes aglomeram-se, caso o produto final que, por facilidade, chamamos livro (na era pré-internet pode ser apenas um folheto), consiga inserir-se no sistema educativo. Destinado a jovens ou adultos, pode buscar certo perfil ideológico, nasce com expectativas de lucro ou as abandona em prol de um objetivo cultural ou estético, que resulta uma política editorial.

Para entender os usos da leitura de Machado de Assis fora do português contamos com múltiplos auxílios. O preciso ensaio de John Gledson, por exemplo, sobre sua experiência como tradutor da obra machadiana para a língua inglesa (Gledson, 2006); os artigos que catalogam grande parte das traduções de textos machadianos para o espanhol (Espinosa Domínguez, 2012; Cardellino, 2012); a leitura teórica e prática do último capítulo da pesquisa de Sonia Netto Salomão sobre Machado e a Itália (Netto Salomão, 2019).

Mesmo assim, é difícil pensar a posição da literatura machadiana dentro de um esquema de organização cultural em uma situação estranha à da sua língua e sua terra de origem. Essa dificuldade aumenta com o fato de que, só ao final dos seus quase setenta anos de vida, Machado consegue duas traduções dos seus livros para o espanhol, somente nas capitais dos países do Rio da Prata, lugares que ainda não influíam em outros mercados editoriais de língua hispânica. É somente nos anos quarenta do século XX, que se tem a oportunidade para que os textos de Machado comecem a ser visíveis em volumes traduzidos para o espanhol na variante rio-platense, pelas mãos de tradutores que eram escritores (o que sucedeu com quase todos os escritores em qualquer parte de América Latina) ou daqueles que simplesmente estavam familiarizados com a língua portuguesa por alguma circunstância biográfica.

Esse desembarque tardio, já protegido pela condição de clássico, permitiu que só nesse período se publicasse parte de sua obra, em particular os romances da chamada "segunda fase". Ao prestígio acumulado graças à passagem do tempo se somava o respaldo da maior parte da crítica contemporânea brasileira e, a partir de 1939, o grande impulso oficial. Não seria o mesmo difundir um autor sem outra proteção que a da sua própria obra que está se construindo e com o auxílio de um pequeno setor letrado.

Nessas condições, em meados do século passado, para os editores de Buenos Aires – centro de irradiação editorial da América hispânica –, publicar a narrativa de Machado de Assis facilitava as coisas; mas, por outro, as complicava. A facilidade inicial estaria dada pela aura do autor e pela aparente ou primária neutralidade política da sua obra em uma época (o primeiro governo do general Juan D. Perón e seus antecessores, 1943-1955) em que houve dificuldades com a censura que, sem ser totalitária, complicou muito a existência de muitos.[2] De pronto, a obra narrativa de Machado, nunca sua poesia, sua crítica e suas crônicas, apenas difundidas em poucas revistas para minorias ou em antologias (Cardellino Soto, 2012), abria, a partir de Buenos Aires, um panorama amplo, segundo os interesses dos públicos. Algo nessa literatura permitia diversas táticas editoriais para conquistar variados interesses. Antes de mais nada porque Machado é um caso muito mais flexível para o mundo editorial de qualquer língua, capaz de se adaptar às demandas de diversos imaginários, isto é, de diferentes classes de leitores, contrariamente à crença acadêmica contemporânea que o acha um escritor esquisito e para minorias.

Estas linhas repassaram, em resumo, três momentos diferentes na circulação dos textos de Machado na América hispânica. Cada um deles comporta diferentes possibilidades tanto de estratégias de tradução quanto da composição dos núcleos letrados que tornaram possível a fatura material desses livros. Para mapear cada um destes momentos poderíamos traçar diferentes caminhos. Para o que se chamaria a etapa fundacional e coetânea ao autor (1902-1905) nos servimos de muitos arquivos brasileiros e do Rio da Prata, além da imprensa e da existência de um demorado trabalho anterior, que resultou na publicação da edição fac-similar da primeira edição em espanhol de *Memórias póstumas de Brás Cubas*, há mais de dez anos (Machado de Assis, 2009). Para a segunda etapa utilizamos a bibliografia disponível ou que conhecemos sobre o fenômeno editorial argentino. Para o

---

2   Em particular a Universidade, ou a vida e uma parte das obras do grupo de escritores compactamente anti-peronista da revista *Sur*. Só para referir uma fonte, entre muitas apud King, 1989.

último momento, no caso das grandes séries editoriais hispano-americanas que incluem Machado de Assis (Fondo de Cultura Económica de México e a Biblioteca Ayacucho de Caracas), existem algumas pesquisas mais exaustivas. No entanto, esses estudos não estão orientados especificamente para a obra de Machado de Assis. No meu caso fui beneficiado pelo acesso frequente ao arquivo de Ángel Rama – em poder de sua filha, em Montevidéu – e pelo conhecimento do professor Antonio Candido, cuja correspondência com o crítico uruguaio preparei para sua publicação em Montevidéu em 2016 e dois anos mais tarde no Brasil. Este percurso foi fundamental.

Em *primeiro lugar*, a vida dos textos machadianos será apresentada como ato de contrabando cultural impulsionado por jornalistas, que são escritores e se convertem em tradutores-amadores apaixonados pela literatura e, também, pelo legítimo desejo de obter um contato – entre político e cultural – do Rio da Prata com o centro da vida cultural brasileira. Um *segundo momento*, que foi decisivo para a divulgação mais fértil da obra de Machado, corresponde aos anos quarenta e cinquenta em Buenos Aires, quando este mercado editorial se fortaleceu e se tornou o primeiro de língua espanhola, na época em que a Espanha quase foi anulada pelas graves dificuldades derivadas da guerra civil (1936-1939) e pela ferrenha censura do regime franquista até, pelo menos, 1960 (Rivera, 1998 [1980], p. 100-101). O *momento final* a considerar tem a ver com a consagração de certas áreas da literatura de Machado, tanto na coleção Biblioteca Americana do Fondo de Cultura Económica de México (anos cinquenta) como na Biblioteca Ayacucho, de meados dos anos setenta e começos da década seguinte, planejada em Caracas por Ángel Rama, para o caso da literatura brasileira sob a assessoria direta de Antonio Candido.

No primeiro desses três tempos houve a paradoxal coincidência entre a consagração do autor no Brasil, em sua idade avançada, e o desconhecimento sobre ele na América vizinha, separada do Brasil por uma fronteira bem guardada. Mas é possível que, pelo menos no Uruguai – até onde sabemos – tenha existido uma linha secreta que ajudou a familiarizar o nome de Machado de Assis entre um grupo de leitores, antes da tradução de *Memórias póstumas de Brás Cubas*. Pouco depois, ocorreu a difusão de um grupo importante dos seus romances em editoras em espanhol impressas

Atualidade de Machado de Assis

na França graças ao empenho de dois tradutores, sobretudo de Rafael Mesa López (cujo trabalho ainda não está, até onde sei, devidamente estudado), além de um conjunto de contos editados na própria Espanha, numa editora dirigida por Rufino Blanco Fombona, venezuelano então radicado na península ibérica.

Esses contos reunidos em volume foram traduzidos pelo prestigioso Rafael Cansinos-Asséns, já uma figura fundamental para a juventude de vanguarda, entre eles, Borges. Tanto o livro vertido ao espanhol por Cansinos-Asséns, quanto muitos outros publicados em Paris por Garnier (veja-se o índice em *Anexo*), circularam pelo menos no Rio da Prata. Sem grandes dificuldades sua quase totalidade chegou às nossas mãos um século após, seja porque estão preservados em bibliotecas públicas, seja por se encontrarem em sebos de Montevidéu ou Buenos Aires.

Outra, e mais afortunada, foi a situação da literatura narrativa de Machado de Assis em meados do século XX. Houve repetidas edições, em particular na Argentina, especialmente dos seus romances, que espalharam seu nome, até onde sabemos sem provocar interesse por parte dos grandes críticos mais ativos da época, como Jaime Rest, David Viñas, Adolfo Prieto e Noé Jitrik. Por último, vamos nos deter no demorado ingresso de Machado ao *Parnaso traduzido* na língua espanhola, examinando alguns problemas e consequências discursivas.

Seja a época que for as perguntas são sempre as mesmas: para quê e para quem se traduz, por quê e o quê se traduz, como fala a obra de Machado ou a escolha de certos segmentos de sua obra nessa América (ou parte dela) tão próxima e tão distante do Brasil; por último, quem faz as traduções, qual é a formação deles, quais as suas filiações estéticas. Essa América, que é bem diversa entre si, o era muito mais ainda na primeira metade do século passado. Nos começos do século XX, as grandes cidades do sul (Buenos Aires, Montevidéu, Rosário de Santa Fé) se desenvolviam com a chegada dos imigrantes europeus, os públicos eram outros e muito diferentes dos que poderia ter imaginado o criador desses romances e contos – quase nunca dos seus poemas, artigos ou crônicas –, outras eram as percepções do contexto e as referências, talvez mais familiares para um leitor brasileiro. Por tudo, e por fim, passariam a ser diferentes o equilíbrio entre a "matéria

180 Andréa Sirihal Werkema & João Cezar de Castro Rocha (orgs.)

e a forma" e a "tensão entre as veleidades profundas e a consonância ao meio", se reformularmos a velha, e não por isso menos lúcida, proposta de Antonio Candido sobre a leitura individual na dialética social (Candido, 2006 [1955], p. 84).

II

Um pouco de contabilidade nos ajudará a chegar mais perto da primeira incursão do autor brasileiro em terras fronteiriças. Entre os dezenove anos (1858) e os sessenta e oito (1907), Machado publicou mais de duas centenas de narrações breves. Cento e sessenta e três saíram em três revistas: *Jornal das Famílias* (setenta entre 1864 e 1878), e *A Estação* (trinta e sete entre 1879 e 1898), publicações dirigidas ao público feminino, as duas impressas na Europa, com destaque para a moda e as amplas ilustrações. As restantes cinquenta e seis apareceram na *Gazeta de Notícias* (1881-1897), a primeira publicação que se vende nas ruas e não por subscrição (Gledson, 1998, p. 17-19). Quando no dia 15 de fevereiro de 1863 nasceu em Montevidéu o jornal *El Siglo*, Machado já tinha publicado muitos textos, ainda não romances, mas sim contos, desde que *A Marmota* divulgou em 1858 "Três tesouros perdidos". *El Siglo* representava os setores dirigentes e oficiais e dominou o jornalismo do patriciado uruguaio até fins do século XIX.[3] No seu primeiro número apareceu um grande anúncio que foi reimpresso inúmeras vezes. Copio esse anúncio com a ortografia da época e todos seus erros de impressão:

> *Jornal das Famílias.* / Publicação ilustrada, artística, recreativa etc. / A assinatura é feita, por um anno. / Rio de Janeiro e Nictheroy – 10 $ 000 / Províncias e estrangeiro – 12 $ 000 [...]

---

3   Fora de alguns comentários breves, não existe ainda um estudo sério sobre *El Siglo* como empresa cultural e jornalística. Quem melhor utilizou o protagonismo político deste jornal foi Juan A. Oddone em 1956 (Oddone, 1956). Sobre um aspecto de uma coleção particular de folhetins ver Wschebor, 2001.

Atualidade de Machado de Assis

> É geralmente observada a lacuna que existe no jornalismo brasileiro, isto é: falta de um jornal que trate exclusivamente dos interesses das familias, offerecendo às senhoras um entretenimento substancial e agradavel para o espirito, e de utilidade domestica [...]
>
> Para a parte litteraira contámos com a collaboraçao de um grande numero de pessoas de talento e moralidade reconhecida; ella será sempre variada, instructiva e amena: á fora da escolha de noticias que iremos publicando tocantes á interesses domésticos, á hygiene, á economia, etc.
>
> As gravuras, os figurinos de modas, modélos de tapeceria, bordados, desenhos, n'uma palavra, tudo o que for concernente a arte está confiado aos melhores artistas de Paris. Também daremos, no correr desta publicaçao, uma escolha de peças de musica modernas dos mais hábeis compositores incluindo polkas, walsas, quadrillas, etc. [...]
>
> Assignase em casa do Editor-propietario, B. L. GARNIER, 69, rua de Ouvidor, Rio de Janeiro, ou em PARIS, em casa de GARNIER FRERES, 6, rue des Saints Péres.
>
> Se recibe suscriciones en la Oficina de *El Siglo*, calle de las Cámaras, núm. 41 (Aviso, 15/II/1863).

Pelo menos para um pequeno grupo de assinantes os números do *Jornal das Famílias* foi a possibilidade de aproximar-se do primeiro Machado narrador. Mas, com exceção de algum título isolado na sua língua, essa literatura demorou trinta anos para cruzar a fronteira seca do sul do continente com o reconhecimento dos seus pares. Sabemos que o artigo "Instinto de nacionalidade", do qual não podemos nos ocupar agora, e ao qual prestamos certa atenção há pouco (Rocca, 2020), foi traduzido e publicado na segunda e última fase da *Revista de Lima* em 1873, quase seguramente por recomendação de Ricardo Palma. Portanto, sublinhemos o fato notável de que esse texto saiu no Brasil em 24 de março de 1873 e foi traduzido (sem assinatura) na revista peruana, menos de cinco meses depois, em 1º de setembro (Machado de Assis, 2006). Com a ressalva deste artigo chave e do diálogo com alguma política de língua espanhola na área do Pacífico, Montevidéu foi o primeiro porto aonde chegou um romance machadiano. *Memórias póstumas de Brás Cubas* (*Memorias póstumas de Blas Cubas*) foi publicado em Montevidéu em 1902, no folhetim do jornal *La Razón*, e logo depois num volume precário.

Depois veio Buenos Aires. *Esaú e Jacó* (*Esaú y Jacob*) apareceu em 1905 dentro da coleção da Biblioteca do *La Nación*, um selo editorial ativo e popular que dependia do jornal dirigido pela família Mitre, em circulação até hoje. Sabemos das dificuldades para traduzir sua obra devido à venda dos seus direitos autorais para o editor Garnier, graças à documentação conhecida há muito tempo (Meyer, 1939, p. 199) e aos vários trabalhos que se ocuparam do assunto (Hallewell, 2005 [1985]; Guimarães, 2004; Schapochnik, 2004; Granja, 2013, 2018). Sabemos que estes dois livros machadianos, publicados em Montevidéu e Buenos Aires, saíram sem a autorização do ciumento editor. O tradutor de *Memórias póstumas de Brás Cubas* contornou esses controles com a ajuda de Luís Guimarães Filho, que ocupava um cargo na representação do Brasil no Uruguai, e com a cumplicidade do próprio autor. Julio Piquet, o tradutor, era um jornalista de quarenta e um anos, com uma longa trajetória na imprensa de Montevidéu e Buenos Aires. *La Razón* era um jornal vespertino em oito páginas de grande formato com quatro ou cinco colunas, nas quais não havia comentário ou crítica literária, mas cotidianamente divulgava romances em folhetim, a maior parte reproduzidos de outras publicações periódicas ou ainda de livros, normalmente sem indicar fonte nem tradutor (Rocca, 2009). Neste jornal, o tipo de ficção traduzida oscilava entre os modelos românticos e o realismo. Portanto, é muito pouco provável que os leitores (ou melhor, as leitoras, porque os "assuntos públicos" ficavam para a edição matutina de *La Razón*) estivessem acostumados/as a uma narrativa sofisticada. Menos ainda que a do livro escolhido pelo tradutor.

Nulo foi o efeito da recepção montevideana das *Memórias póstumas de Brás Cubas* (*Memorias póstumas de Blas Cubas*), pelo menos nada há nas páginas do diário nem sobre o folheto, em que será reunida a composição em duas colunas. Ninguém nas letras uruguaias de então podia dialogar com uma ficção dessas características, quando prevalecia um romance decadentista (como o relato "El extraño" (1897), de Carlos Reyles) ou uma narrativa naturalista de assunto rural, como no posterior romance *El terruño* (1916),

Atualidade de Machado de Assis

do mesmo Reyles, ou nas centenas de contos publicados por Javier de Viana na imprensa do Rio da Prata. Quiçá a organização fragmentária da narrativa e a ironia machadianas conseguiram afetar ao próprio tradutor. Poucos anos mais tarde, Julio Piquet publicou *Tiros al blanco* (1910), um breve volume esquecido de prosas reflexivas, entre epigramáticas, ensaísticas e formas micronarrativas. Um livro sem pretensões, longe da densidade da narração articulada por Machado (Piquet, 1955, p. 104-114). Outra porta vai se abrir com *O alienista*, publicado originalmente em volume em 1882 e do qual só sabemos que, insolitamente, pela primeira vez foi traduzido de maneira competente por Martins y Casillas em 1974 na seleta editora Tusquets de Barcelona. No entanto, parece clara a marca desta história no escritor uruguaio-argentino Juan José de Soiza Reilly (Paysandú, 1880-Buenos Aires, 1959), um dos mais singulares personagens do jornalismo e da boêmia sul-americana, que publicou em 1911 por entregas e, em 1914, num folheto, a novela *La ciudad de los locos*. Nela, os loucos escapam do hospital depois de uma revolta e fundam uma colônia longe dos domínios dos mentalmente sãos, que se tornam doentes, se já não o fossem (Soiza Reilly, 1914).[4] Mas, em 1903, e nos anos seguintes, a matéria e a forma de *Memórias póstumas...* não foram processadas pelos vizinhos.

O mesmo silêncio, até onde conseguimos pesquisar, aconteceria em 1905, quando foi publicado *Esaú e Jacó*, desta vez sem referência ao tradutor, dentro de um projeto editorial do citado jornal *La Nación*, de Buenos Aires, que colocou no mercado capaz de circular fora das fronteiras argentinas centenas de títulos, ainda não catalogados em sua totalidade. Ignoramos a publicação de uma resenha sequer sobre este romance editado em dois volumes em brochura. As dificuldades para dialogar com a literatura machadiana posterior a *Memórias póstumas de Brás Cubas*, tam-

---

4   Antes da publicação em folheto, *La ciudad de los locos. Aventuras de Tartarín Moreira*, de Soiza Reilly, saiu em dez entregas consecutivas na popular revista *Caras y Caretas*, nº 685, Buenos Aires, 18 de novembro 18 de 1911 até nº 694, 20 de janeiro de 1912, acompanhada de vinte ilustrações de José Friedrich. Devo a informação ao pesquisador Alejandro Ferrari, quem generosamente me forneceu estes dados em junho de 2020. Conferir um ensaio comparativo de *O alienista* com este romance em folhetim (Rocca, 2020).

bém na Argentina, se deu porque, na passagem dos séculos, outras estéticas dividiram o interesse dos escritores. Tanto ou mais que no Uruguai, as preferências ficaram no naturalismo, no romance de atmosfera rural e urbana (os romances de Eugenio Cambaceres, por exemplo) e no impulso do modernismo – segundo a denominação hispano-americana –, que resolvia várias contradições (Jitrik, 2009, p. 95-138). Machado ficava longe desse horizonte literário, que talvez tivesse gostado de alcançar, e ainda do seu livro traduzido pelas costas do suspeitoso Garnier. Somente em setembro de 1906, por ocasião da Conferência Pan-americana que foi celebrada no Rio, um enviado do diretor do jornal entregou a Machado alguns poucos exemplares deste livro materialmente modesto, segundo consta numa carta de Luis Mitre ao autor (Rocca, 2009, p. 19). Nada se falou de pagamento dos direitos autorais. Dessa maneira, o amadorismo-contrabandista dos tradutores alimentou a voracidade das prensas de um jornal que produzia livro atrás de livro a baixo custo. Os de Machado se ausentariam de Buenos Aires por mais de trinta anos. Seu retorno póstumo seria um sucesso estranho.

III

Em 1937, saíram na Argentina 817 obras com uma tiragem média de 3.500 exemplares. Três lustros depois, em 1952, apareceram 4.969 títulos com uma média de 7.500 exemplares. Três lustros que, na história argentina, se caracterizaram por situações tormentosas, por marchas e contramarchas autoritárias, avanços e retrocessos dos direitos civis e das causas que beneficiaram as maiorias (Sarlo, 2001). A indústria editorial da época, necessitada de romances, pressionada ou excitada pelo consumo e pela exportação, acolheu vários títulos de Machado de Assis, entre outros tantos narradores brasileiros, na sua maioria vivos, alguns deles na esteira do realismo e vinculados à resistência política contra o Estado Novo, como Graciliano Ramos e Jorge Amado. Para o caso, a figura do tradutor é um sério problema a resolver. Os de Machado, nas editoras de Buenos Aires, são cinco (Francisco José Bolla, Luis Baudizzone, Bernardo Rodríguez Casal, Alfredo Cahn e Ramón de Garciasol), seis se contarmos a parceria de Newton Freitas, radicado nessa cidade em 1937, quando foi obrigado a sair do Brasil (Meirelles de Oliveira, 2013). Nenhum foi um escritor reconhecido e, como se sabe, a tarefa dos tradutores nem sempre goza de prestígio.

A reprodução da obra machadiana aconteceu num momento histórico ricamente contraditório na Argentina. Por um lado, estava no apogeu a difusão da vanguarda narrativa europeia, no país existia um grupo muito forte que o promovia e, à sua maneira, praticava essa modalidade discursiva com ótimos resultados (Borges, Adolfo Bioy Casares, Arturo Cerretani, Santiago Dabove, Macedonio Fernández, Silvina Ocampo, Manuel Peyrou). Simultaneamente, os países do Rio da Prata – especialmente Buenos Aires – recebiam muitos exilados contrários ao primeiro governo de Getúlio Vargas, como Newton Freitas, Lídia Besouchet e o mais notório Jorge Amado, de obra bem difundida pela Editorial Claridad. Machado de Assis foi oficializado pelo governo Vargas (Meyer, 1939). A contracorrente, os forçados residentes brasileiros na Argentina procuraram resgatar uma imagem do escritor como ícone ou, talvez, como metonímia da brasilidade numa fase de grandes conflitos internos. Na época, uma encruzilhada de interesses políticos e econômicos levou a equilíbrios delicados entre os governos do Brasil, Argentina e Chile, nos quais se desenvolviam os maiores investimentos editoriais do cone sul. Assim, nos anos 1946 e 1947, os editores e livreiros se reuniram pela primeira vez em sucessivos congressos que conciliaram os interesses privados e oficiais de vários estados latino-americanos, da Espanha e de Portugal (Sorá, 2003, p. 159).

Por cima das diferenças cabe conjecturar que esses encontros aceleraram a oferta de traduções brasileiras na Argentina e, além disso, a narrativa machadiana – liberada de pagamentos de direitos autorais – cobria as demandas do público "culto" e daquele composto por imigrantes recém alfabetizados ou seus filhos, que se incorporavam lentamente ao grande movimento da cultura letrada sob a combinação de políticas estatais e do crescimento exponencial do jornalismo e da novelística. Assim, *Dom Casmurro* foi publicado sete vezes em Buenos Aires entre 1943 e 1957, em quatro traduções diferentes: uma primeira, do escritor argentino Luis Baudizzone com a ajuda de Newton Freitas. Basta comparar a modesta qualidade da edição da Acme, com uma capa colorida, de um realismo popular ingênuo à maneira dos folhetins, com a versão acadêmica da editora Jackson, acompanhada de um estudo preliminar de Lúcia Miguel Pereira, cuja perspectiva crítica foi reiterada em vários livros de Machado publicados em diferentes pontos geográficos americanos. Essa comparação permite avaliar as diferentes camadas de receptores que este romance pôde capturar diante da explosão da leitura no Rio da Prata. A edição da Acme S.A. incluiu o romance na coleção "Centauro" e adiantava em letras maiúsculas: "Este libro no es un *compendio*. Su texto es *completo*".[5] Evidentemente, o catálogo dos Clássicos Jackson, que só registra alta literatura, não precisa de um esclarecimento desse tipo.

A partir de 1938, de maneira constante surgem editoras em Buenos Aires ou se revigoram outras antigas (como Guillermo Kraft), em que a literatura narrativa tem o papel mais importante. Algumas são de grande circulação, como Espasa Calpe ou Losada; outras, de fatura mais requintada ou minoritária, como a coleção Mar Dulce de Editorial Nova ou a Editorial Sur, que acompanhou a revista poucos anos depois da sua aparição em 1931. Outras editoras formaram um amplíssimo catálogo contemporâneo cosmopolita, hispano-americano e argentino (Sudamericana, Emecé); várias lograram uma presença forte nos mercados do sul da América (Santiago Rueda, um pouco menos Nova ou Americalee) (Rivera, 1998 [1980]; de Diego, 2006); outras foram mais fracas (Amigos del Libro Americano, Carlos Lohlé). Por fim, havia aquelas de dimensões internacionais, como a mencionada Jackson, tão importante para a obra de Machado de Assis em espanhol neste período. De todas essas editoras, aproximadamente vinte, entre 1940 e 1955, seis incluíram nos seus catálogos três contos e três romances de Machado de Assis: *Memórias póstumas de Bras Cubas* saiu em 1940 pela Amigos del Libro Americano; *Dom Casmurro*, saiu, como já foi dito, em traduções diferentes pela Nova (1943), Jackson (1945, junto a três contos), Acme (1953), e Espasa-Calpe (1955); *Quincas Borba*, pela Emecé (1947, reimpressa em 1953). Salvo engano, nesses três lustros nenhum livro ou folheto de Machado foi publicado em qualquer outro país de língua

---

5   Devo a Débora Garcia Restom a possibilidade da consulta a esta edição, que encontrou em Montevidéu em 2018 durante sua pesquisa de doutorado sobre as traduções de Machado de Assis para o espanhol.

oficial espanhola, com a exceção de *Memórias póstumas de Brás Cubas* pela editora mexicana Fondo de Cultura Económica.

Naquela época, a última edição de seus textos na península, na verdade, tinha sido a primeira. Trata-se da já mencionada *Narraciones escogidas*, que carece de dados de impressão, mas por distintas referências poderia ter saído em 1919, nunca além dessa data. O livro de caixa pequena e letra generosa tem 240 páginas. Saiu em Madri pela Editorial América, situada na rua Martín de los Heros, 83, da qual era "director-propietario" Rufino Blanco Fombona, um dos intelectuais americanos mais ativos nas primeiras décadas do século XX. Segundo o catálogo que acompanha este volume a Editorial América publicou nesses tempos obras narrativas e ensaísticas traduzidas de diferentes autores contemporâneos (Dostoievski, Knut Hamsun, Otto Bauer etc.), assim como de outros autores que escreviam em espanhol, dentre eles um livro de Cansinos-Asséns. Segundo impreciso cálculo de Ángel Rama, a editora entre 1915 e começos da próxima década "deu a conhecer não menos de trezentos títulos, na sua maioria de escritores hispano-americanos" (Rama, 1975, p.10).[6] Na época, foi a única editora que promoveu com intensidade a literatura americana numa Espanha um pouco indiferente à produção das suas antigas colônias. Nesse propósito consciente, Machado podia ser uma saída para aliar a cultura literária americana a técnicas narrativas modernas, que podiam sintonizar com o que estava procurando uma vanguarda inimiga do realismo naturalista. Rafael Cansinos-Asséns havia conhecido a Blanco Fombona na redação de *Renacimiento*, em Madri, em 1914. Nesse contato sentiu um forte deslumbramento pelo homem divertido, irônico, inteligente e cheio de vida (Cansinos-Asséns, 1982). Aí começou uma amizade que ajudou a Cansinos na sua frenética carreira de escritor e tradutor de muitos autores de várias línguas, alguns deles – como Dostoievski – provavelmente retraduzidos do francês. A coletânea de onze contos machadianos é uma "versión castellana directa del portugués" e contém um brevíssimo prólogo, assinado pelo "La Editorial América", o que significa que tanto poderia ter sido escrito por Blanco Fombona quanto por

---

6   "[…] dio a conocer no menos de trescientos títulos, en su mayoría de escritores hispanoamericanos".

188   Andréa Sirihal Werkema & João Cezar de Castro Rocha (orgs.)

Cansinos. Essa concentrada nota nos dá algumas pistas, cheias de imprecisões e até exageros, para continuar a procura de textos nos jornais com mais tempo e melhor sorte. Um pouco hiperbolicamente pretende-se mostrar o estado da questão Machado na Europa:

> Machado de Assis, o grande escritor brasileiro, é universalmente conhecido, graças às muitas traduções que da sua obra foram feitas em diversas línguas. Talvez Espanha seja o único país onde não foi traduzido, ao menos em livro, pois mais de um periódico publicou contos seus, traduzidos provavelmente do francês. Mas até hoje, que eu saiba, não existe entre nós uma coleção de contos como a que agora oferecemos a nossos leitores, nem ao menos um romance do grande narrador, por exemplo, essas deliciosas *Memórias póstumas de Brás Cubas*. No presente volume cremos ter reunido um bom número de contos, suficientemente diversos, para que o leitor possa formar uma ideia forte do temperamento literário de Machado de Assis, cuja personalidade pode estudar-se mais amplamente no interessante livro que Oliveira Lima lhe dedicara. Entre os contos referidos, o titulado "Viver" ressalta estranhamente, revelando o ameno escritor de casos psicológicos e episódios vividos, voos e impulsos de mistagogo, e completando o perfil literário deste interessante autor.[7]

---

7   "Machado de Assis, el gran escritor brasileño, es universalmente conocido, gracias a las muchas traducciones que de su obra se han hecho en diversas lenguas. Acaso España sea el único país donde no se le ha traducido, al menos en libro, pues más de un periódico ha publicado cuentos suyos, traducidos probablemente del francés. Pero hasta hoy, que sepamos, no ha visto la luz entre nosotros una colección de cuentos como la que ahora ofrecemos a nuestros lectores, ni al menos una novela del gran narrador, por ejemplo, esas deliciosas *Memórias póstumas de Brás Cubas*. En el presente tomo creemos haber reunido un número bastante de cuentos y lo suficientemente diversos, para que el lector pueda formarse idea cumplida del temperamento literario de Machado de Assis, cuya personalidad puede estudiarse más ampliamente en el interesante libro que Oliveira Lima le ha dedicado. Entre los cuentos referidos, el titulado «Vivir» descuella extrañamente, revelando en el ameno descriptor de casos psicológicos y episodios vividos, vuelos y arranques de mistagogo, y completando el perfil literario de este interesante autor" (Machado de Assis, *circa* 1919, p. 3).

A versão francesa que esses periódicos haviam tomado como referência – ignoramos por completo dados sobre eles – seria uma retradução das feitas por Adrien Delpech, tradutor para o francês de contos de Machado (1910) e de *Memórias póstumas...* (1911), volumes editados por Garnier (McNeil, 2013, p. 84-85). Mas também é provável que a referência ao espanhol permeado pelo francês seja uma ironia contra o canário Rafael Mesa López (1884-1924), radicado havia um bom tempo em Paris, e o mais ativo tradutor da narrativa machadiana até então, com muitos romances e os contos do volume *Várias histórias*, também publicado por Garnier por volta de 1911 (cf. *Anexo*). Outro assunto revelador da breve nota é a menção ao "interessante livro" de Oliveira Lima que, na verdade, foi originalmente uma conferência que proferiu na Sorbonne em 3 de abril de 1909. Essa peça crítica do diplomata e reconhecido crítico brasileiro beneficiou o conhecimento da obra de Machado fora do Brasil, e não só pela instituição onde tais palavras foram ditas pela primeira vez, senão porque logo a dissertação se publicará em opúsculo, com prefácio de Anatole France e posfácio de Victor Orban, "um dos primeiros tradutores de literatura brasileira para o francês", segundo me informou o Dr. Marcelo Diego. O folheto se titula *Machado de Assis et son oeuvre littéraire* (Paris, Louis-Michaud, 1909).[8]

A figura e a obra de Machado foram também visíveis graças à publicação em *La Revista de América*, às vésperas da Primeira Guerra Mundial, de um longo ensaio de outro membro da Academia Brasileira de Letras, José Veríssimo. Com mínimas variantes, trata-se do texto que integrará o capítulo final da sua *História da literatura brasileira*. O ensaio saiu em dois

---

8 Comunicação eletrônica de 15 de julho 2020. Acrescenta o colega: "Traduzida para o português, a conferência saiu em 9 de julho daquele mesmo ano em *O Estado de S. Paulo*, da cidade de São Paulo, e no *Jornal do Commercio*, do Rio de Janeiro; e mais tarde foi recolhida no volume *Estudos literários* de Oliveira Lima, organizado por Barbosa Lima Sobrinho (Rio de Janeiro: Departamento de Imprensa Nacional, 1975)." O livro de Oliveira Lima está no Project Gutemberg: http://www.gutenberg.org/files/57360/57360-h/57360-h.htm#LE_GENIE_LATIN Cf. também "Leituras entre acadêmicos: Machado de Assis e Oliveira Lima", Ricardo Souza de Carvalho, em machadodeassisemlinha, nº 2, dezembro de 2008: http://machadodeassis.net/revista/numero02/rev_num02_artigo04.asp

números desta revista elegante e bilíngue (espanhol e português), que representava o empenho de um grupo de escritores, na sua maioria diplomatas e residentes na França, pela difusão da literatura e do pensamento americanos, em especial a nova literatura e seus precedentes concebidos como válidos. Entre os colaboradores de *La Revista de América* se encontra Rufino Blanco Fombona, e, nela, Machado de Assis foi o único autor brasileiro que mereceu uma atenção espaçosa. Cada entrega da revista tinha 120 páginas, chegando a completar quatro tomos – isto é, mais de umas mil páginas –, sob a direção de Ventura García Calderón, narrador e crítico peruano chave para a difusão da nova literatura americana em Paris. Na capital francesa se desempenhava em tarefas diplomáticas, onde viveu a maior parte da sua vida e chegou a publicar panoramas sobre literaturas nacionais na *Revue Hispanique* (de León Olivares, 2018). Veríssimo, bem familiarizado com as letras hispano-americanas modernas, o mais cuidadoso crítico brasileiro de Rubén Darío e de Rodó (Veríssimo, 2003 [1902-1910]), ajudava leitores hispanos a conhecerem Machado, complementando assim tudo quanto tinha feito por difundir e julgar a obra do amigo e mestre no Brasil. Sua contribuição, no entanto, saiu em português (Veríssimo, 1914).[9] É possível que algum leitor familiarizado com esta língua, talvez Cansinos ou quiçá Blanco Fombona, não tenha esquecido as palavras entusiásticas do crítico que, fora dos moldes das correntes literárias a que costumava adaptar seu enfoque, apontava a singularidade dos seus contos, dotados de "tão fértil e graciosa imaginação, tão suave, risonha ou irônica filosofia, tão penetrante psicologia [...] [de um] estilo maravilhoso de vernaculidade, de precisão, de sobriedade e de força" (Veríssimo, 1914, p. 144-145). O mesmo entusiasmo sobre o gênero conto está em Oliveira Lima na conferência de 1909: "Machado de Assis primou no conto: ninguém no Brasil o emparelhou" (Apud Seixas Guimarães e Lebenstayn, 2019, p. 107).

---

9   Uma lista dos trabalhos de Veríssimo sobre Machado: Seixas Guimarães e Lebenstayn, 2019, p. 174-175. O artigo de *La Revista de América* não está mencionado neste índice, mas de fato é o mesmo texto incluído na *História da literatura brasileira. De Bento Teixeira a Machado de Assis*. Rio de Janeiro: Francisco Alves, 1916, p. 415-453, o último texto de Veríssimo sobre seu admirado amigo.

Traduzir Machado mostra o interesse de um escritor já maduro (Cansinos contava trinta e sete anos de idade em 1919), no entanto um escritor excitado pela novidade vanguardista que estava explodindo. O principal animador do ultraísmo em Madri, do qual se aproximam jovens como Gerardo Diego e Borges (Videla, 1971; Bonet, 1996), achava no defunto autor brasileiro uma literatura instigante e até exemplar para combater as linguagens esclerosadas. Por sua parte, Borges deve a Cansinos-Asséns "esa curiosidad por otras lenguas, ese anhelo de vivir en otro lugar y en otras épocas" (Borges, 2003, p. 98). No preciso momento em que foi publicada esta antologia de histórias de "outras línguas [...] outro lugar e outras épocas", Borges talvez não tenha ignorado a existência de Machado. Como é sabido, nada escreveu sobre ele nem falou dele na multidão de entrevistas oferecidas em todas partes.

Em artigo escrupuloso, Reth McNeil repassou as possibilidades da incidência de Cansinos em Borges cotejando sua tradução com outra próxima feita na França e, sobretudo, firmando-se no depoimento de John Barth que, em 1991, escreveu suas recordações de diálogos com Borges, em Michigan, no ano de 1975. Então, o escritor argentino haveria falado admirativamente sobre a obra de Machado, a qual aproximou ao sistema narrativo de *Tristram Shandy* (Apud McNeil, 2013, p. 89). Não duvido das lembranças do Barth, mas chama a atenção que o nome de Machado de Assis, assim como de qualquer uma de suas obras, esteja ausente, por completo, durante anos de cotidianas conversas com Bioy Casares, que maniacamente apontou no seu volumoso diário centenas de referências literárias sobre livros e autores presentes e passados (Bioy Casares, 2007). Na grande compilação *Borges no Brasil*, feita em 2000 por Jorge Schwartz, somente é possível achar uma leitura comparada dos dois escritores concentrada nos textos e ideias (Perrone-Moisés, 2000).

Da mão de Borges podemos voltar à metade do século vinte, quando não por acaso a multiplicação dos textos machadianos convive com o surgimento das traduções argentinas, que desafiam o realismo segundo a matriz do século XIX, por exemplo, junto aos textos de Kafka ou de Virginia Woolf ou a dezenas de relatos policiais que na editora Emecé Borges e Bioy Casares organizaram na coleção "Séptimo círculo" entre 1944 e 1955 (de

Sagastizábal, 1995, p. 91-92). Isso, ao mesmo tempo em que crescem a obra de Borges, seu prestígio e a grande polêmica nas duas margens do Rio da Prata (Flo, 1978; Rocca, 2002). A partir de 1951, com a publicação de *La muerte y la brújula* – com um desenho de capa de Fritz Schonbach, o mesmo desenhista que fez a capa de *Quincas Borba* –, a Emecé vai ser a casa editorial da obra de Borges. Este não precisava de uma tradução para aproximar-se de Machado, mas é difícil que não o tenha feito por mediação do seu primeiro mestre, e mais estranho que nas suas visitas à editora ou a uma livraria ignorasse a existência deste romance, aparecido na coleção que acolheu a seu livro, com o mesmo responsável pelas capas.

Como se fosse pouco, é possível destacar dois exemplos da visibilidade da obra de Machado, desta vez no caso do conto. Em 1946, se edita em Buenos Aires a *Primera antología de cuentos brasileños*, pela editora Espasa Calpe, que no ano de 1937, saiu da península por causa da guerra espanhola para instalar-se na Argentina. O volume aparece na prestigiosa e popular "Colección Austral", que fazia tiragens de milhares de cópias. Tratava-se de uma coleção amplíssima em seus interesses que, por exemplo, para 1955, quando publicou na série azul a tradução de *Dom Casmurro*, alcançou os 1.246 títulos e continuou, durante décadas, inundando com seus livros toda a cultura letrada da região.[10] Essa seleção inclui "Cantiga de esponsales", de Machado de Assis. No mesmo ano, 1946, já num circuito mais seleto, aparece pela Editorial Nova a *Pequeña antología de cuentos brasileños*, uma coletânea com uma intervenção mais direta da comunidade literária brasileira. Foi preparada por Marques Rebelo e contou com notas do narrador e crítico argentino Luis M. Baudizzone, com traduções sob a responsabilidade de Raúl Navarro, um dos tradutores mais ativos de literatura brasileira (Sorá, 2003). O volume leva um delicado desenho na sua capa do pintor galego Luis Seoane, de longa residência na Argentina. A antologia se inicia com o conto "Misa del [sic] gallo" (págs. 7-15), de Machado de Assis, e se fecha com

---

10   Essa antologia de contos foi organizada e traduzida por Braulio Sánchez-Sáez, que morava em São Paulo, segundo ele mesmo diz no prólogo do volume, trabalhava na Universidade de Campinas e vinte dois anos antes havia difundido uma antologia de prosadores e poetas brasileiros, que não conseguimos localizar. Apud *Vieja y nueva literatura del Brasil*, Braulio Sánchez Sáenz. Santiago de Chile, Ercilla, 1935 (Sorá, 2003, p. 99).

"El exmago", de Murilo Rubião, que até então só tinha um volume publicado. Marques Rebelo tratava de iniciar, por meio da introdução desta peça, um diálogo com a narrativa argentina do grupo *Sur*, no qual predominava uma concepção distante das regras mais fortes do realismo mais duro e de atmosfera rural ainda triunfante na narrativa do sul da América. O ponto de partida dessa modernidade literária é, inevitavelmente, Machado de Assis. Mas, pelo menos de modo explícito, esse contato fracassou com Borges e com Bioy Casares, os dois interlocutores mais claros de uma literatura que defende sua condição nacional ao mesmo tempo que universal, ideia que Machado tinha defendido em "Instinto de nacionalidade", essa "base crítica de juventude sobre a qual irá erguer-se uma das obras romanescas mais consequentes de toda a nossa literatura" (Werkema, 2019, p. 42). Ou, de outro modo, o artigo-tecido da trama de uma literatura além do Brasil, que, como toda a obra de Machado, abre a suspeita de fontes ocultas – como as muitas que desentranha Marta de Senna (2008 [2003]) –, e que sempre se abre à força da interpretação, ao prazeroso jogo dos textos.

IV

No México, em meados dos anos quarenta, começou a se formar a "Biblioteca Americana", a primeira grande coleção de clássicos latino-americanos que integrou a literatura do Brasil. Se bem que antes, ainda na coleção "Tierra firme" da editora Fondo de Cultura Económica, haviam aparecido vários livros brasileiros em tradução, pelo grande esforço organizativo e intelectual de Daniel Cosío Villegas (Weinberg, 2016; Mondragón, 2016; Sorá, 2017). Em 17 de julho de 1945, Henríquez Ureña escreveu para Cosío Villegas: "A coleção deve incluir o Brasil? Suponho que sim, como 'Tierra firme' o inclui. Para tanto haverá que fazer boas traduções".[11] E acrescenta a lista dos primeiros títulos que, entre tantos, inclui textos de Colón, Hernán Cortés, o do Inca Garcilaso de la Vega; dos brasileiros, só um: Machado de Assis. É claro que o crítico dominicano leu Machado em português, mas também afirmou esse lugar a partir das traduções espanholas de romances

---

11 "¿Debe la colección incluir al Brasil? Supongo que sí, como lo incluye "Tierra firme". Para eso habrá que hacer buenas traducciones" (Apud Weinberg, 2016, p. 186).

machadianos que se publicaram na França em inícios da década de dez, de que não gostou:

> Machado de Assis. [Incluir] um dos romances (não reproduzir *Dom Casmurro* na tradução de um Sr. Mesa y López, em Paris, é muito ruim; haveria que fazer uma tradução, mas não é difícil, se se encomenda a um bom escritor que evite as formas portuguesas como "dijera" por "había dicho").[12]

Em consonância com Alfonso Reyes a preocupação de Henríquez Ureña com o Brasil na "Biblioteca Americana" foi incomum e de uma erudição avassaladora (Mondragón, 2016). As fontes para esse conhecimento detalhado estão no seu livro *Las corrientes literarias en la América hispânica*, de 1945, primeira história geral da literatura latino-americana que abrange as letras do Brasil e do Caribe. A narrativa de Machado conquista, nessa síntese virtuosa, elogios como esse: "o verdadeiro artista do romance foi Machado de Assis, um criador de personagens, pintor de caracteres, dotado de singular habilidade para o detalhe psicológico, um sentido refinado de humor e um estilo limpo" (Henríquez Ureña, 1949, p. 152). Em outra história sintética, de 1947, é ainda mais entusiasta: "Seu *Brás Cubas* (1881), seu *Quincas Borba* (1891), seu *Dom Casmurro* (1900) são romances de primeira ordem em qualquer literatura, igualados poucas vezes e nunca superados na América hispânica".[13] O resultado concreto dessa paixão por Machado é a

---

12 "Machado de Assis. Una de las novelas (no reproducir el *Don Casmurro*, en traducción de un Sr. Mesa y López, en París, es muy mala; habría que hacer una traducción, pero no es difícil, si se encomienda a un buen escritor que evite las formas portuguesas como *dijera* por *había dicho*)" (Apud Weinberg, 2016, p. 186).

13 "El verdadero artista de la novela fue Machado de Assis, un creador de caracteres, dotado de singular habilidad para el detalle psicológico, un refinado sentido del humor y un límpido estilo". Este é o começo da avaliação sobre Machado. Em outro grande resumo, citado parcialmente em nosso texto central, diz: "Machado de Assis es más que mero realista: es gran creador de personajes, pintor de caracteres, agudo desmenuzador de sentimientos. Su *Bras Cubas* (1881), su *Quincas Borba* (1891), su *Dom Casmurro* (1900) son novelas de primer orden en cualquier literatura, igualadas pocas veces, y nunca superadas, en la América hispánica" (Henríquez Ureña, 1959, p. 103).

inclusão na Biblioteca Americana, em 1951, de *Memorias póstumas de Blas Cubas*, em cuidada tradução de Antonio Alatorre, um intelectual relevante daqueles anos mexicanos. Mais uma vez o prefácio, nesta edição, é de Lúcia Miguel Pereira. Esta foi a primeira vez que o romance teve a oportunidade de ser distribuído por toda a América hispânica, na medida em que o Fondo de Cultura Económica, como instituição com apoio oficial e com uma boa logística, colocou seus produtos em quase todos os países.

A revolução cubana teve um grande impacto também para uma nova ideia de América Latina. A partir de 1960, os concursos literários da Casa de las Américas de Havana, mas também a sua revista e as diferentes linhas editoriais oficiais construíram uma imagem da nova e da clássica literatura das Américas; embora os títulos publicados na ilha tenham sido muitos, o plano orgânico perdeu força. O impulso fundamental, talvez o ponto de confluência deste projeto, chegou com a Biblioteca Ayacucho, iniciada em 1974 na Venezuela durante o governo liberal de Carlos Andrés Pérez, no bojo da prosperidade econômica que o alto preço do petróleo facilitou. Essa prosperidade gerou certa modernização caótica da capital do país e favoreceu a chegada de milhares de exilados das ditaduras que, por esta ordem, arrasariam Uruguai, Chile e Argentina entre 1973 e 1976. Ángel Rama (nascido em Montevidéu em 1926), de longa e ativíssima trajetória como crítico literário no seu país e em diferentes partes da América, com um pé na Revolução cubana entre 1960 até, pelo menos, 1972, fez parte do comitê de direção da Biblioteca Ayacucho, pouco tempo depois de se estabelecer em Caracas.

Conhecer o Brasil era para Rama um grande problema. Darcy Ribeiro, exilado em Montevidéu logo após o golpe de Estado de 1964, e onde permaneceu até 1970 como professor de Antropologia na Universidade de la República, o ajudou muito nessa empreitada. Já em Caracas, Rama buscou a ajuda de Darcy, mas sua participação não passou de uma ou outra indicação e de um prólogo para *Casa Grande & Senzala*, de Gilberto Freyre (Rama, Berta e Darcy Ribeiro, 2015).

Outro contato anterior resgatou a presença do Brasil no quadro geral da América Latina e deixou sua marca profunda em Rama. Trata-se do já bem conhecido encontro em Montevidéu em 1960 com Antonio Candido, o qual, com alguma irregularidade, logrou manter contato até o trágico final do crítico uruguaio. Em inícios da década de noventa, o professor Antonio Candido lembrou-se do momento em que se conheceram e anotou que a Biblioteca Ayacucho "foi a primeira vez que o Brasil apareceu num projeto deste tipo na proporção adequada" (Candido, 2004 [1996], p. 155).

Grande admirador desde muito jovem de Henríquez Ureña, a Rama não deve ter passado despercebida a força desta literatura e, em particular, a qualidade literária de Machado de Assis. Ainda assim, seu conhecimento da literatura brasileira era fraco. No dia 10 de março de 1960, Rama enviou uma carta a seu colega brasileiro, na qual anunciou que "desde que estou inscrito no suplemento do Estado de São Paulo comecei a [conhecer as] novidades criticadas pela imprensa". Dezessete anos mais tarde, em 15 de abril de 1977, passou a conversar com seu colega sobre vários autores e temas e já pode falar do desconhecimento "alarmante" sobre o Brasil em terras venezuelanas. Para corrigir essa carência tinha agora um grande instrumento e a ajuda de Candido era fundamental para manter esse projeto, apesar das dificuldades de toda espécie.

O pedido de colaboração data de meados de 1974, quando o projeto obteve os recursos necessários para pagar adequadamente os herdeiros assim como os responsáveis pelos prólogos, edições, cronologias, traduções de uma biblioteca imaginada como coleção de clássicos latino-americanos, e não somente nas línguas europeias dominantes.[14] Ainda com certa confusão sobre o rumo das coisas, em outubro de 1974, Candido responde a seu colega com uma longa carta. Ao final, anexa o que chama de uma "Lista Inicial para começar a Pensar no Caso".[15] Dos sete autores ou temas fundamentais

---

14 A poeta Idea Vilariño (Montevideo, 1920-2009), responsável pelas traduções de *La tierra purpúrea* e *Allá lejos y hace tiempo*, de W. H. Hudson (1980), assim como do prólogo a *Poesía completa y prosa selecta*, de Julio Herrera y Reissig (1979), em várias ocasiões comentou comigo que o pagamento da Biblioteca Ayacucho era muito bom.

15 No projeto Ayacucho o Brasil esteve presente muito menos do que o desejado por Rama. Só a partir de 1977, isto é, quase três anos após o surgimento da coleção latino-americana, inaugurou-se a coleção brasileira com o volume 11, *Casa-Grande e Senzala*, na antiga tradução de Benjamín de Garay, do ano de 1942, revisada por Lucrecia Manduca. A seguir, ainda em 1977, no volume 25, foi publicada uma tradução do poeta paraguaio Elvio Romero de *Memórias de um sargento de milícias*, de Manuel

Atualidade de Machado de Assis

para a ficção, Candido abre a lista com Machado de Assis. Em primeiro lugar, sugere "*Quincas Borba*, ou *Dom Casmurro*, ou *Memórias póstumas de Brás Cubas*"; em segundo, recomenda uma "seleção de contos". Até 1982, ano em que Rama deixou de ter o controle da Biblioteca Ayacucho, ele se encarregou da publicação de 102 títulos. O único autor beneficiado com dois volumes na coleção inteira foi Machado de Assis. Aliás, outra sugestão de Candido, a de Roberto Schwarz, que escreverá o prefácio de *Quincas Borba* (1979), e que introduz ao leitor hispano-americano os problemas da estrutura social brasileira na estrutura estética na obra machadiana.

Não temos dados sobre se Rama conheceu Machado durante sua vida no Uruguai – isto é, até os 45 anos de idade –, mas poderia ter lido um conjunto importante de romances de Machado de Assis na Biblioteca Nacional, onde trabalhou: todos os romances da "segunda fase", salvo *Quincas Borba*, muitos contos e a poesia completa. E poderia tê-los lido em várias traduções, segundo os fichários do acervo, e até os da Universidade da qual foi estudante.[16]

Antonio de Almeida, com prólogo e notas de Antonio Candido. Desde então e até a morte de Rama saíram uma coletânea de textos intitulada *Arte y Arquitectura del Modernismo Brasileño (1917-1930)* (vol. 47, 1978), a tradução de dois romances de Lima Barreto (vol. 49, 1978), a de *Os sertões*, de Euclides da Cunha (vol. 79, 1980), uma ampla antologia de Mário de Andrade (vol. 56, 1979), outra de Oswald de Andrade (vol. 84, 1981), uns poucos poemas românticos – em tradução de Ida Vitale – no tomo coletivo latino-americano *Poesía de la Independencia* (vol. 59, 1979), uma seleção da obra crítica de Sílvio Romero, promovida e feita por Candido (vol. 93, 1982).

16 A poeta Ida Vitale (Montevidéu, 1923), que se casou com Rama em 1950 (Rocca, 2019, p. 162-163), comentou comigo em setembro de 2019 que, quando era muito jovem, descobriu Machado de Assis e sentiu por sua literatura uma fascinação tal que se internou na Biblioteca Nacional para ler tudo o que conseguiu encontrar. Hoje, ainda, tem na sua biblioteca particular um exemplar da primeira tradução de *Dom Casmurro*, da Garnier (1910?). Não conhecemos um depoimento semelhante de Ángel Rama.
Na Biblioteca Nacional, em Montevidéu, há diferentes livros de Machado de Assis publicados antes de 1970, em diferentes línguas, supostamente ingressados antes dessa data, que organizamos na ordem cronológica de edição. Estes poderiam ter sido lidos ou consultados por Vitale e por Rama em algum momento de suas vidas na sua cidade de origem:
Poesías Completas. Rio de Janeiro. Paris: Garnier, [1901?].

Embora não tenha sido necessário ser um especialista em literatura brasileira para saber da relevância de Machado de Assis, como vimos, enquanto contista, Machado era pouco conhecido em língua espanhola. Candido pensava o mesmo avaliando a pletora de leituras críticas desta literatura no Brasil. *Cuentos*, que é o volume 33 da Biblioteca Ayacucho, saiu em 1978, com seleta e prólogo de Alfredo Bosi, cronologia de Neusa Pinsard Caccese e tradução de Santiago Kovadloff. "Mora em São Paulo um psicólogo argentino, muito conhecedor da literatura brasileira e, provavelmente, o melhor tradutor que conheço. Chama-se Santiago Kovadlof[f]", informa Rama a Candido em carta de 30 de setembro de 1976 (Rama, Candido, 2018, p. 127). Evidentemente, essa valoração demonstra que Rama tinha um conhecimento imperfeito da língua portuguesa, pois, apesar do contato com a literatura brasileira por parte de Kovadloff e de sua residência paulistana, o espanhol do tradutor é pouco fluente e a tradução

---

Esaú y Jacob. Buenos Aires: Biblioteca de La Nación, 1905.

Don Casmurro. Paris: Garnier Hnos. [1910?] (Trad. de R[afael] Mesa López).

Varias historias. Paris: Garnier Hnos. [1911?] (Trad. de R[afael] Mesa López).

Don Casmurro. Paris:, Institut Internacional de Cooperation Intellectuelle, [¿1936?] Trad. [ao francês] du portugais par Ronald de Carvalho).

Papéis avulsos. Rio de Janeiro: W.M. Jackson, 1938.

Memorial de Aires. Rio de Janeiro: W.M. Jackson, 1940.

Casa velha. São Paulo: Livraria Martins, 1944 (Introdução de Lúcia Miguel Pereira).

Don Casmurro. Tres cuentos. Buenos Aires: W. M. Jackson, 1945 (Trad. de J[uan] Natalicio González. Prólogo de Lúcia Miguel Pereira).

Memorias póstumas de Blas Cubas. México: Fondo de Cultura Económica, 1951 (Trad. de Antonio Alatorre. Prólogo de Lúcia Miguel Pereira).

Histórias reais. São Paulo: Cultrix, 1958. (Prólogo de F. Góes).

Na biblioteca do Museo Pedagógico de Montevidéu:

Don Casmurro. Tres Cuentos (Trad. de J[uan] Natalicio González). Buenos Aires: W. M. Jackson, 1945.

Na biblioteca da Facultad de Humanidades y Ciencias, Universidad de la República [da qual Rama e Vitale foram estudantes fundadores em 1947]:

Narraciones escogidas (*circa* 1919). Madrid: Editorial América. (Antologia e traduções de Rafael Cansinos-Asséns).

Memorias póstumas de Blas Cubas. México: Fondo de Cultura Económica, 1951 (Trad. de Antonio Alatorre. Prólogo de Lúcia Miguel Pereira).

dos contos tem certos problemas que teriam revoltado Henríquez Ureña. Por exemplo, em "Ideas del canario": "Indaguei se o adquirira, como o resto dos objetos que vendia, e soube que sim, que o comprara a um barbeiro [...]", se traduz por "Indagué si lo había adquirido como el resto de los objetos que vendía, y supe que sí, que lo comprara a un peluquero […]". O tradutor conserva o pretérito mais que perfeito do português ("comprara") o que em espanhol, por ser mais adaptado à norma, deveria ser o pretérito mais que perfeito ("había comprado") (p. 245). Este e outros inconvenientes revelam um problema mais sério que é a ausência de revisores competentes na Venezuela. De fato, este país nunca antes havia publicado um livro de Machado de Assis (cf. *Anexo*). Em 1979, surgiu o citado *Quincas Borba* (vol. 52). A tradução é de Jorge García Gayo e também apresenta dificuldades semelhantes com os tempos verbais.

Seja como for, os dois volumes da Biblioteca Ayacucho foram fundamentais para a difusão realmente explosiva da obra de Machado em espanhol. Isso por diferentes pontos hispano-americanos, notadamente México, mas também Peru, Equador e no Uruguai, em pequenas doses por causa da ditadura que só acabou em março de 1985. Também a partir da abertura política espanhola de meados da década de setenta, em Barcelona e Madri alguns leitores chegaram a esta coleção. As versões de Kovadloff foram prontamente reproduzidas na Argentina e, poucos anos depois, no México; aliás, serviram como base para a tradução da primeira antologia montevideana de contos (1981). A velha tradução do Fondo de Cultura Económica vai se reimprimir e será incorporada a uma seleta comemorativa do grandes títulos em 1982, com prólogo que foi encarregado a Juan Rulfo. Sabemos de um "levantamento parcial" da biblioteca particular de Rulfo, com obras de Machado em tradução: *Dom Casmurro* pela editora Nova (1943), os dos volumes da Biblioteca Ayacucho e a edição cubana de *Várias histórias*, além, evidentemente, da publicada pelo Fondo (Moreira, 2017, p. 31). Esses títulos aportam a medida das possibilidades de se ler um autor em espanhol para aquele que pertence a uma geração formada em meados do século anterior, para a qual, aos poucos, a narrativa de Machado se inseriria no cânone da língua espanhola traduzida. Quiçá, mais do que o conhecimento de Sterne ou de Cervantes, anacronicamente essas histórias se naturalizaram em fins do século XX em espanhol graças à familiaridade dos leitores desta língua com os contos de Borges. *Mutatis mutandis*: "Machado e seus precursores".

Montevidéu, outubro 2019/janeiro 2021.

Referências bibliográficas

Corpus

[Aviso] (15/II/1863). *Jornal das Famílias. El Siglo*, Montevideo, nº 1: 1, col. 2.

BORGES, Jorge Luis (1980). "Kafka y sus precursores". *Prosa Completa*. Madrid: Bruguera. Tomo II, p. 226-228. [Originalmente em *Otras inquisiciones*, 1952].

_____. "Homenaje a Rafael Cansinos-Asséns. Discurso" (2003 [1964]). *Textos recobrados, 1956-1986, 3*. Buenos Aires: Emecé, p. 98-101.

BIOY CASARES, Adolfo. *Borges*. Edición de Daniel Martino. Buenos Aires: Destino, 2007.

CANDIDO, Antonio e Ángel Rama (2018). *Conversa cortada. A correspondência entre Antonio Candido e Ángel Rama. O esboço de um projeto latino-americano, 1960-1983*. São Paulo: Editora da Universidade de São Paulo/ Ouro sobre Azul. (Edição, prólogo y notas de Pablo Rocca. Traduções dos textos em espanhol de Ernani Ssó). [2016].

CANSINOS-ASSÉNS, Rafael (1982). (Edición preparada por Rafael M. Cansinos). "Rufino Blanco Fombona". *La novela de un literato (Hombres, ideas, efemérides, anécdotas..., 1. (1882-1914)*. Madrid: Alianza Tres, p. 478-482.

GALANTE DE SOUZA, José (1956). *Bibliografia de Machado de Assis*. Rio de Janeiro: Ministério de Educação e Cultura/ Instituto Nacional do Livro.

MACHADO DE ASSIS, J. M (1902/ 2009). *Memorias póstumas de Blas Cubas*. Montevideo: Imprenta de *La Razón*. (Versión de Julio Piquet). (Edición facsimilar: Montevideo, Ediciones de la Banda Oriental/Embaixada do Brasil em Montevidéu. Edición y prólogo de Pablo Rocca).

_____. *Obra completa* (1962), 3 vols. (Organizada por Afrânio Coutinho). Rio de Janeiro: Editora José Aguilar Ltda.

_____ (2006 [1873]). "Literatura brasileña. Instinto de nacionalidad". *Cuadernos Literarios*, Lima, Nº 5, 2006, p. 51-61. ["Murales y tambores de Brasil", número especial dedicado a la cultura brasileña a cargo de Biaggio D'Angelo. El texto se publicó originalmente en español em *Revista de Lima*, vol. II, 1º de setiembre de 1873. En portugués se había publicado por primera vez con el título "Notícia da atual literatura brasileira", el 24 de marzo de 1873].

_____ (2013). (Organização de Sílvia Maria Azevedo, Adriana Dusilek e Daniela Mantarro Callipo). *Crítica literária e textos diversos*. São Paulo: Ed. UNESP.

PIQUET, Julio (1910 [1955]). (Selección y notas de José Pereira Rodríguez. Prólogo de Remy de Gourmont). *Tiros al aire. Páginas escogidas*. Montevideo: Florensa & Lafón.

RAMA, Ángel, Berta e Darcy Ribeiro (2015). (Organização, estudos e notas de Haydée Ribeiro Coelho e Pablo Rocca). *Diálogos latino-americanos. Correspondência*. São Paulo: Global.

SOIZA REILLY, Juan José de (1914). *La ciudad de los locos (Aventuras de Tartarín Moreira). Novela sudamericana*. Barcelona, Maucci.

História, teoria e crítica

BONET, Juan Manuel (1996). *El Ultraísmo y las artes plásticas*. Valencia: IVAM/ Generalitat Valenciana.

CANDIDO, Antonio (2006 [1955]). "O escritor e o público". *Literatura e sociedade*. São Paulo/Rio de Janeiro: Ouro sobre Azul (9ª ed. revista pelo autor), p. 83-98.

_____ (2004 [1996]). "O olhar crítico de Ángel Rama". *Recortes*. São Paulo/Rio de Janeiro: Ouro sobre Azul, p. 155-163.

CARDELLINO SOTO, Pablo (2012). "Traducciones de Machado de Assis al español". *Machado de Assis. Tradutor e traduzido*, Andréia Guerini, Luana Ferreira de Freitas e Walter Carlos Costa (orgs). Florianópolis: pget/ufsc, p. 112-159. https://www.academia.edu/33530506/Machado_de_Assis_Tradutor_e_Traduzido [Consultado em 24/X/2019].

DE SAGASTIZÁBAL, Leandro (1995). *La edición de libros en la Argentina. Una empresa de cultura*. Buenos Aires: eudeba.

DE DIEGO, José Luis (2006). "1938-1955. La 'época' de oro de la industria editorial". *Editores y políticas editoriales en Argentina, 1880-2000*, José Luis de Diego (director). Buenos Aires: Fondo de Cultura Económica, p. 91-123.

DE LEÓN OLIVARES, Isabel (2018). "¿La primera historia de la literatura hispano-americana? El proyecto historiográfico transnacional de la *Revue Hispanique*". *Historia comparada de las Américas. Siglo XIX. Tiempo de letras*, Liliana Weinberg y Rodrigo García de la Sienra (coordinadores). México, Universidad Nacional Autónoma de México (UNAM)/ Centro de Investigación sobre América Latina y el Caribe (CIALC), p. 221-246.

DE SENNA, Marta (2008). *Alusão e zombaria: citações e referências na ficção de Machado de Assis*. Rio de Janeiro: Ed. Casa de Rui Barbosa (2ª ed. revista e aumentada).

ESPINOSA DOMÍNGUEZ, Carlos (2012). "Andanzas póstumas: Machado de Assis en español". *Caracol: Revista do Programa da Pós-Graduação da Área de Língua Espanhola e Literatura Espanhola e Hispano-americana*, São Paulo: FFLCH, USP, nº 1, p. 64-85.

FERNÁNDEZ, Juan Manuel (2012). "Rubén DaRío. Una obnulilação brasílica". *Caracol: revista do Programa da Pós-Graduação da Área de Língua Espanhola e Literatura Espanhola e Hispano-americana*, São Paulo: FFLCH, USP, nº 3, p. 102-133.

GLEDSON, John (1998). "Os contos de Machado de Assis: o machete e o violoncelo". Machado de Assis, *Contos. Uma antologia*, São Paulo: Companhia das Letras, p. 15-59.

_____ (2006). "Traduzindo Machado de Assis". *Iº Concurso Internacional Machado de Assis. Ensaios premiados. A obra de Machado de Assis*. Brasília: Ministério das Relações Exteriores/ Governo Federal, p. 5-118.

GRANJA, Lucia (2018). "Três é demais! (ou Por que Garnier não traduziu Machado de Assis?)." *Machado de Assis em linha*, vol.11, nº 25, p. 18 - 32.

_____ (2018). "Chez Garnier, Paris-Rio (de Homens e de Livros)". *Suportes e mediadores*: a circulação transatlântica da literatura (1789-1914). (Organização de Lucia Granja e Tânia de Luca). Campinas/São Paulo, Editora da UNICAMP, p. 55-80.

DE SEIXAS GUIMARÃES, Hélio (2004). *Os leitores de Machado de Assis. O romance machadiano e o público de literatura no século XIX*. São Paulo: Nankin Ed./ Edusp.

_____ /Ieda Lebensztayn (organização, prólogo e notas) (2019). *Escritor por escritor. Machado de Assis segundo seus pares, 1908-1959*. São Paulo: Imprensa Oficial do Estado de São Paulo. [Inclui o texto da conferência de Manuel de Oliveira Lima, de 1909].

HALLEWELL, Laurence (2005 [1985]). *O livro no Brasil: sua história*. São Paulo: Edusp. (2ª ed. ampliada e revista).

HENRÍQUEZ UREÑA, Pedro (1949 [1945]). *Las corrientes literarias en la América hispánica*. Méxic:, Fondo de Cultura Económica.

_____ (1959 [1947]). *Historia de la cultura en la América hispánica*. México: Fondo de Cultura Económica.

FLO, Juan (org. e prólogo) (1978). *Contra Borges*. Buenos Aires: Galerna.

JITRIK, Noé (2009). *Panorama histórico de la literatura argentina*. Buenos Aires: El Ateneo.

KING, John (1989 [1986]). *Sur. Estudio de la revista argentina y de su papel en el desarrollo de una cultura, 1931-1970*. México: Fondo de Cultura Económica.

MAGALHÃES JÚNIOR, Raimundo (1981). *Vida e Obra de Machado de Assis*. Rio de Janeiro: Civilização Brasileira/ INL/ MEC, vols. II-III.

MASSA, Jean-Michel (2001 [1961]). "A biblioteca de Machado de Assis". Jobim, José Luís (ed.) *A biblioteca de Machado de Assis*. Rio de Janeiro: Academia Brasileira de Letras/ Topbooks Editora, p. 21-90.

MCNEIL, Reth (2013) "Just How Marginal Was Machado de Assis? The Early Translations and the Borges Connection". *TranscUlturAl*, vol.5, nº 1-2, p. 80-98. http://ejournals.library.ualberta.ca/index

MEIRELLES DE OLIVEIRA, Ângela (2013). *Palavras como balas. Imprensa e intelectuais antifascistas no cone sul (1933-1939)*. Tese apresentada ao programa de pós-graduação em História Social do Departamento de História da FFLCH da Universidade de São Paulo para a obtenção do título de Doutor em História. [Versão eletrônica em pdf proporcionada pela autora].

MEYER, Augusto (prólogo y org.) (1939). *Exposição Machado de Assis. Exposições*. Rio de Janeiro, Ministério da Educaçao e Saúde. Centenário do Nascimento de Machado de Assis, 1839-1939.

MONDRAGÓN, Rafael (2016). "La memoria como biblioteca. Pedro Henríquez Ureña y la Biblioteca Americana". *Políticas y estrategias de la crítica: ideología, historia y actores de los estudios literarios*, Sergio Ugalde Quintana y Ottmar Ette (editores). Madrid/ Frankfurt am Main, Iberoamericana--Verveut, p. 191-204.

MOREIRA, Paulo (2017). "*Pedro Páramo* à luz de *Memórias póstumas de Brás Cubas* ou Juan Rulfo, leitor exemplar de Machado de Assis". *Suplemento Literário*, Belo Horizonte, nº 1.375, novembro-dezembro, p. 30-35.

NETTO SALOMÃO, Sonia (2019 [2016]). Machado de Assis e o cânone ocidental: itinerários de leitura. Rio de Janeiro: eduerj. (2ª ed).

ODDONE, Juan A. (1956). *El principismo del setenta. Una experiencia liberal en el Uruguay*. Montevideo: Imprenta El Siglo Ilustrado.

PASERO, Carlos Alberto (2000). "Machado de Assis, cuentista". *Cuadernos Hispanoamericanos*, Madrid, nº 598, abril, p. 53-66

PERRONE-MOISÉS, Leyla (2000). "Machado de Assis e Borges: nacionalismo e cor local". *Borges no Brasil*, Jorge Schwartz (org.). São Paulo: unesp/ fapesp/Imprensa Oficial, p. 101-114. (Versão em espanhol em *Cuadernos Hispanoamericanos*, Madri, nº 618, diciembre 2001, p. 53-64).

RAMA, Ángel (1975). "Prólogo". *Rufino Blanco Fombona íntimo*. Caracas: Monte Ávila. (Selección y prólogo de Ángel Rama de textos publicados pelo Blanco Fombona)

RIVERA, Jorge B. (1998 [1980]). *El escritor y la industria cultural*. Buenos Aires: Atuel.

ROCCA, Pablo (ed. e prólogo) (2002). *El Uruguay de Borges (Borges y los uruguayos)*. Montevideo: Facultad de Humanidades y Ciencias de la Educación/ Prodlul/ Linardi y Risso.

_____ (2019). "Una cronología biobibliográfica". *Ida Vitale. Palabras que me cantan. Homenaje al Premio Cervantes*, Alcalá de Henares: Universidad de Alcalá, p. 147-205. (Jesús Cañete Ochoa y Aurelio Major, coordinadores).

_____ (2020). "Dialogo entrecortado: Machado de Assis, a língua e a poesia hispano-americana", em *machadodeassisemlinha*, nº 30, agosto, Faculdade de Filosofia, Letras e Ciências Humanas, Universidade de São Paulo: https://www.scielo.br/pdf/mael/v13n30/1983-6821-mael-13-30-11.pdf

_____ (2020). "Comunidades enajenadas (Machado de Assis, Soiza Reilly y Cía)", en *Sí, soy uruguayo, pero....* Montevideo: Quiroga Ediciones/ MEC/ Fondo Concursable para la Cultura, (Alejandro Ferrari editor): LXXIX-LXXXVII.

SARLO, Beatriz (org. y prólogo [Com a colaboração de Carlos Altamirano]) (2001). *La batalla de las ideas (1943-1973)*. Buenos Aires: Ariel.

SORÁ, Gustavo (2003). *Traducir el Brasil. Una antropología de la circulación internacional de ideas*. Buenos Aires: Libros del Zorzal.

_____ (2017). *Editar desde la izquierda en América Latina. La agitada historia del Fondo de Cultura Económica y de Siglo XXI*. Buenos Aires: Siglo XXI.

VERISSIMO, José (2003 [1902-1910]). *Homens e coisas estrangeiras, 1899-1908*. Rio de Janeiro: Academia Brasileira de Letras/ Topbooks, p. 469-478. (Prefácio de João Alexandre Barbosa).

_____ (1914). "Machado de Assis". *La Revista de América*, Pars, Año III, vol. I, Nº XX (enero): 63-71; nº XXI (febrero), p. 143-154.

VIANNA, Glória (2001). "Revendo a biblioteca de Machado de Assis". Jobim, José Luis (ed.) *A biblioteca de Machado de Assis*. Rio de Janeiro: Academia Brasileira de Letras/ Topbooks Editora, p. 99-274.

VIDELA, Gloria (1971 [1963]). *El Ultraísmo*. Madrid: Gredos (2ª ed. aumentada).

WEINBERG, Liliana (2016). "Pedro Henríquez Ureña. La edición como una operación social". *Políticas y estrategias de la crítica: ideología, historia y actores de los estudios literarios*, Sergio Ugalde Quintana y Ottmar Ette (editores). Madrid/ Frankfurt am Main: Iberoamericana-Verveut, p.175-190.

WERKEMA, Andréa Sirihal (2019). *As duas pontas da literatura: crítica e criação em Machado de Assis*. Belo Horizonte: Relicário/Faperj.

WSCHEBOR, Isabel (2001). "La Biblioteca de *El Siglo* y las mujeres burguesas", en *Boletín de la Academia Nacional de Letras*, Montevideo: Tercera Época, Nº 9, enero-junio, p. 89-115.

Anexo

Textos narrativos de Machado de Assis em volume publicados em espanhol (1902-1982)

Para preparar este índice se levaram em conta repositórios particulares e públicos de Montevidéu. Dentre os últimos: Biblioteca Nacional, Biblioteca da Facultad de Humanidades y Ciencias de la Educación (Universidad de la República), Biblioteca do Museo Pedagógico, Biblioteca Pablo Blanco Acevedo (Museo Histórico Nacional); Biblioteca Americanista (Museo Histórico Nacional); em Buenos Aires: Biblioteca Nacional, Biblioteca del Museo Bartolomé Mitre; no Rio de Janeiro: Biblioteca Nacional, Biblioteca da Academia Brasileira de Letras; em São Paulo: Biblioteca da Universidade de São Paulo (USP); em Madrí; Biblioteca Nacional. Só alguma informação foi corroborada na Internet. Os artigos de Espinosa Domínguez (2012) e, especialmente, o de Cardellino Soto (2012) foram relevantes para localizar títulos ignorados por mim até a data que escolhi como limite final.

A partir de 1982, justamente, as edições da obra machadiana se multiplicam, especialmente na Espanha, onde não eram nada frequentes. O mesmo acontece no México e em Buenos Aires, além de outros países hispano-americanos de menor incidência no mercado dessa língua. No caso argentino nunca foi recobrada a força do predomínio da fase 1940-1955. Na maior parte dos livros ou folhetos foi possível corroborar a informação com a consulta direta das fontes. Se ajustou e acrescentou a informação proporcionada por aqueles que me precederam. Os textos incluídos em antologias coletivas não foram inventariados, se bem que alguns deles são considerados em nosso artigo.

Memorias póstumas de Blas Cubas (1902). Montevideo: Imprenta de *La Razón*. (Versão de Julio Piquet) [Originalmente publicado como folhetim no jornal *La Razón*, de Montevidéu, a partir de 21 de janeiro (Nº 3.604) até 6 de março (Nº 3.677). Depois foi publicado num folheto de 102 páginas a duas colunas. Edição fac-similar: Montevidéu: Ediciones de la Banda Oriental/Embaixada do Brasil em Montevidéu, 2009. (Edição e prólogo de Pablo Rocca). Cardellino (2012) diz que o título original foi colocado pelo tradutor em português, e assim o consigna no seu índice, mas isto não aconteceu assim].

Esaú y Jacob (1905). Buenos Aires: Biblioteca de *La Nación*, vols. 186/187. (Sem indicação de tradutor, muito provavelmente tinha sido Julio Piquet).

Don Casmurro. Paris: Garnier Hnos. [1910?] (Trad. de R[afael] Mesa López).

Varias historias [1911?]. Paris: Garnier Hnos. (Trad. de R[afael] Mesa López).

Memorias posthumas de Blas Cubas (1911?). Paris: Garnier Hnos. (Trad. de R[afael] Mesa López).

Quincas Borba (1913). Paris: Garnier Hnos. (Trad. de J. de Amber).

Narraciones escogidas (*circa* 1919). Madrid: Editorial América. (Antologia e traduções de Rafael Cansinos-Asséns. Nota preliminar assinada pela "Editorial América", cujo diretor-proprietário era Rufino Blanco Fombona. O volume não tem colofão nem outra indicação da data).

[Contém: "La deseada", "Trío en la menor", "Mariana", "Doña Paula", "Adán y Eva", "Entre santos", "La echadora de cartas", "El hombre célebre", "El enfermero", "El canónigo o metafísica del estilo", "Ahasvero"].

Memorias póstumas de Blas Cubas (1940). Buenos Aires: Club del Libro/ A[migos del] L[ibro] A[mericano]. (Trad. de Francisco José Bolla). [Reedições: Buenos Aires: cedal, 1978; México: Gallimard/ Promexa, 1982].

Don Casmurro (1943). Buenos Aires: Editorial Nova (Colección Nuestra América). (Trad. de Luis Baudizzone y Newton Freitas. Notícia preliminar de Jaime de Barros).

Don Casmurro. Tres cuentos (1945). Buenos Aires/México/New York: Clásicos Jackson. (Trad. de J[uan] Natalicio González. Prólogo de Lúcia Miguel Pereira).

[Contos: "Un epílogo", "Unos brazos" y "Misa de gallo". Reimpressões: 1946, 1954, 1957].

Quincas Borba (1947). Buenos Aires: Emecé. (Trad. de Bernardo Rodríguez Casal). [Re- edição: 1953].

Memorias póstumas de Blas Cubas (1951). México: Fondo de Cultura Económica. (Trad. de Antonio Alatorre. Prólogo de Lúcia Miguel Pereira. Notas de Pero de Botelho. [Re-impresões: 1976; 2006. Reedições: Havana, Casa de las Américas, coleção "Letras Latinoamericanas", 1963 e 2005; México, Universidad Nacional Autónoma de México (unam), 1982, prólogo de Juan Rulfo].

Don Casmurro (1953). Buenos Aire:, Editorial Acme. (Trad. de Alfredo Cahn).

Don Casmurro (1955). Buenos Aires: Espasa-Calpe Argentina, Col. Austral (serie azul), vol. 1.246. (Trad. de Ramón de Garciasol).

Unos brazos (1962). Santiago de Chile: Editorial Universitaria. (Trad. de Jorge Edwards). [Pequeno folheto com este solitário conto].

El delírio, Una señora y Evolución (1971). Buenos Aires: Centro de Estudos Brasileiros. (Trad. de María Teresa Fernández Beyro y Silvia Díaz). [Não foi possível localizar este volume. A primeira referência que conheço aparece no artigo de Pasero, 2000].

Varias historias (1972). La Habana, Casa de las Américas. (Prólogo de Antonio Benítez Rojo. (Sem indicação de tradutor, provavelmente seja o próprio prologuista). [Contém a totalidade dos contos do volume original].

El alienista (1974). Barcelona, Tusquets (Coleção Cuadernos Marginales, vol. 40). (Trad. de Martins y Casillas. Prólogo de Massaud Moises). [Reeds. da mesma editora em outra coleção: 1997; e em Barcelona, Círculo de Lectores, 2004].

Memorias póstumas de Blas Cubas, (1975). Madrid: cvs. (Trad. de Rosa Aguilar). [Re-edição: Madrid, Cupsa, 1982].

"El alienista" (1976), en *Un siglo del relato latinoamericano*. La Habana: Casa de las Américas: 185-233. (Seleção de Mario Benedetti e Antonio Benítez Rojo, este último provavelmente foi o tradutor).

La casa verde de Itaguaí (O alienista) (1977). Montevideo: Cele S.R. L./Club del Libro [del programa Discodromo, de Radio Sarandí]. (Nota dos editores. Trad. de María Inés Silva Vila).

Cuentos (1978). Caracas: Biblioteca Ayacucho (vol. 33). (Prólogo e antologia de Alfredo Bosi. Cronologia de Neusa Pinsard Caccese. Trad. de Santiago Kovadloff).

[Contém: "Miss Dollar", "El secreto de Augusta", "El alienista", "Teoría del figurón", "La chinela turca", "Doña Benedicta", "El secreto del bonzo", "El préstamo",

"La serenísima República", "El espejo", "Cláusula testamentaria", "La iglesia del diablo", "Canción de esponsales", "Noche de almirante", "Anécdota pecuniaria", "Unos brazos", "Un hombre célebre", "La causa secreta", "Trío en la menor", "Adán y Eva", "El enfermero", "Mariana", "Un apólogo", "El canónigo o metafísica del estilo", "Misa de gallo", "Ideas del canario", "El episodio de la vara", "Padre contra madre", "Pílades y Orestes", "La bandurria"].

Quincas Borba (1979). Caracas: Biblioteca Ayacucho (vol. 59). (Prólogo e notas de Roberto Schwartz. Cronologia de Neusa Pinsard Caccese. Trad. Juan García Gayo).

[O prólogo de Schwarz leva como título "¿Quién me dice que este personaje no sea el Brasil?"].

La causa secreta y otros cuentos (1979). Buenos Aires: Centro Editor de América Latina. (Estudo preliminar, seleção e trad. de Santiago Kovadloff).

[Contém: "El secreto del bonzo", "El préstamo", "El espejo", "Noche de almirante", "Anécdota pecuniaria", "Unos brazos", "Un hombre célebre", "La causa secreta", "El enfermero", "Mariana", "Misa de gallo", "El episodio de la vara", "Padre contra madre", "La bandurría". Trata-se das mesmas traduções aparecidas poucos meses antes na coletânea *Cuentos* da Biblioteca Ayacucho. O mesmo volume sai com o título *Un hombre célebre y otros cuentos* (1982). México: sep/ Siglo xxi/conafe].

El alienista y otros cuentos (1981). Montevideo: Ediciones de la Banda Oriental (Prólogo de Heber Raviolo).

[Contém: "El alienista", "Unos brazos", "Un hombre célebre", "Misa de gallo", "Ideas del canario", "Padre contra madre". Em volume titulado *El alienista* (Montevideo, Ediciones de la Banda Oriental, 2008) reedita "El alienista" e os contos "Misa de gallo" y "Padre contra madre", em traduções revistas. A primeira vez, em 1981, não se registra o tradutor. Cardellino (2012, p. 145) atribui as versões a Santiago Kovadloff. Comparados os textos é possível verificar que estas servem de base para os textos incluídos no volume uruguaio de 1981, mas as diferenças são muitas, e serão ainda muito mais na pequena seleção de 2008, quando aparecem assinadas pelo Heber Raviolo, com uma introdução breve que, segundo se diz na final nota de rodapé, sintetiza e ordena a de 1981].

Historias sin fecha (1981). Lima: Centro de Estudios Brasileños/ Embajada del Brasil. (Trad. de Leonidas Cevallos Mesones y Carmen Sologuren. Presentacão de Pericles Eugênio da Silva Ramos. 2ª ed.: 1988). [Tradução de todos os contos do livro original *Histórias sem data*].

"Virginius" e os direitos humanos

Regina Zilberman

Nós nem cremos que escravos outrora
Tenha havido em tão nobre País
Hoje o rubro lampejo da aurora
Acha irmãos, não tiranos hostis.
Hino da República (1890)
Letra: Medeiros e Albuquerque; música: Leopoldo Miguez

A história da escravidão é a história da luta contra a escravidão.
Joel Rufino dos Santos

Em junho de 1864, Machado de Assis assinou o contrato para publicação de *Crisálidas*, livro de poemas que abre a série de suas obras abrigadas pelo selo da Garnier. Um mês depois, o *Jornal das Famílias*, empreendimento editorial também bancado por Garnier, lança a primeira parte do conto "Virginius. Narrativa de um advogado",[1] cujo enredo estende-se até o volume do mês seguinte, datado de agosto de 1864.

---

1 *Contos fluminenses*, de 1870, foi a primeira das duas coletâneas que Machado de Assis organizou com narrativas extraídas do *Jornal das Famílias*. A segunda foi *Histórias da meia-noite* (1873), o que autoriza denominar contos ou histórias as tramas procedentes daquele periódico. No índice relativo a 1864, no *Jornal das Famílias*, "Virginius" é integrado à seção "Romances e novelas".

Antes de "Virginius", o *Jornal das Famílias* publicou, de Machado de Assis, "Frei Simão"; depois, ainda em 1864, "O anjo das donzelas", em duas partes, "Casada e viúva" e "Questão de vaidade", configurando uma frequência que se reitera nos anos seguintes, chegando a um total de 86 contos impressos entre 1864 e 1878 (Silveira, 2005, p. 4).

Dentre as matérias preliminares impressas no *Jornal das Famílias*, apenas "Frei Simão" migrou para os *Contos fluminenses*. O texto de "Virginius. Narrativa de um advogado" foi esquecido pelo autor, que igualmente ignorou a maior parte daquelas, ao organizar *Histórias da meia-noite*, onde predominam textos divulgados pelo periódico de Garnier no começo dos anos 1870.

Se não foi o único conto ignorado pelo ficcionista em livros posteriores, também não ficou sozinho no que diz respeito a uma narrativa protagonizada por personagem negra escravizada ou livre, mesmo nos tempos do *Jornal das Famílias*, como exemplifica "Mariana", de 1871. Contudo, afrodescendentes na situação de protagonistas constituem minoria na prosa machadiana,[2] o que confere particular relevo a "Virginius. Narrativa de um advogado", já que corresponde à segunda colaboração de Machado de Assis àquela revista. Por sua vez, o pioneirismo diz respeito às criações daquele autor, e não à literatura brasileira, já que escravizados em posição de realce no enredo ficcional apareciam em obras de autores contemporâneos, a exemplo de duas peças de José de Alencar – a comédia *O demônio familiar*, de 1858, e o drama *Mãe*, de 1860, ambas elogiadas por Machado em sua crítica teatral.[3]

Recepção tardia

Se "Virginius. Narrativa de um advogado" foi um dos primeiros contos publicados por Machado de Assis e a segunda das mais de oitenta histórias do *Jornal das Famílias*, tornou-se um dos últimos a receber a atenção

---

2 Relativamente ao protagonismo de personagens afrodescendentes escravizados, cf. Bergamini Junior, 2013, p. 131-140.

3 Cf. Assis, Machado de. Revista dramática. *Diário do Rio de Janeiro*. Ano XL, n. 5, p. 1. 29 de março de 1860. In: http://memoria.bn.br/DocReader/docreader.aspx?bib=094170_02&pasta=ano%20186&pesq=Milit%C3%A3o Acesso em: 05 jun 2020. A propósito de personagens afrodescendentes na dramaturgia nacional, cf. Faria, 2013, e Sousa, 2012.

Atualidade de Machado de Assis

da crítica. Não se localizou referência àquela obra antes do lançamento de *Realidade e ilusão em Machado de Assis*, em 1969, livro de José Aderaldo Castello que examina de modo abrangente a produção literária do ficcionista carioca.[4] Castello não se detém particularmente em "Virginius", limitando-se a situá-lo no contexto de seus textos inaugurais (Castello, 1969, p. 86). Dois anos depois, em *A juventude de Machado de Assis*, biografia dedicada ao escritor, Jean-Michel Massa é um pouco menos econômico, concedendo algumas linhas a "Virginius", ao sumariar a trama do conto:

> *Virginius* se desenvolve num quadro idílico, sob os auspícios de um proprietário benfeitor de escravos, que responde pelo nome de *Pai de Todos*. Um de seus capatazes, não desejando ver sua filha desonrada pelo filho do proprietário, prefere matá-la. O advogado que conta a história salva da pena capital o pai ultrajado, já absolvido pela sociedade. Para uma jovem donzela, a morte é preferível à vergonha (Massa, 1971, p. 543).

O minguado interesse de pesquisadores por "Virginius. Narrativa de um advogado" relaciona-se provavelmente à genérica indiferença conferida aos contos de Machado de Assis até as décadas finais do século XX. O romance constituia o principal centro de atenção, e é do período entre 1970 e 1990 que datam prestigiados livros voltados ao conjunto das narrativas longas ou a algumas delas em particular, a exemplo de *O tempo no romance machadiano*, de Dirce Cortes Riedel (1959), *Machado de Assis: a pirâmide e o trapézio*, de Raymundo Faoro (1974), *Ao vencedor as batatas*, de Roberto Schwarz (1977) e *Machado de Assis. Impostura e realismo* (no original: *The Deceptive Realism of Machado de Assis*: A Dissenting Interpretation of *Dom Casmurro*, de 1984), de John Gledson, entre outros.

O projeto, liderado por Osman Lins e Julieta de Godoy Ladeira, de reescrever "Missa do Galo" desde distintas perspectivas narrativas, assumidas essas por prestigiados escritores e escritoras nacionais (além dos coordenadores da edição, participam do livro Antonio Callado, Autran

---

4   Raymond Sayers (1956), cujo *O negro na literatura brasileira* data de 1956, não se refere a "Virginius. Narrativa de um advogado".

Dourado, Lygia Fagundes Telles e Nélida Piñon), talvez tenha fomentado a valorização dos contos do escritor (Assis, 1977). Contudo, predominaram os estudos relativos às histórias curtas que compuseram coletâneas lançadas após a publicação de *Memórias póstumas de Brás Cubas*, de 1880, vale dizer, *Papéis avultos* (1882), *Histórias sem data* (1884), *Várias histórias* (1896), *Páginas recolhidas* (1899) e *Relíquias de casa velha* (1906). Assim, "Virginius. Narrativa de um advogado" permaneceu ignorado.

Contos anteriores ao marco de 1880 não requereram cuidado similar, menos ainda os que não chegaram ao formato de livro, permanecendo adormecidos nas páginas de publicações periódicas como o *Jornal das Famílias*. A mudança da fortuna dessas obras precisou aguardar o fim do século, destacando-se, nesse sentido, o lançamento, em 1998, da antologia assinada por John Gledson, que reuniu, em dois volumes, as narrativas julgadas mais relevantes por ele, o que significou a inclusão de histórias originárias do periódico patrocinado pela livraria de Garnier. "Virginius" fez parte desse grupo, retornando assim à vida dos impressos.

Gledson não é particularmente atraído pela história reproduzida pelo advogado fictício que relata o episódio vivido pelo afrodescendente Julião e por sua filha, Elisa. Questiona sobretudo a verossimilhança do enredo, o maniqueísmo com que as personagens são apresentadas e a falta de conexão do conjunto:

> De todos os assuntos, o mais difícil é o da escravidão, e "Virginius" inicia postulando a existência desse ente impossível, "Pai de Todos", o dono de escravos que é bondoso a ponto de os escravos da sua fazenda nem sequer desejarem ser livres. A brutalidade do sistema está encarnada em seu filho, Carlos, tão malvado quanto o pai é bom, tão ruim que chega a ser covarde, valendo-se de capangas para violar Elisa. Apropriadamente, o advogado narrador diz num momento que sente que está num romance, para noutro momento declarar-se numa tragédia; a própria história, fascinante na leitura, se revela, afinal, desconexa e insatisfatória (Gledson, 2006, p. 42).

A reabilitação do conto começa a se evidenciar na virada do século (e do milênio). Em 2001, Luciana Ferreira Leal, em comunicação apresentada em evento organizado pelo Grupo de Estudos Linguísticos (GEL), de São Paulo, propõe descrever a narrativa desde categorias enunciadas por Aristóteles, na *Poética*, quando reflete sobre a tragédia, gênero, aliás, em que o narrador enquadra os acontecimentos da história. Identificando a presença do patético no relato, procura especificar o modo particular como Machado de Assis dá vazão à catarse:

> Diferentemente do que ocorre entre os trágicos gregos, o patético presente no conto analisado não produz no leitor catarse, cura. Não se trata de expiação para que a ordem seja reconstruída entre os cidadãos. O que resta no leitor depois de efetivado o contato com a obra é o sentimento de indignação frente a uma sociedade a permitir atrocidades da espécie praticada pelo rico filho de fazendeiro. O que resta ao leitor é a indignação de que crime como o praticado por Carlos seja apenas punido pelo pai. É a indignação de que Julião se sinta no direito de matar sua própria filha, sem que, no entanto, tal fato seja questionado pelo narrador-advogado. Se o ato de Julião é compreensível é porque verdadeiramente não havia para Elisa saída possível frente ao estupro praticado.[5]

Pesou sobretudo no processo de recuperação do conto também, e principalmente, os estudos que tomaram o *Jornal das Famílias* como objeto, como a dissertação de mestrado de Daniela Magalhães da Silveira, *Contos de Machado de Assis*: Leituras e leitores do *Jornal das Famílias*, apresentada em 2005. "Virginius" passou a ser examinado na perspectiva das pesquisas sobre o escravismo, que cresciam, no Brasil, desde o fim dos anos 1980, na esteira da discussão sobre a Lei Áurea e das celebrações do centenário

---

5   Leal, Luciana Ferreira. O patético no conto "Virginius" de Machado de Assis. XLIX Seminário do Grupo de Estudos Linguísticos do Estado de São Paulo. O patético no conto Virginius de Machado de Assis. 2001. http://www.gel.hospedagemdesites.ws/estudoslinguisticos/volumes/31/htm/comunica/CiII38a.htm#:~:text=Na%20obra%20pertencente%20a%20Machado,com%20a%20morte%20da%20personagem.&text=A%20viol%C3%AAncia%20marca%20os%20v%C3%ADnculos,sa%C3%ADda%20para%20as%20situa%C3%A7%C3%B5es%20conflitivas. Acesso em: 08 ago 2020.

216   Andréa Sirihal Werkema & João Cezar de Castro Rocha (orgs.)

da abolição. A ação de *Pai de todos*, inverossímil segundo John Gledson, é pensada desde o ângulo das relações entre o escravizado e seu senhor, que, independentemente de sua generosidade pessoal, não deixava de ser um proprietário de pessoas:

> A alforria, prêmio oferecido por *Pai de todos*, significava, até certo ponto, a continuidade da política de domínio, em que os escravos tornavam-se pessoas livres, mas continuavam vivendo debaixo da proteção de seu ex-senhor. Era forma de poder dos senhores, que negociavam a liberdade a partir de promessas, desde que esses tivessem bom comportamento, sendo mesmo o melhor escravo entre todos os outros durante todo o ano, por exemplo (Silveira, 2005, p. 138).

Em direção semelhante, Jaison Crestani, que, em 2007, apresenta a dissertação *Machado de Assis colaborador do Jornal das Famílias: da periferia do Romantismo para o centro da literatura brasileira*, examina, em artigo de 2006, "Virginius", considerando o posicionamento de Machado de Assis, já que, nele, "a questão social a ser defendida desta vez está relacionada à escravidão." Assim, após citar trecho sobre a prática diferenciada do escravismo na fazenda de Pio, comenta:

> O trecho revela o conhecimento de Machado das estruturas de poder e da condição escrava. O concurso promovido pelo *Pai de todos* para dar liberdade a certo número de escravos em nada altera a situação dos escravos que não têm outra saída senão continuar a trabalhar na fazenda (Crestani, 2006, p. 154).[6]

Na sequência, o pesquisador salienta a presença de um intuito político na composição do conto, já que, por meio dele, Machado esperaria que o leitor se sensibilizasse "a respeito da iniquidade da escravidão" (p. 155), e complementa:

> Antes de dar por encerrada a sua história, o narrador ainda faz uma provocante observação: "No momento em que escrevo es-

---

6   As citações seguintes provêm dessa edição.

tas páginas, Julião, tendo já cumprido a sentença, vive na fazenda de Pio". Apesar da benevolência e caridade do fazendeiro em acolher o seu protegido, essa afirmação denuncia implicitamente a incontornável situação dos escravos libertos e dos dependentes que, apesar de todas as concessões, não têm outra saída senão continuar a sujeição aos seus senhores. A bondade senhoril não torna a escravidão mais viável, pois a política de dominação continua a atuar sobre os dependentes (p. 156).

É a partir desse período – segunda metade da primeira década do século XXI – que "Virginius" passa a receber atenção equivalente à dos demais contos que tematizam questões relativas ao escravismo. Exemplar é a pesquisa de Eliane da Conceição Silva, intitulada *Estudos da violência: uma análise sociológica dos contos de Machado de Assis*, que aprecia a narrativa de 1864 ao lado de "Mariana", "O caso da vara" e "Pai contra mãe", compondo o mosaico dos relatos protagonizados por escravizados e forros.

Como o título da pesquisa indica, Eliane da Conceição Silva busca identificar a prática da violência naqueles e em outros textos de Machado. A propósito de "Virginius", interessa-lhe refletir sobre os tipos de violência que se abatem sobre Elisa, assediada por Carlos, o mimado filho do fazendeiro Pio, e sacrificada por seu pai, entendendo o gesto desse enquanto um esforço de afirmar o que lhe resta de liberdade em um contexto escravocrata:

> A opção por ver a filha morta a ser tratada como mero objeto sexual do filho do seu senhor lembra o sentimento de que eram livres e essa liberdade lhes dava ao menos a posse de si mesmos. Julião choca-se com essa ordem social, que nega ao escravizado a liberdade e ao homem livre pobre a autonomia (Silva, 2007, p. 24).

Da sua parte, Elisângela Aparecida Lopes, em dissertação de mestrado, aborda o conto, ao lado de "Mariana", buscando "mostrar duas construções ficcionais que abordam de forma distinta a configuração do paternalismo e da cordialidade entre senhores e cativos" (Lopes, 2007, p. 29).[7] Em "Virginius", "a prática paternalista de Pio encontra-se calcada no tratamen-

---

7   As demais citações provêm dessa edição.

to cordial dispensado aos seus", como exemplificam, segundo a autora, os concursos anuais organizados pelo fazendeiro, quando escolhe o escravo habilitado a receber a liberdade: "o tratamento cordial dispensado por Pio aos seus escravos e aos agregados pode ser lido também como forma de dominação e manutenção da ordem e da propriedade" (p. 49). Complementa a pesquisadora:

> Nesta narrativa, um paternalismo marcado pela cordialidade se completa a uma outra forma de propriedade: o domínio dos destinos alheios. Além disso, quando o narrador destaca Pio como uma exceção do tratamento dispensado aos cativos, aponta para a crueldade da prática escravagista. O conto em questão pode também ser entendido como uma menção machadiana à impossibilidade de se ver, entender e almejar uma escravidão mais branda, mesmo quando se trata de bons senhores. Nestas relações marcadas pela relação entre diferentes, pela não percepção da alteridade, pela escravidão, a violência passa a adquirir facetas múltiplas que se convergem para a dominação, quer seja física, psicológica, ou moral (p. 51).

Em outra perspectiva, Silvia Maria Gomes da Conceição Nasser ocupa-se do conto em artigo de 2010, contrapondo-o a "Anedota pecuniária", narrativa pertencente à coletânea *Histórias sem data*, de 1884, publicada, pois, vinte anos depois de "Virginius". Considerando a diferença cronológica entre os dois textos, a autora interessa-se pela composição do narrador e pela relação deles com o leitor, sem deixar de levar em conta os distintos veículos em que eles foram divulgados (Nasser, 2010).

Em *Por uma compreensão jurídica de Machado de Assis*, Luiz Carlos Cancellier de Olivo faz um percurso até então incomum, quando se trata da obra de Machado de Assis, ao procurar identificar em que contos do autor "há ou não" personagens "que exercem funções jurídicas" (Olivo, 2011, p. 38).[8] Identifica, nos sete livros de contos publicados por Machado de Assis, aos quais soma duas coletâneas póstumas, o total de 98 citações. "Virginius" é uma dessas histórias, sobre a qual comenta Olivo:

---

8   As demais citações provêm dessa edição.

Atualidade de Machado de Assis

> Em *Virginius*, cujo subtítulo é *Narrativa de um advogado*, Machado demonstra o domínio completo da linguagem jurídica, pois narra em detalhes as diversas etapas de um processo, a configuração do delito, a responsabilidade das partes (p. 40-41).

A seguir, sumaria o conteúdo da narrativa:

> É a história de um crime contra a honra de uma donzela, Elisa, praticado pelo bacharel Carlos. Elisa é filha de Julião, agregado de Pio, este pai de Carlos. Seguido à tentativa de estupro, Julião mata a própria filha para proteger-lhe a honra.
> O advogado da Corte é chamado para defender o pai acusado de homicídio, e graças a uma defesa brilhante, que comove toda a plateia, consegue reduzir a pena do réu para dez anos. No transcurso do processo, lê a história de Virginius e informa ao leitor que foi essa tragédia a precursora da queda dos decênviros. Um destes, Ápio Cláudio, apaixonou-se por Virgínia, filha de Virginius. Como fosse impossível de tomá-la por simples simpatia, determinou o decênviro empregar um meio violento. O meio foi escravizá-la. Peitou um sicofanta, que se apresentou aos tribunais reclamando a entrega de Virgínia, sua escrava. O desventurado pai, não conseguindo comover nem por seus rogos, nem por suas ameaças, travou de uma faca de açougue e cravou-a no peito de Virgínia. Pouco depois caíam os decênviros e restabelecia-se o consulado (p. 41).

Também em 2011, Daniela Magalhães da Silveira, autora da dissertação sobre as narrativas curtas de Machado de Assis no *Jornal das Famílias*, publica o artigo "Contos alinhavados", abordando "a participação de Machado de Assis em periódicos da moda e literatura". "Virginius" é um dos textos examinados pela pesquisadora, que reitera a interpretação da história enquanto tomada de posição política de Machado de Assis relativamente ao escravismo, bem como à continua dependência de escravizados e libertos diante de seus senhores brancos:

> A narrativa proposta por Machado de Assis joga luz sobre a dureza e as privações de quem já não era mais escravo, mas preci-

> sava contar com a proteção de seu antigo senhor, ainda quando este se comportasse como um pai de todos. A tragédia foi de fato vivida por Julião e sua filha Elisa, e não por Pio e seu filho Carlos. Essa mudança de foco, diante de conselhos que sugeriam o afastamento de escravos dos filhos dos senhores para proteção dos últimos, marcou não só a entrada de Machado naquelas páginas, como também boa parte de sua participação ali. Mesmo porque a motivação para escrever tais histórias deve ter sido fermentada devido à necessidade de apresentar visões diferenciadas para os mesmos problemas (Silveira, 2011, p. 239).

Em dissertação de mestrado denominada *Escravidão e resistência: a ironia como recurso estilístico nos contos machadianos*, Marina Rodrigues de Oliveira privilegia a figura de linguagem indicada no título, para evidenciar o modo como o escritor carioca manifesta sua visão do escravismo e da resistência ao tratamento dado aos afrodescendentes (Oliveira, 2011). Em artigo de 2019, redigido em parceria com Márcio de Araújo Melo, reaparecem os argumentos empregados pela autora na dissertação de mestrado:

> Em *Virginius,* já se observa, por meio do uso da ironia, a crítica machadiana ao sistema escravagista, bem como à violência sofrida pela mulher negra, aspecto até então pouco observado na obra do escritor, muito embora esteja inserido na denominada "fase Romântica", fato que se evidencia pelo maniqueísmo presente na narrativa, especialmente no final.
>
> ....
>
> Este trabalho teve como objetivo estudar a ironia, enquanto recurso estilístico, na representação do escravo, no conto de Machado de Assis, *Virginius* (1864), objetivando decodificar uma suposta posição crítica do escritor sobre a escravidão, um aspecto que foi por muito tempo contestado por alguns estudiosos, a exemplo de Lúcia Miguel-Pereira, cuja obra, *Machado de Assis: estudo crítico e biográfico*, assinala o pressuposto da "apatia" machadiana, no tocante ao referido tema (Melo; Oliveira, 2019, p. 188).

De 2013, a tese de doutorado de Atílio Bergamini Junior avalia o que é fazer literatura em época de crise do escravismo. Analisa extensivamente o conto "Virginius. Narrativa de um advogado", verificando as escolhas artísticas oferecidas ao escritor. Explora igualmente as relações intertextuais suscitadas pela história da ficção, como a mais explícita, que o leva a Tito Lívio, citado pelo narrador no conto, e as não tão evidentes, como o drama *Emília Galotti*, de Gotthold Ephraim *Lessing,* e a tragédia *Virginius*, de James Sheridan Knowles. Cotejando as questões de composição dramática colocadas naquelas peças, Bergamini Junior procura evidenciar as soluções oferecidas no plano da criação artística ao tema do indivíduo premido pela circunstância de ter origem africana, mesmo quando beneficiado pelo bom fazendeiro e juridicamente livre (Bergamini Junior, 2013).

Também de 2013, a comunicação de Letícia Santana Stacciarini examina o conto desde a perspectiva do Direito, já que a trama é suscitada pela necessidade de o narrador defender o liberto Julião, responsável pela morte de Elisa, sua filha. Para a autora, Machado "retrata situações jurídicas típicas mescladas com espaço e personagens jurídicos". A seu ver, "Machado de Assis procura abordar as soluções das lides de acordo com o contexto histórico da época e menciona o instituto do Tribunal do Júri em sua trama" (Stacciarini, 2013, p. 1).

Em sua dissertação de mestrado, apresentada em 2017, Carla Laureto Hora volta-se aos cinco primeiros contos que Machado de Assis publicou no *Jornal das Famílias*, observando-os desde a relação com a leitura. Tomando como ponto de partida a figura que aparece na capa dos volumes, uma senhora que, sentada, costura, a autora identifica a audiência visada pelo editor, o público feminino, ainda que a imagem oferecida não corresponda à situação material da mulher carioca daquela época:

> Pode-se dizer que essa mulher costurando em seu lar é o retrato da burguesa que, ociosa, concentra-se nos afazeres domésticos para distrair-se. Porém, como ainda pontua Alexandra Pinheiro, essa imagem "serve para a Europa e não para o Brasil, onde os escravos fazem tudo" [...]. Bordar e costurar (cuidar da cozinha, do jardim e das crianças) eram, então, modos de se projetarem à educação feminina europeia, não à necessidade cotidiana das mulheres brasileiras. Mesmo trazendo artigos para tratar ferimentos, para melhor plantar essa ou aquela erva, é de se duvidar que tais

conselhos serviam, de fato, para a mulher da corte brasileira. No muito, liam e instruíam seus escravos (Hora, 2017, p. 32).[9]

O escravismo participa, pois, do universo do *Jornal das Famílias*, nem que seja pela negação. Em "Virginius. Narrativa de um advogado", ele comparece, porém, de modo mais explícito, ainda que amenizado pela voz do narrador:

> "Virginius, narrativa de um advogado" (1864) [...] descredita a narração romanesca ao dar voz a um ansioso advogado, ávido pelo romance, que brinca com realidade e ficção para alimentar seu capricho de tornar-se romancista. Esse desejo íntimo do advogado leva-o, inclusive, a abrandar a situação da escravidão (p. 12).

Também a associação entre os acontecimentos experimentados pelas personagens e a narrativa clássica de Tito Lívio, relativa ao passado de Roma, contribui para amenizar a abordagem do sistema escravocrata:

> O que, num primeiro momento, impede o leitor de enxergar a delação do sistema escravocrata ali contido é a dramatização do ocorrido, respaldada pela história romana. Não que não houvessem escravos nos grandes centros, mas a ideia que se passava na fazenda de Pio é passível de se observar no resto do Brasil, sem exceções: o negro é antes um privilegiado que, por conta dos cuidados do seu senhor, não sofre; ao contrário, é acolhido e poupado de uma vida miserável nas ruas (p. 94).

O silenciamento da única personagem feminina do conto, Elisa, é matéria do artigo de Fernanda Valim Côrtes Miguel e Juliana Aparecida Fernandes, publicado em 2018. As autoras examinam o tratamento literário dado às mulheres no que classificam como "contos da escravidão", o que inclui "Virginius". A propósito dessa narrativa, concluem as autoras:

> A personagem de Elisa nos chama atenção, pois, além de ser a única figura feminina da história, praticamente não desempe-

---

9   As demais citações provêm desta edição.

nha ação alguma ao longo do enredo. Porém, é ao redor dela que orbita um universo todo masculino, cercado por Julião, Carlos, Pio, a fazenda e seus trabalhadores escravos e libertos e até pelo homem advogado que é quem narra sua história de violação seguida de morte. Ao longo da narrativa quase não lhe é dada a palavra e ela possui pouca voz ativa. No contexto da narrativa, Elisa soma pelo menos três características que a tornam mais vulnerável diante daquele universo falocêntrico: ela é mulher, mulata e filha humilde de um trabalhador, provavelmente um ex-escravo. Além da condição feminina, pesa aqui o passado da escravidão e suas heranças coloniais e se reúnem questões assimétricas de poder relacionadas aos papéis de gênero, à diferença de classes sociais e às diferenças raciais utilizadas para manter sistemas de dominação. Elisa foi vítima de Carlos e de um sistema patriarcal que legitimou sua morte e as crenças, regras e condutas morais relacionadas à honra e à sexualidade do corpo feminino inserido nessa lógica (Miguel; Fernandes, 2018, p. 31).

De 2018, este artigo completa um arco de vinte anos, considerando a data de lançamento da coletânea organizada por John Gledson, que deu início ao processo de valorização do conto, após longo período de omissão e de marginalização do texto. Inicialmente, seu acolhimento leva em conta suas virtudes (ou a falta dessas) literárias; integrado, a seguir, ao grupo de histórias difundidas por meio do *Jornal de Famílias*, adquire crescente relevância, quando é trazido para o primeiro plano o tópico do escravismo, pano de fundo que organiza a situação das personagens e a resolução dos principais conflitos da história.

Colocado em outro patamar, "Virginius. Narrativa de um advogado" mantém o apelo que levou historiadores e críticos da literatura a deterem-se sobre seus elementos narrativos e temáticos, trajetória a que, aqui, se pretende dar continuidade.

A composição do conto

"Virginius. Narrativa de um advogado" distribui-se em dois números do *Jornal das Famílias*. Do primeiro deles, de julho de 1864, constam o primeiro capítulo e parte do segundo; em agosto de 1864, publicam-se a conclusão do capítulo dois e os três subsequentes, em um total de cinco segmentos. A separação talvez se deva a questões editoriais, ainda que, em julho, o conto ocupe seis páginas, e nove em agosto. É no trecho deixado para esse mês que se esclarece o motivo pelo qual foi contratado o advogado que expõe a história. Assim, pode-se supor uma estratégia de aguçamento da curiosidade do leitor, recurso utilizado por Machado de Assis em várias obras publicadas "aos pedaços" (Assis, 1959, p. 7), desde "Confissões de uma viúva moça", originalmente no *Jornal das Famílias* e, depois, em *Contos fluminenses*, até *Memórias póstumas de Brás Cubas*, lançado em 1880 pela *Revista Brasileira*.

Tendo como subtítulo "Narrativa de um advogado", o conto sugere de antemão tratar-se da história de um julgamento, à maneira das *tribunal plays* como *O mercador de Veneza*, de William Shakespeare, jogando com o desconhecimento do destino das personagens principais para atrair a atenção do público e, com isso, provocar emoções como surpresa, ou então a recusa ou aceitação da solução proposta pelo enredo. Menos esclarecedor é o título, "Virginius", explicado no decorrer do relato, que abre com um comentário do narrador incitando ao mistério: "Não me correu tranquilo o S. João de 185..." (Assis, 1864, tomo II, v. 7, p. 192).[10]

A primeira pessoa da frase inicial faculta imediata associação entre o advogado do subtítulo e o sujeito da enunciação. O vínculo fortalece-se no terceiro parágrafo, que reproduz o bilhete anunciado do trecho anterior: o bacharel é chamado a "tomar conta de um processo" fora da Corte, já que a ação fora movida na vila de ..., cabendo-lhe assumir a defesa do réu de nome Julião, no presente encarcerado na cadeia local.

Picado pela "curiosidade" e pela possibilidade de que, atrás do bilhete, se escondesse um "romance", o advogado, identificado como Dr. ***, aceita a incumbência e, oito dias depois, parte. Lembrando de que, na vila, residia

---

10 A localização das demais citações extraídas desse número da revista será indicada pela identificação do volume e do número da página em que se encontram. A primeira parte do conto pode ser consultada em http://memoria.bn.br/DocReader/docreader. aspx?bib=339776&pasta=ano%20186&pesq=Virginius.

um amigo, "antigo companheiro da academia" (v. 7, p. 193), o narrador decide primeiramente dirigir-se à residência daquele, sendo acolhido festivamente e convidado a ali se hospedar.

A esse preâmbulo, que toma oito dias, segue-se o núcleo principal da ação, que transcorre em duas jornadas. O primeiro dia é dedicado ao relato da chegada do advogado à morada do amigo, que reconhece a letra do autor do bilhete. Identifica-o como Pio, ou *Pai de todos*, proprietário da maior fazenda da região, a quem avalia de modo positivo, dado seu comportamento diante dos escravos e agregados. O segundo dia é dedicado à visita à propriedade de Pio, passeio que, durante três horas, ocupa a manhã do advogado e de seu amigo. À tarde, dá-se a entrevista com Julião na cadeia, que relata os acontecimentos desde seu acolhimento na fazenda de Pio até a morte, por assassinato, de Elisa, filha do prisioneiro. O narrador retorna à fazenda de Pio, para falar com o proprietário, que confirma a versão dada aos acontecimentos por Julião e anuncia o castigo recebido por Carlos, seu filho, responsável pelo ato que levou o encarcerado a sacrificar a moça. Ainda nesse dia, já em casa do amigo, o advogado conversa sobre "o ato de Julião" e as "virtudes" de Pio (Assis, 1864, tomo II, v. 8, p. 230).[11]

O julgamento ocorre "poucos dias depois" (v. 8, p. 230), e a narrativa é, neste caso, abreviada, para dar conta do veredito condenando Julião a dez anos na cadeia, solução comparativamente branda segundo o parecer do advogado e de seus companheiros. No epílogo, posterior ao cumprimento da sentença por parte de Julião, o narrador descreve a situação de melancolia e compartilhamento da dor por parte dos dois idosos que perderam seus filhos, consolando-se com a companhia mútua.

Do ponto de vista composicional, o conto constrói-se em três partes: a introdução, que explica a presença do advogado na condução da narrativa; o crime cometido por Julião, antecedido pela caracterização de Pio, o benfeitor, e pela explanação dos acontecimentos que levaram o réu a matar Elisa;

---

11 A localização das demais citações extraídas desse número da revista será indicada pela identificação do volume e do número da página em que se encontram. A segunda parte do conto pode ser consultada em http://memoria.bn.br/DocReader/docreader. aspx?bib=339776&pasta=ano%20186&pesq=Virginius.

o fechamento, dado pelo sumário do júri, o cumprimento da sentença e a situação presente de Julião e Pio, as duas personagens principais do enredo.

O advogado, a quem compete a narração em primeira pessoa, não é o protagonista da ação, mas um observador discreto, porém privilegiado, e, sobretudo, o organizador dos eventos a serem transmitidos ao leitor. A escolha de um narrador homodiegético, não muito frequente na prosa do período, é estratégica, porque propicia a apresentação dos eventos desde a perspectiva de quem os vivenciou, mas não interferiu nos principais fatos, bem como faculta à narrativa a exposição de depoimentos provenientes de fontes distintas: o amigo, igualmente advogado, agora, porém, devotado à lavoura; Julião, a voz mais próxima dos eventos, pois é seu ato que leva à morte de Elisa; Pio, que endossa a voz e a ação de Julião, penalizando o filho, Carlos, ao integrá-los às tropas que operam na fronteira sulina, logo, longe da família, de suas terras e, principalmente, de sua posição de poder junto aos demais serviçais da fazenda do pai.

A renúncia ao narrador heterodiegético e a distribuição dos papéis narrativos mimetizam, de certa maneira, o funcionamento do júri: há dois criminosos, Julião, defendido pelo narrador e que conta com a simpatia do amigo e o apoio financeiro de Pio; e Carlos, que, sem defesa, é pronunciado culpado pelo juíz, seu pai – ou Pio, conforme o jogo fônico de que se vale o autor.

O artifício, equilibrando os narradores (amigo, advogado, Julião) e os participantes do julgamento (advogado, Pio), impede que uma voz ou uma perspectiva domine e se imponha, garantindo o teor democrático do relato. Há, pairando no ar, um outro julgamento – o do leitor, invocado nos parágrafos iniciais do capítulo terceiro do conto:

> Não insisto em observar a circunstância de ser o velho fazendeiro quem se interessava pelo réu e pagava as despesas da defesa nos tribunais. Já o leitor terá feito essa observação, realmente honrosa para aquele deus da terra (v. 8, p. 228).

A composição do conto apresenta, assim, algumas particularidades: não se desenvolve de modo linear, em decorrência do emprego do *flashback*, quando Julião narra os fatos que o levaram ao filicídio. Seu relato não é meramente um retrospecto, mas também um testemunho da defesa, ainda que ele se acuse. Ao inserir o narrador no andamento das ações, evita o comentário de uma entidade superior ou onisciente, deixando a critério do público a apreciação final sobre os eventos transmitidos.

A natureza descentralizada de "Virginius" duplica-se na construção das personagens, a começar pelo fato de que o texto carece de um protagonista. Três figuras masculinas têm papel proeminente – Pio (o *Pai de todos*), Julião e o advogado –, destacando-se especialmente os dois primeiros. O advogado ocupa a parte inicial do conto, e é por narrá-lo que adquire relevância, além de ser o indivíduo encarregado de cooperar com Julião. Reaparece no fim, por ocasião do júri, mas não esclarece como atuou no tribunal. Bem sucedido ao executar a tarefa para a qual fora contratado, a ponto de seu amigo cumprimentá-lo efusivamente, não se preocupa em expor que argumentos utilizou na corte, provavelmente por acreditar que o depoimento de Julião seria mais eficiente perante os leitores, os jurados visados pelo conto.

Pai de todos e Julião são as criaturas que dividem o interesse da narrativa, repartindo o protagonismo. Denominado "Virginius", o conto talvez almejasse salientar o papel do afro-brasileiro que preserva a honra de sua filha, matando-a, procedimento que o coloca à altura do romano que desafiou o poder dos decênviros, ao não ceder um familiar à concupiscência de um deles, Ápio Cláudio. Porém, a caracterização de Pio, o rico fazendeiro que financia a defesa de Julião, absorve largo trecho da história, reforçando sua pertinência. O fato de o fazendeiro diferenciar-se de seus pares, garantir que se faça justiça ao subalterno e punir sumariamente o filho, expurgando-o do seio doméstico, ao qual integra Julião ao final do enredo, confirma o peso da personagem no conjunto da história. Sob esse aspecto, Pio iguala-se a Julião no que diz respeito à distribuição do protagonismo no conto, confirmando a descentralização operada no âmbito da composição.

Se Julião e Pio mostram-se equivalentes no que diz respeito a seus respectivos pesos no todo da narrativa, por outro lado, os dois diferenciam-se de modo igualmente significativo. Julião é o afrodescendente acolhido por Pio após a morte da esposa "em consequência dos acontecimentos que [o] levaram a recorrer à proteção do fazendeiro" (v. 7, p. 196). Devia ser livre ou forro, do contrário não poderia ter chegado de motu-próprio ao local. Nem por isso se beneficia menos da generosidade do *Pai de todos*:

> Julião fora um daqueles a quem a alma caridosa de Pio dera sustento e trabalho. Suas boas qualidades, a gratidão, o amor, o respeito com que falava e adorava o protetor não ficaram sem uma paga valiosa. Pio, no fim de certo tempo, deu a Julião um sítio que ficava pouco distante da fazenda, para lá fora morar Julião com uma filha menor [...] (v. 7, p. 196).

Julião, "homem trigueiro, de mediana estatura, magro, débil de forças físicas, mas com uma cabeça e um olhar indicativos de muita energia moral e alentado ânimo" (v. 7, p. 196), distinguia-se étnica e socialmente de Pio. É igualmente desprovido de poder, agregado dependente da boa vontade do fazendeiro, a ponto de temer que, desagradando Carlos, seu desregrado filho, que descaradamente assediava Elisa, perdesse o que tinha, ao escolher partir da acolhedora propriedade:

> Como evitar a ameaça? Fugir do lugar em que morava o pai não era mostrar-se ingrato? Todas estas reflexões passaram pelo espírito de Julião. Via o abismo a cuja borda estava, e não sabia como escapar-lhe (v. 7, p. 224).

Pio, por outro lado, é a encarnação do poder, superioridade representada de modo positivo, porque o fazendeiro exerce sua autoridade de modo justo e caridoso. Relacionam-se as expressões que, por meio da voz do amigo do advogado, definem a personagem e o comportamento do protetor de Julião:

a) É conhecido como *Pai de todos*: "É um fazendeiro destas paragens (...). O povo dá-lhe o nome de *Pai de todos*, porque o velho Pio o é na verdade" (v. 7, p. 193);

b) "Pio é, por assim dizer, a justiça e a caridade fundidas em uma só pessoa" (v. 7, p. 193);

c) "Tudo o que não sai de certa ordem" – de natureza judicial, policial ou municipal – "é decidido na fazenda de Pio, cuja sentença todos acatam e cumprem." O amigo destaca que adversários em litígio "submetem-se" à "sentença" ditada por Pio (v. 7, p. 193);

d) Suas deliberações correspondem a uma "decisão divina", nas palavras do interlocutor do advogado, que então o compara a um "juiz" (v. 7, p. 193).

Os elogios expostos na apresentação do protetor de Julião se sucedem: sua fazenda é "o asilo dos órfãos e dos pobres", e naquele local "se encontra o que é necessário à vida", a saber, para as crianças "leite e instrução", para os adultos, "pão e sossego". O amigo conclui: Pio é "a um tempo Salomão e S. Vicente de Paulo", congregando a sabedoria do primeiro à generosidade do segundo, conhecido como "pai dos Pobres". Incrédulo, o advogado comenta ter sido fundamental ter chegado ao "recanto do mundo" onde se situa a propriedade de Pio, para encontrar "aquilo que devia ser comum em toda a parte" (v. 7, p. 194).

É na relação com os subalternos que Pio materializa sua generosidade vicentina. Mais uma vez é o amigo que assume a tarefa de "desfiar as virtudes do fazendeiro" (v. 7, p. 194), relatando o modo como *Pai de todos* trata os escravizados:

> Escravo é o nome que se dá; mas Pio não tem escravos, tem amigos. Olham-no todos como se fora um Deus. É que em parte alguma houve nunca mais brando e cordial tratamento a homens escravizados. Nenhum dos instrumentos de ignomínia que por aí se aplicam para corrigi-los existem na fazenda de Pio. Culpa capital ninguém comete entre os negros da fazenda; a alguma falta venial que haja, Pio aplica apenas uma repreensão tão cordial e tão amiga, que acaba por fazer chorar o delinquente. Ouve mais: Pio estabeleceu entre os seus escravos uma espécie de concurso que permite a um certo número libertar-se todos os anos. Acreditarás tu que lhes é indiferente viver livres ou escravos na fazenda, e que esse estímulo não decide nenhum deles, sendo que, por natural impulso, todos se portam dignos de elogios? (v. 7, p. 194).[12]

---

12 Eliane da Conceição Silva observa que Pio compartilha o nome com outra personagem de Machado de Assis, o Barão de Santa Pia, de *Memorial de Aires*. Comenta a

O endeusamento de Pio, antecipado por ser capaz de tomar "decisões divinas" e reiterado por sua comparação com S. Vicente de Paulo, retorna na descrição de seu comportamento, quando menciona que os cativos o veem "como se fora um Deus". O advogado-narrador encampa a ideia, mesmo antes de conhecer o *Pai de todos*, pois, ao abrir o terceiro capítulo, qualifica-o como "deus da terra" (v. 8, p. 228). Em seu primeiro contato com seu empregador, encontra-o em casa, acompanhado de um sacerdote. O comentário endossa mais uma vez a deificação do latifundiário que tinha, sob seu comando, grande número de dependentes:

> Achei o velho fazendeiro em conversa com um velho padre. Pareciam, tanto o secular como o eclesiástico, dois verdadeiros soldados do Evangelho combinando-se para a mais extensa prática do bem. Tinham ambos a cabeça branca, o olhar sereno, a postura grave e o gesto despretensioso. Transluzia-lhes nos olhos a bondade do coração (v. 8, p. 228).

Abrigado por semelhante potentado, não espanta que o réu venha a ter sua pena abrandada, ainda que os atenuantes se devam ao fato de o ex-escravo ter imolado a filha para proteger a honra da jovem, em vez de punir o infrator. A justificativa para seu ato é que almejava salvaguardar a pureza de Elisa a qualquer preço e independentemente das consequências que recaíssem sobre sua pessoa. Mas o transgressor é Carlos, punido pelo pai, o juiz que paira acima dos demais, podendo então expulsar o rapaz do paradisíaco "recanto do mundo" (v. 7, p. 194), onde a justiça era praticada e todos viviam de modo harmônico, independentemente de sua posição no *ranking* social ou de sua condição étnica.

Por outro lado, ao fazer justiça, Pio pune indiretamente a si mesmo, tornando-se vítima das regras impostas a todos. A ética do fazendeiro é superior ao amor que destina ao herdeiro, o que compromete o apelido com

---

pesquisadora: "No seu último romance, *Memorial de Aires* (1908), Machado de Assis retoma o nome Pio, agora para designar a fazenda do Barão de Santa Pia. O sentido da palavra *pio* refere-se à bondade e justiça, mas por trás destas qualidades presentes em senhores como Pio e Barão de Santa Pia está a crença no poder senhorial que arroga a si o direito de ser 'Deus' para o bem e para o mal" (Silva, 2007, p. 20.).

que é conhecido: sendo *Pai de todos*, parece não ser o de seu filho, renunciando à paternidade por não reconhecer no sucessor a dignidade e o mérito de que deveria se revestir.

Por ser o "deus da terra", Pio deveria ter um descendente igualmente divino – um Cristo. Mas Carlos não assume esse papel mítico; mais realista, comporta-se de modo infame como provavelmente era "comum em toda a parte", palavras utilizadas pelo advogado para avaliar o universo edênico da fazenda a que é introduzido pelo amigo afastado da corrompida Corte.

Éticos, mas, ao final da vida, solitários e desprovidos de descendência, Julião e Pio equivalem-se. Seus filhos constroem-se a partir da estratégia de duplicação das personagens principais.

Em dois aspectos Carlos e Elisa se assemelham: têm quase a mesma idade, o garoto "mais velho três anos que Elisa" (v. 7, p. 196), e são órfãos de mãe. A mãe (anônima) da menina morrera em circunstâncias funestas, mas não esclarecidas; a de Carlos não é lembrada ao longo da narrativa. Em nenhum momento, informa-se se Pio é viúvo, nem se usufrui de companhia feminina, omissão que pode sugerir resultar Carlos de uma relação não oficial do *Pai de todos*.

As diferenças são mais numerosas, dizendo respeito, primeiramente, ao gênero (ele, masculino, ela, feminino), à condição social (ele, filho de latifundiário, ela, filha do proprietário de um sítio cedido pelo senhor de terras para quem trabalha) e à etnia (ele, provavelmente caucasiano, ela, negra ou mulata, como define o texto).[13] Outros fatores distinguem as duas personagens: Carlos, adulto, é devasso, comportamento resultante do período em que se bacharelou, fora das fronteiras de sua fazenda; dedica-se à caça e ninguém o controla, nem mesmo o pai, que o queria seguindo "uma carreira política, administrativa ou judiciária" (v. 8, p. 223).

Da sua parte, Elisa é a imagem da pureza e da inocência. Devota-se inteiramente ao pai, concentrando nele "todos os afetos de sua alma no mais respeitoso amor filial" (v. 7, p. 197). Parece inteiramente desprovida de ambições, pois o narrador não oferece maiores dados relativamente à sua persona-

---

13 Segundo Julião, em discurso indireto reproduzido pelo narrador, Elisa era "a mulatinha mais formosa daquelas dez léguas ao redor" (v. 7, p. 196).

lidade ou desejos. Adulta, não pretende, diante de Carlos, nada mais que dar continuidade à amizade da infância, de modo que, quando o rapaz a assedia, rejeita-o, acabando por confessar ao pai a atitude do filho de Pio e sua reação:

> O Sr. Carlos, em quem comecei a notar mais amizade que ao princípio, declarou-me hoje que gostava de mim, que eu devia ser dele, que só ele me poderia dar tudo quanto eu desejasse, e muitas outras coisas que eu nem pude ouvir, tal foi o espanto com que ouvi as suas primeiras palavras. Declarei-lhe que não pensasse coisas tais. Insistiu; repeli-o... Então tomando um ar carrancudo, saiu, dizendo-me:
> — Hás de ser minha! (v. 8, p. 224).

Predador, Carlos assimila a amiga da infância à condição de caça. Confrontado por Julião, compromete-se a respeitar a moça "como se fosse morta" (v. 8, p. 225), promessa que antecipa o destino de Elisa. Ainda assim, e agora na companhia de seus capangas, invade o rancho do agregado e ataca-a, sendo interrompido pela chegada de Julião, que flagra a filha, debatendo-se "nos braços de Carlos, mas já sem forças nem esperanças de obter misericórdia" (v. 8, p. 225). Consegue liberar a garota, mas Carlos e seus asseclas amarram os dois, partindo depois. Consciente do destino da filha e com o consentimento dela, Julião apropria-se de uma faca e mata Elisa, justificando-se: "salvei minha filha da desonra!" (v. 8, p. 227). Reificada por Carlos, Elisa recupera sua humanidade, quando aceita ser sacrificada pelo pai em nome de sua honra.

A duplicação dos idosos afiança a semelhança entre eles, por cima das diferenças sociais, econômicas e étnicas. Essas diferenças acabam por dominar na relação entre seus respectivos descendentes, porque Carlos parece não ter herdado os princípios éticos que regram a atuação do pai. A crise geracional determina o rompimento da unidade edênica do reino do *Pai de todos*, restando aos dois senhores o culto às cinzas de Elisa, testemunho da perda irreparável do paraíso: "O velho fazendeiro tinha feito recolher as cinzas de Elisa em uma urna, ao pé da qual vão ambos orar todas as semanas" (v. 8, p. 231).

Apresentam-se ainda duas outras personagens que, a seu modo, formam um par, confirmando a construção simétrica da narrativa: o advogado que conta a história, e seu amigo, também um bacharel que, contudo, trocou as lides jurídicas pela agrícolas.

O advogado anônimo que expõe a trama é atraído para o caso em decorrência de seu temperamento: primeiramente, é picado pela curiosidade, depois pela hipótese de encontrar "um romance através daquele misterioso e anônimo bilhete" (v. 7, p. 192). Narrativas provocadas por bilhetes, ou cartas bizarras ou inesperadas, são frequentes na prosa brasileira do período. Um ano depois de "Virginius", Machado de Assis utilizou a estratégia da troca de correspondência em "Confissões de uma viúva". Antes dele, José de Alencar abriu *Lucíola*, de 1862, com uma carta dirigida pelo narrador a uma senhora, talvez a mesma interlocutora de *Cinco minutos* e *A viuvinha*. Também de 1862, o romance *Paulo*, de Bruno Seabra, vale-se da epístola dirigida ao autor para introduzir o livro a ser lido nas páginas seguintes.

O interesse "literário" pelos acontecimentos que virá a vivenciar na vila de ... aguça-se depois da primeira conversa com o amigo, levando-o a comentar:

> Minha curiosidade estava excitada ao último ponto. Os autos não me tinham tirado o gosto pelas novelas, e eu achava-me feliz por encontrar no meio da prosa judiciária, de que andava cercado, um assunto digno da pena de um escritor (v. 7, p. 195).

Mais adiante, após Julião narrar sua história, o narrador avalia os acontecimentos desde o prisma de outro gênero literário – "não era romance, era tragédia o que eu acabava de ouvir" (v. 8, p. 227) –, preâmbulo para a associação feita na frase subsequente, quando lembra a história de Virginia, filha de Virginius, "ocorrida 23 séculos antes e relatada por Tito Lívio" (v. 8, p. 228).

Não é, pois, a causa, nem a remuneração a receber, a "avultada soma" (v. 7, p. 193) adiantada quando aceita o trabalho e que rejeita no começo da narrativa, o que o motivam, mas a atração do assunto, explicando indiretamente por que transforma os eventos vividos em um conto impresso no *Jornal das Famílias*. Não é, porém, menos advogado em razão disso; mas mostra-se, de toda maneira, um advogado financeiramente desinteressado e humanitário, pois comovem-no os episódios relacionados a Julião, Pio e Elisa.

O amigo que o acolhe, "antigo companheiro de academia" (v. 7, p. 193), não é menos sensível. Casado e pai de uma menina, recebe calorosamente o ex-colega, a quem abraça com entusiasmo após a proclamação da sentença que condena Julião a "dez anos de prisão" (v. 8, p. 231). Abandonara o Direito, tendo-se dedicado ao "culto da deusa Ceres" (v. 7, p. 193), o que não o faz menos sensível, pois acredita na inocência de Julião.

Os dois advogados irmanam-se em suas convicções. Colegas, compartilham o ideal humanista que faz com que aceitem o gesto desesperado de Julião, ao sacrificar a filha para garantir a honra da moça. Porém, ao contrário do que se passa com os demais pares, no caso dos advogados, o conto poderia contentar-se com apenas um deles, pois o amigo nada acrescenta ao andamento dos eventos. Mas a composição narrativa requeria um mediador que garanta a ponte entre, de uma parte, o advogado oriundo da cidade, e que ignora o mundo rural onde se passa a ação, e, de outra, o universo de Pio, com as peculiaridades que o tornam incomum em comparação com similares.

Há, contudo, uma particularidade que talvez explique por que os advogados se desdobram em duas pessoas: é que ambos frequentaram a academia – a Faculdade de Direito de São Paulo provavelmente – e não se corromperam: nem o que permaneceu na cidade, nem o que migrou para o campo. Os dois constituem o avesso de Carlos, desmentindo, de uma parte, a ideia de que a cidade perverte (noção sugerida na narrativa), de outra, a tese de que a vida rural salva. Carlos decaiu eticamente não porque a vida urbana o contaminou (o que não lhe faria um caçador, antes um *playboy*), nem se regenerou ao retornar ao campo. O que modificou o caráter de Carlos talvez seja o enigma da história. Vale conferir as coordenadas históricas, econômicas e geográficas para buscar decifrar a charada.

Horizonte histórico

As balizas cronológicas do conto são indicadas em suas primeiras e últimas linhas. O capítulo inicial abre com uma marcação de tempo: "Não me correu tranquilo o S. João de 185..." (V. 7, p. 192). Ao encerrar o relato, o advogado informa: "No momento em que escrevo estas linhas, Julião, tendo já cumprido a sentença, vive na fazenda de Pio" (v. 8, p. 231). Considerando que o texto foi publicado em 1864 e que é preciso subtrair desse número o período de encarceramento do pai de Elisa, pode-se cogitar que a ação se passou ao redor de 1854. Talvez tenha ocorrido um pouco antes, mas é incoerente que tenha ocorrido depois daquele ano.

A década de 1850 abre com a promulgação da Lei Eusébio de Queirós, que proscreve a entrada de africanos escravizados no Brasil. No âmbito da legislação, a Lei nº 581, de 4 de setembro de 1850, proíbe o que já estava proibido, pois, desde 1831, a Lei Feijó "declara livres todos os escravos vindos de fora do Império".[14] Era, porém, lei "para inglês ver"; mas os britânicos provavelmente não acharam graça, pressionando o governo imperial a impedir que navios negreiros descarregassem carga humana ao longo da região costeira do país.

O Bill Aberdeen, visando à "Supressão do Comércio de Escravos", de 1845, autorizava a marinha inglesa a patrulhar as águas internacionais, no encalço dos negociantes que insistiam em traficar pessoas capturadas no continente africano. Como escreve Leslie Bethell, "parecia agora evidente aos brasileiros que o governo britânico tinha finalmente abandonado toda esperança de persuadir o Brasil a pôr fim ao comércio de escravos e tinha decidido acabar ele mesmo com o tráfico, a qualquer custo" (Bethell, 2002, p. 377).[15] Assim, à Monarquia e ao Parlamento não restou alternativa, senão convencer-se de que "o próprio governo brasileiro podia e devia tomar medidas para terminar com aquele comércio" (p. 357). Era preferível aprovar e cumprir uma lei brasileira a submeter-se aos ditames ingleses, pois, desse modo, ao menos no plano da aparência, o país mostrava-se senhor da situação.

Nossos legisladores, porém, não se limitaram a isso: também em setembro de 1850, é promulgada a Lei das Terras, segundo a qual propriedades rurais não devidamente registradas eram consideradas devolutas, logo, pertencentes ao Estado, que estava autorizado a vendê-las "em hasta pública, ou fora dela, como e quando julgar mais conveniente, fazendo previamente medir, dividir, demarcar e descrever a porção das mesmas terras que houver

---

14 Lei de 7 de novembro de 1831. Portal da Câmara dos Deputados. https://www2.camara.leg.br/legin/fed/lei_sn/1824-1899/lei-37659-7-novembro-1831-564776-publicacaooriginal-88704-pl.html. Acesso em: 05 jun 2020.

15 A citação seguinte provém dessa edição.

de ser exposta à venda."[16] Para evitar o despejo ou a perda da propriedade, seus até então ocupantes trataram de regularizar a posse, mesmo que à custa de documentos forjados e fraudulentos. Pequenos proprietários, fossem ex--escravizados ou homens livres, tinham pouca oportunidade de fazer frente à nova situação, colocando-se seguidamente sob a proteção de um senhor de terras mais poderoso.

Eliane da Conceição Silva estabelece a relação entre a época escolhida para o conto, a Lei Eusébio de Queirós e a nova legislação sobre a propriedade fundiária:

> Lembremos que Machado de Assis situa o conto nos idos de 1850, década marcada pelas primeiras medidas efetivas rumo ao fim da escravidão. A Lei Eusébio de Queirós, proibindo o tráfico negreiro, fora assinada em 1850, sobretudo por pressão inglesa, sinalizando que a escravidão não seria eterna. Ao lado do controle sobre o trabalho escravo, a elite econômica e política do país detinha também o controle das terras e era este controle que precisava ser mantido e garantido. Assim, não foi por coincidência que se deu a promulgação da Lei de Terras nesse mesmo ano (Silva, 2007, p. 25).

O Estado que, por meio da Marinha, busca controlar os portos nacionais e os locais clandestinos de desembarque de africanos, coloca-se na posição de intermediário entre a apropriação de territórios não registrados e seus moradores, que poderão se intitular donos se dispuserem de documentação considerada válida. Por outro lado, identificar e, depois, vender ou legitimar a propriedade das terras era tudo o que o Estado podia fazer, porque, no interior das fazendas, o "senhor era autoridade absoluta" (Azevedo, 2010, p. 51). A prática não difere do que acontecia desde o período colonial, quando nem mesmo o poder real poderia intervir no funcionamento das unidades produtivas:

---

16 Lei n. 601, de 18 de setembro de 1850. In: https://legislacao.presidencia.gov.br/atos/?tipo=LIM&numero=601&ano=1850&ato=8350TPR9EeJRVT7f0. Acesso em: 22 mai 2020.

Dentro da unidade produtiva devia prevalecer o "princípio da soberania doméstica", termo que o historiador Yvan Debbash cunhou para definir a autarquia dominial no governo direto sobre a escravaria – controle e disciplina dos corpos, organização e disposição do trabalho são próprios dos senhores (Parron, 2008, p. 101).

A Lei das Terras encarrega-se de regularizar a situação das propriedades agrícolas, em uma época em que a lavoura do café se expande na direção oeste de São Paulo. Contudo, com a extinção do tráfico, começa a faltar mão de obra para atender à crescente demanda de trabalhadores rurais. Os escravizados são importados do Norte, especialmente das regiões que se ressentem da decadência dos engenhos de açúcar, dando margem ao roteiro interprovincial de circulação de africanos e afro-brasileiros:

De importância mais imediata, o término do comércio transatlântico de escravos estimulou o comércio de escravos dentro do Brasil, das áreas urbanas para as rurais, da agricultura de subsistência para as culturas de exportação (café, açúcar, algodão) e, apesar dos esforços das autoridades provinciais no Maranhão, no Ceará, em Pernambuco e na Bahia para proibirem o comércio interprovincial de escravos, das áreas empobrecidas do Norte e do Nordeste (a "nova costa africana") para o sul em desenvolvimento (Bethell, 2002, p. 423).

Sidney Chalhoub, citando Robert Slenes, documenta o tráfico interprovidencial com dados quantitativos: "Segundo estimativas de Robert Slenes, esse movimento de população despejou no sudeste, a partir de 1850, cerca de duzentos mil escravos" (Chalhoub, 2000, p. 43).

Colocado sob este prisma cronológico, "O navio negreiro", que Castro Alves publicou em 1870, pode parecer anacrônico, mais ainda o "Vozes d'África", de 1868. Mas talvez se possa pensar que o poeta baiano estivesse usando um artifício para denunciar não a situação dos africanos originários do continente situado do outro lado do Atlântico, mas de seus conterrâneos, obrigados a migrar do Norte para o Sul, para responder às requisições dos senhores de terra do Vale do Paraíba e do oeste paulista.

Não é, contudo, o indivíduo vitimizado e padecente exibido por Castro Alves que prevalece no imaginário do período, e sim o do "escravo mau vindo do Norte", como aponta Celia Maria Marinho de Azevedo (1987, p. 190). A criminalização do escravizado ou do liberto concorre para o fortalecimento daquela representação, que aparece desde as primeiras décadas do século XIX, como se verifica nos *Quadros alternados* (Impressões do Brasil de D. Pedro I), de Eduard Theodor Bösche, publicado na Alemanha em 1836.[17]

Destinado ao público germânico, Bösche expõe suas ideias sobre o que chama de "população amarela (as mulatas)", julgada por ele "a mais selvagem", pois, a seu ver, encontram-se "entre eles os verdadeiros bandidos, uma vida humana nada valendo aos seus olhos. Assassinam muitas vezes um branco por mera sede de sangue, sendo a consciência coisa que só conhecem de nome". Os "negros", ele considera "gente inofensiva e de boa índole, suportando com pachorra os grilhões da escravidão, que o bárbaro cristão lhe impôs, e curvando pacientemente as costas sob o azorrague sangrento dos seus carrascos" (Bösche, 1919, p. 226).[18] Contudo, observa, "quando os seus sofrimentos se tornam insuportáveis, ofendendo os sentimentos mais sagrados e ferindo os mais elementares direitos humanos, então a vingança arma o seu braço, sendo o senhor e sua família vítimas de crueldades inauditas". Ilustra a informação com a história de José Tomás de Matos, "rico fazendeiro, na região de Vila Rica", "homem duro e mau para com os seus escravos, os quais mandava surrar muitas vezes sem razão alguma". Depois de enumerar as atrocidades cometidas pelo fazendeiro, entre as quais constava a prática de obrigar os negros

---

17   Eduard Theodor Bösche (1807-1875?) chegou no Rio de Janeiro em 1825, junto com a tropa de mercenários contratados por Pedro I. Permaneceu no país até 1834, registrando seu depoimento sobre a viagem de Hamburgo ao Brasil em *Quadros alternados* (Impressões do Brasil de D. Pedro I), de 1836 (Título original: *Wechselbilder von Land- und Seereisen, Abentheuern, Begebenheiten, Staatsereignissen, Volks- und Sittenschilderungen: Während Einer Fahrt nach Brasilien und Eines Zehn-Jährigen Aufenthalts Daselbst, in den Jahren 1825 bis 1834. Mit Berücksichtigung des Schicksals der nach Brasilien Ausgewanderten Deutschen*). A obra foi publicada em português em1918 na revista do Instituto Histórico e Geográfico Brasileiro e, em 1929, por Garraux, de São Paulo, traduzida por Vicente de Souza Queirós e prefaciada por Affonso de E. Taunay.

18   As demais citações são extraídas dessa edição.

"a se esfolarem e arrancarem a pele" (p. 227) uns dos outros, narra a trama de vingança planejada pelas vítimas, que inclui a morte dos filhos, o estupro da esposa e filhas, para culminar nos seguintes atos:

> Furaram-lhe em primeiro lugar os olhos, e depois de o terem maltratado e estropiado, de outros modos horríveis, despiram--no, arrastando-o para a floresta, ainda vivo, onde o amarraram junto a um grande formigueiro.
> Após alguns dias encontrou o esqueleto do desgraçado um capi- tão do mato (...) (p. 228).

Talvez se justificasse a rebelião dos escravizados diante das ações de um psicopata. Contudo, nem assim os cativos são percebidos segundo uma ótica que privilegie seu ponto de vista. Mesmo escrevendo para um público ilustrado europeu, que certamente saberia o que significava a expressão "ele- mentares direitos humanos", o autor não deixa de dar vazão ao preconceito que entende o negro como alteridade carente de elevação e humanidade, como sugere o seguinte comentário:

> A alma do negro contém germes que competentemente desen- volvidos prometem magníficas florescências e frutos. Nas atuais circunstâncias, todavia, o seu círculo de ideias é muito acanha- do, limitando-se unicamente aos gozos materiais (p. 229).

O imaginário que construiu a figura do "escravo mau" atravessou o século XIX desde os primeiros anos da vida nacional independente, fortale- cendo-se quando homens e mulheres cruzavam o país do Norte para o Sul, devendo mais uma vez aclimatar-se a um cenário hostil.

Assim, se a Lei Feijó não impediu o tráfico de escravizados originários da África, a Lei Eusébio de Queirós não mudou a condição dos cativos, que continuaram a ser empurrados para fora de seu lugar de origem. Também não se altera o modo como os escravizados são percebidos e qualificados por membros dos segmentos dominantes, mesmo que não pertencessem à classe no poder, como é o caso de E. T. Bösche. Porque de antemão jul- gados bandoleiros, desculpa-se a violência que se abate sobre suas pessoas.

À crueldade de uns poderia contrapor-se a insurgência de outros, mas as avaliações de um e outro gesto diferenciavam-se, legitimando-se a primeira e criminalizando-se a segunda. Exemplares são os casos relatados por Celia Maria Marinho de Azevedo e por Elciene Azevedo: o do escravizado Fortunato, "que após matar o filho do fazendeiro, também administrador da fazenda, confessou que há alguns anos sofrera um castigo de açoites por já ter tentado matá-lo com um tiro" (Azevedo, 1987, p. 197); e o de Joaquim, ocorrido em 1861, responsável pelo "assassinato de dona Jesuína Maria de Godoy, dentro de sua própria chácara na Mooca" (Azevedo, 2010, p. 58).

Por sua vez, o reconhecimento da emancipação dos africanos livres foi paulatino e custoso.

Datada de 1789, a Declaração dos Direitos do Homem e do Cidadão, proclamada pelos revolucionários franceses, não particularizava a situação dos afrodescentes, mesmo se livres. Contudo, a rebelião dos escravos na ilha de Santo Domingo, na América, em 1791, chamou a atenção dos europeus para os perigos resultantes do cativeiro compulsório da população produtiva de uma região. Assim, em 1792, promulgava-se a emancipação dos homens sem propriedade, incluindo "negros livres" (Hunt, 2009, p. 160), a que se seguiu a abolição do escravismo em 1794.

Na Inglaterra, provavelmente em resposta ao movimento francês de reconhecimento dos direitos do homem, projetos emancipacionistas mobilizaram a sociedade, de que resultou a Associação Encarregada da Abolição do Escravismo. Em 1807, o Parlamento britânico aprovou o Ato contra o Comércio de Escravos (*Slave Trade Act*), tornando-se política de Estado a eliminação do tráfico de africanos para suas colônias. A decisão afetou as relações do Reino Unido com Portugal, cujo governo, sob a regência de D. João, foi levado, em 1810, a assinar um tratado comercial em que se comprometia a acabar com o fluxo oceânico de escravos, ainda que o negócio fosse rentável para a Coroa lusa. Em 1817, por meio de Alvará, a Grã-Bretanha obtém do agora rei o direito de abordar, em alto mar, navios suspeitos de tráfico de escravizados.

Com o Brasil independente, perderam a validade os acordos assinados por D. João, fazendo com que a diplomacia inglesa providenciasse novos arranjos, agora com Pedro I e, depois, com a administração regencial. A Lei Feijó, de 7 de novembro de 1831, resultou das transações entre os dois Estados. Regulamentada por meio do decreto de 12 de abril de

1832, facultou às autoridades judiciais interditar o acesso de africanos nos portos nacionais e declarar livres a todos os escravos que entrassem no território do país.

Como se observou, a lei foi, segundo as más-línguas, "para inglês ver". Mas, de todo modo, cabia legislar sobre o estatuto dessa população, que crescia, à medida em que aumentava a necessidade de importação de trabalhadores escravizados. Assim, discutiu-se como, sendo livres, poderiam não ser considerados emancipados. Uma alternativa foi a que a própria Inglaterra utilizou, quando aprovou o *Slavery Abolition Act*, em 1833: durante um período de transição, os escravos deveriam trabalhar para seus amos, recebendo salário.

O debate sobre o tratamento a ser dado aos indivíduos legalmente livres, mas escravizados, estendeu-se no Brasil até os anos 1850, ultrapassando cronologicamente a promulgação da lei Eusébio de Queirós. Apenas em 28 de dezembro de 1853, o decreto 1.303 reconheceu o direito à emancipação dos africanos livres; sua aplicação, contudo, limitava-se aos que tivessem cumprido catorze anos de trabalho e valia somente para prestação de serviços a particulares. Para africanos livres que haviam servido em estabelecimentos públicos, o direito foi reconhecido em 1864, por meio do decreto 3.310, de 24 de setembro (Bertin, 2009, p. 105-143; Menucci, 1938).

Afonso Bandeira Florence comenta as dificuldades experimentadas por aquele contingente de pessoas:

> Apesar dos dispositivos legais que estabeleciam o direito de emancipação dos africanos livres que tivessem trabalhado quatorze anos, em muitas situações prevaleceram argumentos senhoriais que inviabilizaram as demandas por emancipação. Neste sentido, não é demais afirmar que, para os concessionários, a liberdade desses africanos nunca teve qualquer significado que não estivesse baseado nas suas obrigações para com o trabalho, a obediência e a sujeição. Os concessionários viam a emancipação como prerrogativa sua, senão como estorvo (Florence, 2002, p. 107).

Machado de Assis publicou seu conto quando ainda se debatiam os direitos dos africanos livres que trabalhassem em estabelecimentos públicos. Assim, ele testemunhou as discussões, transcorridas no Parlamento e no governo, que tinham como assunto os direitos dos negros, mesmo quando diziam respeito àqueles que, legalmente, dispunham de liberdade. Ser livre não era idêntico a ser emancipado, se o sujeito fora alforriado ou já nascera sem amarras a um senhor. E, na sequência, acompanhou as primeiras iniciativas no sentido de extinguir o escravismo, intensificadas a partir de 1867 (Chalhoub, 2012), de que resultou, em 1871, a Lei do Ventre Livre.

Ao longo dos catorze anos que separam a Lei Eusébio de Queirós e a publicação de "Virginius", o debate sobre a situação e a condição dos escravizados, fossem forros e livres, parece ter sido constante e intenso. Mas a concretização de ideais abolicionistas não se mostrava alcançável, obrigando as pessoas em busca de liberdade ou de justiça a procurar o caminho dos tribunais para efetivar seus direitos: à alforria, ao usufruto de seus pecúlios ou à propriedade.

Sidney Chaloub, em *Visões da liberdade*, e Elciene Azevedo, em *O direito dos escravos*,[19] examinam esses processos. A prática remonta à época colonial, como se depreende da observação de A. J. R. Russel-Wood:

> As disputas acerca do estado de liberdade e acerca de alforrias deram margem a um grande número de petições à Coroa. Estes apelos inserem-se em três grandes categorias: indivíduos reduzidos a cativeiro ilegalmente; indivíduos cuja reivindicação legítima acerca da obtenção de sua liberdade era ignorada; e escravos cujos senhores se recusavam terminantemente a conceder cartas de alforria, embora todas as exigências tivessem sido preenchidas pelos cativos (Russel-Wood, 1995, p. 223).

Em "Virginius", identificam-se acontecimentos ocorridos nos anos 1850 e início da década seguinte, como o êxodo de afrodescendentes na direção do Sul, reduplicando, em território nacional, a diáspora transatlântica, devido, de uma parte, à extinção do tráfico transatlântico de africanos, de outra, à Lei das Terras, desalojando pequenos proprietários carentes da documentação de posse. Transparecem igualmente a violência e a brutalidade que acompanham esses movimentos, provocando a perda dos mais frágeis

---

19 Cf. também Pinto, 2018.

ou desprotegidos, como a anônima mãe de Elisa. E que pode, ou não, provocar a reação, também criminosa, por parte de suas vítimas, que produzem novas mortes, sintetizada na ação de Julião assassinando a filha. Por fim, ao preferir entregar-se voluntariamente às forças da Justiça, o infrator não se distancia dos indivíduos de seu tempo, como os que aparecem nos relatos dos pesquisadores citados antes.

"Virginius", portanto, dialoga com acontecimentos de seu tempo, mas não enquanto reprodução por semelhança, uma vez que a fazenda de Pio é paradisíaca, seu proprietário, além de generoso, como S. Vicente de Paulo, é sábio e justo como Salomão, o criminoso é inocente, e o autêntico culpado, o filho do patrão, é exemplarmente punido com o exílio. Em outras palavras, no âmbito ficcional do conto, a organização social e econômica prevalente, as pessoas, os valores são expostos e podem ser reconhecidos, não, porém, por espelhamento, e sim por negação. Fora daquele universo imaginário e no Brasil da época, senhores não são bons, infratores negros são severamente punidos, delitos de brancos, sobretudo se pertencentes aos segmentos dominantes, não são penalizados.

Cabe investigar a que mímese recorre Machado de Assis, ao jogar com o positivo e o negativo das situações e seres humanos encontráveis em sua narrativa.

A mímese de Machado

Levando em conta a linha de tempo dos fatos apresentados em "Virgínius", ou a fábula, em vez da ordem de sua exposição, isto é, a trama, o acontecimento que deflagra a ação é a morte da mãe de Elisa, produto da violência local que obriga Julião a buscar novo lar. O conto não menciona de onde ele provém, mas sabe-se que ele chegou a uma região relativamente próxima à Corte, já que o advogado vai a cavalo até a vila de ... Sabe-se também que Pio é proprietário de uma grande porção de terra, pois pelo menos três horas são requeridas para percorrê-la. Quando acolhe o bacharel fluminense, seu ex-colega oferece-lhe "uma chávena de excelente café" (v. 7, p. 193). Esses sinais sugerem que a vila de ... situa-se no vale do Paraíba do Sul e que a região, incluindo as "esplêndidas plantações" (v. 2, p. 196) de Pio, dedica-se à lavoura do café. Pode-se cogitar que Pio seja uma daquelas "autoridade[s] absoluta[s]" a que se refere Elciene Azevedo, já que, como explica o amigo bacharel do narrador, "tudo o que não sai de certa ordem é decidido na fazenda de Pio" (v. 7, p. 195).

Por sua vez, Julião é um homem livre ou liberto, condição que se aplica à sua filha e talvez à esposa morta. Procedente presumivelmente do Norte, seria uma das figurações possíveis do "escravo mau" desenhado por Celia Azevedo. É mais provável que, não sendo cativo, temesse ser reescravizado, situação apontada por Sidney Chalhoub e que "tornava precária a experiência de liberdade de negros livres e pobres no Brasil oitocentista" (Chalhoub, 2012, p. 28):[20] "a liberdade era experiência arriscada para os negros no Brasil do século XIX, pois tinham a sua vida pautada pela escravidão, pela necessidade de lidar amiúde com o perigo de cair nela, ou voltar para ela" (p. 29). Tratava-se de uma liberdade precária, já que, como escreve Chalhoub, "a escravidão ilegal virara direito senhorial costumeiro, na qual negros livres e libertos viviam sob uma aura de desconfiança e preconceito" (p. 224). Pode-se conjeturar, pois, que seja essa a razão para, aos alforriados por Pio, ser "indiferente viver livres ou escravos na fazenda, e que esse estímulo não decide nenhum deles" (v. 7, p. 194), como proclama o amigo advogado do narrador, atribuindo o mérito ao fazendeiro.

Luiz Felipe Alencastro, em *O trato dos viventes*, observa que esse outro medo, experimentado desde a perspectiva dos alforriados, era observado desde os séculos XVII e XVIII, pois eles poderiam "ser considerados quilombolas e capturados por capitães do mato em busca de recompensa"; por sua vez, uma família "corria o perigo de ser capturada, cativada e eventualmente massacrada":

> Para tais pessoas, tais famílias, a melhor garantia à preservação da liberdade consistia em aceitá-la como uma liberdade relativa, prestando serviços ao fazendeiro ou senhor de engenho que reconhecesse e garantisse seu estatuto de não escravo (Alencastro, 2000, p. 345).

---

20 As citações seguintes procedem dessa edição.

Logo, a Julião não restava outra alternativa, senão colocar-se ao abrigo de um rico proprietário de terras, que lhe garantiria a segurança necessária, como reconhece o narrador, ao contar que a mãe de Elisa "morrera em consequência dos acontecimentos que levaram Julião a recorrer à proteção do fazendeiro" (v. 7, p. 196). É o que faz dele, o "protegido" (v. 7, p. 197), um "dependente, mas sem ser escravo", como define Daniela Magalhães da Silveira (2005, p. 138).

O que não fica claro são os "acontecimentos" que impulsionaram a partida de Julião na direção provavelmente do Sul. Ainda que pudesse ser descrito, por proprietários brancos do Sudeste (como o próprio Pio), conforme o paradigma do "escravo mau do Norte", ele não é mais cativo. De que ameaças, uma delas materializada no crime que pôs fim à vida da mãe de Elisa, procurava escapar? Considerando a Lei 601, ou das Terras, implantada à época em que transcorre a história narrada, não é inverossímil supor que Julião tenha sido um dos tantos desterritorializados por meios nada pacíficos. Afinal, na noite do incidente em que perde Elisa, reconhece, antes de entrar em casa, o "indivíduo mal conceituado no lugar, e até conhecido por assalariado nato de todas as violências" (v. 8, p. 225).

Só se pode especular sobre a natureza do acontecimento que provocou a morte da esposa de Julião; mas fica muito evidente o motivo que levou à contratação do advogado da Corte e a narração do conto: o golpe com que Julião crava "a faca de caça deixada por Carlos sobre uma cadeira (...) no peito de Elisa" (v. 8, p. 226). Este é o seu crime, e por ele é julgado. Vítima do banditismo que abateu sua mulher, Julião é agora capaz de um gesto bestial, ainda que aparentemente justificado, pois seu fito foi proteger a pureza da filha. É o que, aos olhos do advogado amigo, o faz "quase" (v. 7, p. 195) inocente, parecer compartilhado pelo narrador, quando afirma ao prisioneiro que "os juízes reconhecerão as circunstâncias atenuantes do delito" (v. 8, p. 227).

Crimes cometidos por indivíduos livres, forros ou escravizados constituem a matéria das pesquisas de Sidney Chalhoub, Celia Azevedo e Elciene de Azevedo. Segundo esses historiadores, os escravizados prefeririam a prisão à hipótese de continuarem cativos de proprietários de terras no interior do país. Os casos relatados dizem respeito sobretudo à morte de pessoas brancas, o que não é o caso de Julião, que não dirige a faca ao agressor da filha, embora fosse o esperado, considerando o andamento da intriga. Sob esse aspecto, Machado de Assis parece ter optado por hábil estratégia narrativa, pois seus leitores talvez não encarassem Julião com a mesma simpatia, caso ele vingasse o ataque a Elisa com o homicídio de Carlos.

Assassinatos deste tipo eram frequentes na imprensa brasileira, como antecipa a vingança narrada por Eduard Theodor Bösche, em seus *Quadros alternados*. Sob este aspecto, o ato de Julião não surpreenderia o leitor ou a leitora do *Jornal das Famílias*. Contudo, Machado de Assis talvez não desejasse posicionar os destinatários da narrativa diante do conhecido, mas perante o que ignoravam: em primeiro lugar, a inocência do infrator, enunciada pelo amigo e, depois, por Pio, que contrata um advogado para defendê-lo; em segundo lugar, a exposição de sua ótica, julgando-se culpado, pois entregara-se voluntariamente à justiça, aguardando o julgamento com serenidade.

O conto assume duas perspectivas distintas diante da morte de Elisa resultante do ato criminoso de Julião: para os advogados e na opinião de Pio, é inocente; segundo o próprio perpetrador, é culpado. A alternância de posições reverbera sobre o processo narrativo, pois Machado somente pode dar a palavra ao réu no contexto da narrativa em primeira pessoa do advogado. Esse assume o lugar do sujeito de enunciação, mas não se refere a si mesmo; Julião é narrado em terceira pessoa, após ter confessado sua história ao narrador. Apenas assim o mundo interior do afro-brasileiro poderia ser transmitido aos destinatários leitores ou ouvintes, a saber, por intermédio de uma mediação enunciada por uma personagem pertencente aos segmentos dominantes que, por si mesma, assegurasse não apenas a veracidade do relato, mas a inocência da criatura envolvida em um crime abominável – o filicídio.

Machado delega a primeira pessoa ao advogado, porque, mais que responsável pela defesa de Julião, ele testemunha seu desvelo pela filha, a quem deseja legar um bom pecúlio,[21] bem como sua integridade moral e sensatez

---

21 Em duas oportunidades, o narrador destaca o propósito de Julião, que almeja deixar para a filha um bom pecúlio: no capítulo II, o narrador destaca o caráter "laborioso" da personagem, pois "queria, quando morresse, deixar um pecúlio à filha. Morrer sem deixá-la amparada era o sombrio receio que o perseguia." (v. 7, p. 196); mais adiante, no mesmo capítulo, ficamos sabendo que Julião, ao retornar para casa, pensava "no que lhe faltaria ainda para completar o pecúlio de sua filha" (v. 8, p. 225). Escravizados

diante dos acontecimentos, qualidades reveladas de antemão, quando pergunta a Elisa se se consideraria "a mais infeliz de todas as mulheres", se a ela "faltasse a pureza que recebeste do céu" (v. 8, p. 226).

Impossibilitado de conceder a Julião a oportunidade de narrar a própria história, o que ele faz no tribunal, para o juiz e os jurados, mas não para o leitor, ciente de que esse procedimento talvez fosse repudiado pela audiência do conto, Machado reage com um gesto bem mais audacioso: faz a honra e a dignidade migrarem para as personagens negras e pobres (ou remediadas, se quisermos), igualadas às personagens brancas, ricas, educadas, com experiência urbana e cosmopolita.

A moralidade com que opera Julião eleva-o ao nível das melhores figuras, restando abaixo os ignóbeis, sintetizados por Carlos e seus capangas. Transpondo a caracterização daquelas personagens para a esfera dos conceitos da *Poética*, de Aristóteles, o primeiro corresponderia à classificação dos "homens melhores", o segundo, à dos "homens piores" (Aristóteles, 1980, p. 37). "Homens melhores" protagonizam tragédias, e a filiação de "Virginius" a esse gênero é reconhecida pelo narrador após o diálogo com o prisioneiro a quem deve defender.

A associação de Julião e Carlos aos "objetos" da reprodução, como os categoriza Aristóteles também na *Poética*, permite que se examine a questão da mímese, termo originalmente grego, traduzido por "imitação" (Aristóteles, 1966, p. 69) ou "representação" (Aristóteles, 1980, p. 33). O filósofo não define o que entende por mímese, preferindo expor os modos como ela se expressa e a que tipo de ser vivo traduz – sejam esses melhores, piores ou iguais. Por outro lado, considerando a argumentação proposta no capítulo IV, em que alude ao prazer derivado do reconhecimento, depreende-se que a mímese diz respeito à maior ou menos proximidade entre o representante (a obra de arte) e o representado.

Em "Virginius", até por sua afinidade com o gênero trágico, conforme a pretensão do narrador, há uma elevação – no âmbito da ética, sobretu-

---

tinham direito ao pecúlio, mas a administração dele dependia de seu senhor. Julião é livre ou liberto, o que faculta a ele a posse material e a disposição individual de suas propriedades. A respeito do usufruto do pecúlio por escravizados, cf. Paes, 2014.

do – das personagens centrais: Pio é o melhor dos senhores de escravos, Julião é o escravo agradecido que prefere sacrificar um dos seus a atacar o filho do patrão. Embeleza-se o mundo rural, porque as figuras que se salientam são superiores.

Por outro lado, debaixo deste mundo ideal, sintetizado na fazenda de Pio e nos juízes que condenam Julião a dez anos de prisão, mas não à forca, vigora um sistema atroz e desumano, que provocou as mortes de Elisa e de sua mãe, e onde "senhorzinhos" acham que podem fazer o que querem e bem entendem, acobertados pela falta de legislação e a cumplicidade de capangas e jagunços.

Se o narrador destaca a parte boa desse mundo – os fazendeiros bons e os trabalhadores honestos –, ele não consegue evitar que as fissuras transpareçam, ainda que não as denuncie. Capazes de reconhecê-las seriam os leitores e as leitores a quem o conto é destinado, ao ser publicado no *Jornal das Famílias*. Eles e elas disporiam de suficiente repertório para identificar as falhas, mesmo no sistema perfeito desenhado por Pio e proclamado pelos amigos advogados.

Esta é a aposta que faz Machado de Assis, na qualidade de orquestrador do universo representado: ele espera que as pessoas percebam que, mesmo no melhor dos mundos, situado no campo, logo, distante do provável caos urbano, predomina a ordem da violência, gerando insegurança e infelicidade. Talvez o público do *Jornal das Famílias* não aprovasse a ideia; mas, como competia a cada um dos destinatários da narrativa extrair as conclusões previstas para o enredo apresentado, a responsabilidade recairia sobre o leitorado, e não sobre o escritor.

Para tanto, era preciso contar com o repertório do público, acionado por associação entre a experiência vivida e o relatado no conto. Mas, para garantir essa conexão, o escritor mobilizou ainda um outro repertório, derivado do conhecimento literário, igualmente ativado pela composição da história.

Afro-brasileiros e protagonistas

Machado de Assis, com "Virginius", não inaugurava a representação de personagens afrodescendentes em posição de protagonismo na literatura

Atualidade de Machado de Assis

brasileira. Antes dele, José de Alencar fizera boa figura com duas peças de teatro: a comédia *O demônio familiar*, de 1858, e *Mãe*, de 1860.[22]

As duas obras foram apreciadas por Machado de Assis. A comédia estreara em 1858, e Machado refere-se a ela em "O passado, o presente e o futuro da literatura", quando observa que apenas Alencar fica de fora de sua avaliação da dramaturgia nacional, a seu ver bastante medíocre: "As tentativas do Sr. Alencar tiveram um lisonjeiro sucesso" (Assis, 2008, v. 4, p. 1006).[23] Em 1866, em resenha na Semana Literária, do *Diário do Rio de Janeiro*, expõe sua simpatia por *O demônio familiar*, comparável a *O barbeiro de Sevilha*, de Beaumarchais.[24] Na "Notícia da atual literatura brasileira", de 1873, confirma o entusiasmo das décadas anteriores: "Apareceram então os dramas e comédias do Sr. J. de Alencar, que ocupou o primeiro lugar na nossa escola realista e cujas obras *Demônio Familiar* e *Mãe* são de notável merecimento" (Assis, 2008, v. 4, p. 1.210).

Mãe, por sua vez, provocou seu entusiasmo desde a estreia, como manifesta em resenha de 29 de março de 1860. O artigo traz marcas discursivas peculiares, pois o crítico abre o texto, afiançando sua autoridade para falar do assunto, no caso, a dramaturgia nacional: "conheço o nosso teatro, porque o tenho estudado materialmente". A seguir, registra a "severa imparcialidade"[25] com que trata o tema, o que o eleva acima de seus pares.

---

22 Personagens afro-brasileiras e o escravismo aparecem também em *Calabar* (1858), drama de Agrário de Meneses, e em *Sangue limpo* (1861), de Paulo Eiró. Cf. Sousa, 2012 e Faria, 2013.

23 Publicado originalmente em *A Marmota*, n. 941, em 9 e 23 de abril de 1858. Em 1858, José de Alencar já tinha redigido as peças *A noite de São João* (1857), *Verso e reverso* (1857), *O demônio familiar* (1857), *As asas de um anjo* (1857) e *O crédito* (1857).

24 Assis, Machado de. Semana Literária. In: *Diário do Rio de Janeiro*, Ano XLVI, n. 56, p. 2. 6 de março de 1866. In: http://memoria.bn.br/DocReader/docreader.aspx?bib=094170_02&pasta=ano%20186&pesq=%22Dem%C3%B4nio%20familiar%22. Acesso em: 07 jun 2020.

25 Machado de Assis, Joaquim Maria. Revista Dramática. In: *Diário do Rio de Janeiro*, Ano XL, n. 5, p. 1. 29 de março de 1860. In: http://memoria.bn.br/DocReader/docreader.aspx?bib=094170_02&pasta=ano%20186&pesq=%22Dem%C3%B4nio%20familiar%22. Acesso em: 05 maio 2020. As citações seguintes são extraídas dessa edição.

Legitimado o "lugar de fala" a partir do qual examina a peça de Alencar, afirma que "a peça estava acima do que se esperava". Resume os principais acontecimentos do enredo, destacando sua qualidade, que parece fraquejar ao final, depois de Joana, a personagem-título, se envenenar: "Não é bem acabado este tipo de mãe, que sacrifica as carícias que poderia receber de seu filho, a um escrúpulo de que a sua individualidade o fizesse corar." De resto, celebra a atuação dos atores, vincula a obra ao "teatro da escravidão", em que reconhece a influência do "romance (*A cabana do pai Tomás*) de Harriet Stowe" e conclui a crítica por novo elogio à peça: "A noite foi de regozijo para aqueles que, amando a civilização pátria, estimam que se faça tão bom uso da língua que herdamos. Oxalá que o exemplo se espalhe."

Mãe é uma peça em quatro atos, protagonizados por Jorge e Elisa, casal jovem e apaixonado, Gomes, funcionário público e pai da moça, Peixoto, o agiota que cobra uma dívida de Gomes, Lima, amigo da família, e Joana, escrava de Jorge, negociada pelo rapaz para ajudar o sogro. O *coup de théâtre* é enunciado por Lima, que acusa Jorge de ter vendido a própria mãe para obter o dinheiro necessário, relação que o moço desconhecia, embora a cativa residisse em sua casa. É a descoberta da condição de afro-brasileiro do filho que leva Joana a suicidar-se, o que Machado considerara inverossímil. É também o que motiva Gomes a discriminar o futuro genro, comportamento que se altera ao término da trama.

Seis anos depois de presenciar e avaliar a peça de Alencar, Machado não a admira menos, como se constata em nova resenha da Semana Literária. Ao recordar o lançamento da obra, em 1860, confessa: "assistíamos ao melhor de todos os dramas nacionais até hoje representados; estávamos diante de uma obra verdadeiramente dramática, profundamente humana bem concebida, bem executada, bem concluída."[26]

O crítico elucida as razões de sua predileção:

---

26 Machado de Assis, Joaquim Maria. Semana Literária. In: *Diário do Rio de Janeiro*, Ano XLVI, n. 62, p. 1. 12 de março de 1866. In: http://memoria.bn.br/DocReader/docreader.aspx?bib=094170_02&pasta=ano%20186&pesq=%22horror%20pela%22. Acesso em: 14 jun 2020. As citações seguintes são extraídas desta edição.

a) O drama de Alencar é mais eficiente para inspirar "ao povo o horror pela instituição do cativeiro", sentimento que todos compartilham, mas que, em uma obra de arte, alcança efeito melhor que "todos os discursos que se pudesse proferir no recinto do corpo legislativo", "pela simples impressão que produz no espírito do espectador";

b) A situação da peça, originária da articulação entre "a maternidade na mãe escrava" e do fato de Joana ser "cativa do próprio filho", está muito bem apresentada e concluída. O autor tira "dela todos os efeitos, todas as consequências, todos os lances possíveis", executando-a "com uma consciência e uma inspiração que não nos cansamos de louvar".

O andamento do enredo depende da construção de Joana, cujo filho, que teve com "seu primeiro senhor", foi "perfilhado por um homem que a comprou, apenas nascido o menino" e que o instituiu seu herdeiro. Joana poderia ter informado o filho, agora órfão do pai adotivo, que era sua mãe; não o faz, contudo, o que a eleva à condição de "heroína". Mantém o segredo, "e encerra-se toda na obscuridade da sua abnegação, com receio de que Jorge venha desmerecer diante da sociedade, quando se conhecer a condição e a raça de sua mãe." Esse sacrifício poderia bastar para engrandecê-la; mas ela vai mais longe, "oferecendo-se em holocausto", quando Jorge precisa de dinheiro para ajudar o futuro sogro. Seu plano só não dá certo, porque o Dr. Lima, "único que sabia do nascimento de Jorge", e conhecedor da hipoteca de Joana, "profere essa frase tremenda, que faz estremecer todos os espectadores: 'Desgraçado, tu vendeste tua mãe!'"

Elogiada a composição do drama, cujo "patético nasce de uma situação pungente e verdadeira", o crítico dá vazão às emoções suscitadas pela obra:

> Não diremos, uma por uma, todas as belas cenas deste drama tão superior; demais, seria inútil, pois que ele anda nas mãos de todos. Uma dessas cenas é aquela em que Joana, para salvar o futuro sogro do filho, e, portanto, a felicidade dele, procura convencer ao usurário Peixoto de que deve socorrer o moço, sobre a sua hipoteca pessoal. Nada mais pungente; sob aquele diálogo familiar, palpita o drama, aperta-se o coração, arrasam-se os olhos de lágrimas.

Machado de Assis parece ter redigido "Virginius" sob o persistente impacto de *Mãe*, de José de Alencar. Não passa despercebido o fato de que a filha de Julião compartilha o nome da noiva de Jorge, embora essa identidade disponha de uma trajetória que retrocede à década de 1850, como se observará adiante. Por enquanto, basta lembrar que, à *Mãe*, Machado ofereceu o *Pai*, desdobrado, em seu conto, em duas figuras narrativas – Pio e Julião, colocados em pé de igualdade em decorrência dos sofrimentos provocados pelo comportamento dos filhos. Cabe destacar que, à época em que provavelmente redigiu o conto, Machado experimentava o luto pela recente morte de seu pai, falecido em abril de 1864 e a quem o escritor homenageara com uma missa, celebrada "na matriz do Sacramento".[27]

Diante de *Mãe*, "Virginius" constrói-se por semelhanças e diferenças. Próximas são as situações familiares: o conflito principal decorre da oposição de um filho às determinações de um pai. Julião não é pai de Carlos, mas é, como se anotou, o duplo de Pio. E o choque entre os dois advém da luta por Elisa, desejada pelo rapaz e protegida pelo idoso. Julião não se suicida, mas sacrifica a filha, invertendo os papéis; decisão similar toma Pio, ao exilar o filho nas fronteiras do império, à época da guerra contra o ditador argentino Juan Manuel de Rosas.[28]

---

27 Cf. anúncio publicado no *Diário de Notícias* de 22 de maio de 1864. In: http://memoria. bn.br/DocReader/docreader.aspx?bib=094170_02&pasta=ano%20186&pesq=%22Francisco%20Jos%C3%A9%22. Acesso em: 22 maio 2020. Reproduz-se o anúncio em anexo.

28 Conforme a informação disponibilizada em http://www.machadodeassis.net/, banco de dados amparado pela Fundação Casa de Rui Barbosa, Carlos teria sido enviado para a fronteira sulina, onde se desenrolava o conflito entre o Brasil, aliado do Uruguai, e a Argentina, governada pelo ditador Juan Manuel Ortiz de Rosas: "Tendo em vista que o narrador declara que os acontecimentos se dão na década de 1850, é possível que a alusão seja à Guerra contra Rosas (também chamada às vezes de Guerra do Prata), um conflito que se deu entre as tropas do ditador argentino Juan Manuel Ortiz de Rosas (1793-1877) e as tropas aliadas (Argentina, Brasil e Uruguai), sob o comando do oposicionista argentino, general Justo José Urquiza." In: http://www.machadodeassis.net/dtb_resposta_contos.asp?Selromance=&Selconto=28114&Selcampo=14&Selcondicao=Guerra+contra+Rosas&BtnEnvia.x=40&BtnEnvia.y=11. Acesso em: 14 jun 2020. Cabe acrescentar que, em 1863, começara nova conflagração na região do Prata, a designada Guerra do Uruguai, que opunha políticos dos dois principais partidos da-

Contudo, "Virginius" não repete *Mãe*, destacando-se as diferenças entre os argumentos: ainda que *Mãe* não seja uma peça abolicionista (embora Machado reconheça que ela inspira "o horror pela instituição do cativeiro"), Alencar extrai o *pathos* da condição aparentemente esdrúxula de um filho não apenas ser o proprietário da mãe cativa, mas de vendê-la, para alcançar a quantia necessária para saldar a dívida do sogro. Para preservar o bom mocismo de Jorge, Alencar faz com que seja Joana a sugerir a própria comercialização, ainda que dispusesse de carta de alforria. Além disso, ela esconde a relação familiar, para proteger o filho, que desconhecia sua situação racial. E que, uma vez revelada, compromete efetivamente o futuro do moço, pois ele é afastado de Elisa, apesar de ter ajudado Gomes. O racismo emerge após a exposição da condição de Jorge, o que o rebaixa e aniquila, ainda que, em sua última fala, diante da agonizante Joana, o sogro abençoe o futuro matrimônio do casal.

Sem ser abolicionista, *Mãe* denuncia o racismo e confere à personagem feminina o protagonismo, pois são seus atos que determinam a virada da fortuna que leva à sua morte e à derrocada das certezas do filho. "Virginius" não parece ser um texto abolicionista, nem uma proposta de discussão do racismo. Mas não deixa de trazer à tona os problemas decorrentes da posição rebaixada de afrodescendentes, sejam livres ou escravos, uma vez que o comportamento desregrado e avesso aos princípios de civilidade de Carlos leva à destruição de mais de um lar, como ocorre no drama de Alencar.

O deslocamento da cidade para o campo aproxima o conto dos problemas que experimentavam as populações rurais cativas ou de baixa renda derivadas da supressão do tráfico de africanos para o Brasil e da imposição de leis que limitavam a propriedade e a emancipação por parte de pobres, escravizados ou defesos. Por sua vez, a transferência do papel-chave do enredo da figura materna para a(s) paterna(s) tem outro significado, sobretudo porque, enquanto Joana é escravizada, Pio é um homem livre, e Julião,

---

quele país, os Blancos e os Colorados, aliados esses do Brasil. O confronto estendeu-se até 1865. Vale lembrar ainda que a decisão de Pio antecipa a de Valéria em *Iaiá Garcia*, de 1878, quando ela induz o filho (Jorge) a se engajar nas tropas brasileiras em guerra contra o Paraguai, conflito que se estendeu de 1864 a 1870.

um liberto ou mesmo um afrodescendente nascido livre. À independência de que dispõem (mesmo quando limitada, como se passa com Julião) opõe-se à subalternidade da mãe de Jorge, que compromete a possibilidade de ela, mulher, cometer um ato que seja fruto do livre-arbítrio.

Mesmo dependente ou agregado de Pio, Julião conta com uma margem de ação que falta a Joana. Ambos, porém, querem poupar os filhos, e não se diferenciam muito os valores que almejam preservar: a honra e a autonomia de Elisa, que, amante de Carlos, degringolaria para a prostituição; o reconhecimento social de Jorge, que, denunciado como descendente de uma escravizada, regrediria – como regrediu – aos olhos de seus pares, a começar pelo sogro.

Julião, porém, pode decidir o que fazer com a filha, e Joana só pode agir sobre si mesma. As vítimas são, nos dois casos, mulheres negras, escravizadas ou não, submissas a um poder paterno que não se dissipa, mesmo quando seu agente pertence à condição étnica rebaixada na sociedade brasileira. A personagem que dispõe de maior poder para atuar é Pio, não por outra razão *Pai de todos*. Contudo, seus limites são notórios: cinge-se a colaborar com a defesa de Julião, cuja pena de dez anos na prisão é considerada tolerável por todas as personagens, e a expulsar o filho do convívio na fazenda, punição julgada necessária, mas provavelmente insuficiente para evitar, no *day after*, seu retorno à posição de proprietário e senhor de escravos.

Um tipo de paternalismo está em questão no conto de Machado de Assis. Não sendo manifestação abolicionista, nem denúncia do racismo, "Virginius" debate o alcance das ações paternas em uma época em que começavam a ruir as pretensões patrimonialistas dos segmentos que embasavam a vida social e econômica do país. O patriarcado rural, sinônimo de poder político, soberano até o começo da década de 1850 (o "tempo Saquarema" a que Ilmar Rohloff de Mattos - 1987 - se refere), perdia aos poucos o controle da situação, e Machado de Assis parece intuir as mudanças que ocorriam não apenas na cidade, mas também no campo.

Não por outra razão Carlos, o agente dessas alterações, perceptíveis à sensibilidade dos mais atentos como o então jovem escritor (Machado tinha 25 anos na época, idade que o aproximava etariamente do vilão de "Virginius"), transforma radicalmente sua personalidade, ao passar pela cidade e pela academia, retornando, depois, ao campo. Como comenta o narrador, "uma esponja se passara sobre a vida anterior" (v. 7, p. 197). Mas ele não retorna mais culto, nem mais "iluminado", como se esperaria de um rapaz que frequentou a Faculdade de Direito. Pelo contrário, mostra-se mais devastador, "bárbaro", e consciente de seus poderes diante dos dependentes, mesmo quando livres ou libertos.

Carlos é o avesso do Jorge da peça de Alencar, porque, se esse descobre que descende de escravizados, aquele se conscientiza de que seu poder é absoluto. Não enquanto vive seu pai, que, contudo, pouco faz para enquadrar o filho, a não ser nas últimas linhas do relato. Tarde demais, como se sabe, porque Pio age apenas após a malfeitoria do herdeiro. Por isso, resta a esse último a melancolia do encerramento da narrativa, compartilhada por Julião, que assiste, pela segunda e, provavelmente, derradeira vez, à violência dos poderosos atingindo sua família, o que o deixa sem descendência, encerrando um ciclo, o da dependência confiável, ficando como legado não mais a harmonia ou a conciliação, mas, talvez, o acirramento dos conflitos e o confronto direto.

Direitos humanos

O futuro proprietário da fazenda de Pio teve oportunidade de deslocar-se para um centro urbano e frequentar a Faculdade de Direito, presumivelmente a de São Paulo, mais próxima de suas terras. Deve ter estudado Direito Civil, disciplina pertencente ao currículo desde a fundação daquela instituição, em 1827, ministrada no terceiro e no quarto ano da trajetória escolar dos acadêmicos (Roberto, 2008, p. 432). A obra de referência da disciplina costumava ser *Instituições do Direito Civil Brasileiro*, de Lourenço Trigo de Loureiro, que, fugido de Portugal à época da invasão napoleônica, radicara-se no Brasil. Era um manual bastante popular, utilizado em sala de aula pelo menos até 1880 (Roberto, 2008, p. 433; Paes, 2014, p. 33). Também deve ter sido apresentado aos dois volumes da *Consolidação das Leis Civis*, de Augusto Teixeira de Freitas.

Essas obras não questionam o direito de propriedade dos senhores sobre a mercadoria humana originária da África ou descendente daquela. Reconhecem alguns direitos dos escravizados, muito estreitos, porém, como explicita a pesquisa de Mariana Paes:

> [...] os escravos brasileiros, pelo menos a partir da década de 1860, eram considerados pessoas, sujeitos de direitos e, por isso mesmo, entes providos de personalidade jurídica. A abrangência de sua personalidade jurídica, entretanto, era bastante limitada e precária. Pelo menos formalmente, muitos dos direitos a eles reconhecidos dependiam da autorização de seus senhores e a grande maioria deles gozava de pouca exigibilidade judicial. Assim, os escravos dispunham de direito de ação, mas eram obrigados a nomear curador e, em alguns casos, pedir vênia; tinham direito a constituir família e a mantê-la unida, porém, da família escrava, não derivavam os efeitos civis regulares do direito de família; podiam adquirir propriedade, contudo, necessitavam, ao menos formalmente, da autorização do senhor; eram providos de capacidade contratual, todavia, os contratos por eles realizados poderiam ser exigidos judicialmente apenas de maneira precária; não podiam suceder em nenhuma hipótese, até 1871, e, mesmo após essa data, só o podiam em hipóteses muito restritivas (Paes, 2014, p. 216).

Pode-se cogitar que, se, na infância, o garoto Carlos dividiu brincadeiras com Elisa "naquela comunhão da infância que não conhece desigualdades nem condições" (v. 7, p. 196), na idade adulta deve ter-se convencido de que aquela pessoa de pele escura não era igual a ele, mesmo que não fosse escravizada.

Na qualidade de bacharel, Carlos parece fazer o contraponto aos advogados bonzinhos que acreditam na inocência de Julião. Ou que, pelo menos, não o incriminam por ter martirizado a filha em nome de sua pureza. Mas Carlos, além de diplomado em Direito, é proprietário e pertence ao grupo economicamente mais elevado da sociedade representada, já que o narrador é advogado que parece abonado, mas vive das causas que aceita, e seu amigo, que prefere a vida agrícola aos tribunais, não é dono de terras que rivalizem com as do *Pai de todos*.

Esse, por sua vez, prepara o filho para um posto condizente com sua formação e posses, já que espera que "seguisse uma carreira política, administrativa ou judiciária" (v. 8, p. 223). Seu destino, portanto, deveria coincidir o que vinha sendo traçado para a elite nacional: origem rural, herdeiro de grandes propriedades, membro do Parlamento, eventualmente ministro de Estado. O projeto falha – pelo menos, até o final da narrativa – porque o pai, decepcionado, manda o filho para longe. O gesto de Pio pode derivar de outro tipo de projeto político – aquele que leva em conta a humanidade de seus subordinados, acolhendo-os quando são boas pessoas, regenerando-os quando se comportam mal. Contudo, sua fazenda, onde impera a justiça emanada das atitudes benévolas do *Pai de todos*, não é o espaço do Direito, e, sim, o do sentimento – a simpatia, a compaixão, o reconhecimento e a identificação com o sofrimento alheio, a reciprocidade.

Pio busca garantir a igualdade entre os seus, ainda que não a converta em lei. Ou melhor, é uma lei que provém do coração, não da razão. Sentimentos são compartilhados, eles irmanam as pessoas, e, assim, cultiva-se a igualdade. Essa afiança a fraternidade, mas não a liberdade.

Igualdade e fraternidade podem ser praticadas, porque dependem da boa vontade das pessoas; mas liberdade só existe no plano da legalidade. Pio admite as primeiras, mas não dispõe de poder para legalizar a liberdade, só a de alguns de seus cativos, de modo que a dependência não é apenas uma condição social e econômica, mas também jurídica. Mesmo nos casos em que é alcançada entre alforriados e nascidos livres, estatuto experimentado por Julião e Elisa, a liberdade tem alcance limitado: uma liberdade que não liberta. Por essa razão, Julião permanece na fazenda, pois, com ou sem Elisa, não tem para onde ir, sem comprometer sua posição de indivíduo livre, já que sujeito a ser confundido com escravos e, outra ou pela primeira vez, tornado cativo.

Igualdade e liberdade amparam a *Declaração dos Direitos do Homem e do Cidadão*, elaborada pelos revolucionários franceses em 1789, e são ideias reiteradas na Constituição aprovada pela Assembleia Nacional de 1791. Fraternidade é um conceito ausente da *Declaração*, mas afirmado na Constituição (Comparato, 2003), compondo um conjunto de valores que se disseminou no tempo e no espaço, não só porque fosse um ideal político, mas porque coincidia com uma vivência que, a se julgar pela pesquisa desenvolvida por Lynn Hunt, se espraiava no século XVIII – a da compaixão (Hunt, 2009).

A noção de direitos humanos expande-se na segunda metade do século XVIII, e é afiançada, antes do documento oriundo da França, pela *Declaração de Independência*, redigida por Thomas Jefferson e secundada por seus conterrâneos, em luta por livrar as Treze Colônias do jugo britânico. Para os *Founding Fathers* da nação norte-americana, todos os homens são "criados iguais" e dotados de "certos direitos inalienáveis, que entre estes estão a vida, a liberdade e a procura da felicidade".[29] A liberdade é inerente ao ser humano, como proclama Jean-Jacques Rousseau na frase de abertura de *O contrato social*, de 1762: "O homem nasceu livre, e em toda parte se encontra sob ferros" (Rousseau, 1762, p. 3). Emanuel Kant, no artigo de 1784 publicado no *Berlinische Monatschift*, em que responde à pergunta "O que é o Esclarecimento (*Aufklärung*)?", destaca a importância da liberdade e da autonomia da pessoa, para essa alcançar sua maturidade e a sociedade progredir: "um grau mais elevado de liberdade civil parece vantajoso para a liberdade de *espírito* do povo", apregoa ele.[30]

Lynn Hunt, contudo, não se satisfaz em rastrear o caminho que percorrem as ideias filosóficas até chegar aos documentos fundadores das pátrias norte-americana e francesa. Interessa-lhe também entender como essas noções puderam se difundir no século XVIII em meio aos grupos letrados. Sob esse aspecto, destaca o impacto do romance *Júlia, ou a Nova Heloísa* (1761), de Jean-Jacques Rousseau,[31] obra que, segundo Hunt, "predispôs os seus leitores para uma nova forma de empatia". O tema principal do livro não são os "direitos humanos", mas "paixão, amor e virtude", o que motivava "uma identificação extremamente intensa com os personagens e com isso tornava os leitores capazes de sentir empatia além das fronteiras de classe, sexo e nação". Comenta a autora:

> Os leitores do século XVIII, como as pessoas antes deles, sentiam empatia por aqueles que lhes eram próximos e por aqueles que eram muito obviamente seus semelhantes – as suas famílias imediatas, os seus parentes, as pessoas de sua paróquia, os seus

---

29 "A Declaração de Independência dos Estados Unidos da América". In: http://www.ar-qnet.pt/portal/teoria/declaracao_vport.html. Acesso em: 08 jun 2020.

30 KANT, Immanuel. "Que é Esclarecimento?" ou "Resposta à pergunta O que são as Luzes". In: http://thomasvconti.com.br/2013/immanuel-kant-que-e-esclarecimento/. Acesso em: 08 jun 2020.

31 Sobre o impacto de Jean-Jacques Rousseau sobre o público leitor, cf. Darnton, 1985, p. 215-256.

iguais sociais costumeiros em geral. Mas as pessoas do século XVIII tiveram de aprender a sentir empatia cruzando fronteiras mais amplamente definidas (Hunt, 2009, p. 38).

Não é difícil perceber que, em "Virginius", Machado lida com sentimento similar: ao invés de se referir ao "escravo mau vindo do Norte", acepção que predominava entre os grupos dominantes de pessoas livres, conforme destaca Celia Azevedo, o escritor fluminense não apenas estabelece uma paridade entre Pio e Julião, a partir de sua condição de pais que perderam os filhos e experimentam a senioridade melancólica, igualando-se no sentimento, a despeito de suas diferenças sociais e étnicas. Ele também conduz o público a se compadecer com a situação do pai de Elisa desde o início da narrativa, já que sua viuvez se deve a um ato de violência, provavelmente similar àquele que abateria a filha, até seu julgamento, diante de um júri formado por homens brancos e, certamente, proprietários.

Por isso, é importante que a emoção esteja presente na sala em que Julião é julgado. É o que transparece nas palavras do narrador, que anota: "auditório, jurados, juiz e promotor, todos tinham pregados no réu olhos de simpatia, admiração e compaixão". O promotor, da sua parte, ao "pedir a pena para o réu", mostrou-se "envergonhado de estar trêmulo e comovido" (v. 8, p. 230). Durante a perora do advogado de defesa, "as mais ruidosas provas de adesão surgiam no meio do silêncio geral", sendo que, ao concluí-la, "dois homens invadiram a sala e abraçaram-[no] comovidos: o fazendeiro e o [s]eu amigo". Por último, os jurados, ao condenar Julião a "dez anos de prisão" por um crime que possivelmente o levasse à forca, teriam "ouvido a lei, e igualmente, talvez, o coração" (v. 8, p. 231).

O sentimento, aquele que Carlos perdera em sua passagem pela cidade, atravessa as atitudes das pessoas envolvidas no processo de Julião, a começar por Pio, que contrata um causídico presumivelmente renomado para defender o réu. O envolvimento emocional que todos experimentam não apenas os aproxima, mas os iguala, em uma cena que antecipa e reproduz o comportamento do público leitor.

O *Jornal das Famílias* constituía um periódico voltado, desde o título, à audiência doméstica, destacando-se a valorização das destinatárias mulheres, haja vista as seções reservadas à moda e à reprodução de partituras de peças musicais para serem executadas em serões caseiros (Silveira,2005; Pinheiro, 2007; Hora, 2017). Contar com a adesão das leitoras é fundamental para este projeto, pois traz o debate sobre a "humanidade" do escravizado, ex-escravizado ou liberto para o interior do lar, envolvendo adultos e crianças, pessoas livres e cativas, brancos e afrodescendentes, e isso no contexto da vida urbana, a que corrompeu o até a juventude boa gente Carlos.

O jogo intertextual colabora para a equiparação entre Pio (ou a classe dominante) e Julião (ou os afrodescendentes subalternos). No interior da narrativa, o advogado compara a ação do pai de Elisa à do romano Virginius, explicitando, neste ponto do relato, o título do conto. Figura presente na obra de Tito Lívio, o decênviro preferira, como Julião, sacrificar a filha, Virgínia, a aceitar que fosse escravizada e submissa a Ápio Cláudio.

Um decênviro era um magistrado na Roma republicana, época em que se passa o episódio. Suas funções estendiam-se "desde atividades de fiscalização, até a edição extraordinária de leis",[32] atuando, portanto, no âmbito da Justiça. No episódio narrado por Tito Lívio,[33] a morte de Virgínia inscreve-se em uma luta política, em que os decênviros vinham extrapolando seu poder, de modo que não se tratava apenas de um caso particular, mas de um gesto capaz de gerar alterações na ordem do comando do Estado à época da República romana.

Conhecedor do episódio, o narrador adiciona um comentário:

> No caso de Julião não haviam (sic) decênviros para abater nem cônsules para levantar; mas havia a moral ultrajada e a malvadez triunfante. Infelizmente estão ainda longe, esta da geral repulsão, aquela do respeito universal (v. 8, p. 228).

Ou seja, no horizonte que se apresentava aos olhos dos narrador, em 1864, provavelmente, ainda não se poderia identificar o efeito político do

---

32 "Decenvirato". In: https://pt.wikipedia.org/wiki/Decenvirato#:~:text=Um%2 0dec% C3%AAnviro%20ou%20decenvirato%20era,as%20magistraturas%20do%20cursus%20honorum.. Acesso em: 30 mai 2020.

33 O episódio é narrado em *Ab urbe condita* (27-25 a. C.), em que Tito Lívio relata a história de Roma desde o século VIII a. C., período tido como o de fundação daquela cidade.

Atualidade de Machado de Assis

gesto de Julião. Havia, sim, uma lição a tirar, mas com resultados relativos, já que a "malvadez ultrajante" ainda não era objeto de "geral repulsão", nem a "moral ultrajada" (especialmente no caso de um homem negro, de poucos recursos financeiros e subalterno), de "respeito universal".

Parece importante o emprego, neste ponto do relato, do adjetivo "universal", porque é este o conceito que embasa as declarações dos direitos humanos, como aponta Lynn Hunt, e que Machado parece transpor para o contexto de sua narrativa. A ausência do "respeito universal" produz a tragédia; por essa razão, o narrador prefere, neste ponto do relato, aproximar a história que ouve, exposta por Julião, não mais ao "romance", como originalmente acreditara, mas à tragédia, gênero, aliás, antecipado ao caracterizar os protagonistas masculinos como "homens melhores": "não era romance, era tragédia o que eu acabava de ouvir" (v. 8, p. 227).

A alusão à tragédia pode não ter partido apenas do conhecimento literário do advogado, de resto um indivíduo com veleidades artísticas. O episódio original fora relatado por um historiador romano do fim da República, mas, desde a Idade Média, migrara para a literatura, aparecendo no *Roman de la Rose*, do século XIII e, depois, em um dos *Canterbury Tales*, de Geoffrey Chaucer, do século XIV, para, mais adiante, fomentar a dramaturgia dos períodos elizabetano e da Restauração, quando é assunto da peça *Appius and Virginia*, de John Webster. Na mesma época, William Shakespeare recorre a Virginius e sua filha no desfecho de *Tito Andrônico*. Em 1820, James Sheridan Knowles escreve a versão provavelmente mais popular da história, a tragédia *Virginius*, publicada em várias edições e encenada com frequência na Inglaterra do século XIX.

Não surpreende que Machado de Assis incorpore o elemento principal da trama – a atitude de um pai que, para preservar a honra e a dignidade da filha, mata-a publicamente –, evidenciando sua longevidade literária, ainda que, no seu caso, não a adaptando para o teatro, como fizeram os antecessores, mas para a narrativa. Talvez pudesse fazê-lo, já que, na década em que o conto é publicado, dedicava-se intensamente ao teatro, como chama a atenção Jean-Michel Massa (Massa, 2008). Contudo, suas peças não eram históricas, tendo aderido ao na época designado "teatro realista", afinado com temas contemporâneos.

Machado pode ter sido apresentado à história do decênviro Virginius e de sua filha, ao ler a *História de Roma* de Tito Lívio. A obra consta de sua biblioteca em tradução para o francês em quatro volumes, mas a edição catalogada por Jean-Michel Massa data de 1867, posterior, pois, à de "Virginius" (Massa, 2001, p. 40). Suas edições de Shakespeare, primeiramente em língua francesa, e depois em inglês, remontam a 1868, de modo que não é possível afirmar que tenha lido os livros daqueles autores antes de redigir seu conto. J. S. Knowles, por sua vez, popular no Hemisfério Norte, era ignorado no Brasil, desconhecimento que se pode estender a Machado de Assis.[34]

Há, contudo, outra obra que repercute na construção de "Virginius" e que, nascida nos Estados Unidos, obteve grande sucesso não apenas entre os norte-americanos, mas também em países europeus, desembarcando na América Latina: *A cabana do pai Tomás*. Machado alude à obra de Harriet Beecher Stowe na resenha de *Mãe*, de José de Alencar, que, da sua parte, identifica Jorge e Elisa ao casal enamorado, em evidente homenagem aos "jovens escravos fugitivos da *Cabana do pai Tomás*, George e Elisa" (Guimarães, 2013, p. 425).

A obra *A cabana do Pai Tomás* foi originalmente impressa no formato de folhetim, em *The National Era*, jornal de Washington. A publicação iniciou em 5 de junho de 1851, estendendo-se até 1 de abril de 1852 e ocupando 41 semanas. Nesse período, alcançou um público de aproximadamente 50 mil pessoas.[35] O livro foi lançado em 1852 e rapidamente se tornou um *best-seller*, tendo vendido, no primeiro ano de circulação, mais de 300 mil cópias. Na Inglaterra, chegou a 1.500.000 volumes comercializados, e logo começou a ser traduzido para outras línguas.[36]

---

34 Atílio Bergamini Junior (2013, p. 148-159) examina a presença do *Virginius* de James Sheridan Knowles na composição do conto de Machado de Assis. A comparação inclui um cotejo com *Emila Galotti*, de Gotthold Ephraim Lessing, drama em que se identifica a presença da história narrada por Tito Lívio.

35 Uncle Tom's Serialization: *The National Era* Text. In: http://utc.iath.virginia.edu/uncle-tom/erahp.html. Acesso em: 30 mai 2020.

36 *Uncle Tom's Cabin*. In: https://www.harrietbeecherstowecenter.org/harriet-beecher-stowe/uncle-toms-cabin/. Acesso em: 30 mai 2020.

Atualidade de Machado de Assis

A edição em português foi impressa em Paris,[37] e sua circulação no Brasil sofreu severas restrições da censura e da polícia, o que, conforme pesquisa de Danilo José Zioni Ferretti, não impediu que o livro fosse comercializado em diferentes regiões do país:

> No Brasil, a edição Rey e Belhatte circulou amplamente. Ela foi das primeiras a chegar ao país, sendo mencionada nos anúncios de jornais de São Luis do Maranhão já em agosto de 1853.[38] Encontramos traços seus em outras regiões: na Bahia, confundida no depoimento visto de George Dunham, ela parece ter sido proibida, em Recife compunha o acervo do Gabinete Português de Leitura, no Rio de Janeiro, ela era vendida em 1858 e constavam dois exemplares no catálogo do Gabinete Português de Leitura e outros tantos no da Biblioteca Municipal, de 1878. Em São Paulo, era vendida na loja do *Correio Paulistano*. Em Fortaleza, era vendida na livraria de J. José de Oliveira e Cia., e o era até na pequena Bananal, importante centro produtor de café do Vale do Paraíba paulista (Ferretti, 2017).

Não surpreende, pois, que o romance tenha inspirado artistas e intelectuais brasileiros, a exemplo de Nísia Floresta, que, de 14 de março a 30 de junho de 1855, publicou, em partes, a novela *Páginas de uma vida obscura* no quinzenário *O Brasil Ilustrado*. Celso Thomas Castilho resume o conteúdo da narrativa, centrada "em Domingos, nascido no Congo e o 'Tom brasileiro', que exemplificava os atributos da virtude e da resignação cristã encontrada na internacionalmente famosa novela de Stowe."[39] O preito à autora norte-americana aparece no último segmento do relato:

---

37 Danilo José Zioni Ferretti (2017) reproduz a imprenta do livro: *A cabana do pai Thomaz ou a vida dos pretos na America*. Romance moral. Escripto em inglez por Mrs. Harriet Beecher Stowe, e traduzido em portuguez por Francisco Ladislau Alvares d'Andrada. Em 2 tomos. Paris, Rey & Belhatte, mercadores de livros, Quais des Augustins, 45, 1853. Manteve-se a ortografia original.

38 Relativamente à circulação de *A cabana do pai Tomás* no Maranhão, cf. Sousa, 2017.

39 CASTILHO, Celso Thomas. The Press and Brazilian Narratives of *Uncle Tom's Cabin*: Slavery and the Public Sphere in Rio de Janeiro, ca. 1855. *The Americas*. V. 76,

> O branco estendeu a mão ao negro às portas da eternidade, onde ia breve baixar, não o descuidoso filantropo *St. Claire* (*sic*) deixando o mártir *Tom* exposto aos horrores do cativeiro de bárbaro senhor, mas sim o *Tom* brasileiro, cuja vida de mais duras provanças, ou antes de mais extraordinária fidelidade da que foi a do seu contemporâneo da União, interessaria duplicadamente ao leitor se fosse escrita pela insigne pena de Mr. (*sic*) Stowe.
>
> Lá o escravo negro cristão havia sobrevivido ao branco senhor, negligente em recompensá-lo e honrar a sua memória eternizando as suas virtudes![40]

Pode-se entender, pois, "Virginius" como o tributo de Machado de Assis à obra de Beecher Stowe, de quem era admirador, como sugere não apenas a crônica dedicada à peça de Alencar, mas também a crítica ao drama *Cancros sociais*, de Maria Ribeiro, como lembra Hélio Guimarães (2013, p. 425).[41] Mas *A cabana do pai Tomás* foi um dos pilares não apenas da luta

---

n. 1, jan. 2019, p. 77-106. https://www.cambridge.org/core/journals/americas/article/press-and-brazilian-narratives-of-uncle-toms-cabin-slavery-and-the-public-sphere--in-rio-de-janeiro-ca-1855/BC0D856C7C77BD2F2F9AA4B16935F529. Acesso em: 12 abr 2020. Sobre as aproximações entre *A cabana do pai Tomás* e *Páginas de uma vida obscura*, cf. também Maia (2016) e Ribeiro (2014).

40 AUGUSTA, [Nisia Floresta] Brasileira. *Páginas de uma vida obscura. O Brasil Ilustrado*. V. 1, n. 4. p. 64. In: http://memoria.bn.br/pdf/706817/per706817_1855_B00004.pdf. Acesso em: 10 jun 2020. Cf. versão atualizada do texto em Floresta (2009, p. 81). No *Opúsculo humanitário*, de 1853, Nísia Floresta externa sua admiração por Harriet Beecher Stowe, a seu ver, o "mais perfeito modelo que se pode apresentar a todas as mulheres." (Floresta, 1989, p. 41).

41 A crítica à encenação de *Cancros sociais*, de Maria Ribeiro, foi publicada em 16 de maio de 1865, no Folhetim do *Diário do Rio de Janeiro*, Ano XLV, n. 119, p. 1. In: http://memoria.bn.br/DocReader/docreader.aspx?bib=094170_02&pasta=ano%20186&pesq=%22Cancros%20sociais%22. Acesso em: 15 jun 2020. Após comparar *Cancros sociais* à peça anterior de Maria Ribeiro, *Gabriela*, e considerá-la superior à precedente, escreve Machado: "O novo drama é ainda um protesto contra a escravidão. Apraz-nos ver uma senhora tratar do assunto que outra senhora de nomeada universal, Mrs. Beecher Stowe, iniciou com mão de mestre." Na sequência, o folhetinista coteja *Cancros sociais* com *Mãe*, de José de Alencar, uma vez que as duas obras abordam a situação de mulheres escravizadas que têm filhos com homens brancos e são obrigadas

abolicionista, mas também do fortalecimento do discurso relativo aos direitos humanos, não porque reproduzia seus princípios, mas porque humanizava as personagens escravizadas.

Com efeito, como observa Ana Stevenson, não foi a retórica dos direitos humanos que predominou nos Estados Unidos no período anterior à Guerra de Secessão (1861-1864), mas a exposição das virtudes das vítimas do sistema escravocrata: "Para os abolicionistas, simpatia e sentimentalismo – mais do que referências diretas aos direitos humanos – eram seguidamente o ponto de partida para argumentos que justificavam a humanidade dos escravizados" (Stevenson, 2017, p. 415. Tradução nossa).[42] A pesquisadora complementa:

> Já que a teoria dos direitos naturais, racismo científico e religião eram usados para desumanizar os escravizados, abolicionistas brancos e pretos, incluindo ex-escravos, empregaram os meios impressos em expansão para asseverar a humanidade dos escravos por meio de um imaginário visceral em apelos humanitários sentimentais.

Para tanto, "estratégias literárias focadas na proclamação da humanidade dos escravizados eram consideradas muito mais úteis que a retórica dos direitos humanos." É sugestivo que o título do primeiro capítulo de *A cabana do pai Tomás* invoque o leitor, informando-o que será apresentado a um "homem muito humano" (Stowe, 1853, tomo 1, p. 1). Os direitos humanos são lembrados apenas no capítulo 19, que abre o segundo volume do romance na edição em português. Nesse ponto da narrativa, Augustine St-Clare e Miss Ophelia conversam sobre a escravidão, e o primeiro chama

---

a negar a maternidade. Na "Semana Literária" de 03 de abril de 1866, o autor volta a abordar a peça, ao anunciar sua publicação em livro. Cf. *Diário do Rio de Janeiro*, Ano XLVI, n. 79, p. 2. 03 de abril de 1866. In: http://memoria.bn.br/DocReader/docreader. aspx?bib=094170_02&pasta=ano%20186&pesq=%22Cancros%20sociais%22. Acesso em: 15 jun 2020.

42 As demais citações provêm dessa edição.

a atenção para o fato de a escravatura constituir "a violação mais palpável, mais audaciosa dos direitos humanos" (Stowe, 1853, tomo 2, p. 38).

A obra, porém, não precisou desenvolver o conceito, para que afetasse profundamente seus leitores, com efeitos na literatura nacional, a exemplo de *Páginas de uma vida obscura* de Nísia Floresta, da sua parte, militante do movimento feminista em gestação. Domingos, o protagonista da narrativa, é o homem bom e cheio de sentimentos, que, tal como seu correspondente norte-americano, padece a dor da separação e é objeto da brutalidade injustificada de alguns de seus senhores.

Pode-se cogitar, é claro, que o discurso dos direitos humanos, no modo como foi enunciado na declaração francesa de 1789, ou, pouco antes, na nascente nação norte-americana, só alcançou os letrados brasileiros aproximadamente cem anos depois de sua primeira formulação entre os *Founding Fathers,* ou 75 anos após o movimento subsequente à derrubada da Bastilha, em Paris. A hipótese, porém, não se sustenta, já que os inquisidores que, em 1794, promoviam as devassas contra a Sociedade Literária do Rio de Janeiro, acusavam seu líder, Silva Alvarenga, de "tratar com desprezo o poder e a autoridade dos príncipes, louvando os princípios que estabelecem uma liberdade ilimitada, de fato adotados pela revolução francesa" (Autos da devassa, 2002, p. 201-202). Antes deles, os inconfidentes de Vila Rica, de 1789, procuraram estabelecer uma ponte com os revolucionários norte-americanos de 1776 (Silva, 1986, v. VIII, p. 342-343; Maxwell, 2015) .

Por outro lado, a liberdade proclamada nos dois movimentos (haja vista a inscrição na bandeira adotada pelos inconfidentes, *Libertas quae sera tamen*, sugerida por Alvarenga Peixoto), aliás abortados pelas forças metropolitanas da repressão, não incluía a emancipação dos escravos em suas pautas reivindicatórias: "só os negros nascidos no Brasil e os mulatos seriam libertados no interesse da defesa do Estado" (Maxwell, 2015). Ainda que provavelmente conhecessem os documentos fundadores dos direitos humanos, já que o *Recueil des lois constitutives des États-Unis* circulava entre os conjurados, ficavam de fora ideais abolicionistas ou mesmo a discussão da escravidão, conteúdo esse de duas de suas leituras prediletas, *O contrato social*, de Jean-Jacques Rousseau, e a *Histoire philosophique et politique des établissements & du commerce des européens dans les deux Indes,* do abade Guillaume-Thomas François Raynal.[43]

O panorama é distinto entre os conjurados baianos de 1798, a maioria deles constituída por ex-escravizados e pessoas da classe trabalhadora. O princípio da igualdade, ao lado da ideia de liberdade, apresenta-se desde o refrão do Hino da Confederação dos Búzios: "Igualdade, e liberdade, / No Sacrário da razão, / Ao lado da sã justiça / Preenchem o meu coração."[44] Por sua vez, os direitos são invocados na quarta estrofe:

> Estes povos venturozos
> Levantando soltos os braços,
> Desfeitos em mil pedaços
> Feros grilhoens vergonhosos,
> Juraram viver ditozos,
> Izentos da vil cobiça
> Da impostura, e da preguiça
> Respeitando os Seos Direitos,
> Alegres e satisfeitos
> Ao lado da sã Justiça.[45]

A Conjuração Baiana, ou dos Búzios, também conhecida como dos Alfaiates, permaneceu obscurecida na história brasileira por muito tempo.

---

43 Segundo Junia Teixeira Furtado e Heloisa Murgel Starling (2015), a *Histoire philosophique des établissements et du commerce des Européens dans les deux Indes* foi "provavelmente o mais popular de todos os livros de difusão dos princípios políticos das Luzes". Erivaldo Fagundes Neves reitera a informação: "A *Histoire philosophique et politique* do abade Raynal, de 1772, com sucessivas edições, foi a obra mais lida pelos intelectuais brasileiros de final do século XVIII, envolvidos em movimentos emancipacionistas." (Neves, 2019, e-book, não paginado).

44 Em "A sedução da liberdade: cotidiano e contestação política no final do século XVIII", István Jancsó (1997, p. 411) destaca a atuação de Francisco Muniz Barreto Aragão, autor do poema que figura como provável hino dos conjurados baianos de 1798. Cf. também Neves, 2019.

45 Hino da Conjuração dos Búzios. In: *Revolta dos búzios.* http://alfaiatesebuzios.blogspot. com/p/hino-da-conjuracao.html. Acesso em: 02 abr 2019. Manteve-se a ortografia original.

Foi sucedida, como sugere Heloísa Starling (2018), pela rebelião pernambucana de 1817, que assimilou projetos revolucionários como os que ampararam os movimentos na França, em 1789, e em São Domingos (Haiti), em 1791. Mas, "como os conspiradores de Minas em 1789, os republicanos de Pernambuco de 1817 não tinham nenhuma intenção de alterar as estruturas sociais" (Silva, 1986, v. V, VIII, p. 385).

A separação política de Portugal, em 1822, requereu a aprovação de uma constituição responsável pela organização do novo Estado. Os debates no parlamento incluíram a hipótese de conceder cidadania aos africanos libertos ou importados ilegalmente, destacando-se o posicionamento de José da Silva Lisboa, o futuro Visconde de Cairu, que apoiava o movimento de inclusão dos grupos étnicos de ascendência africana, desde que livres ou libertos (Florence, 2002, p. 10 e seguintes).

A *Semana Ilustrada*, periódico comprometido com o debate abolicionista, transcreve, em 21 de junho de 1874, a exposição de motivos daquele político à época. Após argumentar que, "como neste ano se há de tratar nas câmaras legislativas da *questão do elemento servil*", o periódico, fiel ao propósito de, na condição de "folha política", "recorrer a tudo quanto já se tem dito e feito a respeito" daquele ponto, reproduz um trecho "que já em 1823 foi exibido pelo deputado Silva Lisboa na sessão de 30 de setembro, presidida pelo Sr. Barão de Santo Amaro". Segue-se a manifestação do deputado, propondo que declara "ser cidadão brasileiro, não só o escravo que obteve de seu senhor a carta de alforria, mas também porque adquiriu a liberdade por qualquer título legítimo".[46]

Aos escravizados é recusada a cidadania, reservada, conforme a constituição implantada em 1824 por ato do imperador Pedro I, aos nascidos no Brasil "ingênuos ou libertos" (Nogueira, 2012, v. 1, p. 66). A essas pessoas garantem-se liberdade, segurança e propriedade, como discrimina o Art. 179: "A inviolabilidade dos Direitos Civis, e Políticos dos Cidadãos Brasileiros,

---

46 Badaladas. *Semana Ilustrada*, Ano XIV, n. 706, p. 5.647. 21 de junho de 1874. In: http://memoria.bn.br/DocReader/docreader.aspx?bib=702951&pasta=ano%20187&pesq=%22Silva%20Lisboa%22.

que têm por base a liberdade, a segurança individual, e a propriedade, é garantida pela Constituição do Império" (Nogueira, 2012, v. 1, p. 85).

Temas como liberdade e direitos civis estavam presentes na sociedade brasileira pós-independência.[47] E, mesmo não condenado pelo Estado, o escravismo figurava entre as questões debatidas pelos intelectuais atuantes à época do primeiro Romantismo, cujas manifestações datam da década de 1830. Assim, no "Ensaio sobre a história da literatura do Brasil", publicado na revista *Niterói* em 1836 e texto fundador da historiografia nacional da literatura, Gonçalves de Magalhães acusa a "escravidão" de prejudicar o "desenvolvimento da indústria, e das artes", além de "perniciosa à moral" (Magalhães, 1836, p. 141), impedindo a marcha do progresso e o engrandecimento do país.

De um lado, o escravismo a assombrar nossos intelectuais, ainda que não necessariamente provocando revolta. Teixeira e Sousa, por exemplo, no poema narrativo *Os três dias de um noivado*, prefere colocar o protesto na voz do indígena Corimbaba, que expressa sua indignação diante do preconceito que julga as pessoas a partir da cor de sua pele:

> - Não vi mais que a injustiça em toda parte!
> A cor do homem, acidente mero,
> (Falo pois dos caboclos destas terras)
> Foi à perseguição pretexto infame!
> Teve-se em menor conta os seus serviços,
> E olhou-se com desprezo os seus talentos,
> Seus feitos, seu valor, suas virtudes!
> E a baça cor da pele era barreira
> Aos empregos, e prêmios merecidos!
> (SOUSA, 1844, p. 107).

De outro, o discurso dos direitos, que avança aos poucos em nossa sociedade. Em 1823, a Tipografia Nacional publica a tradução de *O contra-*

---

47 Vale lembrar que Eduardo Theodoro Bösche refere-se aos direitos humanos (e à sua falta) nas observações sobre o tratamento dado aos escravizados no Brasil. Mas o livro foi publicado na Alemanha em 1836, e traduzido para o português em 1918.

to social, de Jean-Jacques Rousseau, que, conforme o registro no Banco de Dados Bibliográficos da USP, era vendida na loja de Paulo Martin,[48] livreiro que atuava no sentido de divulgar ideias liberais:

> Sempre atento às novidades, Paulo Martim, na época convulsionada do movimento liberal de 1821, vendia folhetos constitucionais que tinham a clara preocupação de criticar o governo absoluto e de explicar para os novos cidadãos a verdadeira importância do sistema constitucional e de certos pontos fundamentais do vocabulário político (Neves; Ferreira, 2018, p. 81).

Complementam Lúcia Maria Bastos P. Neves e Tania Maria Bessone da C. Ferreira:

> Palavras antigas que se ressignificavam – como liberdade, soberania, eleições, Constituição – ou novas – como cidadão e direitos, entre outras – passavam a fazer parte do cotidiano da sociedade brasileira, graças aos movimentos liberais ocorridos do outro lado do Atlântico (Neves; Ferreira, 2018, p. 81).

A divulgação de *O contrato social*, de Rousseau, inseria-se neste movimento, tendo sido publicado em português, traduzido por Bento Luiz Vianna e impresso em Paris, em 1821, por Didot. Em 1823, é a Tipografia Nacional que divulga a obra.

Machado de Assis não desconhecia aquele livro, pois Jean-Michel Massa registra, no catálogo da biblioteca do escritor, as *Petits chefs d'oeuvres de Jean-Jacques Rousseau* (Massa, 2001, p. 78), em edição de Garnier, sem data. Antes de Garnier, as *Petits chefs d'oeuvres de Jean-Jacques Rousseau* foram publicadas por Firmin Didot. Garnier começa a publicá-las em 1867; assim, o livro de que Machado era possuidor foi lançado depois de "Virginius", sugerindo seu interesse pela obra do pensador suíço, mas não comprovando que a conhecesse quando redigiu o conto.

---

48 http://dedalus.usp.br/F/I6X4KH59L7YTEPQLCYH3AXPJDT3CY3EY59LYL-84S4XUKL9VD21-48116?func=full-set-set&set_number=000492&set_entry=000098&-format=999. Acesso em: 15 abr 2020.

Atualidade de Machado de Assis

Por sua vez, o escritor não é indiferente à expressão "direitos humanos". Em crônica publicada na *Semana Ilustrada*, sob a identidade do Dr. Semana, em registro irônico, pergunta por que "a França, tendo declarado os direitos do homem, não pôde declarar os direitos do fósforo".[49] "Fósforo" era o substantivo que designava "os falsos eleitores hábeis em se passar pelos aptos a votar, porém ausentes ao escrutínio" (Ricci; Zulini, 2014), o que incluía até pessoas falecidas. A piada tem longo alcance, pois não apenas denota o conhecimento, pelo escritor, da expressão e de sua procedência geográfica, como traduz seu posicionamento crítico e ferino diante dos descaminhos da política brasileira, dando a entender que, se fósforos podem votar, eles são cidadãos, logo, têm direitos a serem respeitados.

As duas últimas referências são tardias em relação a "Virginius". Mas, à época do conto, Machado de Assis não parecia distante dos debates sobre escravismo e direitos, pois, em 1864, tornou-se correspondente da *Imprensa Acadêmica*, periódico da Faculdade de Direito de São Paulo que então iniciava suas atividades. Jean-Michel Massa informa que "a maioria dos redatores" orientava-se pela ideologia liberal (Massa, 1971, p. 426), advogando, entre outras causas, "o direito de ler *O contrato social*". Comenta que "é evidente que eram antiescravagistas, mas com as cautelas que convinham aos filhos dos proprietários de terras que utilizavam o trabalho escravo" (Massa, 1971, p. 427). E destaca o debate em torno ao tema "O liberto pode ser reduzido ao cativeiro por ingratidão?"[50]

---

49 Badaladas. *Semana Ilustrada*, Ano XIII, n. 655, p. 5.235. 29 de junho de 1873. In: http://memoria.bn.br/DocReader/DocReader.aspx?bib=702951&Pesq=%22tendo%20declarado%20os%20direitos%20do%20homem%22&pagfis=5241. Acesso em: 26 abr 2020. Cf. também ASSIS, 2019, tomo II, p. 121.

50 O que há de novo. *Imprensa Acadêmica*. Jornal dos Estudantes de São Paulo, Ano I, n. 7, p. 2. 08 de maio 1864. In: http://memoria.bn.br/DocReader/docreader.aspx?bib=385867&pasta=ano%20186&pesq=liberto&pagfis=22. Acesso em: 02 jul 2020. Jean-Michel Massa indica o número de 7 de julho de 1864 como o volume em que a matéria teria sido publicada, identificando-a como artigo. O assunto é mencionado pela primeira vez em 8 de maio, e estende-se por várias semanas, não na condição de artigo, mas de tese ou questão. Como o pesquisador adverte que não teve acesso à coleção completa de 1864, hoje disponibilizada na Hemeroteca Digital da Biblioteca Nacional, a falta é compreensível.

A participação de Machado de Assis na *Imprensa Acadêmica* iniciou em 10 de abril de 1864, estendendo-se até 9 de outubro, e compreendeu "dez crônicas e uma carta" (Massa, 1971, p. 431) publicadas naquele periódico. Pode ter acompanhado os debates mantidos entre os acadêmicos, e talvez tenha lido a proclamação dos estudantes pernambucanos, reproduzida em 25 de maio de 1864 pelo jornal, cujos editores desejavam "compartilhar os sofrimentos de nossos irmãos da Faculdade de Recife". Na proclamação, um trecho chama a atenção por talvez dialogar com o enredo de "Virginius":

> Apinhamo-nos no átrio do templo famintos do pábulo intelec-tual e os inquisidores de beca distribuem o pão do espírito en-venenado com a essência de todas as doutrinas que tem forjado o espírito do absolutismo leigo e clerical. Se não vêde: - o direito e o dever são idênticos. – Eis a pedra fundamental da igreja so-cialista, ainda mais, a premissa do raciocínio cuja conclusão é a fogueira! O pai de família deve ser armado com o direito de matar os filhos, porque tem o dever de amá-los! O liberto depois de sagrado cidadão no batismo da eleição, volta ao azorrague do senhor, porque deve ser agradecido a quem lhe roubou o seu direito que é a liberdade! [...][51]

Assuntos como contrato social, direitos civis, violência contra escravi-zados e libertos circulavam nas páginas da *Imprensa Acadêmica*, periódico que contou com a colaboração de Machado de Assis. Dez anos depois, em 1874, a *Semana Ilustrada* se permitia fazer blague do conceito de direitos humanos, como sugere matéria não escrita por Machado de Assis, segundo critério adotado por Sílvia Maria Azevedo, publicada na seção "Badaladas", da qual ele era parceiro.[52] No intervalo de uma década, o termo "direitos humanos" passava a ser de uso comum, vulgarizando seu emprego.

---

51 Proclamação. *Imprensa Acadêmica*. Jornal dos Estudantes de São Paulo, Ano I, n. 12, p. 2. 25 de maio de 1864. In: http://memoria.bn.br/DocReader/DocReader.aspx?bib=385867&Pesq=liberto&pagfis=42. Acesso em: 02 jul 2020.

52 Cf. diálogo entre o Dr. Semana e o Leitor, em que o primeiro reconhece que "emitir" [dinheiro] "é um dos direitos do homem", a que se segue seu projeto, em dois artigos. Conforme o Art. I, "todo o cidadão tem o direito de emitir dinheiro em papel." In: Badaladas. *Semana Ilustrada*, Ano XIV, n. 698, p. 5.582. 26 de abril de 1873. In: http://

Atualidade de Machado de Assis

É por se integrar a essa trajetória, histórica e intelectual, que Machado, ao examinar *Mãe*, pôde afirmar que a obra de José de Alencar inspirava "o horror pela instituição do cativeiro". Em "Virginius", em que fez a releitura da peça, encarou a "instituição do cativeiro" por outro ângulo: o da fragilização dos homens e mulheres afrodescendentes, mesmo se livres, porque permaneciam dependentes e pobres. Afirma o princípio da igualdade entre os grupos étnicos, princípio que se eleva acima das diferenças econômicas e sociais. E aponta que a degeneração, quando se manifesta, aparece entre os segmentos proprietários educados, que constituem – no presente e no futuro – os agentes políticos.

Ao amalgamar o enredo de *Mãe* à trajetória do decênviro Virginius, Machado propõe uma segunda releitura – agora da história original de Tito Lívio, revisada por escritores renomados, como William Shakespeare, ou não tanto, como James Sheridan Knowles, que talvez nem tenha conhecido. Neste caso, a troca de posições sociais é o passo para alçar Julião ao patamar dos indivíduos próximos do poder, indicando que uma pessoa de qualidade sacrificaria o bem mais precioso – no caso, a única filha – aos princípios da justiça e da igualdade.

O ficcionista propõe também a releitura do romance *A cabana do pai Tomás*, que o impressionara bastante, aludindo a ele com alguma frequência em sua crítica da juventude, isto é, à época em que redige "Virginius". É naquela obra que encontra o sentimento que permite estabelecer um elo entre as personagens boas (Julião, *Pai de todos*, o advogado narrador e o advogado-amigo convertido em lavrador) e o público da narrativa: a compaixão, afiançando o terceiro princípio que embasa os direitos humanos – a fraternidade.

É ao encorajar a compaixão de leitores e leitoras pela sorte das personagens que a literatura ocupa um lugar específico na pauta dos direitos humanos. As declarações dos revolucionários e as preleções filosóficas talvez não tenham a mesma eficácia que a identificação da audiência com o sofrimento das figuras ficcionais. Trata-se de um discurso de outra natureza, com características próprias, mas igualmente emancipador, pois induz o público a experimentar a igualdade e a solidarizar-se com as pessoas a quem

---

memoria.bn.br/DocReader/docreader.aspx?bib=702951&pasta=ano%20187&pesq=%22Direitos%20humanos%22. Acesso em: 26 abr 2020.

falta liberdade, padecendo por causa dessa carência. Machado de Assis, na resenha sobre *Mãe*, expressa essa ideia:

> Se ainda fosse preciso inspirar ao povo o horror pela instituição do cativeiro, cremos que a representação do novo drama do Sr. José de Alencar faria mais do que todos os discursos que se pudesse proferir no recinto do corpo legislativo, e isso sem que *Mãe* seja um drama demonstrativo e argumentador, mas pela simples impressão que produz no espírito do espectador, como convém a uma obra de arte.[53]

O escritor, porém, não se limitou a essa declaração, pois, com "Virginius", associou-se ao debate em curso. Talvez não tenha alcançado, quando o publicou, a eficiência desejada, mas não deixou de insistir, porque, com "Mariana", de 1871, igualmente lançado no *Jornal das Famílias*, retomou a questão. Sabia que precisava, como Capitu de *Dom Casmurro*, avançar "não de salto, mas aos saltinhos" (Assis, 1959, p. 64). Afinal, percebia que cruzava uma linha de conteúdo controverso, razão pela qual talvez não tenha incluído o texto em *Contos fluminenses*, deixando-o para trás em sua trajetória editorial. Assim sendo, não mais retornou a ele, que permaneceu obscurecido por algumas décadas na fortuna crítica do escritor.

Referências bibliográficas

ALENCASTRO, Luiz Felipe. *O trato dos viventes. Formação do Brasil no Atlântico Sul*. São Paulo: Companhia das Letras, 2000.

ARISTÓTELES. *La Poétique*. Texto, trad. e notas de Roselyne Dupont-Roc e Jean Lallot. Paris: Seuil, 1980.

_____. *Poética*. Trad. Eudoro de Sousa. Porto Alegre: Globo, 1966.

ASSIS, Machado de. Virginius. Narrativa de um advogado. *Jornal das Famílias, Rio de Janeiro, Garnier, Publicação Ilustrada, Tomo II, v. 7, p. 194-197, 1864.* Microfilme.

---

53 MACHADO DE ASSIS, Joaquim Maria. Semana Literária. In: *Diário do Rio de Janeiro*, Ano XLVI, n. 62, p. 1. 12 de março de 1866. In: http://memoria.bn.br/DocReader/docreader.aspx?-bib=094170_02&pasta=ano%20186&pesq=%22horror%20pela%22. Acesso em: 14 jun 2020.

_____. "Virginius. Narrativa de um advogado". *Jornal das Famílias, Rio de Janeiro*, Garnier, Publicação Ilustrada, Tomo II, v. 8, p. 223-231, 1864. Microfilme.

_____. *Dom Casmurro*. São Paulo: Mérito, 1959.

_____. *Memórias póstumas de Brás Cubas*. São Paulo: Mérito, 1959.

_____. e outros. *Missa do galo. Variações sobre o mesmo tema*. Org. Osman Lins e Julieta de Godoy Ladeira. São Paulo: Summus. 1977.

_____. "Notícia da atual literatura brasileira. Instinto de Nacionalidade". In: ___. *Obra completa*. Rio de Janeiro: Nova Aguilar, 2008.

_____. "O passado, o presente e o futuro da literatura". In: ___. *Obra completa*. Rio de Janeiro: Nova Aguilar, 2008.

_____. *Badaladas Dr. Semana*. Org., apresentação, notas, índice onomástico por Sílvia Maria Azevedo. São Paulo: Nanquim, 2019. Tomo II.

AUTOS DA DEVASSA. "Prisão dos letrados do Rio de Janeiro, 1794". 2. ed. Rio de Janeiro: EdUerj, 2002.

AZEVEDO, Celia Maria Marinho de. *Onda negra, medo branco: o negro no imaginário das elites – século XIX*. Rio de Janeiro: Paz e Terra, 1987.

AZEVEDO, Elciene. *O direito dos escravos. Lutas jurídicas e abolicionismo na província de São Paulo*. Campinas: Editora da Unicamp, 2010.

BERGAMINI JUNIOR, Atílio. *Criação literária no outono do escravismo. Machado de Assis*. Porto Alegre: Programa de Pós-Graduação em Letras, Universidade Federal do Rio Grande do Sul, 2013. (Tese de Doutorado).

BERTIN, Enidelce. "Reivindações e resistência: o não dos africanos livres (São Paulo, séc. XIX)". *Afro-Ásia*, 40, p. 105-143, 2009.

BETHELL, Leslie. *A abolição do comércio brasileiro de escravos. A Grã-Bretanha, o Brasil e a questão do comércio de escravos, 1807-1869*. Trad. Luís A. P. Souto Maior. Brasília: Senado Federal, 2002.

BÖSCHE, Eduardo Theodoro. *Quadros alternados de viagens terrestres e marítimas, aventuras, acontecimentos políticos, descrição de usos e costumes de povos durante uma viagem ao Brasil*. Trad. Vicente de Souza Queirós. Rio de Janeiro: Imprensa Nacional, 1919. Separata do Tomo 83 da *Revista do Instituto Histórico e Geográfico do Brasil*.

CASTELLO, José Aderaldo. *Realidade e ilusão em Machado de Assis*. São Paulo: Companhia Editora Nacional, 1969.

CHALHOUB, Sidney. *A força da escravidão. Ilegalidade e costume no Brasil oitocentista*. São Paulo: Companhia das Letras, 2012.

_____. *Visões da liberdade: uma história das últimas décadas da escravidão na Corte*. São Paulo: Companhia das Letras, 2000.

COMPARATO, Fábio Konder. *A afirmação histórica dos direitos humanos*. 3. ed. São Paulo: Saraiva, 2003.

CRESTANI, Jaison Luís. "A colaboração de Machado de Assis no *Jornal das Famílias*: subordinações e subversões". *Patrimônio e Memória*, v. 2, n. 1, p. 146-175, 2006.

DARNTON, Robert. "Reader Respond to Rousseau: the Fabrication of Romantic Sensivity". In: ___. *The Great Cat Massacre and other Episodes of French Cultural History*. New York: Vintage Books, 1985.

FARIA, João Roberto. "Teatro romântico e escravidão". *Teresa*. Revista de Literatura Brasileira, n. 12-13, p. 94-111, 2013.

FERRETTI, Danilo José Zioni. "A publicação de 'A cabana do Pai Tomás' no Brasil escravista. O 'momento europeu' da edição Rey e Belhatte (1853)". *Vária História*, v. 33, n. 61. Jan./Abr. 2017.

FLORENCE, Afonso Bandeira. *Entre o cativeiro e a emancipação: A liberdade dos africanos livres no Brasil (1818-1864)*. Salvador: Programa de Pós-graduação em História, 2002. (Dissertação de Mestrado).

FLORESTA, Nisia. *Opúsculo humanitário*. Ed. atualizada com estudo introdutório e notas de Peggy Sharpe-Valadares. São Paulo: Cortez; Brasília: Inep, 1989.

_____. "Páginas de uma vida obscura". In: DUARTE, Constância Lima (org.). *Inéditos e dispersos de Nísia Floresta*. Natal: Edufrn; Nccen, 2009.

FURTADO, Junia Teixeira; STARLING, Heloisa Murgel. "República e sedição na Inconfidência Mineira: leituras do *Recueil* por uma sociedade de pensamento". In: MAXWELL, Kenneth (coord.). *O livro de Tiradentes. Transmissão atlântica de ideias políticas no século XVIII*. São Paulo: Penguin/Companhia das Letras, 2015.

GLEDSON, John. "O machete e o violoncelo: introdução a uma antologia de contos de Machado de Assis". In: ___. *Por um novo Machado de Assis. Ensaios.* São Paulo: Companhia das Letras, 2006.

GUIMARÃES, Helio de Seixas. "Pai Tomás no Romantismo brasileiro". *Teresa,* Revista de Literatura Brasileira, v. 12-13, p. 421-429, 2013.

HORA, Carla Laureto. *Leitura dos primeiros contos de Machado de Assis no* Jornal das Famílias. São Carlos: Programa de Pós-Graduação em Estudos de Literatura, Universidade Federal de São Carlos, 2017. (Dissertação de Mestrado).

HUNT, Lynn. *A invenção dos direitos humanos. Uma história.* Trad. Rosaura Eichenberg. São Paulo: Companhia das Letras, 2009.

JANCSÓ, István. "A sedução da liberdade: cotidiano e contestação política no final do século XVIII". In: SOUZA, Laura de Mello e (org.). *História da vida privada no Brasil: cotidiano e vida privada na América Portuguesa.* São Paulo: Companhia das Letras, 1997.

LOPES, Elisângela Aparecida. *"Homem do seu tempo e do seu país": senhores, escravos e libertos nos escritos de Machado de Assis.* Belo Horizonte: Universidade Federal de Minas Gerais, 2007. (Dissertação de Mestrado).

MAGALHÃES, Domingos José Gonçalves de. "Ensaio sobre a história da literatura do Brasil". Estudo preliminar. *Niterói,* Revista Brasiliense. Paris: Dauvin et Fontaine, Libraires, 1836. Edição fac-similar.

MAIA, Ludmila de Souza. *Viajantes de saias: gênero, literatura e viagem em Adèle Toussaint-Samsom e Nísia Floresta (Europa e Brasil, século XIX).* Campinas: Instituto de Filosofia e Ciências Humanas, 2016, p. 194-197 (Tese de Doutorado).

MASSA, Jean Michel. *A juventude de Machado de Assis, 1939-1870. Ensaio de biografia intelectual.* Trad. Marco Aurélio de Moura Bastos. Rio de Janeiro: Civilização Brasileira, 1971.

_____. "A biblioteca de Machado de Assis". In: JOBIM, José Luís. *A biblioteca de Machado de Assis.* Rio de Janeiro: Academia Brasileira de Letras; Topbooks, 2001.

_____. "A década do teatro: 1859-1869". *Cadernos de Literatura Brasileira,* v. 23-24, p. 219-239, julho 2008.

MATTOS, Ilmar Rohloff de. *O tempo Saquarema*. São Paulo: Hucitec; Brasília: Instituto Nacional do Livro, 1987.

MAXWELL, Kenneth. "Uma história atlântica". In: MAXWELL, Kenneth (coord.). *O livro de Tiradentes. Transmissão atlântica de ideias políticas no século XVIII*. São Paulo: Penguin: Companhia das Letras, 2015.

MELO, Márcio de Araújo; OLIVEIRA, Marina Rodrigues de. "A ironia romântica em Machado de Assis: uma abordagem sobre a escravidão". *Escritas*, v. 11, n. 1, p. 176-190, 2019.

MENNUCCI, Sud. *O precursor do abolicionismo no Brasil (Luiz Gama)*. São Paulo: Nacional, 1938.

MIGUEL, Fernanda Valim Côrtes; FERNANDES, Juliana Aparecida. "Contos da escravidão: as personagens femininas em Machado de Assis". *Cadernos de Estudos Culturais*, v. 1, p. 23-42, jan./jun. 2018.

NASSER, Sílvia Maria Gomes da Conceição. "'Virginius' e 'Anedota peculinária': dois perfis de leitor de Machado de Assis". *RevLet – Revista Virtual de Letras*, v. 2, n. 2, p. 178-199, 2010.

NEVES, Erivaldo Fagundes. *Formação social do Brasil. Etnia, cultura e poder*. Petrópolis: Vozes, 2019.

NEVES, Lucia Maria Bastos P.; FERREIRA, Tania Maria Bessone da C. "Livreiros, impressores e autores: organização de redes mercantis e circulação de ideias entre a Europa e a América (1799-1831)". In: GRANJA, Lúcia; LUCA, Tania de (org.). *Suportes e mediadores. A circulação transatlântica dos impressos (1789-1914)*. Campinas: Unicamp, 2018, p. 81-109.

NOGUEIRA, Octaciano. *Constituições brasileiras*. 3. ed. Brasília: Senado Federal, 2012. V. 1.

OLIVEIRA, Marina Rodrigues de. *Escravidão e resistência: a ironia como recurso estilístico nos contos machadianos*. João Pessoa: Programa de Pós-Graduação em Letras, Universidade Federal da Paraíba, 2011. (Dissertação de Mestrado).

OLIVO, Luiz Carlos Cancellier de. *Por uma compreensão jurídica de Machado de Assis*. Florianópolis: Ed. da UFSC; Fundação Boiteux, 2011.

PAES, Mariana Armond Dias. *Sujeitos da história, sujeitos de direitos: personalidade jurídica no Brasil escravista (1860-1888)*. São Paulo: Faculdade de Direito, Universidade de São Paulo, 2014. (Dissertação de Mestrado).

PARRON, Tâmis. "A Nova e Curiosa Relação (1764): escravidão e Ilustração em Portugal durante as reformas pombalinas". *Almanack Braziliense*, n. 8, novembro 2008.

PINHEIRO, Alexandra Santos. *Para além da amenidade – O* Jornal das Famílias *(1863-1878) e sua rede de produção*. Campinas: Instituto de Estudos da Linguagem, 2007 (Tese de Doutorado).

PINTO, Ana Flávia Magalhães. *Escritos de liberdade. Literatos negros, racismo e cidadania no Brasil oitocentista*. Campinas: Editora da Unicamp, 2018.

RIBEIRO, Aline V. Harriet Beecher Stowe e Nisia Floresta: abolição e traduções culturais nos Estados Unidos e Brasil. XI Encontro Internacional da AN-PHLAC, 2014, Niteroi. *Anais do XI Encontro Internacional da ANPHLAC*. Niteroi: ANPHLAC, 2014, p. 1-11.

RICCI, Paolo; ZULINI, Jaqueline Porto. "Partidos, competição política e fraude eleitoral: a tônica das eleições na Primeira República". *Da.os*, v. 57, n. 2, abril/junho 2014.

ROBERTO, Giordano Bruno Soares. *O Direito Civil nas academias jurídicas do império*. Belo Horizonte: Programa de Pós-Graduação em Direito, UFMG, 2008. (Tese de Doutorado).

ROUSSEAU, Jean-Jacques. *Du contract social; Ou, Principes du Droit Politique*. Amsterdam: Marc Michel Rey, 1762.

RUSSEL-WOOD, A. J. R. "Vassalo e soberano: apelos extrajudiciais de africanos e de indivíduos de origem africana na América Portuguesa". In: SILVA, Maria Beatriz Nizza da (org.). *Cultura portuguesa na Terra de Santa Cruz*. Lisboa: Estampa, 1995, p. 215-233.

SAYERS, Raymond. *The Negro in Brazilian Literature*. New York: Hispanic Institute in the United States, 1956.

SILVA, Eliane da Conceição. *Estudos da violência: uma análise sociológica dos contos de Machado de Assis*. Rio de Janeiro: Biblioteca Nacional, 2007.

SILVA, Maria Beatriz Nizza da (coord.). *O império luso-brasileiros*. 1750-1822. Lisboa: Estampa, 1986. V. VIII.

SILVEIRA, Daniela Magalhães da. "Contos alinhavados: A participação de Machado de Assis em periódicos da moda e literatura". *Outros Tempos*, v. 8, n 11, p. 232-250, 2011.

_____. *Contos de Machado de Assis*: Leituras e leitores do *Jornal das Famílias*. Campinas: Instituto de Filosofia e Ciências Humanas, Unicamp, 2005. (Dissertação de Mestrado).

SOUSA, Antônio Gonçalves Teixeira e. *Os três dias de um noivado*. Rio de Janeiro: Tip. Imparcial de Paula Brito, 1844.

SOUSA, Regina Claudia Garcia Oliveira de. *Entre espelhos deformantes. A representação da escravidão em quatro peças brasileiras do século XIX*. São Paulo: Faculdade de Filosofia, Letras e Ciências Humanas, Universidade de São Paulo, 2012. (Tese de doutorado).

SOUZA, Antonia Pereira. *A prosa de ficção nos jornais do Maranhão oitocentista*. João Pessoa: Programa de Pós-Graduação em Letras, UFPb, 2017. (Tese de Doutorado).

STACCIARINI, Letícia Santana. Estudo do espaço sob a perspectiva do direito no conto "Virginius" de Machado de Assis. *Anais do SILEL*, v. 3, n. 1, 2013, p. 1-9.

STARLING, Heloísa. *Ser republicano no Brasil colônia. A história de uma tradição esquecida*. São Paulo: Companhia das Letras, 2018.

STEVENSON, Ana. "The 'Great Doctrine of Human Rights': Articulation and Authentication in the Nineteenth-Century U.S. Antislavery and Women's Rights Movements". *Humanity: An International Journal of Human Rights, Humanitarianism, and Development*, v. 8, n. 3, p. 413-439, Winter 2017.

STOWE, Harriet Beecher. *A cabana do pai Thomaz, ou A vida dos pretos na America. Romance Moral*. Trad. Francisco Ladislau Alvares de Andrada. Paris: Rey & Belhatte, 1853. Tomo 1.

Anexo

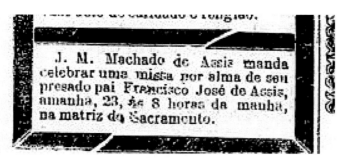

Fonte: *Diário do Rio de Janeiro*
Hemeroteca Digital Brasileira[54]

---

54 http://memoria.bn.br/DocReader/docreader.aspx?bib=094170_02&pasta=ano%20186&pesq=%22Francisco%20Jos%C3%A9%22. Acesso em: 22 maio 2020.

Dois romancistas da crise:
Laurence Sterne e Machado de Assis[1]

Sandra Guardini Vasconcelos

That of all the several ways of beginning a book which are now in practice throughout the known world, I am confident my own way of doing it is the best—I'm sure it is the most religious—for I begin with writing the first sentence—and trusting to Almighty God for the second.

Tristram Shandy, v. VIII, ch. 2.

De todas as diversas maneiras de começar um livro ora em uso por todo o mundo conhecido, confio em que a minha seja a melhor – estou certo de que é a mais religiosa – pois começo por escrever a primeira frase – e por confiar-me ao Todo-Poderoso no tocante à segunda. TS, p. 504.

Nesta apresentação, pretendo fazer uma leitura comparada de *The Life and Opinions of Tristram Shandy* (1760-1767), de Laurence Sterne, e *Memórias póstumas de Brás Cubas* (1881), de Machado de Assis, a fim de propor uma aproximação entre esses dois romances de um ângulo até agora inexplorado, isto é, a partir do caráter de crise que preside à sua fatura. Separados no tempo e no espaço, diversos em seu projeto novelístico, Sterne e Machado puseram em questão alguns dos pilares que costumam sustentar a arquitetura narrativa – sobretudo ponto de vista e enredo – com resultados críticos de grande alcance. Numa ponta, no momento de ascensão e

---

1 Este texto apresenta algumas hipóteses que norteiam um projeto de pesquisa em andamento, ainda em suas fases iniciais. Esse projeto conta com o apoio do CNPq, por meio de uma Bolsa de Produtividade em Pesquisa.

284   Andréa Sirihal Werkema & João Cezar de Castro Rocha (orgs.)

consolidação do romance na Inglaterra, Sterne se valeu de convenções ainda em processo de formação para interrogar as possibilidades e os limites do gênero. Noutra ponta, já ao fim do século XIX, tendo toda a tradição do romance atrás de si, Machado elegeu a forma livre sterniana para estruturar seu romance de virada, o qual paradoxalmente constituirá uma espécie de retorno às origens do gênero, sugestivo de uma busca para confrontar um esgotamento de modelos e subgêneros que já não respondiam ao imperativo de representar um estado de crise não apenas da narrativa, mas também as mudanças no contexto socio-histórico de seu tempo. Em *Memórias póstumas de Brás Cubas*, a matéria brasileira, procurando dar conta dos impasses de seu momento histórico, encontra uma forma que Antonio Candido descreverá como um "aparente arcaísmo", configurando, dessa maneira, um outro paradoxo, ao produzir uma representação realista por meio de técnicas não realistas. Ambos os romances perturbam o sistema de representação e fazem da crise princípio estrutural de sua fatura, incorporando, assim, no plano interno a crise como experiência socio-histórica de seu tempo. Aqui, gostaria de discutir a noção de crise em *The Life and Opinions of Tristram Shandy*, a partir da construção do ponto de vista e da ação (e, no limite, do enredo), como resposta de Sterne ao próprio processo de configuração do novo gênero e às principais vertentes do pensamento filosófico de seu tempo. Por outro lado, tomo a noção de crise em *Memórias póstumas de Brás Cubas* como resposta ao esgotamento do realismo e dos modelos literários predominantes no romance europeu do século XIX, e busca de novos caminhos para o tratamento de questões específicas da sociedade brasileira de finais do século.

Começo então pelo primeiro problema.

O ponto de vista em *The Life and Opinions of Tristram Shandy* e em *The Memórias póstumas de Brás Cubas* propõe uma questão algo problemática, mais paradoxal no primeiro romance e mais abertamente admitida no segundo. Não que pôr em cena como narrador um protagonista defunto possa ser tomado levianamente como um procedimento rotineiro. Mas é Tristram que parece mais intrigante no seu desafio aos princípios mesmos da narrativa em primeira pessoa. Ainda que o ponto de vista nessas duas narrativas tenha sido objeto de discussão e interpretação, o nó de problemas envolvidos na natureza peculiar de seus dois narradores ainda levanta a questão a respeito das consequências da fusão de duas instâncias narrativas aparentemente incongruentes, a da primeira e a da terceira pessoa. Esse amálgama curioso produz a figura contraditória de um narrador absolutamente onisciente, com seus efeitos decorrentes em termos de plausibilidade e verossimilhança, e, portanto, requer o exame das consequências disso para o tratamento do realismo e da representação em ambos os romances. Meu argumento é que o modo como se estrutura a focalização é indicativo e sugestivo do que se descreveu como a crise do romance. O que pareceria ser totalmente implausível de uma perspectiva lógica e narratológica, portanto, é em ambos os casos um procedimento engenhosamente ideado a fim de confrontar convenções que ainda não haviam se cristalizado, no caso de Sterne, e que haviam se tornado demasiadamente cristalizadas, no caso de Machado, deixando assim de ser úteis.

As afinidades entre Machado e Sterne foram sugeridas pelo próprio Brás Cubas, em sua alocução ao leitor, na qual ele define suas memórias como "uma obra difusa, na qual eu, Brás Cubas, [...] adotei a forma livre de um Sterne", uma afirmação retomada mais tarde por Machado em seu prólogo à terceira edição do romance.[2] O uso que Machado faz das aspas e a reprodução exata das palavras de Cubas nos dão a pensar (retomo esse ponto adiante). Não é nenhuma coincidência que Machado se voltasse para Sterne nesse momento de virada em sua carreira como romancista. Antonio Candido se refere a um Machado "enigmático e bifronte, olhando para o passado e para o futuro", privilegiando o "aparente arcaísmo da técnica" e despreocupado "com as modas dominantes".[3] Os quatro primeiros romances de Machado, todos publicados entre os anos de 1872 e 1878, embora mais formalmente convencionais, já sugerem caminhos que seriam trilhados mais tarde, mas foi *Memórias póstumas* (1881) que representou um divisor de águas, com a pirueta formal executada pelo romancista na sua deci-

---

2   Todas as referências e citações são de *Memórias póstumas de Brás Cubas*, in Machado de Assis, *Obras completas*, v. 1, p. 513.

3   CANDIDO, Antonio. "Esquema de Machado de Assis", In: *Vários escritos*, p. 20 e 26, respectivamente.

são de dar voz a um narrador caprichoso e volúvel, que assume uma postura olímpica, distante e superior na sua vida além-túmulo.

Naquelas primeiras obras, Machado parece hesitar entre várias possibilidades, o que resulta em certo ecletismo no nível da composição, a qual mistura análise psicológica, intromissões da voz narrativa, enredo dramático (e melodramático, em alguns casos), convenções folhetinescas, cenas realistas e linguagem elevada. Em *Brás Cubas*, ele parece ter encontrado um curso mais afinado ao seu ceticismo e visão de mundo. Agora, clichês românticos e melodramáticos se transformam em alvo de paródia e derrisão. A ação e o enredo se tornam secundários e são atenuados para dar lugar à figura do narrador, cuja voz dominante modera e abafa sua própria história de vida. Embora as memórias de Brás Cubas cubram todo o arco de sua vida, do nascimento em 1805 até sua morte em 1869, aos 64 anos, sua narrativa é prova de uma existência vazia e fracassada; se sua vida se caracterizou pela ausência de acontecimentos relevantes e não há muito o que contar, Brás, assim como Tristram antes dele, preenche seu relato com comentários, opiniões, alusões, citações, como evidência da "erudição sabichona" (cf. Marta de Senna) que fez a fama de seu predecessor. Sterne e Machado fazem troça da ostentação dessa erudição, que eles sistematicamente ridicularizam, por meio da ironia, do sarcasmo e da sátira.

A sugestão de Brás Cubas em seu prólogo ao leitor era aberta e tentadora o suficiente para pôr os críticos brasileiros em seu encalço.[4] Alguns enveredaram pela senda da sátira menipeia, para estabelecer as aproximações (como Merquior e Nícea Nogueira), outros ressaltaram a "quebra da linearidade narrativa" e a "crítica da retórica" (como Luiz Costa Lima). Entretanto, salvo engano, o primeiro deles a se dedicar a um exame detalhado do que ele chama de 'forma shandiana' e dar corpo a essas conexões foi Sérgio Paulo Rouanet, que oferece uma análise abrangente das quatro características presentes em ambos os romances: a hipertrofia da subjetividade; digressão e fragmentação;

---

4   GOMES, Eugênio. *Espelho contra espelho*. São Paulo: Instituto Progresso Editorial, 1949; CALDWELL, Helen. *Machado de Assis, the Brazilian Master and his Novels*, Berkeley: University of California Press, 1970.

Atualidade de Machado de Assis

a subjetivação do tempo e do espaço; e a dialética do riso e da melancolia.[5] As conclusões que ele busca tirar dessa formulação, porém, têm alcance limitado. Foi Roberto Schwarz que, em seu *Um mestre na periferia do capitalismo*, explorou a apropriação machadiana da técnica do narrador volúvel e, numa leitura dialética do romance brasileiro que se assenta na analogia entre forma literária e processo histórico, afirmou que "[a] predileção inglesa pelos caracteres peculiares e pelo *whim*, ligada à eclosão de uma cultura democrática naquele país, serviria para expressar a posição excêntrica [...] de nossa elite, vinculada ao padrão burguês moderno, mas em divergência escandalosa com ele no plano das relações sociológicas".[6] Desse modo, a formação social do Brasil estaria configurada na forma do romance, cuja composição e ponto de vista captariam o nexo da vida real e apreenderiam o ritmo da sociedade contemporânea a Machado. No narrador caprichoso e inconstante de *Tristram Shandy*, assim, poderia estar uma chave de leitura para o romance de Machado. Sem dúvida, o capricho e a volubilidade que caracterizam o modo como ambos os narradores tratam sua matéria não esgotam as possibilidades de exame de outros aspectos da escolha e organização do ponto de vista em ambos os casos. Dessa maneira, é possível interrogar as consequências, tanto no plano da forma como no do sentido, da intrigante mistura produzida pela combinação no mesmo narrador das limitações do eu-protagonista e das prerrogativas da onisciência intrusiva.

Aparentando ostensivamente ser sobre a vida e opiniões de Tristram, como sustenta o título de Sterne, *Tristram Shandy* não é, na realidade, primordialmente sobre a vida e as opiniões de sua personagem principal. E, embora grande parte do romance se ocupe dos irmãos Walter e Toby Shandy, enquanto o título chama atenção para o narrador-protagonista, a

---

5   ROUANET, Sérgio Paulo. *Riso e melancolia: a forma shandiana em Sterne, Diderot, Xavier de Maistre, Almeida Garrett e Machado de Assis*. São Paulo: Companhia das Letras, 2007; "The Shandean Form: Laurence Sterne and Machado de Assis". In: CASTRO ROCHA, João Cezar de (guest editor), *The Author as Plagiarist – The Case of Machado de Assis, Portuguese Literary & Cultural Studies*, n. 13/14, Fall 2004/ Spring 2005, p. 81-103 ["A forma shandiana: Laurence Sterne e Machado de Assis". In: *Teresa*, Revista de Literatura Brasileira, São Paulo, [6/7], p. 318-338, 2006].

6   SCHWARZ, Roberto. *Um mestre na periferia do capitalismo*, p. 200-1.

narrativa põe em evidência as opiniões de todas as personagens envolvidas. Ao se encerrar o volume IX, em suspensão, o leitor pergunta-se, no final das contas, se o romance não seria, de fato, a história de um Autor em formação, com todas as armadilhas envolvidas na difícil arte da escrita. A autorreflexividade em *Tristram Shandy* não apenas faz dele um romance sobre a escrita de um romance, mas, levada um passo adiante, também sugere que este é um romance sobre como alguém se torna um romancista: que dificuldades precisa confrontar; onde começar e onde terminar a narrativa de uma vida; como dar forma à experiência e lidar com o tempo; e como organizar a desordem da vida em um relato coerente. Mais do que um romance sobre a escrita de um romance, menos que um romance sobre um indivíduo que tenta escrever a história de sua vida, *Tristram Shandy* é um romance sobre um Autor em formação. Como tal, Tristram cria esse mundo e todas as personagens que o habitam do modo como tudo isso está refratado por meio de sua mente. Walter, Toby, a mãe, Dr. Slop, a Viúva, e todas as situações no livro podem ser vistos como sua invenção.[7]

Tristram pode ter ouvido histórias e fatos sobre sua vida, certamente conhece essas pessoas, porém está, na realidade, submetendo tudo à sua invenção e não deveríamos confiar em uma palavra do que escreve. Sua onisciência seria, dessa maneira, o resultado de uma reconstrução. Caso contrário, como seria possível explicar que o capítulo final relata eventos que ocorreram quatro anos antes do nascimento de Tristram? Como seria possível crer que as longas conversas entre Walter e Toby, a narrativa dos amores de Toby, ou os incidentes e infortúnios da infância de Tristram, ocorreram exatamente como ele os narra? Para além da caracterização usual do narrador-protagonista como não confiável, em última análise, pode-se presumir

---

7   *The Life and Opinions of Tristram Shandy, Gent.*, New York/London: W.W Norton & Company, 1980. *TS*, v. III, ch. 38, p. 171: "I have left my father lying across his bed, and my uncle *Toby* in his old fringed chair, sitting beside him, and promised I would go back to them in half an hour, and five and thirty minutes are laps'd already". ["Deixei meu pai atravessado na cama e meu tio Toby sentado ao lado dele, em sua velha cadeira de franjas; prometi que voltaria a eles dentro de meia hora, e trinta e cinco minutos já se passaram.", p. 237] No v. 1, cap. 21, a descrição que Tristram faz de seu Tio Toby sugere um grau significativo de onisciência (ver p. 47-50).

que ele age a maior parte do tempo como um narrador em terceira pessoa, ainda que escreva em primeira. Isso não apenas produz um dos paradoxos do romance, mas é também uma das fontes de seu teor cômico.

Assim, discordo do argumento de Wolfgang Iser de que "um narrador onisciente está fora de questão" em *Tristram Shandy*.[8] Ao contrário, a onisciência é, de fato, um recurso e uma estratégia para superar as limitações objetivas postas pela natureza autobiográfica da narrativa, e pela necessidade de relatar acontecimentos que o narrador-protagonista jamais poderia ter testemunhado ou dos quais nunca poderia ter participado. Mais do que reconstrução pela memória da vida de um indivíduo, dessa maneira, esse é um romance sobre a figura do Autor em sua condição plena de criador de um mundo. Ele o está realmente inventando, e não apenas lembrando ou tentando entendê-lo. Nesse passo, dramatiza as armadilhas e desafios postos para qualquer romancista, ou Autor, no ato mesmo de criar sua obra. Essa hipótese acrescenta, a meu ver, outra camada de sentido, talvez ainda mais complexa, à célebre autorreflexividade desse romance.

Tristram repetidamente chama a atenção de seu leitor para o tempo e lugar de sua escrita, para as circunstâncias da sua escrita, até mesmo para as roupas que veste enquanto escreve. Logo no início do romance ele afirma que "tal observação é minha própria; – e me foi sugerida por este mesmo dia tão chuvoso de 26 de março de 1759, entre as nove e dez horas da manhã" (p. 94-5).[9] Bem mais adiante, o narrador nos possibilita avistá-lo de relance numa cena performativa, representando-se a si mesmo sentado em sua escrivaninha, a escrever seu livro: "E eis-me aqui sentado, neste 12 de agosto de 1766, de jaqueta vermelha e chinelos amarelos, sem peruca nem gorro, a mais tragicômica das corroborações das predições dele" (referindo-se a seu pai).[10]

---

8   ISER, Wolfgang. *Laurence Sterne: Tristram Shandy*, p. 56.

9   *"that observation is my own; – and it was struck out by me this very rainy day, March 26, 1759, and betwixt the hours of nine and ten in the morning"* (I, XXI, 46).

10 *"And here I am sitting, this 12th day of August, 1766, in a purple jerkin and yellow pair of slippers, without either wig or cap on, a most tragi-comical completion of his* [his father] *prediction."* (IX, I, p. 423).

290 Andréa Sirihal Werkema & João Cezar de Castro Rocha (orgs.)

Para além do fato de que esse era realmente o tempo presente no qual Sterne estava redigindo esse volume, o que apenas acentua a artificialidade do romance, tais comentários e intrusões sugerem a ficcionalidade de seu mundo e de suas personagens, construídos sobretudo como produtos da sua imaginação. Para Tristram protagonista, essas eram pessoas reais, membros da família Shandy, e, possivelmente, situações reais das quais ele deve ter tomado conhecimento, tal como foram relatadas por seus parentes e amigos, já que a maior parte da ação ocorre antes de seu nascimento. Como Tristram nos explica, "Ao meu tio, o sr. Toby Shandy, fico devedor da anedota acima" (p. 47),[11] referindo-se ao episódio de sua concepção. Perguntamo-nos se Toby poderia de fato ter sido a "fonte" de grande parte do que Tristram agora narra, uma vez que nenhum outro indício nesse sentido nos é fornecido.[12] Para Tristram narrador, abre-se um espaço incomensurável de invenção, de criação, a partir de relatos de segunda mão. A detalhada reconstrução que Tristram faz de cenas e diálogos, como na passagem abaixo, é característica de um narrador onisciente, pois Tristram, ainda bebê, não poderia ter testemunhado certos acontecimentos. Assim, as fronteiras e os limites do narrador-protagonista são sistematicamente transgredidos e o ponto de vista se torna um recurso cambiante que Tristram pode utilizar a seu arbítrio e capricho. O episódio reproduz, com riqueza de minúcias (e aqui se pode depreender a paródia de Sterne aos procedimentos do romance de sua época, como os de Richardson), o início do quiproquó envolvendo o registro do nome do recém-nascido:

> Não, não, – disse meu pai a Susannah, vou levantar-me. – Não há tempo, exclamou Susannah, a criança está tão negra quanto os meus sapatos. – Trismegisto, disse meu pai. – Mas espera – és um barco furado, Susannah, acrescentou; conseguirás levar na cabeça o nome Trismegisto até o fim do corredor sem perdê-lo? – Se eu consigo? exclamou Susannah, fechando a porta, ofendida. – Se ela conseguir, me matem, disse meu pai, saltando da cama no escuro e procurando os calções às apalpadelas.
> Susannah correu a toda velocidade pelo corredor.
> Meu pai procurou seus calções a toda a velocidade possível.

---

11   *"To my uncle Mr Toby Shandy do I stand indebted for the preceding anecdote"* (TS, I, III, 3).

12   Sterne, Laurence. *Tristram Shandy*, nota 5.

Susannah levava-lhe a dianteira e manteve-a. – É *Tris*-alguma coisa, exclamou Susannah – Não há nome de batismo no mundo, disse o coadjutor, que comece por *Tris* – a não ser Tristram. Então deve ser Tristram-gisto, disse Susannah.

Não tem nenhum *gisto*, sua tola! – é o meu próprio nome, replicou o coadjutor, enfiando a mão na bacia – Tristram! disse &c. &c. &c. &c. e assim fui chamado, e Tristram serei até o dia de minha morte (p. 284-5).[13]

Para Tristram, como narrador, a prerrogativa e a liberdade de recriar tudo derivam de seu papel como Autor e, nessa condição, como alguém que pode mobilizar e também subverter as convenções narrativas que estavam sendo conformadas pelo gênero romance na primeira metade do século XVIII. A subversão e o chamamento ao leitor, para que não leve nada muito a sério, abrem o romance. O riso é a arma para lutar contra a enfermidade, para repelir o desespero, diante do isolamento do homem. Em sua dedicatória ao Sr. Pitt, o Autor menciona sua luta para "resguardar-[se] dos achaques da má saúde, por via da alacridade; firmemente persuadido de que toda vez que um homem sorri –, mas muito mais quando ri, acrescenta-se algo a este Fragmento de Vida" (p. 43).[14] As palavras finais de Yorick no volume IX, em resposta à pergunta da Sra. Shandy: "([...] que história é essa? – Uma história

---

13 *"No, no, - said my father to Susannah, I'll get up – There's no time, cried Susannah, the child is as black as my shoe. Trismegistus, said my father – But stay, – though art a leaky vessel, Susannah, added my father; canst thou carry Trismegistus in thy head, the length of the gallery without scattering – Can I? cried Susannah, shutting the door in a huff. – If she can, I'll be shot, said my father, bouncing out of bed in the dark, and groping for his breeches.*
Susannah ran with all speed along the gallery.
My father made all possible speed to find his breeches.
Susannah got the start, and kept it – 'Tis Tris – something, cried Susannah – There is no christian name in the world, said the curate, beginning with Tris – but Tristram. Then 'tis Tristram-gistus, quoth Susannah.
– There is no gistus to it, noodle! – 'tis my own name, replied the curate, dipping his hand, as he spoke into the bason – Tristram! said he, &c. &c. &c. &c. so Tristram was I called, and Tristram shall I be to the day of my death." (IV, XIV, 208)

14 *"fence against [the] evils of life, by mirth; being firmly persuaded that every time a man smiles, – but much more so, when he laughs, […] it adds something to this Fragment of life"* (*TS*, XV).

de Galo e Touro, respondeu Yorick. – E, no seu gênero, das melhores que jamais ouvi". (p. 599)[15] são o toque final galhofeiro nesse romance que admite abertamente sua natureza cômica e implausibilidade, no qual a melancolia desempenha papel inversamente proporcional àquele de *Memórias póstumas*. Porém, é também uma sugestão de que deveríamos suspender a crença na veracidade do que acaba de ser narrado. Se a definição de Yorick não for tomada como um comentário ao romance como um todo, reconhecido abertamente como uma invenção, estaremos perdendo a piada final de toda a narrativa.

Não fosse pelo seu ponto de vista peculiar, pareceria que estamos em terreno mais seguro e realista no caso de *Brás Cubas*. Na superfície, há a simulação de verossimilhança, quando o narrador em primeira pessoa reconhece suas limitações e se mantém dentro dos limites da probabilidade ao dizer, por exemplo, *"Digo essas coisas por alto, segundo as ouvi narrar anos depois; ignoro a mor parte dos pormenores daquele famoso dia* [de seu nascimento]. [...] Não posso dizer nada do meu batizado, porque nada me referiram a tal respeito, a não ser que foi uma das mais galhardas festas do ano seguinte, 1806" (*BC*, X, 526). Portanto, essas memórias de um autor defunto alardeiam uma coerência ilusória que, apoiando-se no arranjo cronológico dos acontecimentos da vida de Brás Cubas, salpica seu relato com fatos e datas e quase engana o leitor, fazendo-o se esquecer de que a voz/pena por detrás fala/escreve do além-túmulo, da eternidade, não sendo mais suscetível à ação do tempo, nem estando presa ao espaço físico. Desembaraçado tanto do tempo quanto do espaço, Brás Cubas pode adotar esse ponto de vista indiferente e demiúrgico do qual observa o mundo lá embaixo, pois agora se encontra fora do alcance das vicissitudes da existência. Essa condição não apenas lhe confere a prerrogativa da onisciência como ainda lhe permite zombar dos viventes,[16] de suas lutas mesquinhas, de suas vaidades. Também o libera para fazer comentários muito mordazes, impiedosos, sobre outras

---

15 *"what is all this story about? – A COCK and a BULL, said Yorick – And one of the best of its kind, I ever heard."* (*TS*, IX, XXXIII, 457). A cock and bull story: uma história implausível usada como explicação ou justificativa.

16 MACHADO DE ASSIS, Joaquim Maria. *Memórias póstumas de Brás Cubas*, ch. VI, p. 519: "eu, prestes a deixar o mundo, sentia um prazer satânico em mofar dele [...]".

personagens. A derrisão e a agressão verbal se entremeiam ao discurso polido e enganadoramente amigável de Brás Cubas, e são armadilhas reais para os leitores desavisados. Leituras e personagens são do mesmo modo sistematicamente depreciados por meio de observações ácidas e desrespeitosas, como a referência a Eugênia como "*a flor da moita*" (*BC*, XXX, 551) e "*Vênus Manca*" que mal disfarçam a desfaçatez (*BC*, XXXIII, 554). Dela, ele pergunta: "*Por que bonita, se coxa? por que coxa, se bonita?*" (*BC*, XXXIII, 554). Ninguém escapa ao seu sarcasmo, nem ao menos ele próprio: "*O que importa é a expressão geral do meio doméstico, e essa aí fica indicada, - vulgaridade da vontade, amor das aparências rutilantes, do arruído, frouxidão da vontade, domínio do capricho, e o mais. Dessa terra e desse estrume é que nasceu esta flor*" (*BC*, XI, 528).

Essa voz desencarnada, absolutamente indiferente ao mundo sublunar e separada dele, pertenceu outrora a um homem de posses e privilégio, cuja vida de ócio foi desperdiçada em relações e projetos fracassados. Ironicamente, entretanto, seu único empreendimento bem-sucedido é o livro que ora lemos – as memórias que ele escreve de lugar nenhum, da eternidade. A inação de Brás Cubas e sua falta de propósito enquanto vivo são apenas enfatizadas agora que ele não mais precisa agir ou não pode mais intervir no mundo. Como outras personagens machadianas, ele é um "arquiteto de ruínas",[17] que junta os pedaços de sua existência. Com uma pena nas mãos, organiza a narrativa de sua vida passada e mantém controle rígido sobre o que narra, em que pesem as digressões, opiniões, pensamentos e reflexões que a permeiam. Ao passo que o método de Tristram é caótico e desorganizado – "minha obra é digressiva, mas progressiva também, - isso ao mesmo tempo" (p. 100),[18] Brás Cubas nunca perde de vista a história que quer contar, cobrindo desde seu nascimento até sua morte, enquanto co-

---

17 MACHADO DE ASSIS, Joaquim Maria. *Quincas Borba*. In: *Obra completa*. Rio de Janeiro: Editora Aguilar, 1992, vol. I, p. 664.

18 "*my work is digressive, and it is progressive too, – and at the same time*" (*TS*, I, XXII, 58). Há consistência cronológica no esquema temporal, com apenas um ou dois lapsos banais. As ações mais relevantes são arranjadas cronologicamente: a concepção, o nascimento e batismo de Tristram, as campanhas militares do Tio Toby e sua corte à Viúva. Essa é a dimensão progressiva da narrativa.

menta abundantemente acontecimentos, convenções, instituições, ou seus semelhantes. À medida que avança, exibe o que Roberto Schwarz definiu como "desfaçatez de classe",[19] a superioridade que sua posição lhe confere em uma sociedade na qual ele pode se valer de todo tipo de privilégio em seu próprio benefício.

Ira Koningsber argumenta que, uma vez que "Sterne escreveu Tristram Shandy tendo apenas como principais predecessores os romancistas Richardson, Fielding e Smollett", a novidade do romance e de suas técnicas "permitiu um fascínio e uma liberdade sem fim".[20] Isso sugere que o novo gênero estava aberto à experimentação, o que incluía explorar as relações entre o sujeito e o mundo, e a relação do indivíduo com a realidade. Sterne aproveita essa abertura para pôr em questão o real, a representação e os próprios procedimentos que Ian Watt definiu como "realismo formal", minando seus princípios ao mesmo tempo que se vale de seus recursos.[21] No centro do romance de Sterne configura-se o problema da mimese, da relação entre sujeito e objeto, entre o eu e o mundo,[22] e a exposição, por meio da paródia, "das dificuldades da representação".[23] No ato mesmo de satirizar o fingimento do romance de imitar ou representar a realidade, Sterne ironicamente produz uma obra que é um romance. Para John Allen Stevenson, em *Tristram Shandy* "a paródia e a mimese existem em um *continuum*", uma revertendo na outra e voltando atrás todo o tempo, e se diferenciando antes em grau que em espécie.[24] Enquanto tempo, espaço e personagens são aparentemente particularizados, e cenas "naturais" são encenadas diante dos nossos olhos, outros procedimentos narrativos estão em ação para promover o que Anatol Rosenfeld denominou "desrealização", isto é, a rejeição da mimese e a recusa da reprodução ou cópia da realidade material, empíri-

---

19 SCHWARZ, Roberto. *Um mestre na periferia do capitalismo*, p. 16.

20 KONIGSBERG, Ira. "*Tristram Shandy* and the Spatial Imagination", p. 56 (tradução minha).

21 WATT, Ian. *The Rise of the Novel: studies in Defoe, Richardson and Fielding*. Middlesex: Penguin Books, 1983.

22 ISER, Wolfgang. Op. cit., p. 58.

23 STEVENSON, John Allen. "Sterne: Comedian and Experimental Novelist", p. 175.

24 STEVENSON, JOHN ALLEN. Op. cit., p. 174.

ca.[25] Isso reforça a afirmação de Robert Alter de que, "escrito apenas vinte anos depois que a forma estava em pleno desenvolvimento na Inglaterra, *Tristram Shandy* é o primeiro romance sobre a crise do romance".[26]

Em Machado, a afirmação de Brás Cubas de que ele adotou "a forma livre de um Sterne" exige ser submetida a um exame mais detido, uma vez que estamos diante de um narrador que provará ser um mestre das evasivas e da ambiguidade. Por um lado, há de fato aqueles empréstimos inegáveis à forma shandiana que Rouanet apontou. Entretanto, de uma perspectiva estrutural – e aqui penso na organização do enredo e na construção do ponto de vista – os ecos de um romancista como Fielding soam talvez ainda mais claramente. Essa é uma narrativa que, apesar das digressões e comentários frequentes do narrador, respeita mais a cronologia e é menos desordenada do que a de Tristram. Em Machado, há um narrador cuja indiferença, presunção e ceticismo estão consideravelmente distantes da benevolência, bonomia e irreverência de Tristram. O tom é radicalmente diverso e o último capítulo, o das negativas, fecha a narrativa com o famoso "Não tive filhos, não transmiti a nenhuma criatura o legado da nossa miséria" (*BC*, CLX, 639), poderíamos dizer, em tom menor. Entre Brás Cubas e Tristram, desse modo, riso e melancolia são administrados em doses diferentes, uma vez que correspondem a "personalidades" muito diferentes. Doses diferentes que Machado aponta sem rodeios, no prólogo à terceira edição, quando se refere a "um sentimento amargo e áspero, que está longe de vir de seus modelos", para concluir: "É taça que pode ter lavores de igual escola, mas leva outro vinho".

Machado e Sterne parecem ter tirado o máximo proveito dos próprios fundamentos do realismo formal a fim de subvertê-los. Procedimentos realistas são mobilizados para ser postos em questão e criar efeitos antirrealistas. Basta pensar nos comentários autorreflexivos, nas transgressões da verossimilhança e das continuidades temporais e narrativas. Do mesmo modo, a escolha de um narrador onisciente em primeira pessoa e de um narrador defunto, na sua pura implausibilidade, renega qualquer alicerce realista no

---

25 ROSENFELD, Anatol. "Reflexões sobre o romance moderno", p. 76.

26 ALTER, Robert. "Sterne and the Nostalgia for Reality", p. 39.

qual os romances possam fingir se apoiar. O autorretrato de Tristram, escrevendo imóvel e só em seu gabinete, e a presumida imaterialidade de Brás Cubas inviabilizam qualquer possibilidade de ação, esse princípio fundamental do romance burguês, no qual se espera que o protagonista aja no mundo em busca de sua autonomia enquanto indivíduo. Caprichosos, arbitrários, esses dois narradores questionam qualquer ilusão de realidade. Nas palavras de Roberto Schwarz, Machado estava "afrontando os pressupostos da ficção realista, isto é, o andaime oitocentista do status quo burguês. [...] Muito deliberadas, suas [do narrador] infrações nem ignoram, nem invalidam as normas que afrontam; mas, ao mesmo tempo, essas são escarnecidas e tornadas inativas".[27] Parece-me que essa observação descreve exatamente o que Laurence Sterne também fizera.

No âmago de ambos os romances, o que está em questão é o problema da representação e da exposição da realidade, um problema novo e inédito para um romancista como Sterne, que escrevia nas décadas de 1750 e 1760, quando o romance estava surgindo e se consolidando como uma nova forma; e um problema que, para Machado, tinha uma história e tradição que ele parecia estar disposto a confrontar e desafiar. Para Sterne, a novidade do romance subentendia um território inexplorado aberto à experimentação; isso, sugere Robert Alter, lhe possibilitou "tornar-nos continuamente conscientes das convenções, explorar seus limites, sua falsidade implícita, seu poder paradoxal de transmitir verdades fracionárias da experiência."[28] Machado, por sua vez, parece ter percebido que o romance burguês europeu havia atingido um ponto de exaustão até mesmo para representar a vida metropolitana europeia, o que dirá na periferia, onde ele nunca correspondeu plenamente à experiência socio-histórica da sociedade brasileira oitocentista, marcada pelo ideário liberal e pelo trabalho escravo.

Com quase dois séculos de história do romance atrás de si, Machado parece ter se dado conta de que algumas das soluções formais que aquela longa tradição havia tornado disponíveis, ou haviam se esgotado, ou não

---

27 SCHWARZ, Roberto. "Posthumous Memoirs of Brás Cubas (J.M. Machado de Assis, Brazil, 1880)". In: MORETTI, Franco (ed.). *The Novel*, p. 817 [tradução minha].

28 ALTER, Robert. Op. cit., p. 33.

Atualidade de Machado de Assis

faziam mais sentido para o tipo de romance que ele tinha em mente. A ruptura entre o que se caracterizou como sua primeira e sua segunda fase é significativa, mas vislumbres desse assim chamado Machado mais maduro já se deixam entrever nos seus primeiros romances. Que Machado estava começando a se mover em novas direções e trilhar um caminho que desafiava aquele dos romancistas brasileiros coetâneos fica evidente na dúvida e espanto manifestados por Capistrano de Abreu, que se pergunta se, afinal de contas, *Memórias póstumas de Brás Cubas* era um romance.[29]

Os ensaios críticos de Machado sobre o romance, escritos antes da viravolta dos anos de 1880, já dão sinais de desacordo com algumas das tendências dominantes na obra de seus antecessores e contemporâneos. Assim, ele pode ter encontrado em Sterne uma tradição mais afim para explorar literariamente, descobrindo nele (mas também em Fielding e Smollett) aquela inclinação para a sátira e para o *wit*, os quais lhe seriam tão úteis para lidar com a matéria brasileira que ele estava interessado em explorar.

A "forma livre" de Sterne abre espaço para um paradoxo que o romance parece disposto a não resolver. De acordo com Stevenson, "no mesmo momento em que os problemas de Tristram expõem as falácias da mimese e as contradições da convenção ficcional, o quadro muda, e a confusão da escrita subitamente parece a confusão da vida. Uma paródia da escrita realista se transforma, ironicamente, em uma representação efetiva".[30] Em Machado, a quebra das regras e a adoção da "arbitrariedade digressiva do romance do século XVIII"[31] correspondem na forma à posição de classe do narrador, ele próprio absolutamente à vontade no exercício do poder arbitrário. Isso produz paradoxalmente uma representação realista da vida social brasileira, encarnada na figura de Brás Cubas, ao mesmo tempo que desmascara os mecanismos que regem as relações sociais e a organização de suas memórias. Em lugar de eliminar

---

29 ABREU, Capistrano de. Livros e Letras, *Gazeta de Notícias,* Rio de Janeiro, 1881 ["As Memórias Póstumas de Brás Cubas serão um romance?"].

30 STEVENSON, John Allen. Op. cit., p. 175.

31 SCHWARZ, Roberto. *Posthumous Memoirs of Brás Cubas* (J.M. Machado de Assis, Brazil, 1880), op. cit., p. 818.

a realidade, diz-se que *Memórias póstumas* "a desloca para o próprio ato de representar" e cria uma fissura irônica entre "a postulação de objetividade" e a instância do narrador.[32]

O descaso pelas normas da apresentação realista, o status não realista do narrador, a objetividade fingida, exibida em quase toda frase, são todas elas estratégias que questionam as formas predominantes de realismo do romance oitocentista. Do mesmo modo, apontam para novos caminhos a serem trilhados pelo gênero. *Memórias póstumas de Brás Cubas* é o primeiro dos romances de Machado a desnudar os sintomas e antecipar a crise do romance que iria se intensificar nas primeiras décadas do século XX. Por mais contraditório que isso possa parecer, Machado voltou seu olhar para uma certa tradição setecentista para poder caminhar para frente e lidar com a crise do realismo e da representação que ele intuiu e à qual tentou dar forma em sua carreira como romancista maduro.

Referências bibliográficas

ALTER, Robert. "Sterne and the Nostalgia for Reality". *Partial Magic: The Novel as a Self-Conscious Genre*. Berkeley: University of California Press, 1978.

ASSIS, Joaquim Maria Machado de. *Obra completa*. Rio de Janeiro: Aguilar, 1992. 3v.

BERNARDO, Gustavo. *O problema do realismo de Machado de Assis*. Rio de Janeiro: Rocco, 2011.

BESSIÈRE, Jean. *Questionner le roman*. Paris: Presses Universitaires de France, 2012.

CALDWELL, Helen. *Machado de Assis, The Brazilian and his Novels*. Berkeley: University of California Press, 1970.

CANDIDO, Antonio. *Formação da literatura brasileira (Momentos decisivos)*. 4. ed. São Paulo: Martins, 1971, 2 vol.

_____. "Esquema de Machado de Assis". In: *Vários escritos*. São Paulo: Duas Cidades, 1995, p. 17-39.

---

32 SCHWARZ, Roberto. *Um mestre na periferia do capitalismo*, p. 23 e 24.

Atualidade de Machado de Assis

GLEDSON, John. *Machado de Assis. Ficção e história*. Rio de Janeiro: Paz e Terra, 1986.

_____. *Machado de Assis. Impostura e realismo*. São Paulo: Companhia das Letras, 1991.

_____. *Por um novo Machado de Assis*. Ensaios. São Paulo: Companhia das Letras, 2006.

GOMES, Eugênio. *Espelho contra espelho*. São Paulo: Instituto Progresso Editorial, 1949.

_____. *Machado de Assis. Influências inglesas*. Rio de Janeiro: Pallas; Brasília: INL, 1976.

GRAHAM, Richard (org.). *Machado de Assis: Reflections on a Brazilian Master*. Austin: University of Texas Press, 1999.

ISER, Wolfgang Iser. *Laurence Sterne: Tristram Shandy*. Trad. David Henry Wilson. Cambridge: Cambridge University Press, 1988.

KEYMER, Thomas. *Sterne, the Moderns, and the Novel*. Oxford: Oxford University Press, 2002.

_____. (ed.). *Laurence Sterne's* Tristram Shandy. A Casebook. Oxford: Oxford University Press, 2006.

_____. (ed.). *The Cambridge Companion to Laurence Sterne*. Cambridge: Cambridge University Press, 2009.

KONIGSBERG, Ira. "*Tristram Shandy* and the Spatial Imagination". In: NEW, Melvyn (ed.). *Approaches to Teaching Sterne's* Tristram Shandy. New York: The Modern Language Association of America, 1989.

LIMA, Luiz Costa. "Sob a face de um bruxo". In: *Dispersa demanda: ensaios sobre literatura e teoria*. Rio de Janeiro: Francisco Alves, 1981, p. 57-123.

LUKÁCS, Georg. Le Roman. *Écrits de Moscou*. Paris: Éd. Sociales, 1974.

_____. *A teoria do romance*. Tradução de José Marcos Mariani de Macedo. São Paulo: Duas Cidades: Editora 34, 2000.

MASSA, Jean-Michel. "La bibliothèque de Machado de Assis". In *Revista do Livro*, Rio de Janeiro, MEC/INL, n. 21-22, p. 195-201, mar.-jun. 1961.

MCKEON, Michael. *The Origins of the English Novel (1600-1740)*. Baltimore: The Johns Hopkins University Press, 1991.

MERQUIOR, José Guilherme. "O romance carnavalesco de Machado" (Prefácio). In: ASSIS, Joaquim Maria Machado de. *Memórias póstumas de Brás Cubas*. São Paulo: Ática, 1977.

MEYER, Augusto. *Machado de Assis, 1935-1958*. Rio de Janeiro: Livraria São José, 1958.

_____. *A chave e a máscara*. Rio de Janeiro: Francisco Alves,1964.

_____. *A forma secreta*. Rio de Janeiro: Francisco Alves, 1965.

MIGUEL-PEREIRA, Lúcia. *Prosa de ficção*. Rio de Janeiro: José Olympio, 1950.

_____. *Machado de Assis: estudo crítico e biográfico*. Rio de Janeiro: José Olympio, 1955.

MONTANDON, Alain. *Le roman au XVIIIe siècle en Europe*. Paris: Presses Universitaires de France, 1999.

MORETTI, Franco (org.). *Il romanzo*. Torino: Einaudi, 2001-2003, 5 v.

PAGEAUX, Daniel-Henri. *Naissances du roman*. Paris: Klincksieck, 2006.

PAVEL, Thomas. *La pensée du roman*. Paris: Éditions Gallimard, 2003.

PERROT-CORPET, Danielle et GAUVIN, Lise (orgs.). *La nation nommé roman*. Paris: Garnier, 2011.

RAIMOND, Michel. *La crise du roman, des lendemains du Naturalisme aux années vingt*. Paris: José Corti, 1966.

ROSENFELD, Anatol. "Reflexões sobre o romance moderno". In: *Texto/Contexto*. São Paulo; Brasília: Perspectiva: INL, 1973

ROUANET, Sérgio Paulo. "A forma shandiana: Laurence Sterne e Machado de Assis". *Teresa*, Revista de Literatura Brasileira, São Paulo, [6/7], p. 318-338, 2006.

_____. *Riso e melancolia: a forma shandiana em Sterne, Diderot, Xavier de Maistre, Almeida Garrett e Machado de Assis*. São Paulo: Companhia das Letras, 2007.

SCHWARZ, Roberto. *Ao vencedor as batatas*. São Paulo: Livraria Duas Cidades, 1977.

_____. *Um mestre na periferia do capitalismo*. São Paulo: Livraria Duas Cidades, 1990.

_____. *Duas meninas*. São Paulo: Companhia das Letras, 1997.

_____. "Posthumous Memoirs of Brás Cubas (J.M. Machado de Assis, Brazil, 1880)". In: MORETTI, Franco Moretti (ed.). *The Novel*. Princeton: Princeton University Press, 2006. vol. I, History, Geography, and Culture.

SEIDEL, Michael. *Satiric Inheritance: Rabelais to Sterne*. Princeton: Princeton University Press, c1979.

SENNA, Marta de. *O olhar oblíquo do bruxo*. Ensaios em torno de Machado de Assis. Rio de Janeiro: Ed. Nova Fronteira, 1998.

_____. *Alusão e zombaria: citações e referências na ficção de Machado de Assis*. Rio de Janeiro: Edições da Casa de Rui Barbosa, 2008.

STERNE, Laurence. *The Life and Opinions of Tristram Shandy, Gent.*, New York/London: W.W Norton & Company, 1980. [Edição brasileira: *A vida e as opiniões do cavalheiro Tristram Shandy*. Trad. José Paulo Paes. São Paulo: Companhia das Letras, 1998.]

STEVENSON, John Allen. "Sterne: Comedian and Experimental Novelist". In: RICHETTI, John J. et al. (ed.). *The Columbia History of the British Novel*. New York: Columbia University Press, 1994.

VASCONCELOS, Sandra Guardini. *A formação do romance inglês*: ensaios teóricos. São Paulo: Hucitec: Fapesp, 2007.

WATT, Ian. *The Rise of the Novel*. Studies in Defoe, Richardson and Fielding. London: Penguin, 1983.

Shakespeare revisitado nas "Badaladas" do Dr. Semana

Sílvia Maria Azevedo

A presença de Shakespeare em Machado de Assis já foi objeto de importantes estudos de especialistas que rastrearam mais de 200 citações do bardo inglês ao longo da obra machadiana. Desde os trabalhos de Eugênio Gomes (1961), passando por Helen Caldwell (1970; 2002), José Luiz Passos (2007) e, mais recentemente, Adriana da Costa Teles (2017), a recepção contemporânea identificou citações e alusões às peças de Shakespeare que percorrem a trajetória de Machado de Assis, desde os textos escritos em 1859 até sua última obra, *Memorial de Aires,* em 1908. Ficou de fora desse levantamento crítico-interpretativo a colaboração de Machado de Assis no periódico de caricaturas *Semana Ilustrada* (1860-1876), em particular as crônicas da seção "Badaladas", assinadas pelo pseudônimo Dr. Semana, que circularam entre 20 de junho de 1869 a 19 de março de 1876, e nas quais o autor do *Otelo* é mencionado inúmeras vezes.[1]

Antes de passar a responder pelas "Badaladas", Machado já era colaborador na revista de Henrique Fleiuss (1824-1882), desde o número de estreia, com o poema "Perdição", publicado em 16 de dezembro de 1860, e que mais tarde será retomado em *Crisálidas,* sob o título "Quinze anos". Além desse, outros textos, assinados ou não por Machado de Assis, ou então

---

1   A pesquisa sobre as crônicas publicadas por Machado de Assis na coluna "Badaladas" da Semana Ilustrada resultou na obra *Badaladas Dr. Semana*, organização, apresentação, notas e índice onomástico de Sílvia Maria Azevedo. São Paulo: Nankin, 2019, tomos I e II.

pelas iniciais M., M. de A., M. de Assis, igualmente publicados na revista de Fleiuss, fazem parte da *Bibliografia de Machado de Assis* (1955), de José Galante de Sousa.

Em que pese o criterioso levantamento do pesquisador brasileiro, há ainda vários textos publicados na *Semana Ilustrada* que não constam no seu trabalho, mas que foram atribuídos posteriormente a Machado de Assis, a exemplo de duas peças poéticas em homenagem ao casamento da princesa Isabel com o conde d'Eu e de duas cartas do Dr. Semana, dirigidas ao Presidente do Conservatório Dramático Brasileiro, Antônio Félix Martins (1812-1892), nas quais Machado de Assis, em tom irônico, convida a autoridade censória a visitar o Alcazar Lírico para constatar a decadência moral do público e a baixa qualidade das peças encenadas pelo teatro.

No caso dos poemas, o primeiro, publicado em 15 de outubro de 1864, saiu com a inicial "Y", a mesma que Machado de Assis empregou quando publicou um trecho da poesia "Potira", no *Jornal do Comércio*, enquanto o segundo, de 30 de outubro de 1864, denominado "Núpcias", aparece com o nome de Machado de Assis. Ao comparar as duas criações, Raimundo Magalhães Júnior observa que "basta examinar-se as ideias contidas na primeira e na segunda composição, as expressões afins, as rimas [...], para se chegar à conclusão de que saíram da mesma pena" (Magalhães Júnior, 1958, p. 85).

Quanto às cartas do Dr. Semana, publicadas em 3 e 17 de abril de 1864, Alcmeno Bastos as atribuiu a Machado de Assis por coincidirem com o período em que o escritor atuou, entre 1862 e 1864, como censor do Conservatório Dramático Brasileiro (o que volta a acontecer entre 1871 e 1887), período em que "inúmeras vezes Machado de Assis, externou o ponto de vista de que o teatro tinha função social civilizadora e, portanto não podia aceitar peças que ofendessem a moral" (Bastos, 2018, p. 46), crítica particularmente endereçada às peças levadas no Alcazar Lírico, o que vai ao encontro do teor das missivas do cronista do "Correio da Semana Ilustrada".

Em relação aos textos de Machado de Assis na *Semana Ilustrada*, nos quais Shakespeare se faz presente, antes do início das "Badaladas" em 1869, isso acontece em pelo menos duas ocasiões: a primeira, em dois folhetins da série "Conversa com mulheres", publicada inicialmente com o pseudônimo Don Juan, e depois sem assinatura, voltada à discussão "das qualidades e dos defeitos das mulheres", no intuito da corrigi-las; a segunda, na crônica de 13 de dezembro de 1868, da seção "Pontos e Vírgulas", assinada pelo Dr. Semana, na qual a referência a *Hamlet* vem a propósito de uma carta de Victor Hugo que saiu no jornal *Diário do Povo* (RJ, 1867-1869), de propriedade de Honório Francisco Caldas, e redação de Lafayette Rodrigues Pereira.

É na crônica de 28 de maio de 1865, "Conversa com Mulheres", na qual o narrador elenca frases de escritores que abordaram a falsidade feminina, dentre as quais a de Shakespeare: "Pérfida como a onda" (Assis, 1956, p. 111). A citação, extraída da tragédia *Otelo*, sugeriu-lhe o título do conto "Onda", publicado em abril de 1867 no *Jornal das Famílias*, com o pseudônimo de Máximo, e no qual Machado repete a passagem em referência à volubilidade da personagem principal: "Na pia chamara-se Aurora; Onda era o nome que lhe deram nos salões. Por quê? A culpa era dela e de Shakespeare; dela que o mereceu; de Shakespeare que o aplicou à instabilidade dos corações femininos" (Assis, 1956, p.63).

Na última parte do folhetim "Conversa com mulheres", de 18 de julho de 1865, consagrado às "mulheres pérfidas", o narrador volta a evocar a peça de Shakespeare com vistas a marcar a diferença entre o comportamento daquelas e o de Desdêmona:

> Pérfida como a onda diz Otelo; e nunca uma imagem mais viva e mais bela exprimiu o perjúrio de uma mulher amada. Uma mulher pérfida é um demônio doméstico, é um punhal oculto nas mangas de um jesuíta – é o assassinato lento, calculado, cruel, frio: é tudo quanto há de pior nas diversas classes de mulheres; a mulher caprichosa pode deixar boas lembranças de si: o capricho é uma leviandade, não é uma maldade. Todos conhecem *Otelo*, essa obra prima de Shakespeare, que reuniu no caráter do mouro de Veneza todos os furores do ciúme, todos os ardores da paixão. Que bela cena aquela em que Otelo contempla Desdêmona no leito! Desdêmona morre assassinada, sendo inocente; a mulher pérfida vive, apesar de culpada, é aqui que está a diferença: a verdadeira perfídia consiste simplesmente em ganhar todos os lucros de amor, sem arriscar nem a vida nem a liberdade! (Assis, 1958, p. 111).

306   Andréa Sirihal Werkema & João Cezar de Castro Rocha (orgs.)

Na crônica de "Pontos e Vírgulas", a famosa frase de Hamlet – *words, words, words* –, traduzida para o português – "Palavras! palavras! palavras!" – aparece como epígrafe do texto do Dr. Semana. Enquanto na peça de Shakespeare, a fala da personagem, que se passa por louco, faz parte do plano de descobrir a trama por trás da morte do seu pai, em "Pontos e Vírgulas" a passagem refere-se ao contexto discursivo do qual integram a carta de Victor Hugo, transcrita no *Diário do Povo*, e o comentário do cronista:

> Anda em todas as mãos uma carta de Victor Hugo que o *Diário do Povo* transcreveu no seu número de sábado passado [...]
> A revolução de Espanha,[2] que já tinha inspirado outras cartas de notabilidades europeias, como Emílio de Girardin e Mazzini, também arrancou à pena do poeta das *Contemplações* uma saudação e um conselho.
> Como saudação, é um dos escritos mais admiráveis que têm saído de suas mãos.
> Como conselho, hão de dar-me licença que refreie a minha admiração (Assis, 1958, p. 143).

O Dr. Semana discorda do "conselho" de Victor Hugo, no sentido de que a Espanha deveria adotar a forma republicana, com o argumento de que o escritor francês quer reformar o mundo a partir de suas convicções políticas. Mas, de fato, a carta de Hugo, que saiu no *Diário do Povo*, em 5 de dezembro de 1868, com o título "Victor Hugo e a Espanha", é um resumo (muito distante) da carta aberta à Espanha,[3] publicada no jornal *Courrier de l'Europe*, de 5 de dezembro de 1868, expedida de Hauteville, em 22 de outubro de 1868, na qual Victor Hugo exortava o país a extirpar de suas instituições o infamante regime da escravidão (Aguiar, 1997, p. 155).

Como não podia deixar de acontecer, a frase "words, words, words..." foi utilizada em várias outras crônicas de Machado de Assis, notadamente as da

---

2   A Revolução de 1868, ou La Gloriosa, foi um levante revolucionário que ocorreu na Espanha em setembro de 1868 e implicou o destronamento da rainha Isabel II e o começo do período denominado Sexênio Democrático.

3   A carta "À Espanha", de Victor Hugo, foi traduzida por Franklin Távora e publicada no jornal *Opinião Nacional*, do Recife, em 28 de janeiro de 1869 (Aguiar, 1997, p. 156).

seção "A Semana" (1892-1897), na *Gazeta de Notícias*. Uma delas, a de 23 de abril de 1893, inicia-se deste modo: "Eu, se tivesse de dar *Hamlet* em língua puramente carioca, traduziria a célebre resposta do príncipe de Dinamarca *Words, words, words*, por esta: *Boatos, boatos, boatos*" (Assis, 2008, v. 4, p. 978).

Em outra crônica, ainda de "A Semana", a citação volta a aparecer na de 8 de julho de 1894, a pergunta sobre o que Hamlet estava lendo, que antecede a frase, erroneamente atribuída a Ofélia: "Aquela frase de Hamlet quando Ofélia lhe perguntou o que está lendo: *Words, words, words*, muita vez a ouvi com acompanhamento de violinos" (Assis, 2008, v. 4, p. 1085).

Bem antes das crônicas de "A Semana", a frase de Hamlet – *Words, words, words* – já aparece nas "Badaladas" do Dr. Semana, de 24 de outubro de 1875, onde, deslocada do contexto trágico, é fundida num outro, no qual o cronista, à caça de assunto, inveja o escritor que, mesmo sem nada para dizer, consegue falar sem parar: "Oh! fortuna invejável a do escritor que pega da pena sem motivo, sem assunto, sem círculo de Popílio! Não há fronteiras, não há ponto de partida nem de chegada; não há que expor nem que deduzir. É só falar, falar, falar. *Words, words, words*" (Assis, 2019, v. 2, p. 593).

Tratamento igualmente paródico impregna a crônica de 26 de setembro de 1869, na qual as tragédias *Hamlet* e *Romeu e Julieta* são invocadas por conta das disputas políticas entre liberais e conservadores que, na cidade de Lençóis, interior da Bahia, eram chamados, respectivamente, de pinguelas e mandiocas. As acusações que ambos os partidos trocavam entre si são pontuadas, num primeiro momento, pela célebre expressão *That is the question*, extraída da tragédia *Hamlet*:

> Os acontecimentos de Lençóis tiveram raiz na divergência política da povoação. Eu já lhes disse que ali não havia liberais nem conservadores, – mas pinguelas e mandiocas. Um princípio mandioca e um manifesto pinguela, eis as únicas coisas que ali se conhecem.
>
> Os pinguelas de Lençóis acusam os mandiocas de atos de prepotência e barbaridade; os mandiocas acusam os pinguelas de movimentos rebeldes.
>
> Quem tem razão?
>
> *That is the question* (Assis, 2019, v. 1, p. 124).

As rivalidades entre os dois partidos baianos levam o Dr. Semana a imaginar, na sequência, que um poeta da cidade encontraria nesse episódio político inspiração para transportá-lo para o âmbito dos conflitos amorosos, na criação de um *Romeu e Julieta* de cor local, com direito a citação do original inglês – *What is a name* –, retirada da fala de Julieta no ato II, cena 2 da peça shakespeariana:

> Imaginemos que um poeta de Lençóis quer fazer um *Romeu e Julieta*.
> Para acompanhar o plano do poeta inglês, as famílias dos dois amantes devem ser adversárias: Julieta é mandioca; Romeu é pinguela.
> Que bela não será a cena do jardim de Julieta, quando os dois amantes lamentam a separação dos seus parentes.
> - Por que és tu pinguela? diria Julieta lençolina, por que és tu pinguela? Pinguela é um nome vão. O que eu amo em ti não é o nome; és tu mesmo. *What is a name*? Que é um nome? A rosa, com nome diverso, não teria o mesmo perfume? Ah! por que sou eu mandioca?
> - Minha farinha torrada! responderá Romeu; amo-te, amo-te muito! (Assis, 2019, v.1, p. 124-125).

A tragédia *Romeu e Julieta* mais uma vez é chamada a dialogar com outra realidade textual, inspirada em contexto brasileiro, por conta da notícia, procedente do interior da Bahia, de que duas famílias rivais se esfaquearam numa feira local:

> O certo é que aqueles ódios coletivos e hereditários, ódios de sangue, que só o sangue pode satisfazer, cheiram muito a *Julieta e Romeu*. Aquilo na Bahia já não é feira, é lenda trágica, é página de Shakespeare, é um poema em 78 facadas (Assis, 2019, v. 2, p. 676).

Em vários contos publicados no *Jornal das Famílias*, Machado de Assis também vai fazer referência à tragédia *Romeu e Julieta*, como "O anjo das donzelas" (1864), "Cinco mulheres" (1865), "Francisca (1876), "Rui de Leão"

(1872), "Aurora sem dia" (1873), "Os óculos de Pedro Antão" (1874), "Um dia de entrudo" (1874) e "Antes que cases" (1875). Nesse percurso de onze anos, as menções às personagens da peça shakespeariana vão mudar de tom, a atmosfera romântica dando lugar à citação permeada de ironia. Em "O anjo das donzelas", por exemplo, a idealização do amor leva o narrador a tomar as personagens shakespearianas como parâmetro na caracterização de Cecília, jovem de quinze anos, leitora voraz de romances:

> Quinze anos! é a idade das primeiras palpitações, a idade dos sonhos, a idade de Julieta; é a flor, é a vida, e a esperança, o céu azul, o campo verde, o lago tranquilo, a aurora que rompe, a calhandra que canta, Romeu que desce a escada de seda, o último beijo que as brisas da manhã ouvem e levam, como um eco, ao céu (Assis, 2008, v. 2, p. 762).

Já em "Os óculos de Pedro Antão", o narrador, inspirado na tragédia de Shakespeare, inventa uma história, que é o conto que o leitor está lendo, com a intenção de explicar os motivos da reclusão e da morte de Pedro Antão, tio de Mendonça, a quem a "interpretação" é contada. Nessa nova versão do amor impossível entre Romeu e Julieta, vivido por Pedro Antão e Cecília, a cena da escada, com toque de comédia, não poderia deixar de ser evocada:

> Todas as noites saía o homem de casa, levando a escada que era posta convenientemente para que ele subisse e fosse conversar com Cecília na posição em que Romeu e Julieta se separava dando o último beijo e ouvindo o rouxinol... Queres ouvir o diálogo de despedida de Romeu? (Assis, 2008, v. 2, p. 1248).

Igualmente distanciado do contexto trágico, o fragmento de Shakespeare – *What is a name* – é recriado parodicamente nas "Badaladas" de 13 de novembro de 1870, na referência a uma figura de destaque na política paraense, o deputado José do Ó, nome que motiva referência à peça do dramaturgo inglês:

> Quem é o Sr. José do Ó? O Sr. José do Ó é um deputado provincial do Pará na presente legislatura. O nome pode parecer pouco elegante aos nossos atenienses da rua do Ouvidor; mas a isto já

> respondia a Julieta de Shakespeare. *What is a name* dizia ela lançando os braços ao pescoço de Romeu; a rosa, com outro nome, não tem sempre o mesmo perfume? (Assis, 2019, v.1, p. 408).

Ainda em chave de ironia, a fala de Julieta aparece na crônica de 9 de novembro de 1873, onde o Dr. Semana comenta o fato de o acróstico do poeta A. J. Álvares (autor de péssimos poemas, várias vezes mencionado nas "Badaladas"), em homenagem ao ator Silva Pereira, ter saído sem assinatura: "A publicação foi anônima; mas que vale um nome? Ou, se me permitem citar o poeta: *What is a name*: Algumas letras, algumas sílabas, uma convenção, um arranjo todo material" (Assis, 2019, v. 2, p. 185).

Anos mais tarde, a expressão é empregada no conto "A mulher pálida", publicado na revista *A Estação*, em 1881, em alusão ao nome de uma das potencias noivas que passam a se interessar por Máximo – D. Felismina –, tão logo o rapaz deixa de frequentar a casa da amada Eulália: "O nome é que era feio; mas que é um nome? *What is a name*? Como diz a flor dos Capuletos" (Assis, 2008, v. 3, p.62).

Mais próxima do original inglês, a frase vai aparecer na crônica de 10 de janeiro de 1897, de *A Semana*, praticamente com mesma redação: "O atual chafariz da Carioca tem lavado muito par de pernas, muito peito, muita cabeça, muito ventre; na menor das hipóteses, muito par de narizes. Não tem nome de banho público, mas *what's in a name*. Como diz a divina Julieta" (Assis, 2008, v. 4, p. 1361).

Outra expressão que o uso transformou em clichê, "Make money", procedente da fala de Iago, no ato I, cena 3 do *Otelo*, integra o jogo paródico que o Dr. Semana estabelece entre o anúncio "estrambótico", que saiu no *Jornal do Comércio* – "Doutor na Ausência" –, dirigido aos que aspiram ao diploma de doutor, sem a necessidade de frequentar cursos regulares, e comentado na crônica de 13 de julho de 1873:

> E eis aqui como os cinco, seis ou sete anos, ficarão reduzidos a uma breve meia-hora. Tirar-se-á mais depressa um diploma do que se despacha um fardo na alfândega.
> Tudo isto, é verdade, depende de uma frase, a frase de Iago: *Make money*, que eu traduzo assim: mete dinheiro na carteira.

Mas não é certo que mais vale um gosto que quatro vinténs? (Assis, 2019, v. 2, p. 130).

Na coluna "A+B", crônicas dialogadas, publicadas na *Gazeta de Notícias*, entre 12 de setembro e 24 de outubro de 1886, com o pseudônimo João das Regras, Machado de Assis vai empregar a sentença que inaugura a série, mas equivocadamente atribuída à personagem Cássio:

A – Como quer, se é a verdade pura?
B – Bem: na luta pela vida tem de vencer o mais forte ou o mais hábil. Você é forte?
A – Sou um banana.
B – Pois seja hábil. *Make money*, é o conselho de Cássio. *Mete dinheiro no bolso* (Assis, 2008, v. 4, p. 660).

Embora outras peças de Shakespeare, como *Otelo, Cymbeline, Muito barulho por nada*, também tenham sido mencionadas nas "Badaladas", a preferência do Dr. Semana recaiu por citações de trechos da tragédia *Hamlet*, em particular a frase *To be or not to be, tha tis que question*. Nesse sentido, cabe lembrar a tradução em verso de Machado de Assis do famoso monólogo de *Hamlet*, publicada no *Arquivo Contemporâneo*, em 22 de fevereiro de 1873, feita sob o entusiasmo da atuação do ator italiano Ernesto Rossi, em 1871, e que mais tarde irá integrar as *Ocidentais* (1879-1880). Ainda em 1873, no dia 25 de junho, a *Semana Ilustrada* publicou uma crítica de Machado de Assis, "*Macbeth* e Rossi", assinada pela inicial M., em que o escritor destacava a versatilidade de Rossi ao representar vários papeis do teatro shakespeariano.

Ainda à roda da década de 1870, a primeira parte da citação é empregada, em chave romântica, como título do conto "*To be or not to be*", publicado no *Jornal das Famílias*, em 1876. Dez anos antes, ela aparece traduzida em português, em "Astúcias de marido", que também saiu na revista de Garnier, com o pseudônimo Job, embora, aqui, equivocadamente atribuída a Otelo: "Desde então a questão de Otelo entrou no espírito de Valentim e fez cama aí: ser ou não ser amado, tal era o problema do infeliz marido" (Assis, 2008, v. 3, p. 886).

Apesar de reconhecer o mérito de Ernesto Rossi por ter revelado um Shakespeare até então desconhecido do público carioca, o qual só teve acesso às tragédias do dramaturgo inglês a partir das adaptações em prosa de Jean François Ducis (1733-1816), o Dr. Semana discorda da interpretação do ator quanto ao monólogo *to be or not to be*, conforme deixa registrado nas "Badaladas" de 2 de junho de 1870:

> Venho da conferência de Rossi.
> O assunto, como se sabe, foi Shakespeare, ou mais especialmente *Hamlet*.[...]
> Eu diria, se tivesse espaço as razões que me levam a discordar, num ponto, da apreciação de Hamlet. Aludo ao *to be or not to be*, apreciação em que o grande trágico se afasta, e nobremente o proclama, da opinião que vê nesse monólogo uma meditação pessoal de Hamlet para Hamlet. Pensa Ernesto Rossi que o poeta quis fazer ali falar a humanidade pela boca do príncipe dinamarquês, cuja personalidade, naquele momento desaparece.
> Ouso pensar o contrário, e timidamente o digo; eu creio antes que nunca Hamlet é mais Hamlet do que naquele monólogo.
> Isto é porém a única reserva que faço ao esplêndido discurso de Rossi. E se me atrevo a apontá-la, é ainda por uma homenagem ao ilustre trágico, e ao seu, ao meu, e ao poeta de todos nós, o imortal Shakespeare (Assis, 2019, v.2, 576-577).

A indecisão de Hamlet, marca do herói trágico shakespeariano, simbolizada no monólogo traduzido por Machado de Assis, recebe tratamento paródico quando aproximada da comezinha questão do aumento do aluguel, conforme o Dr. Semana expõe nas "Badaladas" de 22 de março de 1874. O cronista leu no *Jornal do Comércio* a organização de uma companhia para "segurar" os preços dos aluguéis no Rio de Janeiro, medida que ele, na condição de "tímido locatário", tem dúvidas se conseguirá controlar a ganância dos proprietários:

> Nesta minha qualidade de locatário procurei descascar a notícia, examinar-lhe as pevides, e concluí que sem ler os estatutos nada poderei dizer que não seja no ar.

> Mas ainda mesmo no ar farei uma reflexão tímida.
> Esta companhia destinada a segurar os aluguéis dará em resultado *segurar* os locatários? *That is the question.* Tradução livre: aqui é que bate o ponto (Assis, 2019, v. 2, p. 270).

Igualmente rebaixada é a fala de Laertes, em *Hamlet*, ao saber do afogamento de sua irmã Ofélia – "Enxuguemos as lágrimas, que já tem água demais, pobre Ofélia" –, na tradução do Dr. Semana, que a transcreve na crônica de 30 de novembro de 1873, acompanhada do original em inglês - *Too much of water hast thou, poor Ophelia, / And therefore I forbid my tears...*, talvez para acentuar os diferentes contextos discursivos. Na peça de Shakespeare, como se sabe, Ofélia morre afogada, em um provável suicídio, ao ver-se privada do amor de Hamlet e após a morte de Polônio, seu pai, assassinado pelo seu amado. Nas "Badaladas" a invocação funciona como divisa inspiradora que leva o cronista a desprezar o "lixo dos acontecimentos" e alçar "os olhos e a alma para as regiões da pura e imortal poesia" (Assis, 2019, v. 2, p. 195).

No conto "A chave", publicado por Machado de Assis em *A Estação*, entre 15 de dezembro de 1879 a fevereiro de 1880, o trecho em inglês volta a ser empregado, o narrador a acentuar os diferentes contextos: em Shakespeare, relacionado ao afogamento de Ofélia, no conto, ao "salvamento" de Marcelina, exímia nadadora e sedutora incorrigível, que procura atrair Luís Bastinhos com o seu desempenho no mar: "Já tens muita água, boa Marcelina. *Too much of water hast thou, poor Ophelia!* A diferença é que a pobre Ofélia lá ficou, ao passo que tu sais sã e salva, com a roupa de banho pegada ao corpo, um corpo grego, por Deus!" (Assis, 2008, v. 3, p. 32).

"Há mais coisas entre o céu e a terra do que sonha a nossa filosofia" é outra frase hamletiana, de largo emprego na obra de Machado de Assis, que o Dr. Semana vai usar nas "Badaladas" de 29 de outubro de 1871, em alusão à prisão de quatro ladrões que, poucos dias depois de soltos, voltam a praticar os mesmos delitos: "Tem razão Hamlet. Há mais coisas entre o céu e a terra, do que sonha a nossa filosofia. [...] Expliquem-me os filósofos esta sedução da cadeia. Isto é que eu queria ver em pratos limpos" (Assis, 2019, v.1, p. 626-627).

Além das "Badaladas", o escritor recorreu em outros textos à fala de Hamlet, trazida, por exemplo, para o início do conto "A cartomante" (1884):

> Hamlet observa a Horácio que há mais coisas no céu e na terra do que sonha a nossa filosofia. Era a mesma explicação que dava a bela Rita ao moço Camilo, numa sexta-feira de novembro de 1869, quando este ria dela, por ter ido na véspera consultar uma cartomante; a diferença é que o fazia por outras palavras (Assis, 2008, v. 2, p. 447).

A intenção de Machado de Assis em explorar no conto as oscilações entre "elementos que parecem ser o que são e ao mesmo tempo não são o que parecem [...]" (Pereira, 2016, s. p.) imprime à frase de Hamlet sentido que a distancia do seu emprego pelo Dr. Semana, para expressar a perplexidade quanto à "sedução da cadeia", nas "Badaladas".

Variantes dessa fala, ainda em chave paródica, aparecem nas crônicas das séries "A Semana" e "Bons dias!", respectivamente, em de 2 de julho de 1893 – "É ocasião de emendar Hamlet: "Há entre o palácio do conde de Arcos e a rua do Ouvidor muitas bocas mais do que cuida a vossa inútil estatística." (ASSIS, 2008, v. 4, p. 997), e 4 de maio de 1888 – "Há entre o céu e a terra mais acumulações do que sonha a vossa vã filosofia..." (Assis, 2008, v. 4, p. 809).

Sem esgotar várias outras menções a fragmentos de peças de Shakespeare nas "Badaladas" do Dr. Semana, é o caso de trazer, por fim, outra frase famosa, aquela em alusão à morte como "região misteriosa de onde nenhum viajante jamais voltou", que integra o monólogo de Hamlet, no ato III, cena I da peça. Aqui, a personagem, em meio ao questionamento sobre o sentido da vida, marcada por constante sofrimento, considera a morte como possível solução, "se não fosse o temor de alguma coisa depois da morte, região misteriosa de onde nenhum viajante jamais voltou" (Shakespeare, 1978, p. 252). Na crônica do Dr. Semana, de 23 de março de 1873, a citação ilustra "dilema" muito distante daquele vivido pela personagem shakespeariana, posto referir-se ao projeto de instrução pública, apresentado pelo deputado Antônio Cândido Cunha Leitão, naquele ano, e que ficou sem receber parecer da Câmara:[4]

---

4   O deputado Antônio Cândido Cunha Leitão (1845-1888) propôs, em 1873, um projeto que previa a obrigatoriedade do ensino para meninos de 7 aos 14 anos, mas apenas nas cidades e vilas com escolas, criando multas para quem não cumprisse essa deter-

> O Sr. Cunha Leitão teve uma ideia: a de propor à câmara a ins-
> trução obrigatória. [...]
> Ora na verdade, só um Paulo[5] parlamentar poderá ainda nutrir
> alguma ilusão a este respeito.
> O Sr. Cunha Leitão devia saber que Hamlet fala de uma terra
> encoberta e misteriosa, – "donde nenhum viajante ainda
> voltou" – e não pode ignorar que essa terra é uma comissão.
> (Assis, 2019, v. 2, p. 63).

A fala de Hamlet volta a aparecer, de forma resumida, na crônica de 1º de setembro de 1877, da seção "História de quinze dias", publicada na *Ilustração Brasileira* (RJ, 1876-1878), assinada por Machado de Assis com o pseudônimo Manassés. Aqui, a referência não está associada à morte de uma ideia, como nas "Badaladas", mas à de pessoas: naquela quinzena, o mais que impressionou o cronista foi o obituário, em particular as mortes por "delírio alcoólico", de tal modo que a taberna passou a ser vista como "pórtico", ou do xadrez ou da sepultura. Do xadrez, o infrator saía e voltava; já o mesmo não acontecia com a sepultura: "A sepultura é de fácil acesso, mas não dá saída aos hóspedes. Ninguém ainda voltou daquele país, como pondera Hamlet" (Assis, 2011, p. 158).

O clima de morte, associado ao mundo "de onde nenhum viajante jamais voltou", impregna a citação da fala de Hamlet, em *Memórias póstumas de Brás Cubas*, que já aparece no capítulo 1 do romance, "Óbito do Autor":

> E foi assim que cheguei à cláusula dos meus dias; foi assim que
> me encaminhei para o *undiscovered country* de Hamlet, sem as
> ânsias nem as dúvidas do moço príncipe, mas pausado e trôpe-
> go, como quem se retira tarde do espetáculo. Tarde e aborrecido
> (Assis, 2008, v. 1, p. 626).

Narrador de sua própria história, Brás Cubas é o defunto que está no mundo dos mortos, para onde se encaminhou "sem as ânsias nem as dúvidas

---

minação legal. Previa ainda a dispensa das aulas de religião para os filhos de protestantes. O projeto ficou parado na Câmara sem receber parecer.

5   Referência à personagem do romance *Paul et Virginie* (1787), de Bernardin de Saint-Pierre.

do moço príncipe", sem o medo daquele "indiscovered country". Afastado do mundo dos vivos, o narrador-autor traz a frase de Hamlet para a sua "obra de finado", onde o dito acaba por se distanciar da atmosfera trágica da peça de Shakespeare, pois que recuperado com a "pena da galhofa e a tinta da melancolia", perspectiva que norteia a composição de suas *Memórias*.

Roído o cadáver de Brás personagem, ele se torna "coisa nenhuma" –, "mas essa coisa nenhuma especial em que se transformou é o narrador Brás Cubas [...]" (Facioli, 2002, p. 106) – como está dito no primeiro capítulo de *Memórias*: "A vida estrebuchava-me no peito, com uns ímpetos de vaga marinha, esvaía-se-me a consciência, eu descia à imobilidade física e moral, e o corpo fazia-se-me planta, e pedra, e lodo, e coisa nenhuma" (Assis, 2008, v.1, p. 626).

A famosa expressão machadiana – "coisa nenhuma" – em alusão à nulidade da vida, comparece no comentário do cronista de *A Semana*, em relação à resposta evasiva de Hamlet à pergunta de Polônio, na crônica já mencionada de 23 de abril de 1893 – "Palavras, boatos, poeira, nada, coisa nenhuma" –, e, com o mesmo sentido, na reflexão do Dr. Semana, nas "Badaladas" de 24 de setembro de 1871, que merece citação mais extensa, posto que nela identificam-se os germes das *Memórias póstumas*:

> Leitor amigo, eu não sei que sorte nos espera quando bater a nossa hora última.
> Eu desejaria, sem dúvida, ir para baixo da terra confundir os meus ossos com os de Alexandre ou Rotschild. Quem não é guerreiro nem banqueiro, a única consolação que lhe resta é vir a ser, como eles, coisa nenhuma.
> Mas quem sabe?
> Não se enterra quem quer. O direito de apodrecer em lugar recatado, e longe das vistas do sol, não é direito com que um homem possa contar.
> Depende de um pároco e de um bispo.
> Console-mo-nos, porém, leitor amigo. Eles podem judiar com os nossos cadáveres; mas a nossa alma, invisível e livre, rir-se-á deles e das ridicularidades deste mundo (Assis, 2019, v. 1, p. 612).

Atualidade de Machado de Assis

Aparentemente, o ponto de vista antirrealista das *Memórias póstumas*, decorrente da quebra de verossimilhança imposta pelo defunto-narrador, parece opor o romance de Machado de Assis às "Badaladas" do Dr. Semana, dada a aderência destas à realidade. O cronista, no entanto, tinha consciência de que, se a realidade existe, é impossível ter acesso pleno a ela, mas tão-somente às palavras – *words, words, words* – na lição que aprendeu de Shakespeare.

Adaptada a um gênero textual que, em princípio, retrata as ocorrências do dia a dia, a fala de Hamlet sinaliza, ainda, a liberdade experimentada pelo Dr. Semana que, numa semana fraca em acontecimentos, pode "falar, falar, falar", tal como o escritor que, sem o compromisso de representar a realidade, consegue recriá-la a partir da ficção. A falta de assunto, o que significaria a morte para (do)o cronista, acaba por se converter, na adaptação do fragmento de Shakespeare, em abertura para a vida, no registro da memória do tempo e da voz que escreve/fala nas "Badaladas".

Por outro lado, trazer as citações de Shakespeare para o espaço democrático das "Badaladas" implicou em promover a sua convivência com as "coisas miúdas", sendo estas o alvo das matérias da *Semana Ilustrada*, conforme vai dizer o Dr. Semana: "A *Semana* é por natureza uma gazeta de coisas miúdas [...]" (Assis, 2019, v. 2, p. 530). Com isso, as frases de Shakespeare ganham, por contaminação, dimensão cômico-satírica, que a desviam do sentido trágico original, ao mesmo tempo que colaboram no distanciamento crítico, irônico do cronista, doutor em "coisas miúdas". Na convivência do alto e do baixo, no interior das "Badaladas", efetiva-se a releitura da obra do dramaturgo inglês, as "coisas miúdas" a funcionar como "barulho de fundo", para falar com Italo Calvino (1995), no sentido de a contemporaneidade redimensionar o autor clássico e mantê-lo vivo.

As "coisas miúdas" lidas a partir de Shakespeare patrocinam, ainda, o diálogo entre o nacional e o universal, a antecipar o famoso ensaio de 1873, "Notícia da atual literatura brasileira. Instinto de nacionalidade", publicado na revista *O Novo Mundo* (1870-1879). Aqui, como se sabe, Machado de Assis expõe o seu ideal estético em relação ao que seja nacional, a saber, "não é necessário falar do local para ser escritor do seu país" (Senna, 2009, p. 78), reflexão exemplificada pela obra teatral de Shakespeare:

> [...] e perguntarei mais se o *Hamlet*, o *Otelo*, o *Júlio César*, a *Julieta e Romeu* têm alguma coisa com a história inglesa nem com o território britânico, e se, entretanto, Shakespeare não é, além de um gênio universal, um poeta essencialmente inglês (Assis, 2013, p. 432).

Se no contexto da literatura brasileira, Shakespeare funciona como baliza para a aferição da nacionalidade, no interior das "Badaladas", o autor de *Hamlet* ganha cor local, ao se fundir com "essa espécie de ruminação de coisas miúdas, digressiva e assistemática" (Oliveira, 2008, p. 40), como são as crônicas do Dr. Semana, melhor dizendo – Machado de Assis –, na *Semana Ilustrada*.

Referências bibliográficas

AGUIAR, Cláudio de. *Franklin Távora e seu Tempo*. São Paulo: Ateliê Editorial, 1997.

ASSIS, Machado de. *Contos Avulsos*. Org. Raimundo Magalhães Júnior. Rio de Janeiro: Civilização Brasileira, 1956.

_____. *Contos e Crônicas*. Org. Raimundo Magalhães Júnior. Rio de Janeiro: Civilização Brasileira, 1958.

_____. *Obra Completa em Quatro Volumes*. Rio de Janeiro: Nova Aguilar, 2008.

_____. *História de Quinze Dias, História de Trinta Dias*: crônicas de Machado de Assis – Manassés. São Paulo: Editora UNESP, 2011.

_____. *Crítica Literária e Textos Diversos*. Organização Sílvia Maria Azevedo, Daniela Calippo, Adriana Dusilek. São Paulo: Editora UNESP, 2013.

_____. *Badaladas Dr. Semana*. Org. Sílvia Maria Azevedo. São Paulo: Nankin, 2019.

BASTOS, Alcmeno. *Machado de Assis: a poética da moderação*. Rio de Janeiro: Batel, 2018.

CALDWELL, Helen. *O Otelo Brasileiro de Machado de Assis: um estudo de* Dom Casmurro. Tradução Fábio Fonseca de Melo. São Paulo: Ateliê, 2002.

CALVINO, Italo. *Por Que Ler os Clássicos*. Tradução Nilson Moulin. São Paulo: Companhia das Letras, 1995.

FACIOLI, Valentim. *Um Defunto Estrambótico: análise e interpretação das* Memórias Póstumas de Brás Cubas. São Paulo: Nankin, 2002.

GOMES, Eugênio. *Shakespeare no Brasil*. Rio de Janeiro: Ministério da Educação e Cultura, 1961.

MAGALHÃES JÚNIOR, Raimundo. *Ao Redor de Machado de Assis*. Rio de Janeiro: Civilização Brasileira, 1958.

OLIVEIRA, Maria Rosa Duarte de. "O Cronista Ilustrado e o Burro-Filosófo", In: *Revista da ANPOLL,* 24, v. 2, p. 31-45, 2008. Acesso em: 20/10/2019.

PASSOS, José Luiz. *Machado de Assis: o romance com pessoas.* São Paulo: Editora da Universidade de São Paulo: Nankin Editorial, 2007.

PEREIRA, Eder Rodrigues. "Da Tragédia à Comédia: uma leitura do conto 'A cartomante' de Machado de Assis". *Machado de Assis em linha*, vol. 9, n. 18, mai./ago. 2016. Acesso em: 25/09/2019.

SENNA, Marta de. "Machado de Assis: certo instinto de nacionalidade". In: *Escritos*, Revista da fundação Casa de Rui Barbosa, ano 3, n. 3, 2009, p. Acesso em: 20/09/2019.

SHAKESPEARE, William. *Romeu e Julieta*; *Macbeth*; *Hamlet, o Príncipe da Dinamarca; Otelo, o Mouro de Veneza.* Trad. F. Carlos de Almeida Cunha Medeiros e Oscar Mendes; sinopses, dados históricos e notas de F. Carlos de Almeida Cunha Medeiros. São Paulo: Abril Cultural, 1978.

TELES, Adriana da Costa. *Machado & Shakespeare: intertextualidade.* São Paulo: Perspectiva: FAPESP, 2007.

Da corte às províncias:
Machado de Assis nas folhas públicas

Valdiney Valente Lobato de Castro

O jornal e a democratização da leitura

A abertura dos portos e a liberdade de imprensa, promulgadas pelo coroa portuguesa, estão de tal modo interligadas que não é possível conceber a expansão dos movimentos dos navios sem relacioná-los ao crescimento do número dos impressos. Na segunda metade do século XIX, as ruas da agitada cidade do Rio de Janeiro entravam em frenesi com as novidades advindas da Europa, trazidas pelos paquetes e divulgadas nos jornais, o que permite compreender o interesse do público pelas folhas avulsas.

Ao se analisar os romances urbanos ambientados no oitocentos carioca, esse apetite é evidente: há personagens proprietárias de jornais, colaboradoras e leitoras em grande profusão. Nessas narrativas, não se anuncia que o jornal chegou, sempre "os jornais", o que ilustra a grande quantidade de periódicos circulando pela cidade. A leitura das folhas acontece, graças ao seu caráter portátil, em espaços bem diversos: nos cafés, nos passeios públicos, nos bondes, trazendo notícias sempre muito recentes para os leitores. Essas informações não se restringiam apenas aos acontecimentos da cidade, mas também de outras partes do Brasil ou, até mesmo, de outros países e eram colhidas na leitura tanto de jornais cariocas, como de outras províncias.

Essas imagens de leitura presentes na ficção revelam a importância do jornal como elemento maior de divulgação de informações do século XIX, suporte no qual se discutia política, apresentavam-se as novidades europeias, anunciava-se a venda de produtos, informava-se sobre os acontecimentos de outros estados, enfim, oferecia-se uma leitura rápida e barata que oportunizasse ao leitor condições de se manter informado sobre as notícias que percorriam as ruas. Soma-se a isso a facilidade da leitura do jornal:

> Era fácil ler um jornal: suas folhas se dobravam, era pouco volumoso, podia ser guardado até nas algibeiras. Podia ser lido na esquina, compartilhado por muitas pessoas. O jornal incluía, assim, os trânsitos cotidianos oitocentistas em suas possibilidades de apropriação, as quais já estavam previstas e configuradas em sua materialidade, em sua forma (Pina, 2008, p. 32).

Essa usabilidade também é comentada por Socorro Pacífico Barbosa (2007, p. 41) que relaciona a efemeridade das notícias ao alcance de leitores mais populares: "a leitura do jornal está associada à ação ligeira e descartável e, muitas vezes, feita de forma oral, o que implicava a participação de escravos e homens livres analfabetos na sua socialização". As imagens de leitura de jornais nas prosas de ficção ressaltam essas possibilidades e potencializam essa abrangência a leitores de diferentes espaços do país.

De igual modo, Machado de Assis na sua crônica "O Jornal e o Livro", publicada nos dias 10 e 12 de janeiro de 1859 no *Correio Mercantil*, revela a importância do periódico para o futuro da nação:

> O jornal é a verdadeira forma da república do pensamento. É a locomotiva intelectual em viagem para mundos desconhecidos, é a literatura comum, universal, altamente democrática, reproduzida todos os dias, levando em si, a frescura das idéias e o fogo das convicções. O jornal apareceu, trazendo em si, o gérmen de uma revolução. Essa revolução não é só literária, é também social, é econômica, porque é um movimento da humanidade abalando todas as suas eminências, a reação do espírito humano sobre as fórmulas existentes do mundo literário, do mundo econômico e do mundo social (*Correio Mercantil*, 1859, p. 2).

Evidentemente que há uma euforia nas palavras de Machado de Assis, mas, decerto, o jornal é um elemento catalisador para facilitar muitas das

Atualidade de Machado de Assis

mudanças ocorridas no século XIX; por isso a metáfora "locomotiva intelectual", famosa do autor, referindo-se tanto à penetração que o jornal alcançou em diversas regiões do país em uma época de difícil acesso, produzindo a universalização das notícias, quanto à importância do suporte como contributo para a instrução da população, ao possibilitar, de certa forma, uma educação informal.

Vale ressaltar ainda que a locomotiva também estava em voga, na época, com a instalação das estradas de ferro; com isso o caráter público, tanto dos bondes quanto dos jornais, que percorrem com agilidade a cidade levando informações aos diversos tipos de leitores. E como as notícias são dinâmicas, em caráter transitório de acordo com as novidades, elas estão em constante passagem, por isso os leitores assemelharem-se a passageiros, nessa constante transição. Nesse cenário, jornal e bonde, frutos do processo de aceleração do mundo moderno, passam a ser considerados por Machado de Assis como os maiores acontecimentos dos últimos trinta anos, conforme escreveu, anos mais tarde, em agosto de 1893, em comemoração aos dezoito anos de fundação da *Gazeta de Notícias*.

Ao considerar essas transformações, Nelson Werneck Sodré (1994) utiliza metáfora semelhante à do autor fluminense:

> Reproduzindo ilustrações rapidamente e a baixo custo, pela velocidade na impressão, nos fins do século, as novas máquinas faziam correr rolos de papel com a velocidade de um trem expresso, saindo os jornais em cores, quando era desejado e sempre automaticamente contados e dobrados. Isso permitia enorme redução no custo da unidade fabricada, ao mesmo tempo que melhorava a sua qualidade (Sodré, 1994, p. 58).

Assim como os assuntos variam de página a página nos jornais, as cenas se modificam de estação a estação; com isso a expressão "trem expresso" simboliza a velocidade com que as novidades eram transmitidas para a população carioca. Exatamente por atingir a todas as camadas da sociedade da capital fluminense é que Machado de Assis, ainda na crônica "O Jornal e o Livro" (*Correio Mercantil*, 1859, p. 2), enaltece o suporte: "o jornal, literatura quotidiana (...) é reprodução diária do espírito do povo, o espelho comum de todos os fatos e de todos os talentos, onde se reflete, não a ideia de um homem, mas a ideia popular, esta fração da ideia humana". E em outro momento da crônica, o autor assegura: "O jornal é a liberdade, é o povo, é a consciência, é a esperança, é o trabalho, é a civilização." E ainda: "o jornal é uma expressão, é um sintoma da democracia; a democracia é o povo, a humanidade". Na medida em que o jornal atinge a todas as esferas da cidade, o autor vê o processo democrático emergir, principalmente por atingir um público muito maior do que o livro, capaz de modificar a sociedade a partir da ampla circulação.

Desse modo, um dos maiores benefícios que o suporte trouxe à população foi a homogeneização das notícias. Os brasileiros começaram a ter acesso a acontecimentos de outras realidades sociais muito diferentes da condição de colônia do Brasil, o que seguramente lhes permitia não apenas ampliar sua compreensão de mundo, como também repensar a sua própria realidade. Por outro lado, a variedade de notícias, presente desde os primeiros jornais, também encantava os leitores. Ao acompanhar diacronicamente a evolução dos impressos, percebe-se como paulatinamente vão surgindo jornais de diferentes áreas, o que denota o aumento no número de leitores e a busca pela leitura especializada.

Desde a primeira metade do século XIX, havia um público leitor experiente, instruído graças aos impressos saídos no Brasil, aos livros vindos de Portugal e de outros países e à formação humanística em escolas como o Colégio Pedro II, fundado em 1837; a partir da década de 1850, os leitores ficaram ainda mais exigentes. Os impressos multiplicaram-se e os leitores passaram a participar ativamente das publicações por meio de sorteios, passatempos, críticas e cartas a pedido. De igual modo, os autores publicavam não apenas poesia e prosa de ficção, mas também críticas literárias e crônicas, ou seja, opinavam sobre assuntos que saíam da esfera do campo literário e alcançavam os acontecimentos mais comezinhos do dia a dia carioca.

O que se vê é a literatura dominando o espaço nas folhas dos jornais. Mesmo nos periódicos de interesse político e econômico, há a presença de pelo menos uma poesia. O texto literário, pouco a pouco, sai de um espaço destinado a uma única poesia, alcança a coluna folhetim, um enorme sucesso, e assume até mesmo o perfil do periódico: vários jornais oitocentistas

Atualidade de Machado de Assis

denominavam-se como de interesse literário e/ou tiveram o maior espaço, em suas páginas, destinado aos textos literários.

A agilidade dos impressos

O movimento entre a Corte e as províncias, na segunda metade do século XIX, é tão intenso que é possível perceber, em jornais diários, anúncios de saídas de navios a vapor para Santa Catarina, Rio Grande do Sul, Pernambuco, Rio Grande do Norte, Bahia e Pará, além das viagens internacionais para Marselha, Buenos Aires, Porto, Lisboa e Montevidéu, ainda na década de 1860.

O percurso por esses meios, evidentemente, não garante o cuidado com a materialidade das páginas. Em 26 de junho de 1876 o jornal *O Santo Offício,* no Pará, divulga a nota:

> Um dia depois da partida do vapor do Sul, achamos na janela do nosso escritório o nº 6 do importante Jornal das Famílias; mas, em que estado! As folhas já cortadas e besuntadas de gordura, estão atestando que o nosso Jornal das Famílias estivera antes em outras mãos para ao depois chegar às nossas em tal estado; e ainda foi muito: na maioria das vezes mesmo assim recebemos como acontece com os livros que o sr. Garnier diz nos enviar, mas não nos chegam às mãos!
> De quem nos devemos queixar? Do correio? Ora, o correio!... É mal sem cura.
> O presente número do Jornal das Famílias pertence ao mez de Junho e contem:
> O divórcio ou memórias da madame Dormeuil (continuação), por... Encher tempo, por Machado de Assis; O passado, passado por lara.
> Mosaico: Anedotas, por Paulina Philadelphia.
> Poesias: O crepúsculo, por J. Luiz; No campo, por Sylvio.
> Modas: Descripção do figurino de modas... (*O Santo Offício,* 26.06.1876, p. 2).

A notícia da folha do Pará demonstra o quanto o famoso suporte tinha ampla circulação em território nacional, e oferece informações importantes: o percurso do periódico deu-se por navio a vapor, o que não atrasou a chegada do volume, visto ter sido entregue ao seu destino no mesmo mês em que foi publicado.

Quanto ao aborrecimento do editor e à suspeita das folhas já terem sido manuseadas por outro leitor, além de revelarem o quanto esse jornal agradava aos leitores em geral, evidenciam a ausência de cuidados nessas entregas e como os editores muitas vezes encontravam alternativas diversas para a circulação de suas publicações, não contando com o serviço postal.

Na folha de Baptiste Louis Garnier, de que trata a notícia, Machado de Assis colaborou de 1864 a 1878 com 86 contos. O empreendimento do francês era ousado: com cerca de quarenta páginas apresentava ilustrações de moda produzidas em Paris, notas sobre economia doméstica, partituras musicais, trabalhos de lã e bordados, passatempos, desenhos a aquarela coloridos, imagens de como usar adequadamente os chapéus, tudo para encantar as leitoras. O grande número de páginas, a ausência de anúncios e o alto custo da produção já evidenciam que o valor da assinatura não era irrisório se comparado com as demais gazetas que circulavam na cidade.

O Jornal *Pedro II*, de Fortaleza (CE), divulga em 17 de outubro de 1867 a seguinte nota acerca do requintado jornal: "Os senhores assinantes desta interessante publicação mandem receber a caderneta nº 10 do corrente mês na livraria de Joaquim José d'Oliveira, onde se recebem novas assinaturas a 12.000 por ano pagas adiantadas" (Pedro II, 17.10.1867, p. 3).

O correspondente e o valor são os mesmos que anos depois seriam divulgados na última página da folha do Garnier. O *Correio Mercantil* e o *Diário do Rio de Janeiro*, ambos de periodicidade diária, com apenas quatro páginas, cobravam o valor anual de 34.000 para as províncias, no mesmo período, e o *Jornal do Comércio,* também de periodicidade diária, cobrava 28.000. Considerando esses valores e a quantidade de informações disponíveis ao cliente, nessas duas folhas diárias, não se pode afirmar que o jornal do francês é oferecido a preços módicos.

Em 1878, os volumes do *Jornal das Famílias* passaram a assinalar os locais de venda dos livros publicados nas prensas do Garnier, onde também deveriam ser feitas as assinaturas do jornal. Nessa lista constam trinta correspondentes distribuídos pelo país e ainda em Braga, Porto, Lisboa e Paris. De norte a sul, o *Jornal das Famílias* adentrava sedimentando não apenas as belas letras em caráter nacional, como também o nome de Machado de Assis, principal colaborador da folha.

Os estados divulgavam em seus jornais o empreendimento do editor francês e o sumário dos números que saíam, o que ajudava a consagrar o nome do autor por todo o território nacional, por mais que alguns contos publicados no luxuoso *Jornal das Famílias* fossem assinados por pseudônimo.

Na tentativa de compreender o percurso dos jornais por entre as províncias, na tabela abaixo (fig. 1) relacionam-se as datas dos anúncios do *Jornal das Famílias* em diferentes gazetas brasileiras e os meses das edições a que os anúncios se referem. Nessa associação vale considerar a distância temporal entre as edições do jornal na Corte e os anúncios dessas publicações saídos nas províncias.

Tabela 1: publicação do *Jornal das Famílias* e os anúncios nas províncias

Jornais das Províncias		Data do anúncio nas províncias	Edição do Jornal das Famílias
1.	A BOA NOVA (PA)	14.04.1877	MARÇO
		05.05.1877	ABRIL
2.	A ESPERANÇA (PB)	21.02.1878	FEVEREIRO
3.	A MOCIDADE (MA)	01.12.1875	NOVEMBRO
		10.03.1876	FEVEREIRO
4.	A PROVÍNCIA (PE)	12.11.1874	NOVEMBRO
		17.04.1876	ABRIL
5.	A REGENERAÇÃO (SC)	09.12.1877	DEZEMBRO
		10.11.1878	NOVEMBRO
6.	BRADO CONSERVADOR (RN)	02.02.1877	JANEIRO
		23.03.1877	MARÇO
7.	CEARENSE (CE)	15.08.1874	AGOSTO
		19.05.1876	MAIO
8.	CORREIO OFICIAL DE GOIÁS (GO)	27.01.1875	JANEIRO
9.	DEZENOVE DE DEZEMBRO (PR)	10.07.1875	JULHO
		19.05.1877	MAIO
10.	DIÁRIO DE BELÉM (PA)	29.01.1876	JANEIRO
		14.07.1876	JUNHO

11.	DIÁRIO DE MINAS (MG)	07.10.1875	OUTUBRO
		11.12.1875	DEZEMBRO
12.	DIÁRIO DO MARANHÃO (MA)	17.11.1874	NOVEMBRO
		17.03.1875	MARÇO
13.	JORNAL DO ARACAJU (SE)	12.04.1877	ABRIL
		10.10.1877	OUTUBRO
14.	JORNAL DO AMAZONAS (AM)	25.11.1875	NOVEMBRO
		10.01.1876	JANEIRO
15.	JORNAL DO PENEDO (AL)	03.09.1875	AGOSTO
		02.03.1877	FEVEREIRO
16.	JORNAL DO PILAR (AL)	23.11.1875	NOVEMBRO
		26.03.1876	MARÇO
17.	MONITOR DO NORTE (MG)	07.03.1875	FEVEREIRO
18.	O COMERCIAL (RS)	20.05.1877	MAIO
19.	O CONSERVADOR (SC)	20.09.1874	SETEMBRO
		10.11.1875	NOVEMBRO
20.	O ESPÍRITO SANTENSE (ES)	17.03.1874	MARÇO
21.	O LIBERAL (MT)	15.10.1874	OUTUBRO
22.	O MONITOR (BA)	07.03.1877	MARÇO
		06.05.1877	MAIO
23.	O SANTO OFÍCIO (PA)	08.01.1877	DEZEMBRO
		22.01.1877	JANEIRO
24.	OITENTA E NOVE (PI)	25.06.1874	MAIO
25.	OPINIÃO CATARINENSE (SC)	16.09.1875	SETEMBRO
		09.02.1878	FEVEREIRO
26.	PEDRO II (CE)	18.09.1870	SETEMBRO
		08.06.1872	MAIO
27.	PROVÍNCIA DO PARANÁ (PR)	12.03.1876	MARÇO
		24.10.1876	OUTUBRO
28.	PUBLICADOR MARANHENSE (MA)	02.03.1865	FEVEREIRO
		10.08.1865	AGOSTO

Muitos desses anúncios noticiavam, além do recebimento do jornal, o navio que o trouxera, o local para assinatura das edições e o preço de custo. Em outros, há apenas a notícia do recebimento do periódico. Na segunda coluna, há dois anúncios em dois números diferentes, a fim de demonstrar que a celeridade do movimento do *Jornal das Famílias* até as províncias não é um caso isolado, é recorrente. Dos 49 anúncios coletados, apenas 13 evidenciam que o jornal não chegava exatamente no mesmo mês em que saía na Corte. E desses que receberam com mais atraso, apenas 3 revelam demora para além do dia 10 do mês seguinte: *A Boa Nova* (PA), *Diário de Belém* (PA) e *Oitenta e Nove* (PI), sendo esse último o único atraso mais prolongado: só recebeu o jornal no dia 25 do outro mês.

Esses atrasos não podem ser compreendidos como uma dificuldade de penetração específica para esses estados, pois, no caso do Pará, outras folhas se apropriaram do jornal em um prazo curto. E o Amazonas, ainda mais distante da Corte, noticia que recebeu o jornal no dia 10, o que revela o movimento intenso de circulação entre os estados. De igual modo, os jornais do sul do país também anunciaram o recebimento da folha do Garnier no mesmo mês em que saiu no Rio de Janeiro. Em diferentes estados do país o jornal consegue chegar nos primeiros dez dias do mês. Como há nos jornais muitos avisos de viagens de navio para diversas províncias e muitos dos anúncios de chegada do *Jornal das Famílias* informam que o recebimento se deu pela chegada dos vapores, é possível pensar que a comunicação entre todos os estados do país, na segunda metade do século XIX, é muito mais intensa do que comumente se imagina.

Os anúncios apresentados na tabela, excetuando obviamente São Paulo e Rio de Janeiro – pois o objetivo é analisar a circulação para os estados mais distantes – contemplam todos os estados do Brasil à época em que o *Jornal das Famílias* era produzido (1863-1878). Além desses jornais, outros também noticiaram o recebimento do empreendimento de Garnier: *Jornal do Recife* (PE), *O Liberal do Pará* (PA), *A Regeneração* (PA), *Pharol* (MG), *Correio da Bahia* (BA), *A Palavra* (AL), *Labarum* (AL) e *O Despertador* (SC), todos esses também tiveram as edições recebidas no mesmo mês em que saiu no Rio de Janeiro, mas como o intuito foi privilegiar todos os estados, não foram acrescentados na tabela.

Se os impressos conseguem sair da Cidade da Corte e alcançar todo o Brasil em tão curto tempo, seguramente a rede de contatos entre os editores, livreiros, autores e leitores era muito bem urdida. Os editores mantinham correspondentes em diversas partes do país e sabiam os dias certos em que os navios saíam, o que é perceptível pelos inúmeros avisos de partidas e chegadas de navios que se leem nos mais diversos jornais, tanto da Corte quanto das províncias. De igual modo, as folhas das províncias divulgavam a chegada dos periódicos da Corte para que os assinantes pudessem buscá-los. Sobre essa dinâmica circulação dos impressos entre as cidades, Socorro Pacífico Barbosa (2007, p. 83) acrescenta:

> Outro importante aspecto da circulação da cultura letrada que os jornais revelam com bastante propriedade diz respeito à integração entre as províncias e a circulação de livros e periódicos. Esta e outras pesquisas em jornais têm desmentido a concepção corrente, segundo a qual as províncias viviam culturalmente isoladas e, no máximo, mantinham contato com a Corte, ou a capital da República. Ao contrário, os jornais e periódicos revelam que havia um movimento intenso entre as províncias, o que incluía a troca de jornais, recebimento de livros, a crítica literária, tudo isso apresentado em notas que, por si só, já constituem fonte de documentos e de pesquisas para uma história da leitura no Brasil que não se limite às fontes bibliográficas tradicionais (Barbosa, 2007, p. 83).

Desfazer essa concepção de isolamento possibilita não só descortinar as relações estabelecidas entre a produção das obras e o comércio livreiro, como também analisar a influência dessa circulação para a consolidação do cânone. Na medida em que as obras trafegam por meio dos jornais entre as diferentes partes do país, a obra passa aos poucos a se consolidar na memória nacional.

Para Bourdieu (1992) os componentes envolvidos no processo da produção à recepção do texto literário, no século XIX, influenciam na boa ou má aceitação das obras. Assim, além do leitor, o editor passa a ter um papel crucial na canonização dos textos literários, isso porque, muito antes desses escritos chegarem às mãos dos leitores, eles são selecionados pelos editores para constarem nos periódicos. Desse modo, o sociólogo francês acrescenta que o primeiro passo para a consagração de uma obra é a aceitação dela pelos seus pares, pois é a partir dessa anuência que serão oportunizadas condições para as obras viajarem até os leitores. Essa compreensão vincula-se perfeitamente à produção e à circulação dos textos de Machado de Assis, que sempre

Atualidade de Machado de Assis

estabeleceu excelente relação com seus editores, como Baptiste Louis Garnier, proprietário do nacionalmente conhecido *Jornal das Famílias*.

A prosa de ficção machadiana em jornais de outras províncias

Como Machado de Assis era o principal colaborador do *Jornal das Famílias*, que percorria o país de um extremo ao outro, era natural que seu nome repercutisse nacionalmente e, na medida em que ele se tornava conhecido, sua obra também circulava em diferentes jornais das províncias. Muitas dessas folhas copiavam as notícias e as obras literárias da coluna folhetim que eram lançadas nos jornais da Corte e as publicavam em suas páginas. Nessa contrafação, raramente se divulgava o nome do jornal em que a notícia havia saído primeiramente.

No período de 26 de setembro a 03 de novembro de 1874, Machado publicou no jornal *O Globo* seu romance *A Mão e a Luva*. É o segundo romance do autor e o primeiro a ser publicado por meio das gazetas. Apesar de se tratar de um jornal diário, o romance não saiu em todos os números, as interrupções, que podem ter ocorrido pelos compromissos do autor com outros jornais, parecem ser habituais aos leitores da época, pois *O Besouro*, em 22 de junho de 1878, divulga um fictício diálogo entre Arthur Azevedo e Machado de Assis, em que esses escritores falam se "deram folhetim" nesse dia.

Tão logo o romance foi concluído, Garnier cuidou da publicação em livro, porque nas mesmas páginas d'*O Globo*, um mês depois, em 08 de dezembro, saiu uma nota informando que o "delicadíssimo volume" tinha vindo a lume. Quase duas décadas depois, em 22 de janeiro de 1893, o jornal alagoano *Cruzeiro do Norte* começa a publicar na sua coluna folhetim, os dilemas amorosos de Guiomar. Devido à distância temporal e à distribuição dos capítulos no periódico alagoano, que não se assemelha à organização apresentada no jornal da Corte, é bem provável que o jornal de Maceió tivesse transcrito o romance do livro impresso.

Também na primeira página do jornal *O Globo*, Machado distribuiu os 28 capítulos de *Helena*, no período de 6 de agosto a 11 de setembro de 1876, em 35 números diários ininterruptos. Meses antes, em abril, o autor já havia assinado contrato com Garnier assegurando a publicação desse terceiro romance, que, até então, teria como título: "Helena do Vale". Provavelmente, o francês, que já mantinha negócios há mais de ano com o autor, tinha certeza do sucesso da obra. Em notas recolhidas por Hélio de Seixas Guimarães (2012), é possível perceber o quanto a imprensa carioca recebeu jubilosamente o romance. Publicar mil e quinhentos exemplares de uma narrativa que havia acabado de chegar às mãos dos leitores por meio dos jornais é uma proposta ambiciosa. Segundo Ubiratan Machado (1946, p. 97), "livro que vendesse mil exemplares em um ano podia ser considerado um *best-seller*". E a narrativa manteve-se um sucesso.

Esse mesmo romance estreou também no folhetim do jornal *O Despertador*, de Desterro (SC), que era publicado às terças e sextas-feiras, em 30 edições, de 15 de maio de 1877 a 24 de agosto de 1877. A folha catarinense era composta de quatro páginas e o rodapé das duas primeiras, geralmente, era reservado para a coluna folhetim. Ao iniciar o primeiro capítulo, o jornal anunciava aos leitores: "Helena é este o título do romance que começamos hoje a dar em nosso folhetim. Para nós tem o elevado mérito de ser brasileiro, escrito por um talentoso patrício. O leitor inteligente e dotado de bons sentimentos o apreciará, dando-lhe o merecimento que realmente tiver" (O DESPERTADOR, 15.05.1877, p. 1). No último dia, logo nas primeiras linhas do periódico, divulgava-se o fim da história da desafortunada personagem: "Neste número termina a publicação do romance que temos dado em folhetim sob o título – Helena" (*O Despertador*, 24.08.1877, p. 1).

E, ainda, em *Atualidade*,[1] de Vitória (ES), *Helena* foi publicado, no período de 21 de junho a 15 de setembro de 1878, em dias alternados, geralmente às quartas, sextas e domingos, totalizando 37 edições. O jornal também era composto de quatro páginas, destinando o rodapé das duas primeiras para a seção folhetim.

Nesses dois jornais, a distribuição dos capítulos é bastante semelhante à apresentada n'*O Globo* e, como o livro foi lançado em outubro, logo após o término da publicação no periódico, é muito interessante como o

---

1   Na hemeroteca estão disponíveis vários números de 1878. Das edições dedicadas ao amor de Estácio e Helena, apenas a 56 está faltando, provavelmente saída em 2 de agosto, sexta-feira.

romance sai rapidamente das páginas cariocas e alcança o sul e o sudeste do país. Em cerca de seis meses, o livro foi adquirido, lido e planejado para ser publicado no jornal de Santa Catarina. Ao se comparar as reproduções nesses dois jornais com os suportes saídos no Rio de Janeiro, percebe-se que a transcrição foi feita considerando o livro impresso e não a narrativa publicada *n'O Globo*. Na edição 214 desse jornal, publicada em 10 de agosto de 1876, apresenta-se, no quarto capítulo, o padre Melchior, como um homem de cinquenta anos, enquanto no livro publicado pelas prensas de Garnier o vigário possui sessenta, mesma idade com que foi representado nas folhas do sul e do sudeste.[2]

Alterações à parte, os dois jornais que transcreveram a narrativa da engenhosa Helena foram bastante generosos com os leitores. São diagramações com letras graúdas e com os cortes adequados nos finais das edições sem prejudicar a compreensão da leitura. Quanto ao elogio feito no anúncio do romance saído na folha catarinense: a descrição de ser "escrito por um talentoso patrício" para um "leitor inteligente" demonstra o quanto Machado estava se tornando conhecido dos leitores brasileiros.

Outro romance que circulou em um jornal de outra província foi *Memórias Póstumas de Brás Cubas*. Difundido nas páginas da *Revista Brasileira* em 1880, e somente publicado em livro em 1881, o romance foi reproduzido nas páginas do *Diário de Pernambuco*. No dia 03 de abril de 1880, saíram os quatro primeiros parágrafos juntamente com a epígrafe de Shakespeare. No volume seguinte, lançado no dia 05, além de finalizar o primeiro capítulo, foram publicados mais seis. Logo no outro dia, após concluir os capítulos sete e oito, há apenas o início do nono capítulo, "Transição", e a história é encerrada, justamente quando o desventurado Brás Cubas está para fazer a descrição de seu nascimento. Aproveita-se o trecho: "De modo que o livro fica assim com todas as vantagens do método, sem a rigidez do método. Na verdade, era tempo" para falsear uma conclusão da narrativa. Além dessa reprodução, outros jornais publicaram trechos do romance: no Maranhão, a *Pacotilha* publicou o episódio "O Delírio" nos dias 29 de se-

---

2   Eduardo Luz (2017) compara os dois suportes saídos na década de 1870 e percebe a importante alteração que Machado fez na idade do singular personagem.

tembro e 02 de outubro de 1894, e o *Diário do Natal* (RN) e *A Notícia* (PR), ambos em 1908, divulgaram o capítulo "A Pêndula".

Além dos romances, muitos contos de Machado de Assis saíram em jornais das mais distantes províncias. Maranhão, Pará, Pernambuco, Minas Gerais, Paraná, Santa Catarina e Espírito Santo são estados que tiveram uma boa quantidade de histórias do autor difundidas em suas gazetas. Como a comunicação entre a Corte e as demais cidades era intensa e não havia nenhuma responsabilidade dos editores dessas folhas com os direitos autorais, a reprodução dessas narrativas, muitas vezes, ocorria quase que simultaneamente com a publicação original. A tabela abaixo (fig. 2) mostra o interstício temporal entre a data de saída nos jornais da Corte (coluna à direita) e as datas das publicações (coluna do meio) em dois periódicos diários nordestinos, o *Diário de Pernambuco* (PE) e a *Pacotilha* (MA), que por anos publicaram em suas páginas as narrativas curtas machadianas:

Tabela 2: contos publicados no Rio de Janeiro e reproduzidos nas províncias

Diário de Pernambuco (PE)	Casada e viúva (21.01.1865)	Nov. 1864 (Jornal das Famílias)
	A vida eterna (21.01.1870)	Jan. 1870 (Jornal das Famílias)
	Ruy de Leão (22.03.1872)	Jan. -mar. 1872 (Jornal das Famílias)
	Uma Loureira (15.07.1872)	Mai. -jun. 1872 (Jornal das Famílias)
	Um esqueleto (15.11.1875)	Out. -nov. 1875 (Jornal das Famílias)
	Onze anos depois (22.11.1875)	Out. -nov. 1875 (Jornal das Famílias)
	A chinela turca (02.12.1875)	14.11.1875 (A Época)
	To be or not to be (17.03.1876)	Fev. -mar. 1876 (Jornal das Famílias)
	Folha Rota (23.10.1878)	Out. 1878 (Jornal das Famílias)
	O Caso Ferrari (01.06.1878)	21.05.1878 (O Cruzeiro)
	A Igreja do Diabo (15.03.1883)	12.02.1883 (Gazeta de Notícias)
	D. Paula (25.10.1884)	12.10.1884 (Gazeta de Notícias)
	A Cartomante (26.12.1884)	28.11.1884 (Gazeta de Notícias)
	Médico é remédio (11.01.1885)	Out. -nov. 1883 (A Estação)
Pacotilha (MA)	A igreja do Diabo (07/08.03.1883)	12.02.1883 (Gazeta de Notícias)
	Singular Ocorrência (19.06.1883)	30.05.1883 (Gazeta de Notícias)
	Trio em lá menor (19.02.1886)	20.01.1886 (Gazeta de Notícias)
	Um dístico (09.10.1886)	01.07.1886 (A Quinzena)
	Mariana (07.11.1891)	18.10.1891 (Gazeta de Notícias)
	Uma Carta (30.04.1896)	15.12.1884 (A Estação)
	Jogo do bicho (03.19.1904)	1904 (Alman Bras Garnier)

Em quase todos os itens a reprodução se dá no mesmo mês em que a narrativa era primeiramente publicada. Como o *Diário de Pernambuco* é mais antigo, as cópias se iniciam desde a época do *Jornal das Famílias*. Nesses casos, percebe-se que nas décadas de 1860 e 1870 a distância temporal entre as duas publicações é bastante curta. Dos oito contos transcritos do elegante jornal, seis saem nas províncias no mesmo mês em que circulam na Corte. No entanto, enquanto no *Jornal das Famílias* as narrativas são distribuídas geralmente em dois números, no jornal pernambucano são reproduzidas de uma só vez, ou seja, o editor nordestino esperava a história ser concluída no periódico casamenteiro para só depois copiá-la integralmente para seus leitores. Dessas merece destaque a reprodução do conto "Um esqueleto", que 15 dias após ser concluída nas folhas do Garnier, já estava percorrendo as ruas de Recife por meio do *Diário de Pernambuco*.

Mais ágil ainda é a reprodução que ocorre com o conto "D. Paula": em treze dias, em outubro de 1884, a narrativa sai pelas prensas da *Gazeta de Notícias*, circula no Rio de Janeiro, viaja pelo vapor para Pernambuco, entra nas prensas de Manoel Figueiroa de Faria, proprietário do jornal, e é distribuída nas ruas de Recife e nas províncias por onde ele circulava.

Como o jornal *Pacotilha*, do Maranhão, só tem início em 1880, as reproduções são feitas com base nos contos saídos na *Gazeta de Notícias*. Na folha maranhense, ao contrário do jornal pernambucano, as reproduções não ocorrem no mesmo mês, o que pode sugerir que o percurso da Corte para o Maranhão era mais demorado ou que as prensas desse jornal fossem mais cautelosas na escolha ou no processo de reprodução das narrativas que seriam publicadas.

Nos dois jornais nordestinos é importante ressaltar o interstício temporal de dois contos: "Médico é remédio", republicado nas páginas do *Diário de Pernambuco*, em 1885, e "Uma Carta", saído na *Pacotilha*, em 1896. O primeiro foi reproduzido mais de um ano depois de ter sido originalmente publicado, e o segundo mais de dez anos. Essas duas narrativas não foram recolhidas por Machado de Assis em nenhuma de suas antologias e ambas saíram pelas prensas d'*A Estação*. O que ocasionou o armazenamento do texto por tanto tempo? E o que fez ele vir à tona? Os desenhos de moda da folha *A Estação* teriam influenciado para que essas narrativas tivessem sido conservadas?

Evidentemente que se os contos tivessem sido recolhidos nas antologias, eles seriam mais facilmente recuperados. No entanto, os jornais da província quase sempre reproduziam as versões publicadas nos jornais, o que se percebe no cotejo entre a materialidade dessas folhas, que revela certa semelhança na organização do texto.

"A Parasita Azul", que enfeitou as páginas de junho a setembro de 1872 do *Jornal das Famílias*, por exemplo, foi lançada em sete edições em *O Constitucional*, do Ceará, de 07 de outubro a 12 de dezembro de 1888. Tão logo terminou de sair no jornal do editor francês, a narrativa de Camilo e Isabel começou a sair no *Jornal do Aracaju* (SE), em 28 de setembro de 1872, com 15 edições que finalizariam apenas em 11 de dezembro daquele ano. Esse conto foi ainda publicado no *Echo de São Francisco*, em Alagoas, de agosto a setembro de 1876.

Algumas histórias, assim como essa, tiveram publicações em diversos jornais: "Metafísica das Rosas", "Jogo do Bicho", "Uma Carta", "Vidros Quebrados", "História de uma Lágrima", "Folha Rota", "Dona Paula", "História Comum" e "Igreja do Diabo" circularam em jornais de diferentes cidades. No entanto, nenhuma narrativa de Machado foi mais reproduzida do que a publicada em 01 de março de 1885 na *Gazeta de Notícias*. Nesse número saíram "Três Apólogos": "A Agulha e a Linha", "Adão e Eva" e "Os Dicionários". A primeira dessas três narrativas foi transcrita em diversos jornais:

Tabela 3: publicações nas províncias do conto "A Agulha e a Linha"

01	O Paiz (MA)	17.03.1885
02	A Província de Minas Gerais (MG)	21.11.1885
03	Comercial (PR)	30.04.1887
04	Pacotilha (MA)	25.09.1889
05	O Horisonte (AL)	02.08.1891
06	A Pátria Paraense (PA)	22.09.1894
07	A República (SC)	25.07.1895
08	Folha do Norte (PA)	16.11.1896
09	Cidade do Salvador (BA)	18.03.1898
10	Pequeno Jornal (PE)	27.07.1898
11	A Palavra (AL)	30.07.1898

12	Diário de Pernambuco (PE)	09.07.1899
13	A República (PR)	22.02.1901
14	O Dia (SC)	25.07.1902
15	A Província (PE)	22.09.1904

Em 1896, quando a narrativa foi recolhida para compor a antologia *Várias Histórias*, o título foi alterado para "Um apólogo", mas ao circular pelas diferentes regiões do país foi mantido o título "A Agulha e a Linha", o que sugere ter sido a publicação saída no jornal a que foi reproduzida nas outras cidades. A primeira reprodução, n'*O Paiz* (MA), merece destaque: em dezessete dias a história da orgulhosa agulha sai na Corte, viaja pelo vapor e passa a compor a folha maranhense. Além disso, deve-se acrescentar o interesse permanente dos editores e dos leitores por essa narrativa, uma das mais breves do autor que circulou por muitos anos em diversas partes do país.

A consolidação de Machado de Assis pelos impressos oitocentistas

A reprodução das narrativas machadianas em jornais das províncias, na última década de vida do autor, se escasseia. Machado não produziu muitos contos nesse período. Mesmo as histórias inéditas que saem em *Relíquias da Casa Velha*, ele, em carta a Magalhães de Azeredo datada de 2 de outubro de 1905, deixa a impressão de que as relíquias inéditas já tinham sido escritas há algum tempo. No entanto, ainda há transcrição dessas poucas narrativas: "Jogo do Bicho", que saiu em 1904 no *Almanaque Garnier* foi copiada, nesse mesmo ano, no *Diário da Tarde* (PR), na *Província* (PE) e na *Pacotilha* (MA). Além disso, as histórias difundidas, há algum tempo, são lembradas pelos jornais, como "Um erradio", conto de 1894 e publicado em 1901 no *Progresso* (SC) ou "Flor Anônima", de 1897, que foi lançado em 1909 n'*A Federação* (RS).

Esse trânsito entre os impressos não pode ser entendido apenas entre a corte e as províncias. Cada capital, ao publicar seus jornais, também os movimentava para as outras cidades e até mesmo para outros estados, onde tinham assinantes e correspondentes. No frontispício do jornal *Diário de Pernambuco*, há uma lista das pessoas encarregadas da subscrição por onde o jornal transitava: Paraíba, Aracaju, Ceará, Maranhão,

Piauí, Pará e Amazonas. Assim, a rede de circulação dos periódicos é muito mais complexa e interligada do que costumeiramente se acredita e o poder de penetração do jornal também é muito mais intenso, pois permite que os impressos ao atingir cidades muito distantes, não só democratizem a leitura como também homogenizem as informações.

Os volumes das correspondências de Machado de Assis revelam o quanto os jornais faziam parte da vida do autor. A circulação dos impressos é um assunto comum em várias cartas. Machado recebe jornais, recortes e notícias de amigos de outras cidades e de outros países. De igual modo, conserva os que lhe agradam. Segundo a organização apresentada por Jean-Michel Massa (2001), o autor guardou alguns jornais e anais da Biblioteca Nacional. Ele também manteve 42 volumes da *Revista do Instituto Histórico Geográfico Brasileiro*, recolha que serviu de mote para João Cezar de Castro Rocha (2001) pensar na relação entre esses impressos e o Machado de Assis "leitor-autor" dessas folhas.

Em suas missivas, não há registro de que Machado soubesse da publicação de seus contos e romances em jornais de outras cidades, mas há evidência da consciência do autor de que ele estava se tornando pouco a pouco conhecido em todo o país. O seu nome e suas obras vão se solidificando em todo o território nacional por meio dos impressos: nas folhas públicas saem, além de suas narrativas, críticas sobre sua pena, impressões acerca de suas publicações e, ainda, notas biográficas.

Tudo isso torna a imagem de Machado muito próxima dos leitores de diferentes partes do Brasil, por isso nos dias que antecederam a morte dele, as notícias acerca de seu estado de saúde também eram reproduzidas em larga escala nos periódicos das províncias, consternando e preocupando os leitores oitocentistas. De igual modo, sua morte também foi difundida com destaque pelas gazetas, o que comprova o quanto o Bruxo do Cosme Velho, graças ao poder dos impressos, foi uma figura reconhecida no meio beletrista oitocentista.

Referências bibliográficas

A ATUALIDADE, Vitória (ES): 1878.

A BOA NOVA, Belém (PA): 1873-1883.

A ESPERANÇA, Parahyba (PB): 1867-1878.

A FEDERAÇÃO, Porto Alegre (RS): 1884-1937.

A MOCIDADE, Maranhão (MA): 1875-1876.

A NOTÍCIA, Curitiba (PR): 1905-1908.

A PALAVRA, Maceió (AL): 1875-1896.

A PÁTRIA PARAENSE, Belém (PA): 1894.

A PROVÍNCIA, Recife (PE): 1872-1919.

A PROVÍNCIA DE MINAS GERAIS, Ouro Preto (MG): 1884-1887.

A REGENERAÇÃO, Belém (PA): 1873-1876.

A REGENERAÇÃO, Cidade do Desterro (SC): 1868-1901

A REPÚBLICA, Florianópolis (SC): 1895-1897.

ASSIS, Machado de. *Correspondência de Machado de Assis*. Org. Sergio Paulo Rouanet, Irene Moutinho e Sílvia Eleutério. Rio de Janeiro: ABL, 2009. Tomo II – 1870- 1889.

BARBOSA, Socorro de Fátima Pacífico. *Jornal e Literatura: a imprensa no século XIX*. Porto Alegre: Nova Prova, 2007.

BOURDIEU, Pierre. *As Regras da Arte: Gênese e Estrutura do Campo Literário*. 1 ed. Trad. Maria Lúcia Machado. São Paulo. Companhia das Letras, 1992.

BRADO CONSERVADOR, Cidade do Assú (RN): 1876-1882.

CEARENSE, Fortaleza (CE): 1846-1891.

CIDADE DO SALVADOR, Bahia (BA): 1897-1899.

COMERCIAL, Paranaguá (PR): 1886-1888.

CONTRATO celebrado entre Machado de Assis e o editor Baptiste-Louis Garnier para a primeira edição de Helena do Valle. *Arquivo da Academia Brasileira de Letras*. Rio de Janeiro: 29 de abril de 1876.

CORREIO DA BAHIA, Bahia (BA):1871-1878.

CORREIO MERCANTIL, Rio de Janeiro (RJ): 1848- 1868.

CORREIO OFFICIAL DE GOYAZ, Goyaz (GO): 1837-1921.

CRUZEIRO DO NORTE, Maceió (AL): 1891-1893.

DEZENOVE DE DEZEMBRO, Curitiba (PR): 1854-1890.

DIÁRIO DA TARDE, Curitiba (PR): 1899-1983.

DIÁRIO DE BELÉM, Folha Política, Noticiosa e Comercial, Belém (PA): 1868-1889.

DIÁRIO DE MINAS, Ouro Preto (MG): 1866-1875.

DIÁRIO DE PERNAMBUCO, Recife (PE): 1875-1879.

DIÁRIO DO MARANHÃO, Maranhão (MA): 1855-1911.

DIÁRIO DO NATAL, Natal (RN): 1906-1909.

ECHO DE SÃO FRANCISCO, Cidade do Penedo (AL): 1876.

FOLHA DO NORTE, Belém (PA): 1896-1903.

GUIMARÃES, Hélio de Seixas. *Os Leitores de Machado de Assis*: o Romance Machadiano e o Público da Literatura no Século 19. São Paulo: Nankin Editorial Edusp, 2004.

JORNAL DAS FAMÍLIAS, Rio de Janeiro (RJ): 1863-1878.

JORNAL DO AMAZONAS, Manaus (AM): 1875-1888.

JORNAL DO ARACAJU, Sergipe (SE): 1872-1878.

JORNAL DO PENEDO, Cidade do Penedo (AL): 1875-1890.

JORNAL DO PILAR, Pilar (AL): 1874-1879.

JORNAL DO RECIFE, Recife (PE): 1858-1938.

LABARUM, Maceió (AL): 1874-1875.

LUZ, Eduardo. *O romance que não foi lido*: Helena, de Machado de Assis. Fortaleza: Edições UFC, 2017.

MACHADO, Ubiratan. *A vida literária no Brasil durante o Romantismo*. Rio de Janeiro: Tinta Negra Bazar Editorial, 1946.

MASSA, Jean-Michel. "A Biblioteca de Machado de Assis". In: JOBIM, José Luís (org.). *A Biblioteca de Machado de Assis*. São Paulo: Academia Brasileira de Letras-Topbooks, 2001.

MONITOR DO NORTE, Diamantina (MG): 1874-1879.

O BESOURO, Rio de Janeiro (RJ): 1878.

O COMMERCIAL, Rio Grande (RS): 1872-1885.

O CONSERVADOR, Santa Catarina (SC): 1873-1880.

O CONSTITUCIONAL, Itapemirim (ES): 1885-1889.

O DESPERTADOR, Desterro (SC): 1863-1883.

O DIA, Florianópolis (SC), 1901-1918.

O ESPÍRITO SANTENSE, Vitória (ES): 1870 -1889.

O GLOBO, Rio de Janeiro (RJ): 1852-1890.

O HORISONTE, Maceió (AL): 1891.

O LIBERAL, Cuiabá (MT): 1873-1882.

O LIBERAL DO PARÁ, Belém (PA): 1869-1889.

O MONITOR, Bahia (BA): 1876-1881.

O PAIZ, Maranhão (MA): 1863-1889.

O SANTO OFFÍCIO, Belém (PA): 1872-1880.

OITENTA E NOVE, Teresina (PI): 1874.

OPINIÃO CATARINENSE, Santa Catarina (SC): 1874-1875.

PACOTILHA, Maranhão (MA): 1880-1909.

PEDRO II, Fortaleza (CE): 1840-1889.

PEQUENO JORNAL, Recife (PE): 1898-1955.

PHAROL, Minas Gerais (MG): 1876-1933.

PINA, Patrícia Kátia da Costa. *Literatura e Jornalismo no oitocentos brasileiro*. Ilhéus: EDITUS, 2008.

PROGRESSO, Itajaí (SC): 1899-1901.

PROVÍNCIA DO PARANÁ, Curitiba (PR): 1876-1879.

PUBLICADOR MARANHENSE, São Luís (MA): 1842-1885.

ROCHA, João Cezar de Castro. "Machado de Assis, leitor (autor) da Revista do Instituto Histórico e Geográfico Brasileiro". In: JOBIM, José Luís (org.). *A Biblioteca de Machado de Assis*. São Paulo: Academia Brasileira de Letras--Topbooks, 2001.

SODRÉ, Nelson Werneck. *História da Imprensa no Brasil*. São Paulo: Mauad, 1994.

Informações sobre os autores

Andréa Sirihal Werkema é professora de Literatura Brasileira da Universidade do Estado do Rio de Janeiro (UERJ), onde dá aulas na graduação e na pós-graduação, com pesquisa, em geral, sobre temas relativos à literatura do século XIX. Doutora em Literatura Brasileira pela UFMG, onde também se graduou. Publicou, entre outros, *Macário, ou do drama romântico em Álvares de Azevedo* (Ed. UFMG, 2012); *A crítica literária brasileira em perspectiva* (Ateliê, 2013); *Outras formas de escrita* (Eduerj, 2018); *As duas pontas da literatura: crítica e criação em Machado de Assis* (Relicário, 2019) e *"Cuidado leitor": Álvares de Azevedo pela crítica contemporânea* (Alameda Casa Editorial, 2021).

Cláudio Murilo Leal é professor e poeta. Costuma autointitular-se *"profeta* do passado".* Doutor em Letras, lecionou nas Universidades Federal do Rio de Janeiro, de Brasília, de Essex, Inglaterra, e de Toulouse Le-Mirail, França. Foi Diretor da Casa do Brasil em Madri, Diretor do Museu da Imagem e do Som, Diretor-Geral do Patrimônio Cultural do Município do Rio de Janeiro, Presidente do PEN Clube do Brasil. É o atual Presidente da Academia Carioca de Letras. Escreveu, entre outros livros, *O círculo virtuoso*, sobre a poesia de Machado de Assis, *A velhice de Ezra Pound*, *Cadernos de Proust* (Prêmio do Instituto Nacional do Livro), *Cinelândia*, *As guerras púnicas*, *O poeta versus Maniqueu*, *Treze bilhetes suicidas*, *Módulos*, *Sopro* e *Tempus fugit*.

Eduardo Luz é professor associado de Teoria da Literatura na Universidade Federal do Ceará. Fez Pós-Doutorado na UERJ, onde desenvolveu uma leitura heterodoxa do romance *Helena*, de Machado de Assis. Tem doze obras publicadas, entre elas cinco romances e três estudos sobre Machado de Assis: *Manual de Bruxaria: introdução à obra crítica de Machado de Assis*; *O quebra-nozes de Machado de Assis: crítica e nacionalismo*; e *O romance que não foi lido: Helena, de Machado de Assis.*

Flávia Amparo é Professora Associada de Literatura Brasileira da Universidade Federal Fluminense (UFF) e Professora Titular de Língua Portuguesa do Colégio Pedro II (CPII). Integra o corpo docente dos cursos de Pós-Graduação em Estudos de Literatura da UFF e do Mestrado Profissional em Práticas de Educação Básica do CPII. É Mestre e Doutora em Literatura Brasileira pela UFRJ, onde desenvolveu pesquisa sobre a Poesia e o Poético na obra de Machado de Assis. Atualmente, pesquisa sobre a formação do leitor literário e sobre Literatura e Poesia, especialmente do século XIX. Publicou *As melhores crônicas de Josué Montello*, pela editora Global, os livros *Mário de Alencar* e *Luiz Murat*, da coleção Essencial da Academia Brasileira de Letras, e o livro, em parceria com a Profª Drª Kátia Xavier, *Criatividade e Interdisciplinaridade*, da Editora Pedro & João.

Greicy Pinto Bellin é professora titular do Programa de Pós-Graduação em Teoria da Literária do Centro Universitário Campos de Andrade, UNIANDRADE, atuando nas linhas de pesquisa Poéticas do contemporâneo e Políticas da Subjetividade. É doutora em Estudos Literários pela UFPR e pós-doutora pela UNICAMP. Publicou, em 2016, a coletânea intitulada *Miss Dollar: stories by Machado de Assis*, que consiste na tradução inédita de dez contos de Machado de Assis para o inglês, e em 2018 a coletânea *Good Days!/ Bons Dias!: Chronicles by Machado de Assis*. Publicou, também em 2018, seu primeiro livro, intitulado *From European Modernity to Pan-American National Identity: Literary Confluences Between Edgar Allan Poe, Charles Baudelaire and Machado de Assis* pela editora Peter Lang, Oxford, na série Brazilian Studies, sob coordenação de João Cezar de Castro Rocha.

Jacyntho Lins Brandão é professor emérito de Língua e Literatura Grega da Universidade Federal de Minas Gerais (UFMG) e, atualmente, professor visitante da Universidade Federal de Ouro Preto (UFOP). Doutor em Letras Clássicas pela Universidade de São Paulo (USP) e licenciado pela UFMG. Publicou, entre outros, *A poética do hipocentauro* (Ed. UFMG, 2001); *A invenção do romance* (Ed. UnB, 2005); *Antiga musa: arqueologia da ficção* (Relicário, 2015); *Ele que o abismo viu: epopeia de Gilgámesh* (Autêntica, 2017); *O romance de Tristão* (Ed. 34, 2020).

João Cezar de Castro Rocha é Professor Titular de Literatura Comparada da Universidade do Estado do Rio de Janeiro (UERJ) e Pesquisador 1D do CNPQ. Autor de 13 livros e organizador de mais de 20 títulos. Seu trabalho encontra-se traduzido para o inglês, alemão, italiano, espanhol, francês e mandarim.

José Américo Miranda é professor aposentado de Literatura Brasileira da Faculdade de Letras da Universidade Federal de Minas Gerias (UFMG). Mestre em Literatura Brasileira e Doutor em Literatura Comparada pela Universidade Federal de Minas Gerais. Atualmente é o editor-chefe da revista *Machadiana Eletrônica* (https://periodicos.ufes.br/index.php/machadiana), destinada à publicação de novas edições de textos de Machado de Assis e que vem recebendo o apoio do Programa de Pós-Graduação em Letras (PPGL) da Universidade Federal do Espírito Santo (UFES).

Lúcia Granja é professora de Literatura e Cultura Brasileiras na UNICAMP desde 2020. Foi professora de Literatura e Cultura Brasileiras na UNESP entre 2004 e 2019. É bolsista de Produtividade CNPq, Livre-Docente em Literatura Brasileira pela UNESP (2016) e Doutora em Teoria e História Literária pela UNICAMP (1997). Pesquisadora da obra de Machado de Assis, especializou-se no estudo das crônicas do escritor e das relações entre Literatura e Jornalismo em sua obra. Estuda também a História do Livro e da Edição no Brasil e suas relações com a França, sobretudo a História dos livreiros e editores Garnier. Entre suas principais publicações estão: *Machado de Assis, antes do livro, o jornal: suporte, mídia e ficção*. São Paulo:

Editora da UNESP, 2018; *Machado de Assis, escritor em formação: à roda dos jornais*. Campinas: Editora Mercado de Letras; FAPESP, 2000; *Suportes e mediadores: a circulação transatlântica da literatura (1789-1914)*. Org. de Lúcia Granja e de Tania Regina de Luca. Campinas; São Paulo: Editora da UNICAMP, 2018 e *Literaturas e escritas da imprensa: Brasil-França*. Org. de Lúcia Granja e Lise Andries. Campinas; São Paulo: Mercado de Letras, 2015.

Pablo Rocca é Doutor em Letras (FFLCH, USP). Professor Titular de Literatura Uruguaia na Universidad de la República, Montevidéu, onde ministra cursos sobre Literatura brasileira. Fundou e dirigiu o Arquivo Literário desta universidade federal entre 1999 e 2016. Tradutor de vários textos de literatura brasileira, dentre eles, de Machado de Assis, Lima Barreto, Murilo Rubião, Sergio Faraco. Entre seus livros: *35 años en Marcha*, 1991; 3ª ed. na Havana em 2015, em francês (Ed. Zinnia, 2019); *Horacio Quiroga, el escritor y el mito*, 1996 (2ª ed.: 2007); *Ángel Rama, Emir Rodríguez Monegal y el Brasil*, 2006; *Revistas culturales del Río de la Plata* (2009, vol. I e 2012, vol. II); *Gacetas gauchescas*, de Hilario Ascasubi (edição e prólogo, 2019). Foi o organizador e prefaciador da correspondência entre Ángel Rama e Antonio Candido, publicada em Montevidéu em 2016 e no Brasil em 2018.

Regina Zilberman, doutora pela Universidade de Heidelberg, com estágios de pós-doutorado na Inglaterra (University College), e na Brown University (EUA), é professora associada do Instituto de Letras, na UFRGS. É pesquisadora 1A do CNPq. Foi professora titular da PUCRS. Publicou, entre outras obras, *Estética da Recepção e História da Literatura*; *A formação da leitura no Brasil*; *Como e por que ler a literatura infantil brasileira*; *A leitura e o ensino da literatura*; *Brás Cubas autor Machado de Assis leitor* e *Literatura Infantil Brasileira: uma nova outra história*.

Sandra Guardini Vasconcelos é professora titular de Literatura Inglesa e Comparada na Universidade de São Paulo. Nos últimos anos, desenvolve pesquisa sobre as relações entre o romance inglês dos séculos XVIII e XIX e o romance brasileiro do século XIX. Entre outras produções, é autora de *Puras misturas. Estórias em Guimarães Rosa* (Hucitec/FAPESP, 1997), *Dez lições sobre o romance inglês do século XVIII* (Boitempo, 2002) e *A formação do romance inglês: ensaios teóricos* (Hucitec/FAPESP, 2007) – Prêmio Jabuti de Teoria/Crítica Literária em 2008. É coorganizadora de *Books and Periodicals in Brazil 1768-1930, A Transatlantic Perspective* (Legenda, 2014), *Tropical Gothic in Literature and Culture: the Americas* (Routledge, 2016) e de *Comparative Perspectives on the Rise of the Brazilian Novel* (UCL Press 2020). Atualmente coordena o Laboratório de Estudos do Romance (USP) e o projeto "The Global Novel" (com a Universidade de Surrey). É curadora do Arquivo João Guimarães Rosa do Instituto de Estudos Brasileiros (USP) e pesquisadora 1A do CNPq.

Silvia Maria Azevedo atualmente é professora livre-docente em Teoria Literária pela Universidade Estadual Paulista Júlio de Mesquita Filho (UNESP/Assis), onde dá aulas na graduação e na pós-graduação. Tem experiência na área de Letras, com ênfase em Teoria Literária, Literatura Comparada, atuando principalmente nos seguintes temas: Machado de Assis, literatura e história, imagens do Brasil nos jornais de caricaturas, saber científico e a imprensa do século XIX. Publicou recentemente, entre outros, *Badaladas Dr. Semana, por Machado Assis: Crônicas de Machado de Assis - Tomo I e Tomo II* (Nankin, 2019).

Valdiney Valente Lobato de Castro, doutor em Estudos Literários pela Universidade Federal do Pará, pesquisa sobre a produção e a recepção da obra de Machado de Assis nos periódicos brasileiros oitocentistas. Durante os estudos de doutoramento, fez investigação, por meio de doutorado sanduíche na Universidade de Lisboa, sobre a presença de Machado de Assis em jornais portugueses. Atualmente, realiza estágio de pós-doutorado na Universidade do Estado do Rio de Janeiro. Publicou *Cinco Mulheres, de Machado de Assis, no Jornal das Famílias* (Bonecker, 2019) e *Machado de Assis contista: dos salões às páginas de jornal* (Alameda Casa Editorial, 2021).

ESTA OBRA FOI COMPOSTA EM MINION PRO E IMPRESSA EM SÃO PAULO
PARA A NANKIN EDITORIAL, EM JULHO DE 2021